全国船舶工业职业教育教学指导委员会“十三五”重点规划教材
“十三五”江苏省高等学校重点教材

船舶精度建造工艺

刘桂香　胡　杰　主编
范克惠　主审

哈尔滨工程大学出版社
Harbin Engineering University Press

内容简介

本书为“十三五”江苏省高等学校重点教材，全国船舶工业职业教育教学指导委员会“十三五”重点规划教材，按照“船舶精度建造工艺”课程标准的要求而编写。本书基于精益造船的基本理念，主要介绍了工业信息化、智能化背景下现代船舶建造的主要技术和工艺，展现了现代造船模式的基本思路和方法。

本书分为八章，主要包括精益造船准备，钢材下料与加工，分段精度装焊，船舶总组与搭载，船舶管系生产工艺，船舶舾装与涂装，船舶下水、试验与交船，造船品质保障等内容。

本书是针对高等职业教育船舶工程技术及相关专业编写而成，可作为船舶与海洋工程专业本科学生的参考教材，还可作为船舶企业职工培训、自学及其他形式职业教育的参考资料。

图书在版编目(CIP)数据

船舶精度建造工艺/刘桂香，胡杰主编. —哈尔滨：哈尔滨工程大学出版社，2022.1
ISBN 978-7-5661-2894-2

Ⅰ.①船… Ⅱ.①刘… ②胡… Ⅲ.①造船-工艺学-高等学校-教材 Ⅳ.①U671

中国版本图书馆 CIP 数据核字(2020)第 251727 号

船舶精度建造工艺
CHUANBO JINGDU JIANZAO GONGYI

选题策划 史大伟 薛 力
责任编辑 卢尚坤 刘海霞
封面设计 李海波

出版发行 哈尔滨工程大学出版社
社 址 哈尔滨市南岗区南通大街 145 号
邮政编码 150001
发行电话 0451-82519328
传 真 0451-82519699
经 销 新华书店
印 刷 哈尔滨市石桥印务有限公司
开 本 787 mm×1 092 mm 1/16
印 张 17.5
字 数 440 千字
版 次 2022 年 1 月第 1 版
印 次 2022 年 1 月第 1 次印刷
定 价 49.80 元
http://www.hrbeupress.com
E-mail:heupress@hrbeu.edu.cn

前　言

为推进江苏省优质高等职业院校重点专业群课程改革与教材建设，提高教学质量，更好地满足我国船舶工业快速发展的需要，按照全国船舶工业职业教育教学指导委员会“十三五”重点规划教材研究立项的内容要求，江苏海事职业技术学院承接了《船舶精度建造工艺》的编写任务。同时，本书获批“十三五”江苏省高等学校重点教材建设项目。

《船舶精度建造工艺》是高等职业教育船舶技术类船舶工程技术专业规划教材，注重以就业为导向、以职业能力培养为核心，面向行业企业，充分体现职业教育的特色，满足高素质实用型、技能型船舶技术类专业高等职业人才培养的需要。

本书主要编写人员有：主编江苏海事职业技术学院刘桂香、胡杰；参编江苏海事职业技术学院杜训柏、周萍、王滢、张伟、顾永凤，招商局金陵船舶（南京）有限公司江的兵、廖华。

本书由招商局金陵船舶（南京）有限范克惠担任主审。在此表示感谢！

限于编者经历和水平，书中难免存在疏漏与不足之处，恳请读者批评指正，以便修订时完善。

江苏海事职业技术学院

2021 年 9 月

目　　录

第一章　精益造船准备

知识目标

- 了解现代化船舶建造企业的生产布局和造船流程。
- 理解成组技术、精益制造、智能制造的基本方法和理念。
- 了解精益造船的应用方法、工艺技术和基本思路。

能力目标

- 能够描述现代化船舶建造企业实施精益船舶建造企业的基本方法和流程。
- 能够开展精益造船前的设计和建造准备相关工作。
- 能够识读建造方针、分段划分图以及精度策划等图纸资料。

本章通过简要介绍现代化船舶建造企业的基本布局和现代船舶建造流程，使读者了解大型钢制船舶建造的过程和方法；通过对比分析现代造船和传统造船在方法和工艺技术上的差异，让读者了解现代化造船企业应用精益造船模式的理念和基本思路，以及精益船舶建造开始前的准备工作。

第一节　现代化船舶建造企业布局和流程

现代化船舶建造企业（船厂）的基本布局如图 1－1 所示。结合船厂区域布局，分析传统造船和现代造船主流程的差异，是了解现代化船厂造船作业流程的重要环节。

图 1－1　现代化船舶建造企业的基本布局

一、现代化的造船作业主流程

造船作业主流程一般是指从钢材预处理和加工、零部件装焊(安装)到船台(坞)合拢、下水试航等主要工艺过程(图1-2)。在船厂新建或改造时,都应力求这一流程最短,最好是直线形式,但由于各船厂客观存在的地形、岸线和水域情形各不相同,因此造船作业主流程的布置形式也不尽相同。

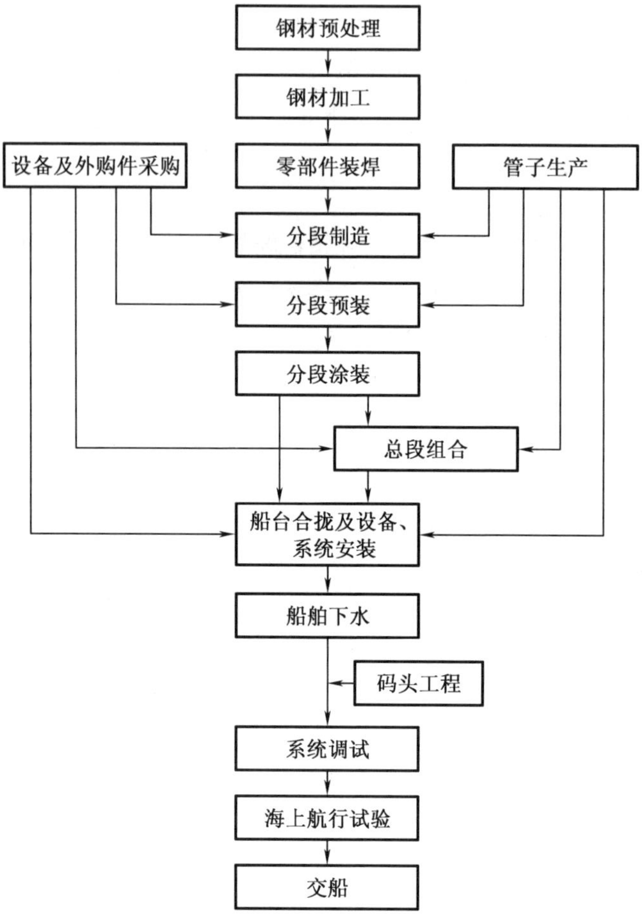

图1-2　典型造船作业主流程图

造船总装作业主流程是船厂在船舶建造中的作业程序(空间、时间、区域、所使用的设备等的顺序),按总装化原则设计布置的以船体为基础、舾装为中心、涂装为重点的壳舾涂一体化造船作业流程。总装作业主流程随着造船生产的发展,通过流程再造不断优化。传统造船作业主流程如图1-3所示,现代造船作业主流程如图1-4所示。

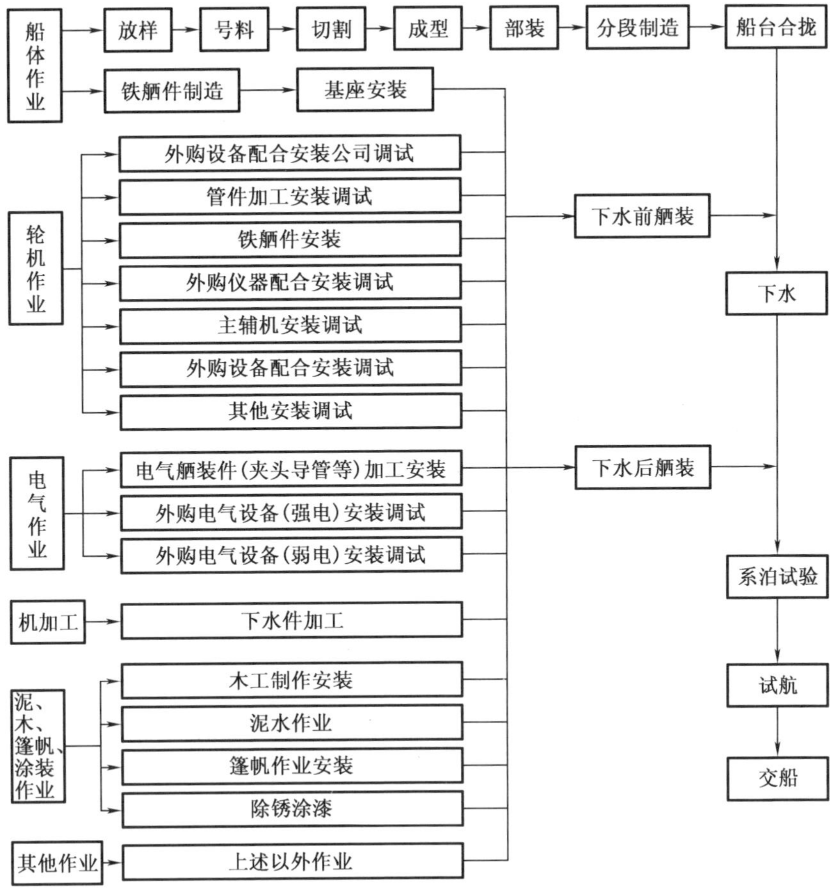

图 1－3 传统造船作业主流程图

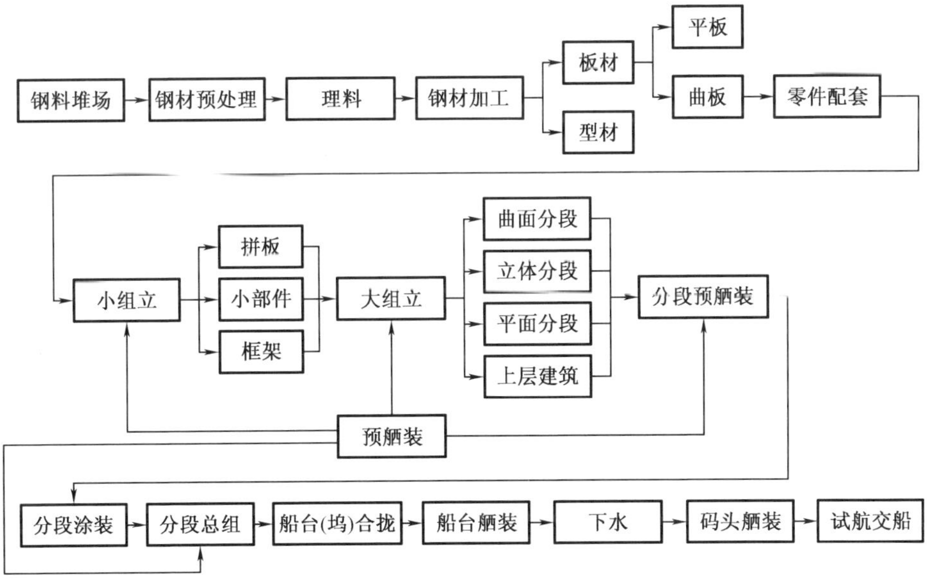

(a)现代造船作业主流程图

图 1－4 现代造船作业主流程图

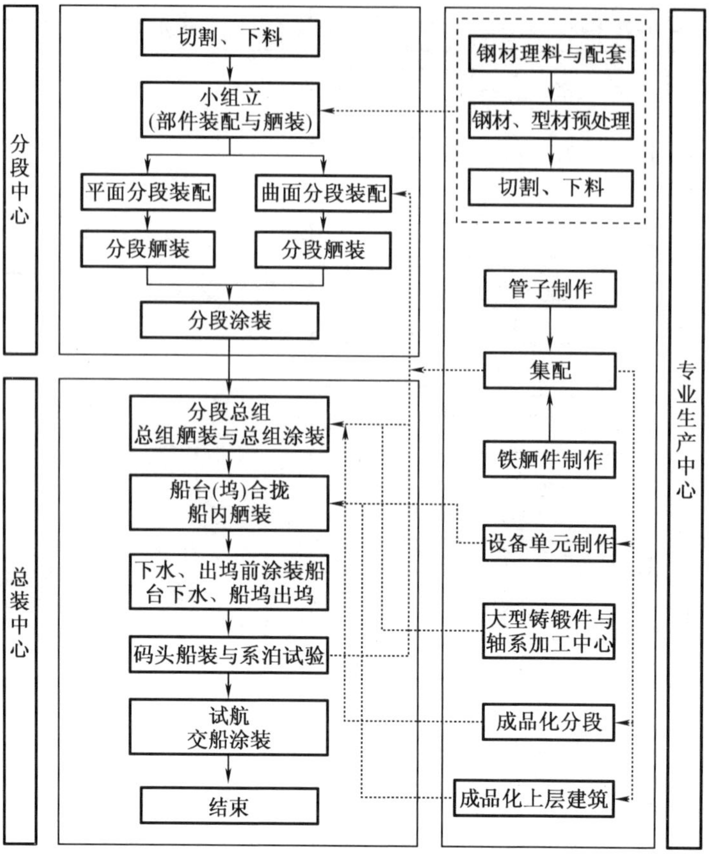

(b)按造船总装化要求规划的造船总装作业主流程图

图1-4(续)

思考与分析:传统造船模式与现代造船模式有什么区别呢?

上述的传统和现代两种截然不同的造船模式,主流程取决于造船的基本模式,传统造船模式和现代造船模式(图1-5)不仅在组织造船生产的基本原则和基本方式上完全不同,而且在设计方式、生产方式和管理方式,以及船厂性质等方面也完全不同,其特征与差异可简要归纳为表1-1。

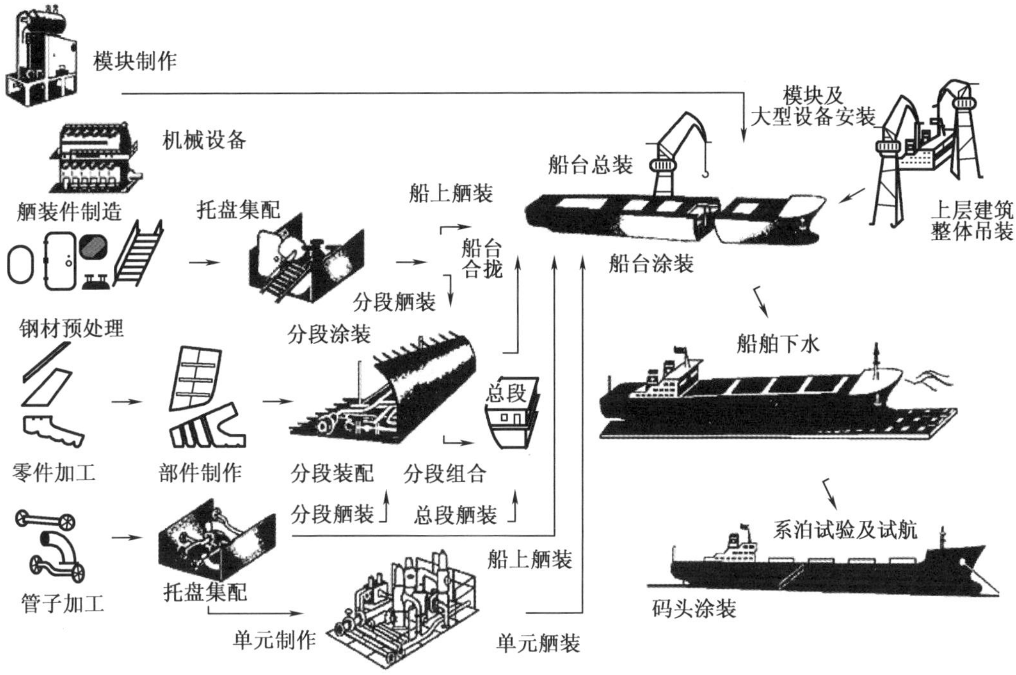

图 1－5　现代造船模式

表 1－1　传统造船模式与现代造船模式的区别

对比项目	传统造船模式	现代造船模式
特征	系统导向型(按功能/系统/专业)	中间产品导向型(按作业区域/阶段/类型)
设计方式	按施工设计,分别由工艺、计划、生产等部门分专业、按系统进行工艺性设计; 设计、工艺、管理三者分离	按生产设计,由生产设计部门集中进行区域性设计; 设计、工艺、管理融为一体
生产方式	按工艺路线以工艺项目分专业工种组织生产,先船体,后舾装	按设计编码,以作业区域划分的中间产品由混合工种、复合工种组织生产,壳舾涂作业同步、分道与一体化作业
管理方式	按专业分系统管理,管理方式属调度型	按区域综合管理、自主管理和托盘管理,管理方式属计划型
船厂性质	全能型	总装型

二、船厂造船作业主流程布置基本形式

1. 造船主流程布置基本原则

(1)根据美国造船成组技术和日本钢船工作法关于现代化船厂的车间和建筑物的布置原则,应选择最短和最方便的物流路线,使物件(材料、零件、部件、分段、舾装件等)不倒流、迂回和交叉。

(2)合理布局,功能分区明确,满足生产工艺流程要求,并采用流水化系列布置。

(3)确保各工序间能力的平衡,通过生产管理使各工序的工作量均衡化。为确保主流程的畅通和应对偶发因素,可在各工序间设立缓冲区,各工序有必要制订相对其他工序有一定独立性的生产计划。

(4)对船厂将来的发展应做有远见的规划研究,并留有能适应其变化的余地。

2. 造船主流程布置的基本类型

船厂造船作业主流程实际是以船体建造流程为主流程:钢材堆场→船体加工→船体装焊→船台(坞)→码头。该流程主要有以下三种布置类型。

(1)“I”型布局(图 1－6):这种形式按船体建造工艺流程布置车间和船台(坞)。这种形式运输途径最短,呈直线方式,是最理想的流程形式,对于厂区面对岸线有较大的纵深或濒临水域有狭长的岸线情况非常适用。

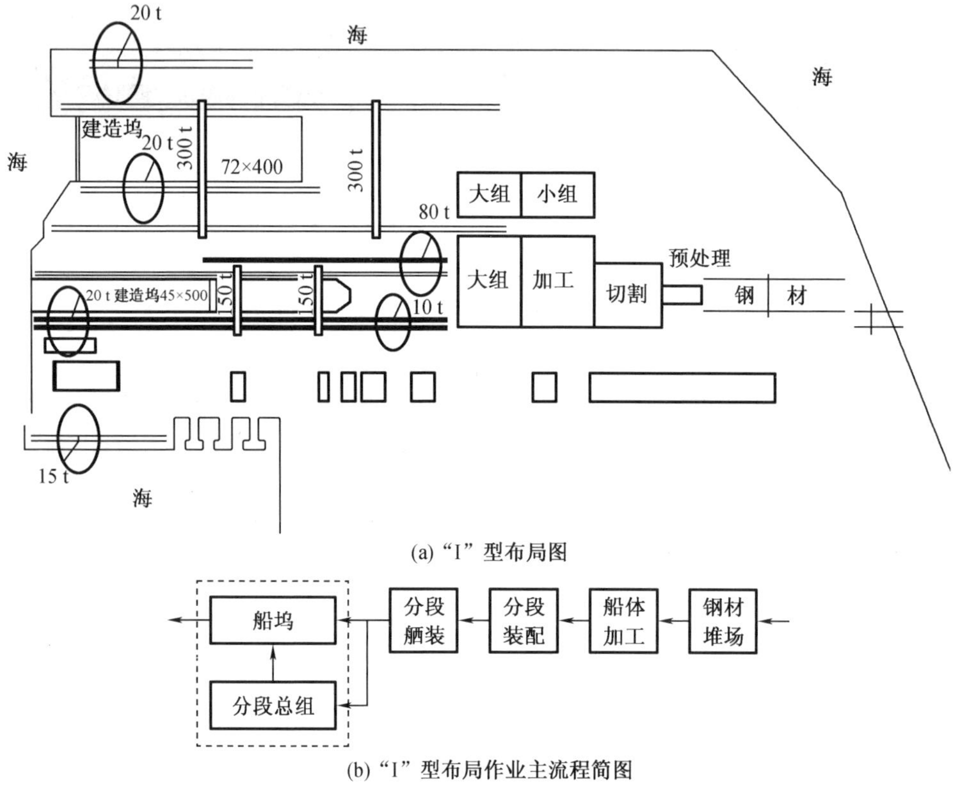

(a) “I” 型布局图

(b) “I” 型布局作业主流程简图

图 1－6 “ I ”型布局(图中表示尺寸的数值单位为 m)

(2)“L”型布局(含“T”型):当厂区受到地形限制,如面对岸线纵深较小时,可将车间与船台(坞)布置成直角,呈“L”型,如图 1－7 所示。对于岸线纵深较小的船厂,也有将建造船体的有关车间与船台(坞)呈垂直的“T”型布置,如图 1－8 所示。

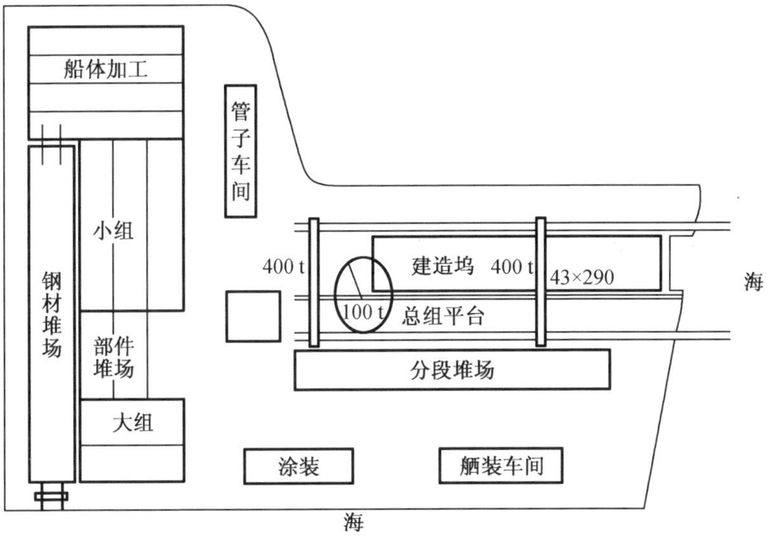

(a) “L” 型布局图

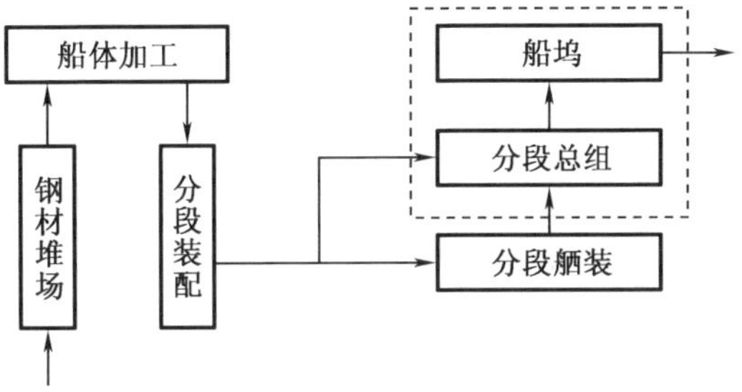

(b) “L” 型布局作业主流程简图

图1-7 “L”型布局(图中表示尺寸的数值单位为 m)

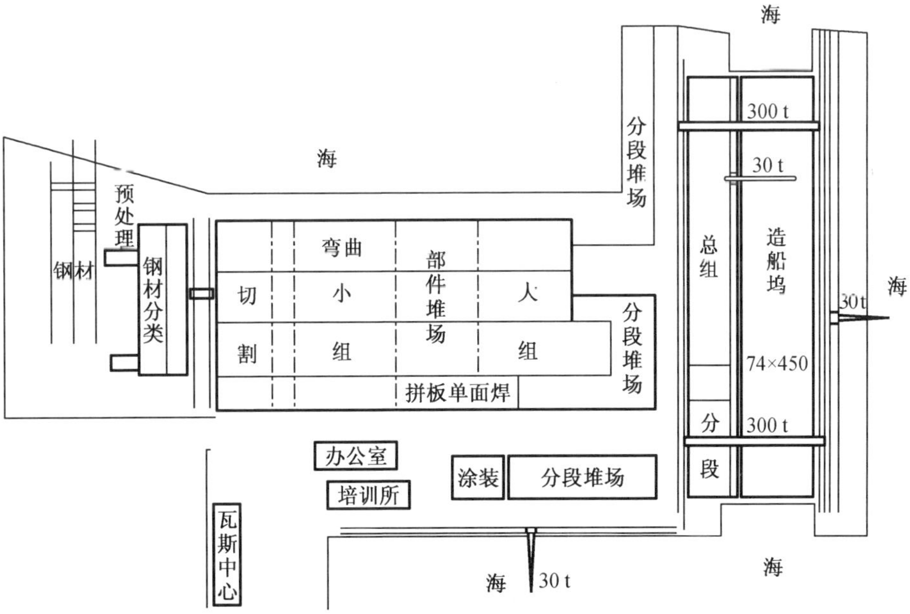

(a) “T” 型布局图

图 1-8 “T”型布局(图中表示尺寸的数值单位为 m)

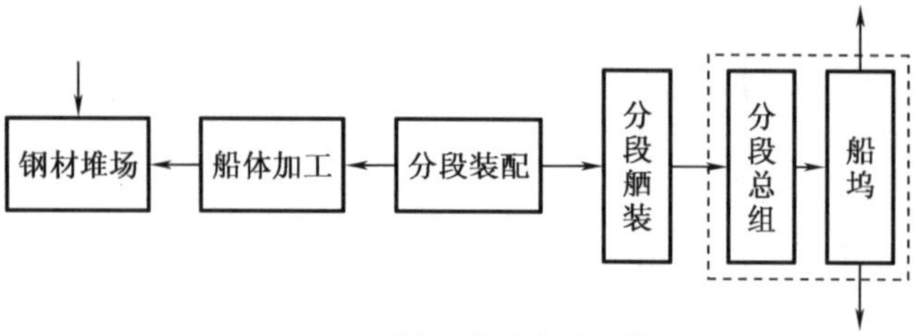

(b)“T”型布局作业主流程简图

图 1－8(续)

(3)“U”型布局(图 1－9):对于大多数中小型船厂,由于船厂场地纵深较小,而且岸线也有限,不能采用“I”型、“L”型或“T”型布局时,最适宜的主流程就是“U”型布局。“U”型布局具有布置紧凑、场地利用率高的优点,因此也多被大型以至超大型船厂所采用。

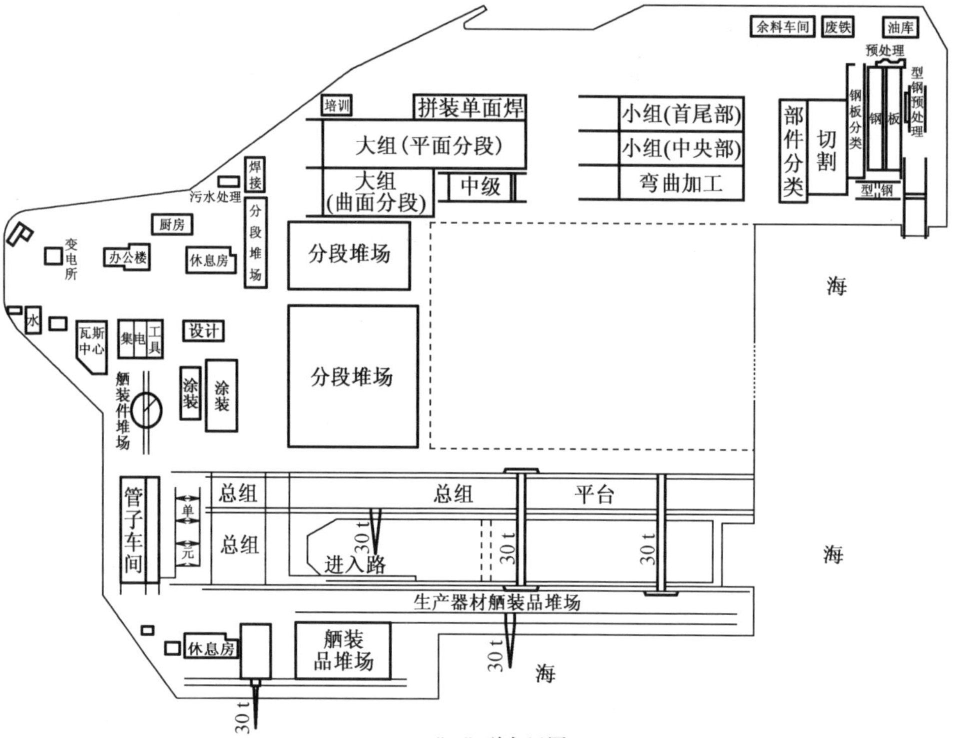

(a)“U”型布局图

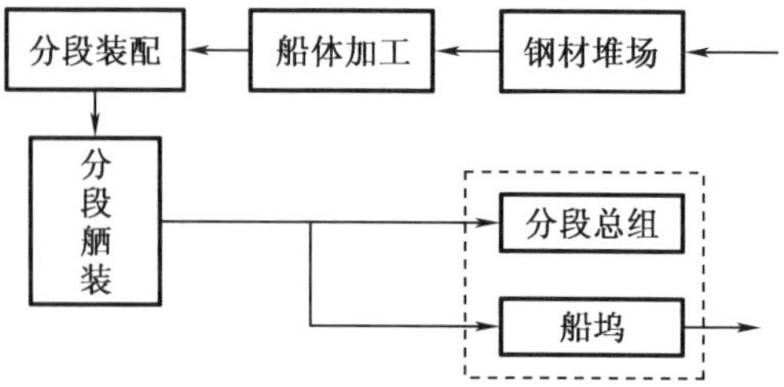

(b)“U”型布局作业主流程简图

图 1－9 “U”型布局

■**知识拓展:**

造船企业一般根据场地的形状和岸线特点规划生产流程和车间布局,除了常见的"I"型、"U"型、"L"型之外,还有一种"分离"型布局,如图1-10所示。

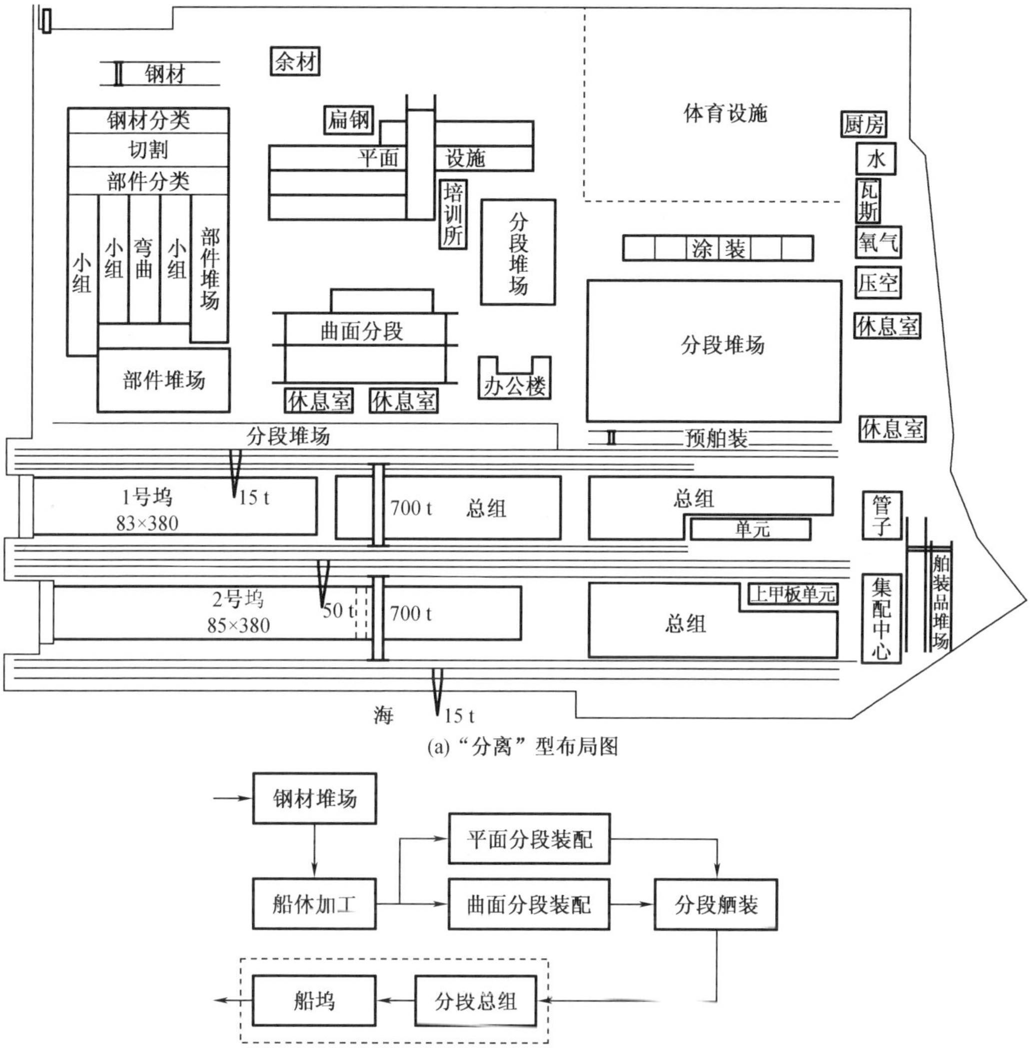

(a)"分离"型布局图

(b)"分离"型布局及作业主流程简图

图1-10　"分离"型布局(图中表示尺寸的数值单位为m)

(4)"分离"型布局(图1-10):按船舶建造阶段设置工场。各工场相对独立,中间留有充分的缓冲地带,用液压台车转运,这种考虑不仅是目前的建造需要,而且是将来发展的需要。

三、造船方法和造船主流程发展趋势

随着现代精益造船模式和造船技术的发展,造船方法经历了整体散装—分段建造—总段建造—巨型总段建造，建造过程由繁到简，造船作业主流程也显现出由长变短的趋势。

国内对造船总装化的研究应用始于20世纪80年代初，国内各骨干船厂在承接出口船舶的同时，引进了国外先进船厂的设计制造理念和管理技术，也引进了国外比较合理的建造模式，其中包括造船总装化理念。

20世纪90年代以来，我国船厂在推进建立现代精益造船模式的过程中，在体制机制转变中，从“大而全、小而全”的传统模式转变为主辅剥离：成立钢材预处理中心、船体零件加工中心、船体分段制作中心、管业制作中心（公司）、舾装件分厂、舾装模块和单元制作中心、涂装公司等一系列专业化公司。这些公司脱离主体后就与提供造船配套的其他企业性质一样。船厂在推进造船总装化过程中，减轻了负荷，可将精力放在企业发展战略上，如船厂发展规划、经营策略、建立现代造船模式、缩短造船周期、提高船舶建造核心资源的利用率等能有效提高企业核心竞争力的战略层面上。图1-11为典型的优化总装作业主流程。

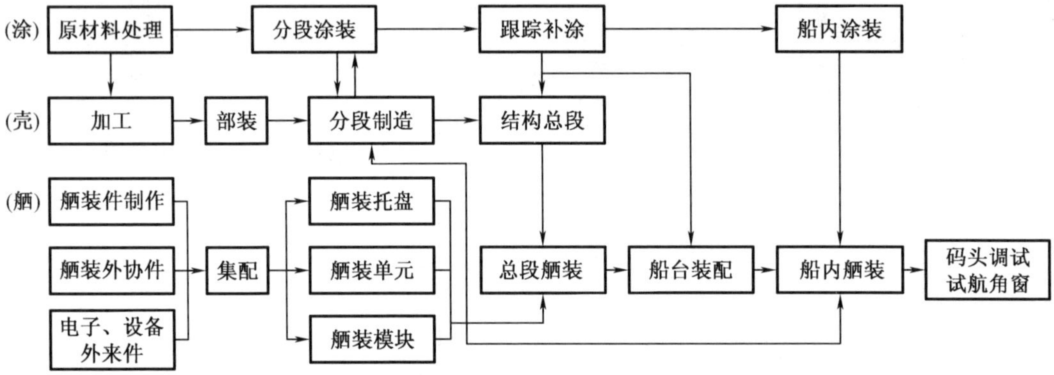

图1-11　典型的优化总装作业主流程图

船厂一旦实现了造船总装化，将形成精干的造船总装化作业体系，其主要业务除了船台（坞）大合拢、码头舾装和试航交船外，其余如产品设计、钢材加工、部件组装、分段制作、总段制造、舾装件生产、管系加工、单元制造、模块制造、涂装等都可以实行市场化运作，形成以工程计划为导向的协同作业模式（图1-12）。届时，万人以上规模的大船厂可以缩减到千人或百人，且生产效率大大高于原有水平。

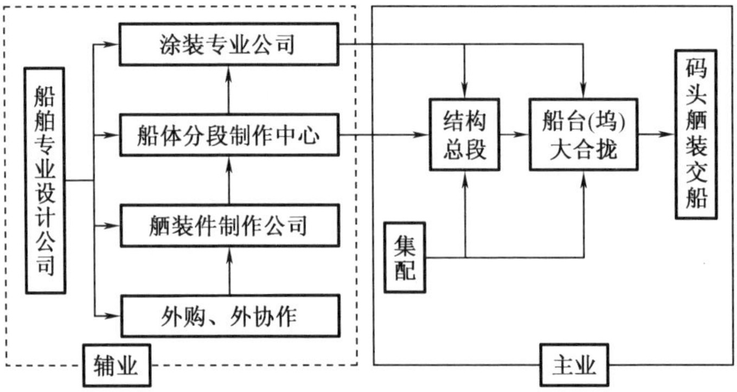

图1-12　船舶建造总装化目标流程简图

第二节　精益造船模式

在现代船舶建造中，我国一般采用壳舾涂一体化的区域造船法。其核心是利用统筹优化中间产品导向型工程分解原理（按作业区域/阶段/类型），确定组成船舶最终产品的各级各类中间产品和安排船舶建造的壳舾涂一体化作业流程，并以此作为布置船厂设施、设备和作业区域，以及确定企业组织机构和生产劳动组织形式的依据。

船舶设计应满足壳舾涂一体化区域造船法的要求，体现出设计、工艺、管理的一体化。船舶设计一开始就以“两个面向”为出发点，既面向船东对船舶的功能要求，又面向船厂对船舶的可制造性，保证建造质量和降低生产成本等生产方面的要求。船舶的设计与建造都必须以工程管理部门编制的船舶建造方针与施工要领作为工作的重要依据之一。

整个造船生产系统的管理应实施一体化按区域的综合性工程管理，具体是以计划管理、资材管理、质量管理、成本管理，并结合安全管理等，实现船舶建造质量、建造成本和建造周期的最优化控制。

在生产组织的设置上，应按作业区域/阶段/类型的不同定产品、定指标、定人员、定设备、定场地，以中间产品专业化生产的混合工种和一专多能的技能工种为生产组织形式。

一体化造船生产管理模式可理解为：从质量、成本、效率最优出发，调整现有船厂“大而全”的生产结构，以实现并满足壳舾涂一体化总装造船为目标，按作业区域/阶段/类型实行定产品、定指标、定人员、定设备、定场地去组织造船生产。这一模式既体现了设计、工艺、管理的一体化，又体现了计划、资材、质量、成本和安全等可控的造船生产管理模式，如图 1－13所示。

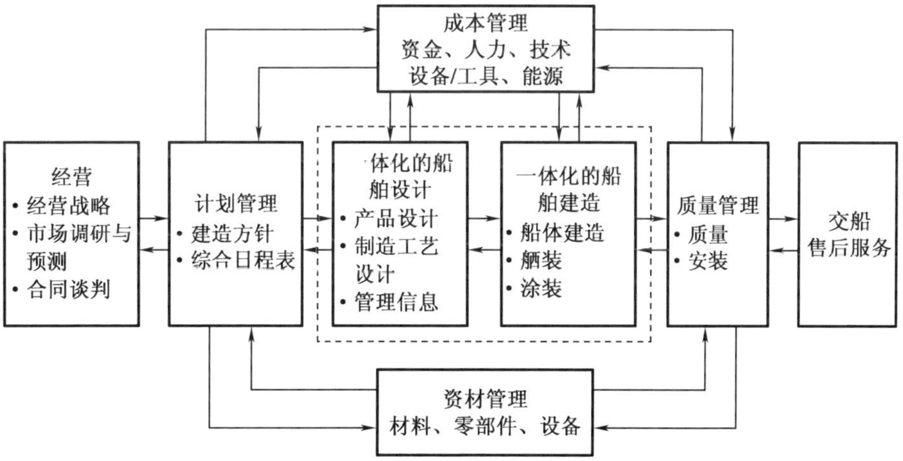

图 1－13　一体化造船生产管理模式

一、精益造船模式

现代化的造船生产以船体分道流水线为主线，舾装和涂装作业不再安排在整个船体生产之后进行,而是实行预舾装和预涂装作业。其中区域舾装和区域涂装技术的大力推行可以不断缩短造船周期,提高生产效率。一般可将上述造船生产流程按照船体、舾装和涂装三个方面进行分类,各部分可以根据工艺流程再进一步细分。

(1)船体作业:包含下料加工、零件加工、部件加工、小组立、中组立、分段装焊、分段总组、船坞大合拢等内容。

(2)舾装作业:包含舾装件/管子加工、单元组装、分段预舾装、船坞内舾装、码头舾装、设备调试等内容。

(3)涂装作业:包含钢材预处理、舾装件/管子涂装、分段涂装、坞内涂装、码头涂装等内容。

以上三种作业内容交叉进行,协同工作,构成了造船生产的全过程。然而,在传统造船模式下,由于工序、质量、运输、库存、人力资源等因素的影响,很多生产时间会被浪费,致使生产周期和成本大幅提升。传统造船模式往往注重提高作业加工的生产效率,通过设备的更新改造、工艺技术的改善和工人的技能提升来缩短有效作业时间,从而提高产量。

精益生产就是通过员工素质养成,优化生产组织结构,去掉一切不增值的无效生产过程和环节,减少生产过程中的一切浪费来缩短生产周期,降低生产成本,保证生产质量,提高产品利润。为了提高生产效率,最大化发挥船厂生产资源价值,越来越多的船厂把精益生产的理念应用到现代造船生产的过程中。精益造船模式更注重缩短无效时间来缩短生产周期,从而大大减少中间环节的浪费,因此称这种主要通过缩短无效时间来缩短造船周期、提高造船质量和降低造船成本的思考模式为精益造船思想。

精益造船(lean shipbuilding)是精益生产理论在现代造船模式中的具体应用,指从造船合同签约开始到完工交付使用的过程中,船厂通过推行模块化设计、标准化造船,尽量压缩无效时间,充分利用有效时间来提高造船效率,缩短造船周期。现代造船模式倡导的"中间产品"导向、"壳舾涂一体化"等理念在很大程度上体现了精益生产方式。

造船过程中最大的浪费就是生产过剩。在传统造船模式中,为了扩大生产总量,常常追求设备的最大利用率,就需要组织批量生产。组织批量生产的过程中,生产准备时间长和制品库存多的问题是不可避免的,因此生产过剩也就成为必然。理想的精益造船模式是让每一个部件和中间产品都能做到连续不断的生产,根据客户内部和外部的要求按时完成生产,不提前,也不拖后。把相同类型的中间产品一件一件地、连续不断地进行生产的流水作业称为单件流水作业。而组织单件流水作业,要做到连续不断生产,追求零库存管理,这样就可以减少生产过剩。

生产中,库存往往会掩盖很多管理问题,如质量和进度等问题,不等到库存缺货,就不会暴露问题,所以就不能把问题解决在萌芽状态,也不会引起管理层的足够重视,时间一长,往往很难判断问题的根本原因。而利用单件流水作业,只要一出现问题,就需要立即解决,否则生产就会停止,会直接影响后续流程,这样就使问题变得严重,就会使管理层充分重视该问题,也会使问题得到充分彻底的暴露,从而解决问题的迫切性就增强了,这样有利于把问题解决在源头和萌芽状态。

思考与分析：传统造船与精益造船模式下的船体加工有什么区别呢？

根据图1－14和图1－15，可以比较分析传统和精益两种不同造船模式下船体的加工流程。如图1－14所示，传统造船的板材和型材加工都是批量制作的。大量板材和型材在车间加工完后，存放在堆场里，然后按照生产进度需要进行理料，再分类分批地提供给小装配、平面和曲面分段加工。而在图1－15所示的精益造船模式中，板材和型材都是在内业工场按部件装配、平面和曲面分段分道加工的，然后再连续不断地提供给部件装配、平面分段流水线和曲面分段流水线，这样不但节约了大量的堆放场地和理料时间，减少了在制品库存和资金占用，同时还大大缩短了生产周期，提升了生产质量。

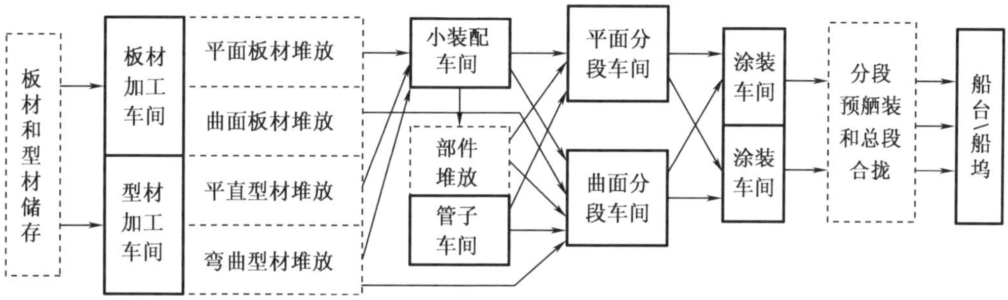

图1－14　传统造船船体加工流程图

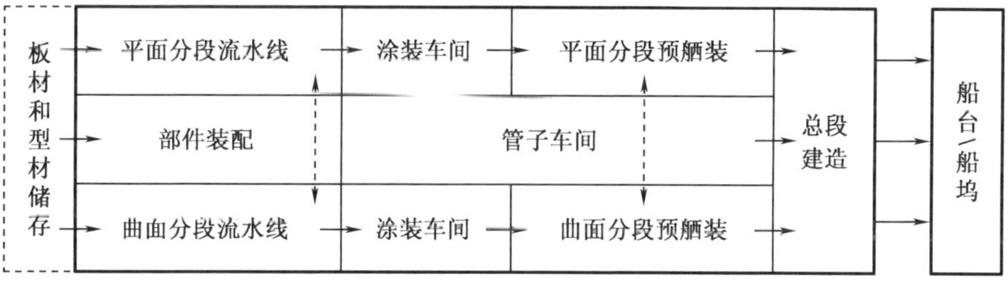

图1－15　精益造船船体加工流程

在精益造船模式中，由于连续不断的作业要求，往往当天切割加工好的材料，第二天就用于部件装配或分段合拢了。这样一旦有质量问题，马上就能反馈解决。而传统造船模式在批量加工情况下，往往要在材料切割加工一周以后才会使用，发现质量问题时，可能同样质量问题已经在其他许多地方发生，后患无穷。实现单件流水作业后，质量问题能够迅速得到反馈，这就要求作业者马上解决，否则会影响下道工序生产。这样，作业者提高了发现问题和解决问题的能力，许多好的预防措施，好的生产组织形式以及好的工作标准也就应运而生，生产效率也随之大大提高。

如果在造船过程中无法组织单件生产，必须组织批量作业的话，应该把每个批次的生产数量控制到最小。这就像超市一样，在货架上保持一个最低的库存，客户取走多少，就生产补充多少。一些小的常用的标准件和舾装件可以组织批量生产，如法兰、人孔盖、各种标准附件等。

二、面向生产的设计技术

1. 生产设计是建立现代精益造船模式的先导

所谓“面向生产的设计技术”是指建立精益造船模式，必须推行壳舾涂一体化的生产设计。这是因为生产设计是均衡作业流程的先导，是精细化工程管理的基础，是造船信息集成的源头。因此，生产设计是建立现代精益造船模式的先导。

(1)生产设计是均衡作业流程的先导

通常，造船企业将造船业务流程划分为营运流程、管理流程和生产作业流程三大类，其中，生产作业流程又分为生产作业主流程和生产作业子流程。生产作业主流程是船舶建造从生产设计、物资采购、加工切割到试航交船的全过程；生产作业子流程是生产作业主流程中的某一个生产阶段或区域的作业流程，如加工流程、预舾装流程、涂装流程等。转换造船模式或建立现代精益造船模式，本质上是一个造船企业生产作业流程再造或新作业流程构建的过程，以使作业流程变得更加顺畅，达到均衡连续的要求。

在造船生产设计中如果按照总装化造船流程来划分作业区域/阶段，同时按中间产品(分段、托盘、单元/模块等)的作业区域/阶段、类型出图，那么实际上已经导入了新的作业流程，如通过详细组立顺序图(DAP)等，即已经对作业流程路线进行了确定。也就是说，一旦生产设计按总装化造船要求来划分和组合中间产品，那么新的作业流程就随之形成。在初步建立符合总装化造船作业流程的基础上，如果要进一步优化作业流程，使作业流程更均衡及连续流水作业，则要通过不断深化生产设计才能实现。因此，无论是新作业流程的构建还是作业流程的优化，都是由生产设计先行导入的。可以说，生产设计模式决定了作业流程，有什么样的生产设计模式就有什么样的作业流程。

(2)生产设计是精细化工程管理的基础

先进的造船生产设计从壳舾涂一体化和设计、生产、管理一体化出发，以信息技术为手段，不仅为造船生产提供作业物量信息、施工工艺信息，而且提供了工程管理信息，这是严密精细工程管理的基础。

严密精细的工程管理必须由生产设计提供可靠的管理信息，如生产作业计划中的先行中日程计划编制的依据就是各中间产品的作业物量数据。在工时/物量管理方面，当生产管理部门编制了任务包后，由生产设计来确定每一个任务包的物量，并打包出图，再由工时管理系统生成派工单。精度管理通过制订精度管理标准，在图纸中加放各类工艺补偿量来实现中间产品的无余量制造，为无余量搭载提供基础数据。此外生产设计工艺文件和图纸中还给出了生产辅料的品种和消耗数量，为控制物耗和降低制造成本提供管理基础。

(3)生产设计是造船信息集成的源头

按照精益造船模式，造船信息可分为三大类：设计信息、生产信息、管理信息。企业可以利用现代信息集成技术建立的信息平台，进行信息获取、传递、贮存、控制，使造船各类信息交互融合、发布利用。在造船信息中,设计信息处在信息的源头,生产信息和管理信息大部分都是从设计信息中直接或间接获取的。首先,设计信息直接生成了生产作业信息,如生成的图纸、工艺文件、作业指令等,直接成为作业者的作业、检验依据;其次,设计信息直接或间接生成各类生产管理信息,如物资采购信息(类型、品种、纳期等),物资集配信息(托盘、舾装件等),生产辅助管理信息(焊缝规格、涂装面积、各类耗材品种、数量等);最后,设计信息可直接抽取或转换成各类综合管理信息,如劳动力管理、成本管理、质量管理信息等。因此,造船生产设计不仅是数字化造船的数据源头,也是实现现代集成系统(CIMS)管理的数据信息的源头。

2. 生产设计与工程计划管理的关系

现代造船把生产设计纳入了船舶设计的组成部分,融设计、生产、管理为一体,这就必须建立体现管理诱导设计、设计指导生产、生产反馈信息,使船舶设计与工程计划管理有机结合的设计工作模式。船舶设计与工程计划管理结合的工作模式如图 1－16 所示。

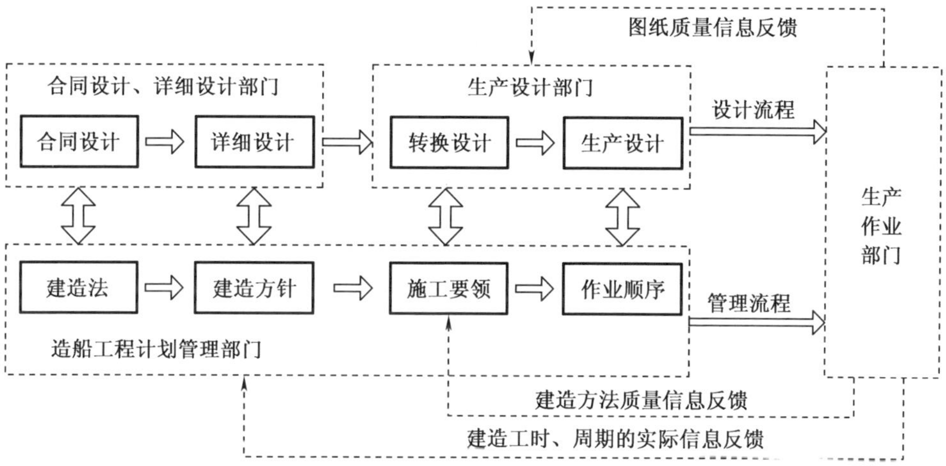

图 1－16　船舶设计与工程计划管理结合的工作模式

3. 面向生产的设计技术的主要标志与相关要求

开展生产设计应根据总装化造船作业流程分作业区域/阶段,按中间产品类型出图,提供各作业阶段各类型中间产品的完整工程管理物量数据,并满足以下要求:

①按壳舾涂一体化分段/总段、托盘、单元/模块出图的技术形态,及其制作、安装的工艺技术信息应完整。

②全船舾装必须全面推行托盘化设计。

③完整、准确提供壳舾涂各作业阶段的工程管理物量。

三、严密精细的工程管理

严密精细的工程管理是精益造船的基础。所谓严密精细的工程管理是指按照企业目标的要求,通过科学的生产组织工作,设置技术上可行、经济上合算、物质技术条件和环境条件允许的生产管理系统,并通过严密的生产计划和严格的生产控制管理,及时有效地调节企业生产过程内外的各种关系，以确保总装化造船作业流程连续、均衡、有序的开展。一个企业如果没有严密精细的工程管理，建立精益化的现代造船模式就将缺乏重要的基础。

生产设计是解决用什么方法，用什么工具，用多少工料，用什么标准，在什么场地进行作业的问题，而工程计划则是解决在什么时间进行作业的问题。现代造船工程计划管理与传统造船计划管理的不同体现在以下两个方面：

(1)强调依据、标准和“尺寸”

现代造船工程计划管理在于计划不仅以日程计划体现，而且对于在什么时间作业要像船舶产品设计一样，做出有依据、有标准、有“尺寸”的日程设计。

所谓依据，是指根据建造的程序计划（建造法、建造方针、施工要领等），各作业区域/阶段所需完成各类中间产品的物量（个数、张数、长度、质量、平方米等）编制计划。

所谓标准，是指用企业曾建造大量船舶的工时/物量进行统计分析，形成各类母型船工时/物量的S形曲线标准，作为测算作业负荷、平衡计划、调整计划的依据。

所谓“尺寸”，是指计划的日程，不论大、中、小均以日为计，而不是以月、旬、年为计量单位。

(2)以托盘管理和拉动式管理为手段

现代造船工程计划管理在于日程计划的编制单位是以中间产品，特别要强调全船以托盘（而不是以工艺项目）为计划单位，并采用拉动式倒排计划，即：以船台（坞）作为编排计划的基准点，向前展开各作业阶段的计划；以合同交船为基准点，向前展开码头调试计划；以下道作业为基准点，向前展开确立上道作业的计划。

上述两种不同的管理手段，反映了现代造船工程计划管理是吸取当代制造业精益生产模式的理念，属于一种科学的精细化工程计划管理。这样才能确保总装化造船作业流程能连续、均衡，且有节拍地生产。

四、高效合理的生产组织

所谓高效合理的生产组织是指企业科学地设置生产组织部门，合理划分和布置作业空间，严格规定各作业班组和各工序间在时间上的相互衔接和配合，以实现高效生产的一项组织管理活动。

一个企业的生产组织结构决定着企业资源的分配、利用，决定着企业决策权的使用，决定着企业内部信息的合理流动。生产组织结构又是企业实现战略目标和构造核心竞争力的载体，也是企业员工发挥各自优势、获得自身发展的平台。生产组织结构是否合理决定着企业工作效率的高低、生产经营能否顺利进行及所取得效益的大小。可以说企业的生产组织结构是完成企业目标的基石，它把企业的一切可供利用的资源整合起来，对其进行协调分配，发挥出资源利用的整体优势，最大限度地减少它们的消耗和浪费，从而实现企业资源价值最大化。

建立高效合理的生产组织，是实现管理科学、高效生产的重要保证。精益造船模式生产管理组织结构模型按总装化造船作业流程，送往船台（坞）总装的各类中间产品可分成三大块，即分段、总段以及各类设备、单元、舾装件。总装化造船生产管理组织结构模型如图

1－17所示。

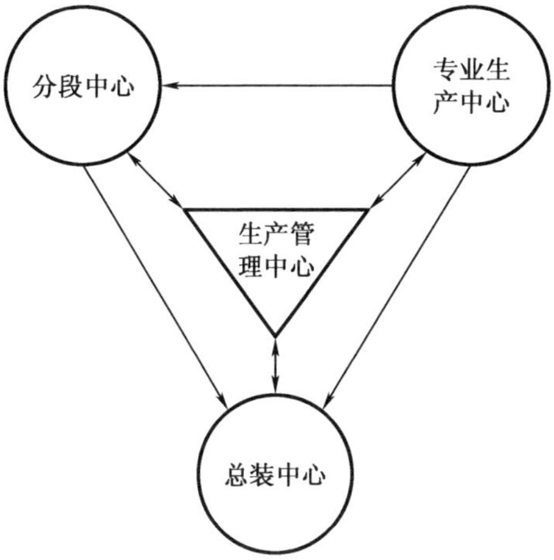

图1－17　总装化造船生产管理组织结构模型

思考与分析:管理模型的特点是怎样的呢?

(1)各生产中心属封闭性的管理组织结构,管理目标清晰。

(2)生产管理中心是确保总装化造船作业流程有效运作的管理控制中心,其主要职责是中长期总体计划与船舶建造工程计划的制订与控制,总装造船流水作业生产的节奏控制,生产资源的协调,各生产中心界面的划分与各专业生产中心计划的协调等。

生产管理中心可设置两个管理层面:起到总体协调管理的生产管理部和起到产品协调管理的产品项目组。产品项目管理采取矩阵制组织结构,如图1－18所示。

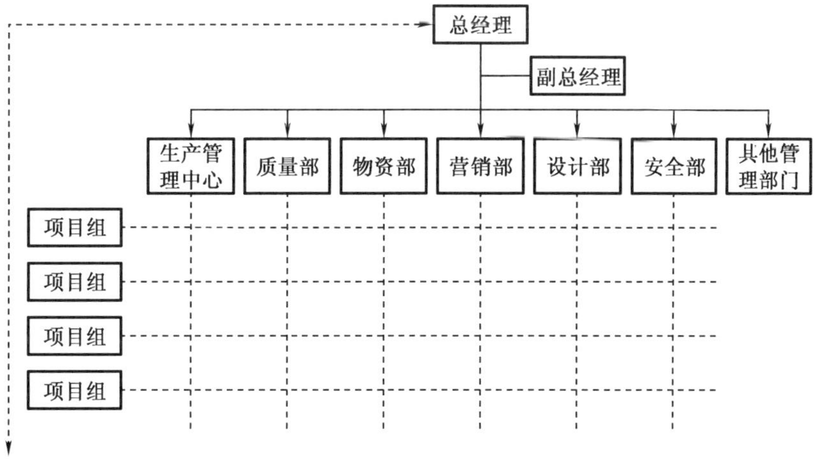

图1－18　产品项目管理的矩阵制组织结构

产品项目组与生产管理部的相互关系：

(1)生产管理部负责对各产品项目组进行人事管理及企业整个计划的平衡与协调，侧重于项目计划与企业整体计划间的关系协调。

(2)产品项目组代表企业管理项目，通过项目计划的制订，对各有关部门进行监督和协调，以保证项目满足合同要求。

五、信息集成管控

随着现代精益造船模式的推进，协同设计、并行工程、精细化管理等先进管理理念的导入，人们对企业信息化提出了新的要求，迫切要求企业实现信息的一体化、企业资源管理信息的精细化、信息系统的集成化。造船企业信息系统的总体框架、总装造船信息集成平台和总装造船信息集成系统的结构框架是现代造船环境下实施精益造船生产模式的主要内容。

1. 造船企业信息系统的总体框架

造船企业信息由产品设计信息、建造信息、物流信息、质检信息、设备资源信息和成本核算信息等生产信息构成，伴随着设计、生产、物流、质检、设备资源和成本核算等业务流程在业务活动中生成的大量信息而形成企业活动的信息流。信息流通过合理规划，形成如图1－19所示的总装造船企业信息系统的总体框架，从而为信息集成创造条件。总装造船企业信息系统包括：①销售管理系统；②成本管理系统；③产品设计数据库(PDM)系统；④生产计划系统；⑤生产管理系统；⑥物料管理系统；⑦生产准备管理系统；⑧设备管理系统；⑨物流管理系统；⑩质量管理系统；⑪劳动力管理系统。

建立总装造船企业信息系统，必须要由产品设计数据库(PDM)、企业资源数据库(ERP)以及信息集成平台构成的CIMS系统做支撑。

2. 总装造船信息集成平台

总装造船信息集成平台是一个支持复杂信息环境下CIMS应用开发、应用集成和系统运行的软件平台。它基于制造业信息特征，在分布异构环境(操作系统、网络、数据库)下提供透明、一致的信息访问和交互手段，对在平台运行的应用系统进行管理，为应用提供服务，并支持CIMS信息环境下各特定领域应用系统的集成。

总装造船信息集成平台可以解决同一产品的研制过程中信息交互困难的问题，使设计、生产过程中的变更，能及时反映到相关专业部门和单位，能快速、柔性地应对设计的变化和建造过程中的各种变化，使这些问题在统一的信息平台环境下得以化解。总装造船信息集成平台是实现企业信息集成和应用集成的基础。

3. 总装造船信息集成系统的结构框架

总装造船信息集成系统的整体框架分六个层次，如图1－20所示。

4. 信息集成的主要标志

信息集成应建立基本完整的船舶产品数据管理系统、企业资源计划系统以及工时/物量基础数据库，构建设计、生产、管理信息共享平台，采用网络技术构建CIMS系统，促进信息的高速传输和高度集成。

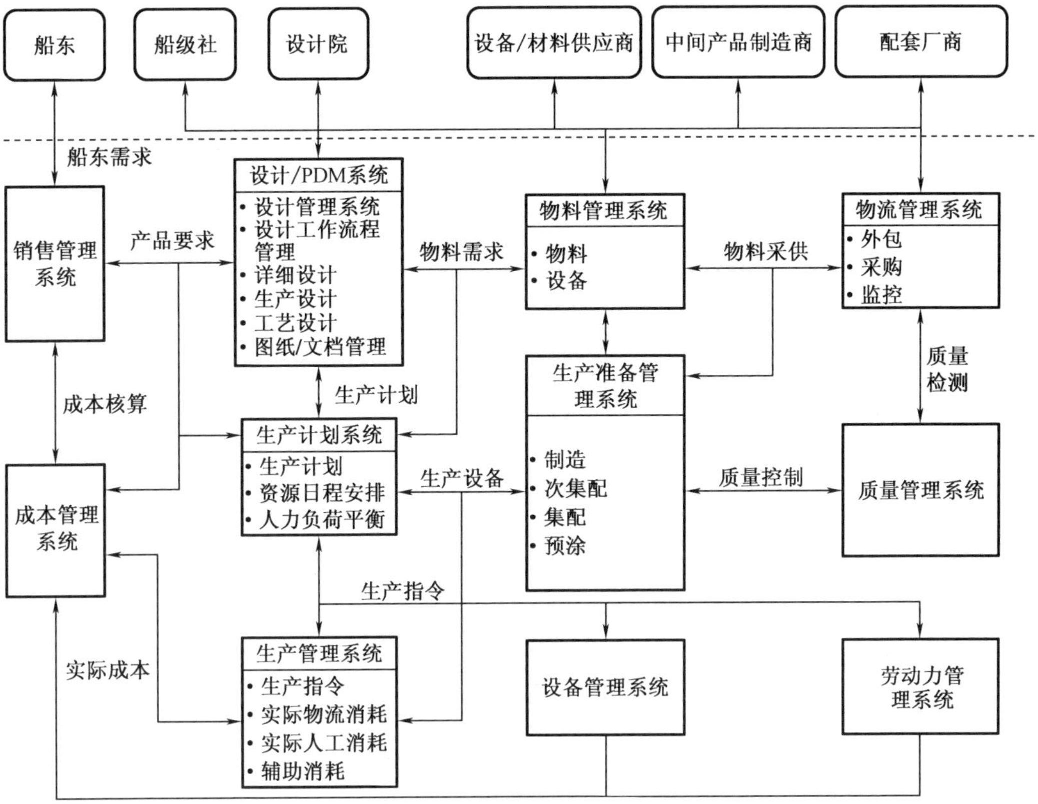

图1－19　总装造船企业信息系统的总体框架

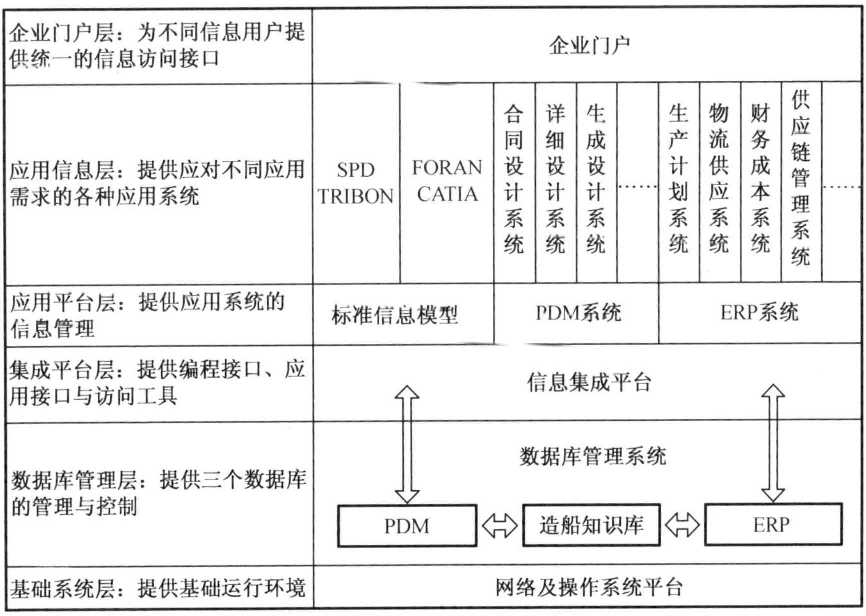

图1－20　总装造船信息集成系统的整体框架

第三节　造船生产准备

造船生产准备是指产品开工前的各项准备工作，它的任务就是通过对生产要素进行充分的准备，以保证产品按时开工和开工后能连续有效地进行造船生产。因此，它是包括劳动力资源、资金、材料与设备、工厂设施与设备、工程计划、设计图纸、技术文件和情报资料等内容的准备工作。概括起来，造船生产准备可分为设计、工艺和计划、材料与设备、人员和船厂设施等准备工作。

一、设计准备

现代造船工程管理体系是以设计、工艺、计划一体化的方式进行生产准备的，就是将产品设计、建造技术、工程计划有机地结合起来。不同国家的船舶设计阶段划分方式不尽相同。我国的船舶设计分为三个阶段，即初步设计、详细设计和生产设计，其工作流程如图1－21所示。

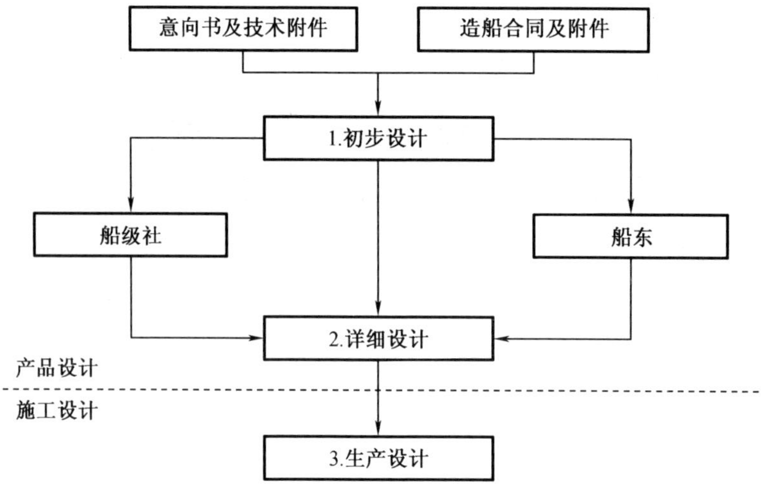

图1－21　我国的船舶设计工作流程

1. 初步设计

初步设计是对船舶总体性能和主要技术指标、动力装置、各种系统等进行设计，并通过理论计算和必要的试验来确定产品的基本技术形态、工作原理、主要参数、结构形式和主要设备选型等重大技术问题。

在市场经济条件下，一般在以下两种情况下要进行初步设计。

①意向书及技术附件。它是指在船舶市场中船东提出的订货意向不受法律约束。它仅表明船东对船舶的各种要求和询问造价。

②造船合同及附件。造船合同及附件是指在经过投标和商务、技术洽谈后签订合同，

或因船东信任船厂直接要求签订合同等情况下，根据船东提出的有关技术要求所签订的建造合同。

因此，在初步设计阶段，根据具体情况可插入概念设计（方案设计）、报价设计和合同设计等工作。

在一般情况下，初步设计包括报价设计和合同设计两部分内容，但在个别情况下，也可能仅做概念设计。所以初步设计的任务一般包括：

①为签订合同的谈判提供技术文件；

②规划主要设备选型清单；

③提供主要设备厂商表；

④为详细设计提供必要的技术文件和图纸。

初步设计的技术文件和图纸应送交船级社和船东审阅，经认可后才能开展下一阶段的详细设计工作。

2. 详细设计

详细设计的任务是通过对各专业项目的设计、计算和关键图纸绘制，解决设计中的基本和关键技术问题，最终确定船舶的全部技术性能、重要材料和设备选型与订货要求，以及各项技术要求和标准。详细设计是根据造船合同确认的初步设计及修改意见书进行的。其基本内容是：

①提供船级社规定送审的图纸和技术文件（不含完工文件）；

②提供造船合同中规定的船东认可的图纸和技术文件（不含生产设计内容）；

③提出船厂订货所需材料、设备清单，为生产设计提供所需图纸、技术文件和数据。

详细设计的图纸和技术文件应按规定送交船级社和船东审查，经认可后方能开展后续的生产设计工作。

3. 生产设计

生产设计中的纲领性工艺文件，诸如建造方案的决定、建造方针的编制和施工要领的编制等，是与初步设计和详细设计平行进行的。而各工艺阶段、区域和单元的工作管理图表，则是在详细设计的基础上进行的。

生产设计是解决“怎样造船”的工程技术问题，也就是对承建船舶的建造工艺及其流程的设计。因此，纲领性工艺文件的编制根据承建船舶特点和船厂生产条件，以综合效益最优为目标，来决定承建船舶的建造策略、建造原则和程序、生产资源利用，以及施工的作业顺序、作业方法和质量要求等。工作管理图表的编绘，则根据产品作业任务分解结果和组合要求，来详细表达中间产品或船舶总装的详细结构、施工信息、工艺技术要领和生产管理数据等。此外，生产设计还应完成船舶总装以后的各工艺阶段的技术文件和图表的编绘工作。

初步设计、详细设计和生产设计是相互关联、相辅相成的。初步设计是详细设计和生产设计的依据，详细设计是生产设计的依据，而初步设计和详细设计又必须反映生产设计的意图和要求。

二、工艺和计划准备

1. 工艺准备

现代精益造船模式中的工艺准备工作是通过造船生产设计来体现的,而且现代精益造船模式的组织生产方式是与造船工艺流程中的工艺阶段密切相关的。

工艺阶段是指在船舶建造总周期中的一定时间内按生产性质或生产区域划分的一部分船舶建造工程,也就是把造船工艺流程划分为若干个具有相对独立性的工艺阶段,以便组织生产和编制计划。

船舶建造一般可划分为七个工艺阶段。

第1阶段,准备阶段:进行钢材备料和原材料预处理,专用工装和工夹模具制作,新材料和新工艺试验,船体放样和样板制作,铸锻件和外协件采办等。

第2阶段,加工制作阶段:进行船体零件号料与加工,各种舾装自制件的加工制作。

第3阶段,中间产品组装阶段:进行部件组装,舾装单元组装,分段或总段装焊,分段或总段舾装,分段或总段涂装等。

第4阶段,船舶总装和船内舾装阶段:在船台上(或船坞内)将中间产品总装成船舶,并进行船内舾装和船体涂装作业。

第5阶段,船舶下水阶段:进行船舶下水准备和船舶下水作业。

第6阶段,码头舾装阶段:进行船舶舾装和涂装的收尾工程。

第7阶段,船舶试验与交船阶段:完成全部备品安装,系泊试验、倾斜试验和航行试验,交船验收。

2. 计划准备

工程计划是现代造船企业对生产实行进度控制的依据,它是造船生产管理的重要组成部分。所以,计划准备就是编制生产管理中的各种生产计划。

现代造船工程计划管理体系由三种计划类型、四个计划层次所组成,如图1-22所示。三种计划类型是指建造程序计划、负荷计划、日程计划。

(1)三种计划类型

①建造程序计划。建造程序计划也称建造计划,由建造法、建造方针、施工要领、作业顺序组成。

建造法——在承接新船订货的初期,也就是在进行合同设计的阶段,工程管理部门在了解新船的主尺度、主要结构形式、主要设备、总体布置的基础上,对该船做一个粗略的分段划分、建造方法的确定、施工原则和大日程节点的安排,以便对建造周期有一个大概的估计。

建造方针——建造方针在工程计划管理系统中类属建造程序计划的核心,它是在合同签订前后初步设计和详细设计阶段中编制的指导设计的文件。建造方针是以船体为基础、舾装为中心，融现代造船工法和技术，通过工艺、计划、成本、质量、施工系统等综合平衡后的一揽子优化的整体建造方案。

施工要领——将建造方针提出的各项具体内容在设计、施工管理的方法上加以具体落实，从技术上指导作业的顺序、方式、特殊的施工注意点和技术要求，将其作为指导生产设计和施工管理的技术文件。

作业顺序——在确立船舶建造壳舾涂作业流程的基础上进一步明确船体分段组立过程与区域舾装的作业顺序，并用示图表述。

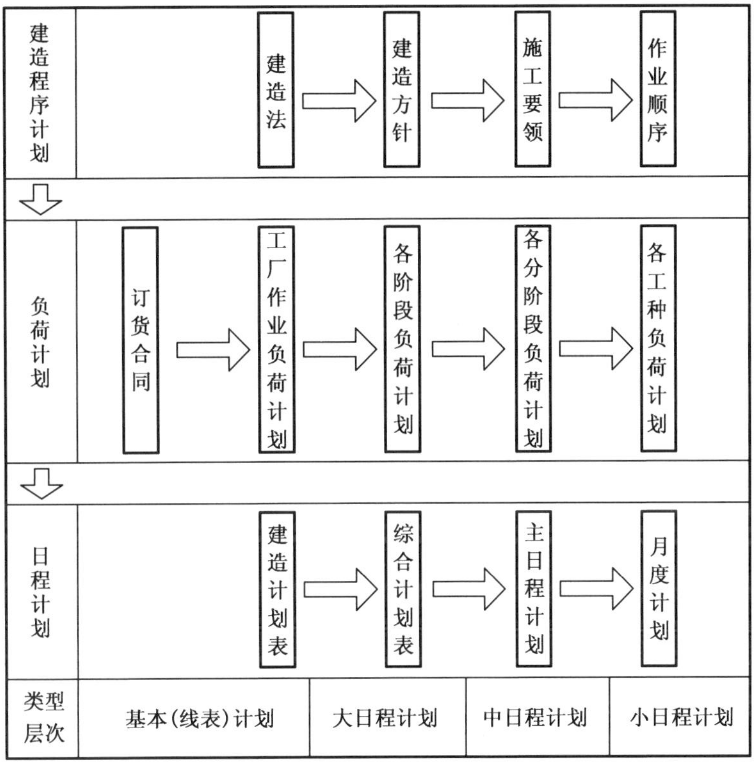

图1－22　现代造船工程计划管理体系

②负荷计划。负荷计划就是生产资源与生产负荷的平衡分析计划，也称作需求计划。

③日程计划。日程计划就是生产进度计划。

(2)四个计划层次

四个计划层次是指基本(线表)计划、大日程计划、中日程计划和小日程计划。

①基本(线表)计划。基本(线表)计划是从船舶订货洽谈至合同生效期间编制的计划，它是工程管理的基础。工程线表编制的准确程度，直接影响大、中、小日程计划的正确性。基本(线表)计划包括：三年经营计划、合同生效至交船标准日程、年度造船工程线表。

②大日程计划。大日程计划依据基本(线表)计划制订，又为基本(线表)计划提供参考数据。具体包括建造方针制订、能力/负荷平衡状况分析、各工程标准日程和单船综合日

程表。

③中日程计划。中日程计划是在基本(线表)计划和大日程计划基础之上进一步细化的过程,是依据各工程标准日程、综合日程表、施工要领、搭载顺序、分段质量和分段预定盘(分段装配场地,下同)计划等编制的计划,是在负荷计划之前开始,又在负荷计划完成以后定稿的计划。中日程计划确定了分段具体产出时间,以满足船台搭载日期及交船日期;也为设计出图、物资采购纳期、舾装件制作纳期提供计划目标。中日程计划起着承上启下的作用,是进度控制的基础,是生产顺利进行的保证。

④小日程计划。小日程计划是保证大、中日程计划被不折不扣地执行的计划,是对基层班组下达的作业计划。

三、材料与设备准备

供应部门应根据原材料和主要机电设备供应交货期表、大型铸锻件供应交货期表,按计划向有关厂商订货,并对到厂的材料和设备进行验收和入库保管工作。

四、船厂设施准备

根据建造工作要求,对专用工装和工夹模具提前进行设计、制造或订货。船厂主要设施,如船台、滑道、起重机、码头、各种设备和动力供应设备等,应根据新造船的要求进行必要的扩建或改建。

五、人员准备

根据承建船舶的需要,对劳动组织和人员进行合理的调整和补充。同时,应分别组织在建造中应用新技术、新工艺和特殊工艺的有关人员,以及计划补充人员进行技术培训。

思考与练习

1. 如图 1-23 所示为三家船厂的生产布局图,根据这些图,分析各船厂的生产车间布局和生产流程,试绘制各船厂的造船流程示意简图,并描述各船厂造船布局形式,分析它们各自的优缺点。

2. 船厂造船作业主流程布置的基本类型有哪些?

3. 简述精益造船的理念。

4. 绘制现代精益造船模式运行体系图,分析精益造船在现代造船生产环节中运行的特点和需要注意的关键问题。

5. 总装造船企业信息系统主要由哪些系统组成?

6. 我国的船舶设计主要分为哪几个阶段,每个阶段分别完成什么任务?

7. 船舶建造一般可划分为哪些工艺阶段?

8. 现代造船工程计划管理体系的三种计划类型和四个计划层次分别指什么?

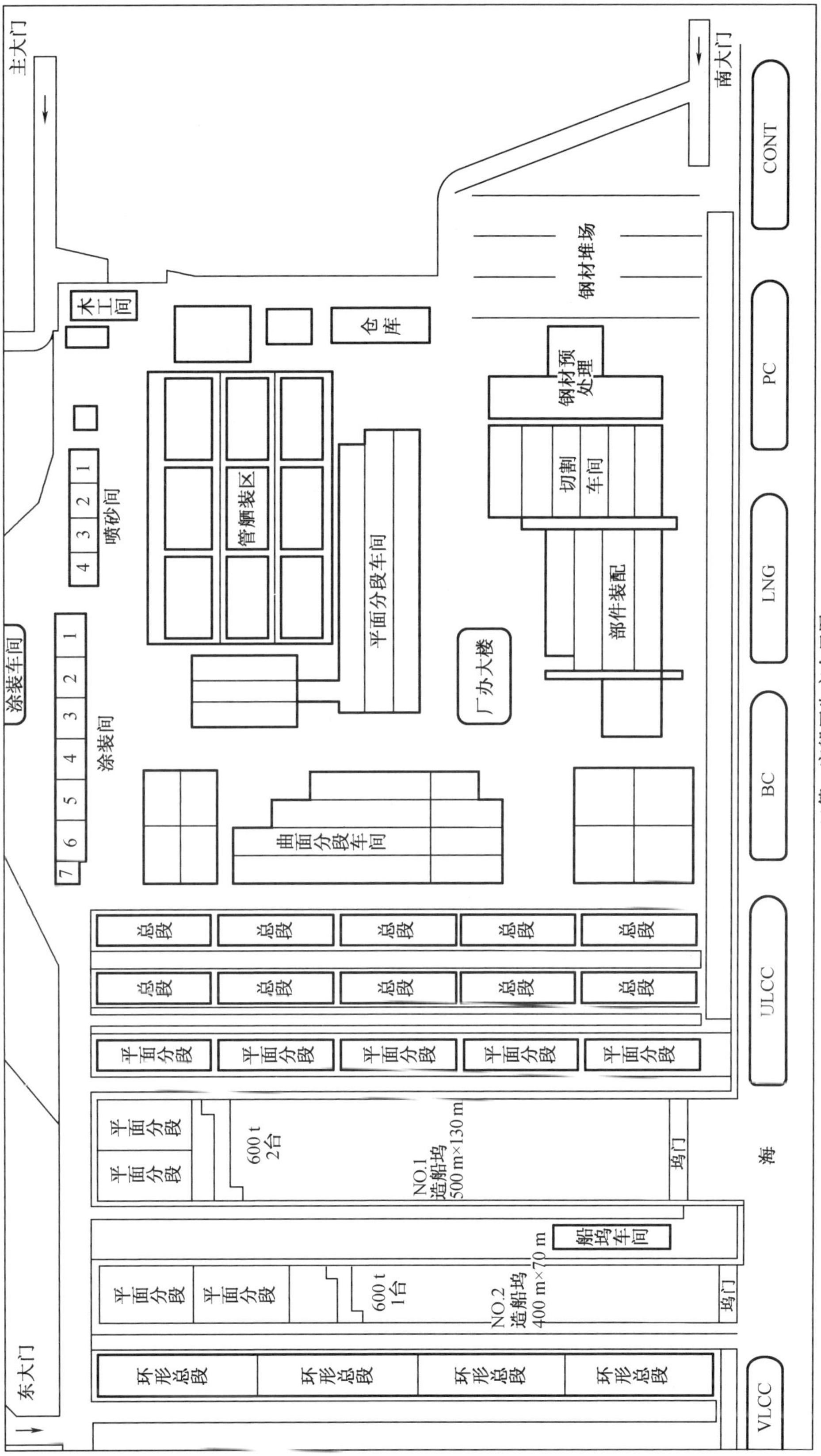

(a)第一家船厂生产布局图

图1－23　生产布局图

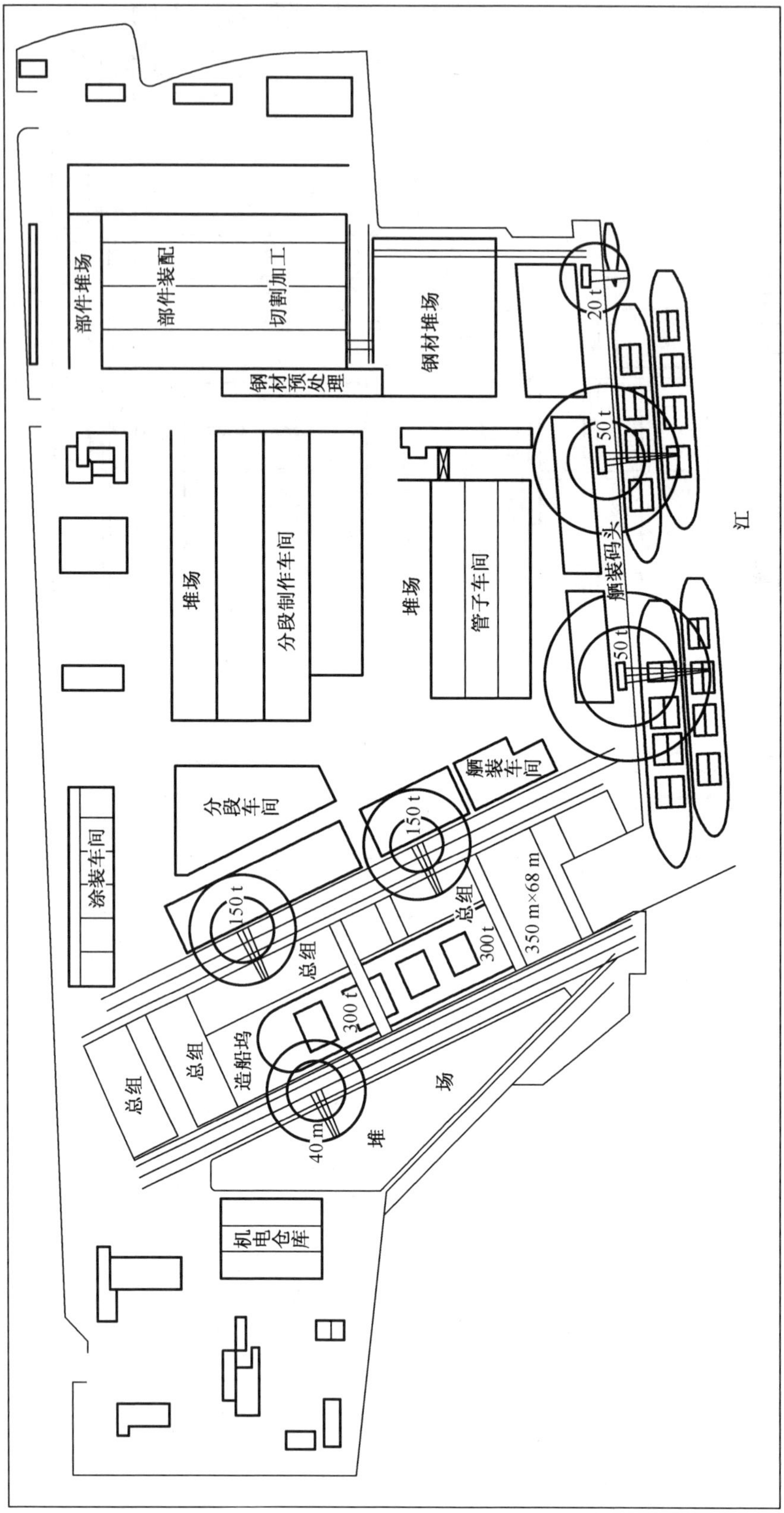

(b)第二家船厂生产布局图

图1－23（续）

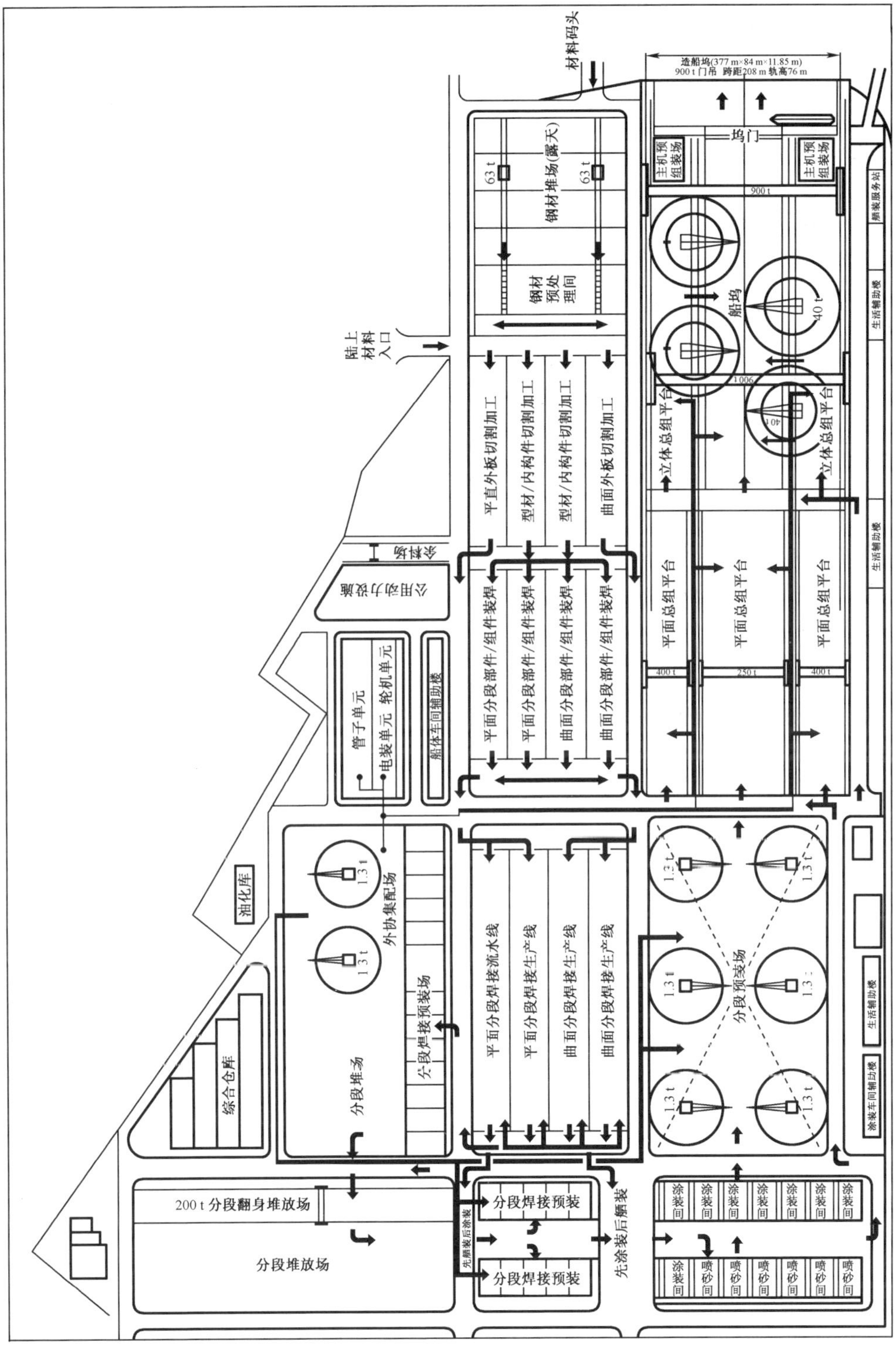

(c)第三家船厂生产布局图

图1－23（续）

第二章　钢材下料与加工

知识目标

- 了解船厂钢材采购及管理的基本方法。
- 理解板材预处理的过程。
- 掌握零件套料与下料的基本概念。
- 了解板材和型材加工的常见方法。
- 熟知板材拼接的方法和工艺过程。

能力目标

- 能够描述船厂钢材管理的过程。
- 能够准确描述板材预处理的工艺流程。
- 能够根据零件类型选择正确的加工方法。
- 能够完成平直板材的拼接。

本章通过简要介绍现代化造船企业钢材采购、管理、预处理、切割下料以及板材和型材的加工、拼装流程，使读者了解造船内业车间钢材下料和加工的工艺过程，掌握信息化、智能化背景下新的工艺技术及其应用情况，让读者理解精益造船生产在最初工艺流程中的应用和实施方法。

第一节　钢 材 管 理

当前，绝大多数船舶或海洋工程用料是钢质的，钢材是船舶最重要的材料。钢材占钢质船舶自重的90%以上，中等规模以上的造船企业一年的用钢量可达数十万吨，钢材在造船成本中占很大的比例。因钢材占船舶自重的比例很大，而船体结构复杂、尺寸庞大，将采购的平直钢板和型材加工成船体不同部位对应的各种形状，须耗费大量的人力和物力，因此钢材的加工是造船企业一个重要的生产组成部分。船用钢材分为A、B、D、E四个等级，且所有钢材须经过船级社的认证，其中以A级钢在船舶制造中使用量最多，如中国船级社认证的船用A级钢（CCSA），近几年来，其价格随市场波动，一般为3 000 ~6 000元/吨。

造船企业对钢材的需求量巨大，钢材价格也较高，为更有效地提高钢材使用率，减少浪费和库存，绝大多数企业都设置了专门的钢材管理部门，部分企业还采购或开发了钢材管理软件，用于钢材的辅助管理。

一、钢材的采购

钢材的需求一般由生产部门或计划部门提出，由采购部门下单购买。因船舶建造周期长，生产设计也是在生产过程中不断推进的，所以钢材采购一般都是分批进行。当设计完成后，所需钢材的型号、数量、板厚、尺寸、材质等数据都已确定，采购部门以此数据为基础，结合生产进度和其他在建船舶的需求情况，综合分析后向轧钢厂下单。

考虑到成本以及供货的及时性，造船企业一般会与轧钢厂签订协议，长期从某一个或几个轧钢厂采购钢材。造船企业都有自己的物料码头，钢材一般通过船舶由轧钢厂运输到造船企业，常见的是每 10 天或半个月运送一次。来料船停靠码头后，由延伸到水面上方的行车将板材吊起，运到钢材堆放场放置，等待处理和加工。

二、钢材的管理

随着造船智能化技术的应用和精细化管理的提升，各大造船企业对钢材管理也提出了更高的要求。近年来，日韩造船企业在推行准时生产(just in time)的理念，理想目标是做到 6 个“零”和 1 个“一”，即零缺陷、零储备、零库存、零搬运、零故障、零提前期和批量为一，主张消除一切浪费，认为清点、存储、搬运、质检等都是生产中不增值的过程，应尽量减少。对于钢材管理而言，就是要做到适度库存，既不影响生产而造成等工等料，也不大量备货导致货物资金积压，还要做到先用的先取，后用的后取，做到合理理料，保持生产节奏。

1. 钢材的卸货与堆放

钢材堆场是进行船舶生产中最先行工程的钢材卸货、堆放及预处理的地方，此处的流程与所有生产工程均有联系，因此确保钢材的稳定物流是至关重要的。钢材堆场运行要以维持整个工程为前提，必须实现自动化以达到合理化及活性化。

钢材卸货可采用吊车、平板车、起重机、叉车等工具，目前很多造船企业建造了全机械化的卸货设施，建立了比较合理的卸货流水线，表 2－1 所示为韩国几家造船企业的钢材卸货方式与所使用的设备。因钢材堆放场地较大，常见的都是露天堆放，为了有效应用堆场实际面积、缩短堆放时间，应充分考虑并制订符合堆场条件的堆放方案，图 2－1 所示为国内某企业钢材堆场。

表 2－1 韩国几家造船企业的钢材卸货方式与所使用的设备

	A 厂	B 厂	C 厂	D 厂	E 厂
工程	收到入港计划 →	制订卸货计划 →	收到装货文件 → 申报海关入港 →	开始卸货 →	搬运钢材
主管	航运劳务队				
设备	—30/25 t 吊车 —200 t 平板车 —叉车，龙门搁架	—20 t 起重机 —15 t 起重机 —叉车	—30/25 t 吊车 —15 t 行车 —15 t 起重机	—90 t 汽车吊 —15 t 电磁吊 —叉车两台	—25 t 起重机 —15 t 电磁吊 —15 t 起重机

表 2-1(续)

	A厂	B厂	C厂	D厂	E厂
卸货物量	42 500 吨/月	51 000 吨/月	26 000 吨/月	10 000 吨/月	13 000 吨/月
卸货能力	1~3 个/次	1~4 个/次	1~4 个/次	1~3 个/次	1~3 个/次
运输到堆场的方式	按长短分后卸货→放在龙门搁架上→叉车或平板车搬运	起重机卸货→拖车搬动到临时堆场→叉车堆放到堆场	起重机卸货→拖车搬运到堆场	汽车吊卸货→专用电磁吊搬运到堆场	*起重机卸货→龙门搁架→平板车→行车→堆场 *分堆卸货→行车→堆场
备注	—	NO. 8/9 船坞除外	NO. 3 船坞基准	—	—

图 2-1　国内某企业钢材堆场

2. 钢材的管理

(1)出入库管理

船厂钢材使用量大,且钢材是消耗品,不易按固定资产管理,因此很多船厂都制订了非常严格的钢材管理制度。图 2-2 所示为某船厂的钢材出入库管理单。

(2)钢材理料

钢材在堆放场储存一段时间后应按加工类型及加工始点重新分类,再按加工始点进行钢材预处理,并送到切割流水线进行切割。

①一次理料。

一次理料应根据生产计划,将先进行生产的板材、型材放在最上方,即最靠近板材预处理线和型材预处理线的位置。理想状态是取完附近板材后接着取下层或旁边的板材,尽量减少吊运和翻腾。在钢材和型材的某一端一般标有钢材尺寸、材质、厚度等属性的钢印,这是追踪钢材的最直接方法,同时也应注意检查规格不符、遗漏、腐蚀、污染、损伤等情况,一次理料可在卸货时一并处理。

②二次理料。

二次理料是指因堆放场地有限、缺货、某些钢材变形破损不能直接使用或无法找到,在下次生产取料前需要再次对场地内的钢材进行整理,使其更符合后续生产流程。有时场地在经过一段时间生产后,还有很多钢材没有投入使用,可能还需要第三次甚至更多次理料。表 2-2 所示为韩国几家造船企业钢材计划表。

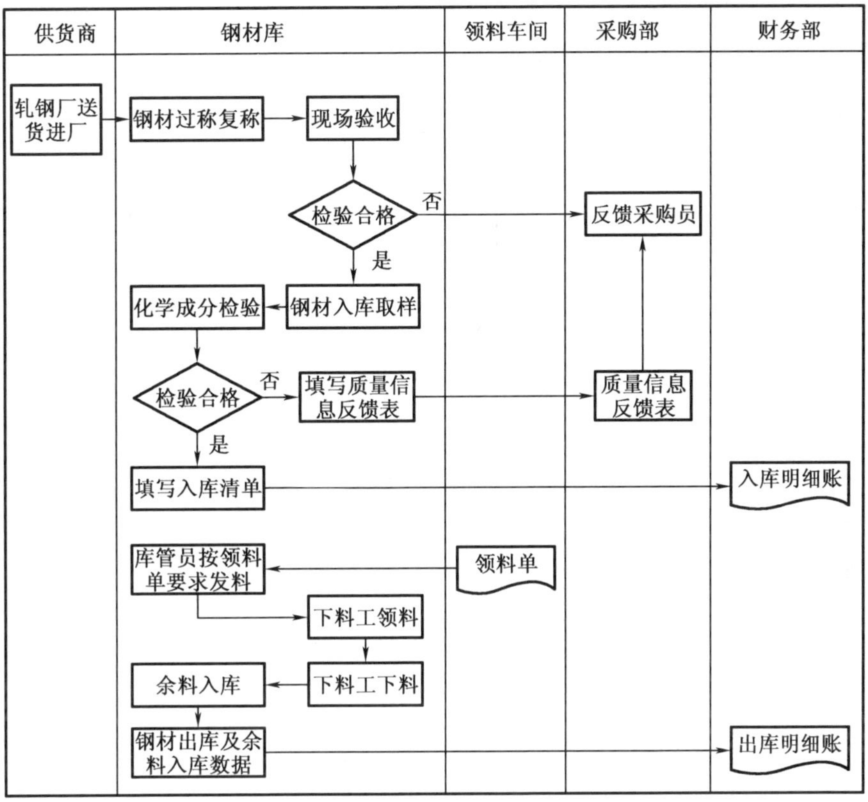

图 2-2 某船厂的钢材出入库管理单

表 2-2 韩国几家造船企业钢材计划表

	A 厂	B 厂	C 厂	D 厂	E 厂
卸货	按订单顺序入库(开工 -45 ~ 16 天)	按订单顺序入库(开工 -45 ~ 30 天)	按订单顺序入库	按订单顺序入库(开工 -60 ~ 30 天)	按订单顺序入库(开工 -21 天)
一次理料	按日期/号船/加工类别(7 天物量)	日期/Group(开工 -7 天)	按号船(开工 -15 ~ 20 天)	按 PAKAGE(7 天物量)	按号船 LOT(开工 -15 天)
二次理料	按分段/投入顺序(1 天物量)	按 LOT(1Group)按日期(2Group)(开工 -2 天)	按分段(开工 -7 天)	按加工类别(3 天物量)	LOT 投入顺序(7 天物量)
三次理料	—	—	按切割日期(开工 -3 天)	按分段/日期(1 天物量)	—

注:Group 表示组,PAKAGE 表示包,LOT 表示批次,“ - ”号表示开工前多少天。

(3)钢材管理系统

随着信息化技术在造船企业的推进,很多企业建立了钢材管理系统,以帮助提高钢材管理水平。图2-3所示为国内某企业开发的钢材管理系统构成图。通过在钢材上粘贴条形码、二维码等标签,管理部门可实时追踪钢材的位置、状态和所处的加工阶段,并可通过手机便捷管理。某些企业建立了更大的物料管理系统,可实现对钢材、法兰、管材、设备等进行全过程管理,甚至在场区的全生命周期管理。

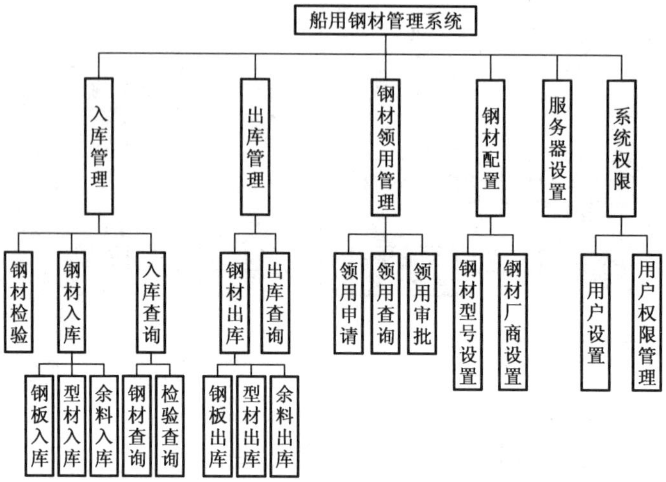

图2-3 国内某企业开发的钢材管理系统构成图

第二节 高精度下料方法与工艺

钢材在堆场堆放后易发生锈蚀和变形,需要经过矫平和表面清理与防护后,才能进行船体零件的号料工作,然后根据号料时所划的有关线条,依次进行切割(机械剪切或氧炔气割)和零件加工,形成所需要的船体构件。号料前的钢材矫平和表面清理与防护称为钢材的预处理,而号料之后制造船体构件的过程则称为船体构件加工。

一、钢材的预处理

钢材预处理工艺是指钢材在加工前(即原材料状态)进行表面抛丸除锈并涂上一层保护底漆的加工工艺。钢材经过预处理可以提高金属构件的抗腐蚀能力,提高钢板的抗疲劳性能,延长其使用寿命;同时还可以优化钢材表面工艺制作状态,有利于数控切割机下料和精密落料。我国中等规模以上的造船企业都建立了钢材预处理生产线,生产线主要由矫平设备、除锈设备、喷涂设备、烘干设备等组成,由链条或其他方式带动辊轮转动进而实现钢板的运送。典型的钢材预处理生产线如图2-4所示。部分预处理生产线还在钢材矫平后增加加热设备,给钢材加热,以使表面的锈蚀等翘起,提高抛丸效果。钢板形状比较规则,有利于机械除锈和自动化喷漆,因此采用钢材预处理可大大提高清理工作的效率,减轻清理工作的劳动强度和对环境的污染。

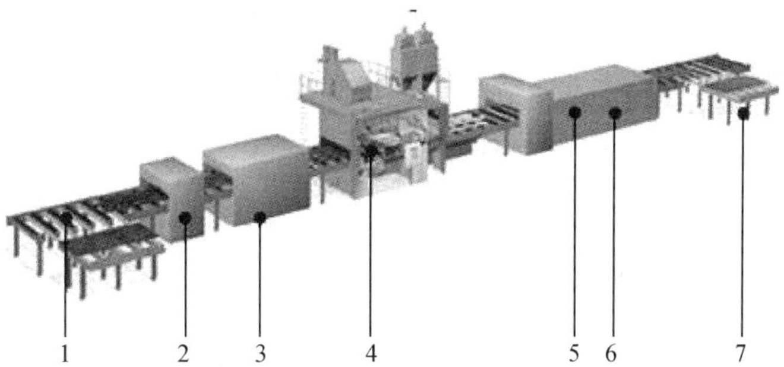

1—辊轮;2—钢材矫平设备;3—抛丸机;4—喷涂设备;5—烘干设备;6—出料输送轨道;7—板材专项支架。

图 2-4 典型的钢材预处理生产线

1. 钢材的矫平

钢材因在堆场堆放或吊运等因素,其表面常存有不平、弯曲、扭曲、波浪形等缺陷,这些缺陷使钢材在下料划线时,难以获得所需要的下料精度,可能造成零件尺寸偏差,进而影响后续工序的顺利进行。钢材在下料和成型加工之前,必须进行矫平。

钢材矫平需要借助外力,按外力来源可分为手工矫平、机械矫平和火焰矫平几种,按矫平时是否加热钢材可分为冷矫平和热矫平,其中借助机械设备的冷矫平可节约能源,且矫平效率高,在船厂使用最多。

(1)手工矫平

手工矫平是指使用锤或其他简单工具等,利用人力对钢材进行矫平的工作。手工矫平具有简便灵活、成本低等特点,一般在缺乏专用设备或不便使用矫平设备,且需矫平的钢材变形不大或刚性较小的情况下使用。手工矫平的基本方法是用锤击钢材纤维较短的部位使其伸长,逐渐与其他部位纤维长度趋于相同,进而达到矫平的目的。钢材变形时一般"松"的部位凸起,矫平时就是要敲击使其紧贴工作平台。对于薄板,如不便于采用机械矫平,也可采用手工矫平;对于较厚板材,因板材刚性大,手工矫平效率低,效果也难以保证。

①薄板中间凸起的手工矫平。薄板中间凸起的现象是四周紧中间松,即钢材纤维四周较短,中间较长(图 2-5)。矫平时把薄板凸起一面朝上放在工作平台上,用锤由凸起周围逐渐向边缘进行锤击。锤击时越往边锤击力度越大,锤击密度也加大,促使四周纤维逐渐伸长而使薄板趋于平整。如薄板中间有几处凸起,应先锤击凸起交界处,使多处凸起并成一处后再用上述方法进行矫平。

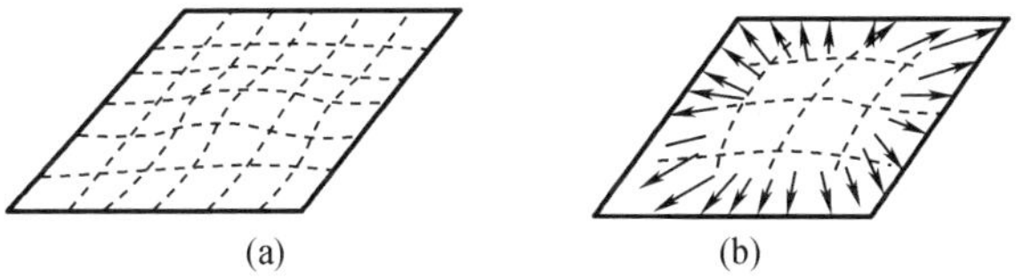

图 2-5 薄板中间凸起的手工矫平示意图

②薄板四周呈波浪形的手工矫平。薄板四周呈波浪形的原因是四周松而中间紧,即钢

材纤维中间比周围短。矫平时把薄板放在工作平台上,用锤由四周向中间进行锤击,越往中间锤击力度和密度越大,使中间纤维伸长而趋于平整。如薄板四周是波浪形严重,可在手工矫平前先进行火焰矫平,再用手工矫平。

(2)机械矫平

机械矫平是指借助机械设备对钢材进行矫平。机械矫平生产效率高、质量好,且可控,适用于批量较大、形状一致的钢材,特别是板材。

①钢板矫平机。钢板矫平机矫平钢板时钢板在矫平机辊轮中反使复弯曲,从而使钢板内的短纤维拉长,使钢板的应力超过弹性极限时发生永久变形,由此使钢板平整。常见的钢板矫平机为五辊和七辊矫平机,钢板矫平作业示意图如图 2－6 所示。

矫平机是通过上下两列辊轴挤压板材来实现矫平的,其板材矫平原理如图 2－7 所示。常见的是下列辊轴固定在机体上,通过电动机带动辊轴旋转,进而带动板材行走,为主动辊轴。上列辊轴为从动辊轴,可做垂向调节,以调整矫平机上下辊轴之间的间隙,来适应不同的板厚。钢板越厚,矫平时越容易,钢板较薄时容易变形,因而矫平时比较困难。钢板的矫平往往不是辊动一次就能完成的,常需要反复多次才能完成。

图 2－6　钢板矫平作业示意图

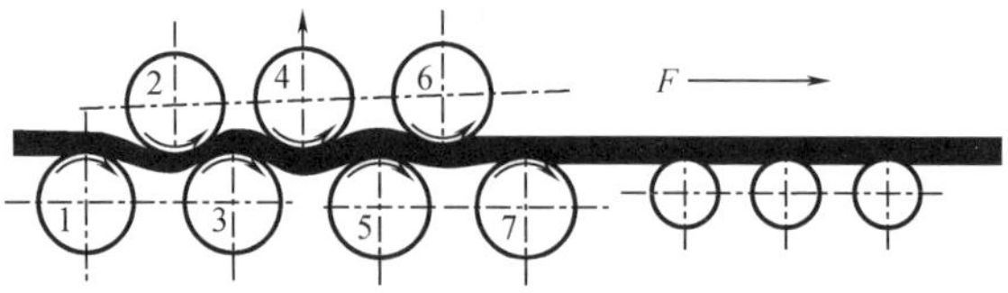

图 2－7　板材矫平原理图

②撑直机。撑直机是采用反向弯曲的方法来矫平直条形钢板或型钢的,一般为卧式,工作部分呈水平布置。撑直机按撑头分为单头和双头两种。撑直机撑头由电动机带动偏心轴做前后方向水平运动,撑头撑出长度可根据矫平件弯曲程度由撑头调节轮调节。随着机械设备的进步,有些机械不但能给型材矫直,还能将平直型材加工成所需的各种弯曲形状。型材的弯曲如图 2－8 所示。

③辊弯机。辊弯机主要作用是将板材弯曲成圆弧形或其他曲面形状,也可用于矫平钢板。矫平时可先将矫平件辊出适当的大圆弧,再翻身用略加大上下距离的辊轴辊轧,如此反复辊轧使矫平件原有的弯曲反弯,从而逐渐趋于平直。辊弯机常见为三辊轴(图 2－9),下部两

辊轴为主动轴，由电动机带动旋转，进而带动钢板进出，上部辊轴为从动轮，可上下调节，以适应不同的板厚。

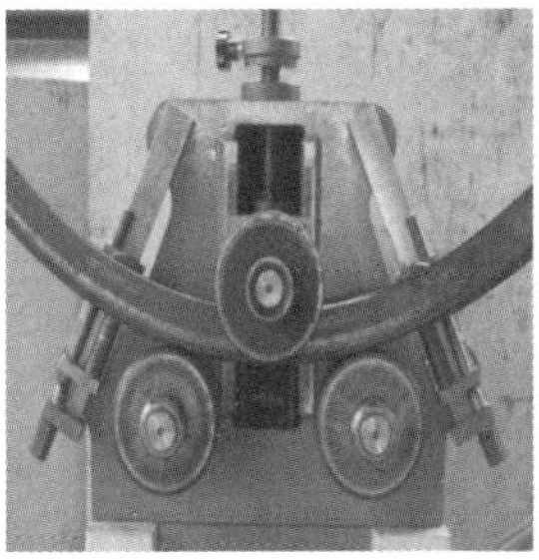

图 2-8　型材的弯曲

图 2-9　辊弯机

④压力机。钢材具有弹塑性变形能力。在弹性范围内，外力大小与变形程度成正比，在外力去除后，钢材有可能恢复原来的状态，但受力继续加大时钢材就将超出弹性变形范围，达到塑性变形，当外力去除后，钢材不会恢复原来状态。用压力机来矫平钢板，就是用压力机的巨大压力将钢板不平处压平。压力机价格高，设备尺寸大，在船厂使用较少。

2. 钢材表面清理

对钢材表面进行处理，去除氧化皮和锈蚀，常用的方法是抛丸处理、喷丸（砂）处理和酸洗处理。对于采购的钢板常在钢板预处理生产线上使用抛丸处理，对于分段、舾装件和其他结构件表面常采用喷丸（砂）处理，对于钢管等材料常采用喷丸（砂）处理或酸洗处理，这里介绍抛丸处理。

抛丸处理是利用叶轮在高速旋转时产生的离心力，将磨料（如钢丸、钢砂等）以很高的速度抛向钢材表面，产生打击和磨削作用，以去除钢材表面的氧化皮及锈蚀物，使钢板露出金属的本色，同时使其表面具有一定的粗糙度，便于油漆附着。抛丸设备是钢材预处理生产线中的重要设备之一，抛丸处理效率很高，且磨料可重复使用，通过给抛丸设备安装外罩，实现封闭作业，对外界环境污染很小，常见钢砂磨料外观如图 2-10 所示。除钢板预处理生产线外，有些企业还建立了型钢预处理生产线，这类生产线通过调整抛射角度实现对型材各个部位的抛丸处理。图 2-11 所示是卧式抛丸机，钢板进入抛丸机后，板材上下两面可同时接受抛丸。

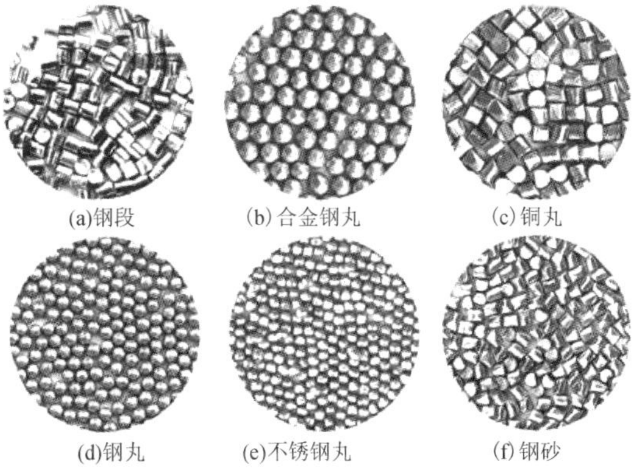

图 2-10　常见钢砂磨料外观

图 2－11　卧式抛丸机

3. 车间底漆喷涂与烘干

钢板在预处理生产线上经过矫平、抛丸处理后，要立即喷涂涂料以防止裸露本色的钢材再次氧化，在此阶段喷涂的涂料称为车间底漆，同时这层涂料能有效阻止钢材在加工、装配等过程中再次被锈蚀，如图 2－12 所示。车间底漆的存在不能对板材的焊接、切割、装配产生影响，车间底漆要具有 3 个月以上的防锈能力。

为实现在预处理生产线上连续和较快速生产，喷完车间底漆后，要对涂料进行烘干，以加速其形成漆膜。

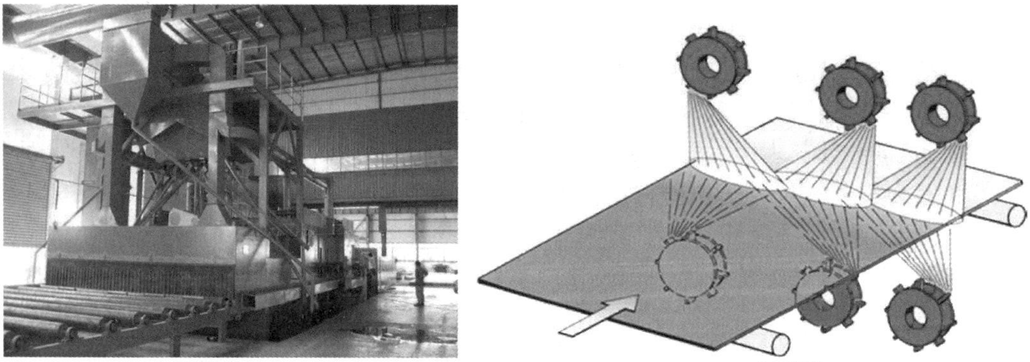

(a)喷涂设备　　(b)喷涂

图 2－12　喷涂设备及喷涂示意图

二、号料与下料

1. 号料与套料

所谓号料是指把放样展开后的船体构件实际形状与大小在经过预处理的钢材上划出，并标注其船名、构件名称、有关结构线、加工符号、装配标记、施工余量等。号料的方法是随着船体建造工艺水平的不断革新与提高而不断改进和简化的，特别是随着数学放样和数控切割机的发展，在船体建造工序中可以取消单独的号料工序。目前，大中型造船企业普遍推行船舶生产设计，设计完成后将零件厚度和材质相同的构件在钢板上合理地排列，以节约材料，这一工艺过程称为套料。套料在计算机上用软件来完成，不需要在钢板上实际划出零件形状。图 2－13 所示为某板材的套料图。

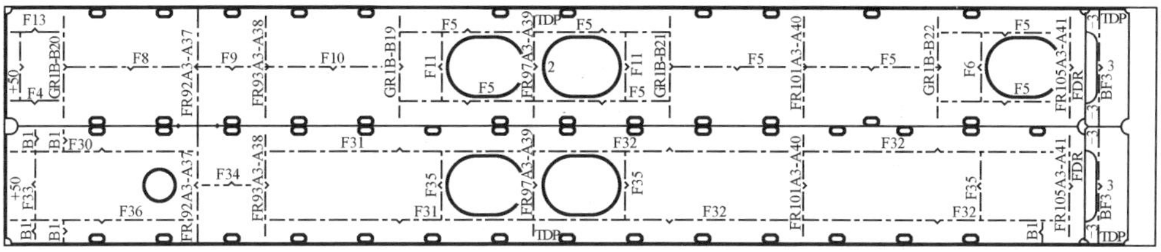

图 2－13 某板材的套料图

2. 下料

下料是指确定制作某个设备或产品所需的材料形状、数量或质量后，从整个或整批材料中取下一定形状、数量或质量的材料的操作过程。零件下料是指在板材上割下所需的形状，型材下料是指在型材上割下所需的长度。

对于整张板材，一般在数控切割机上由切割机进行下料。下料时，作业人员依据板材切割图（图 2－14）指示操作。切割图上有板材的编号、切割指令号、板材套料图、零件名等基本信息。作业人员在核对要切割的板材与图纸名称一致后，调取对应的切割指令，指示切割机自动切割。切割完成后，作业人员要对照图纸零件位置，给每一个零件写上零件编号，并进行简单理料，将不同零件放在不同的托盘中，废料放在废料框中。图 2－15 所示为板材切割作业场景。

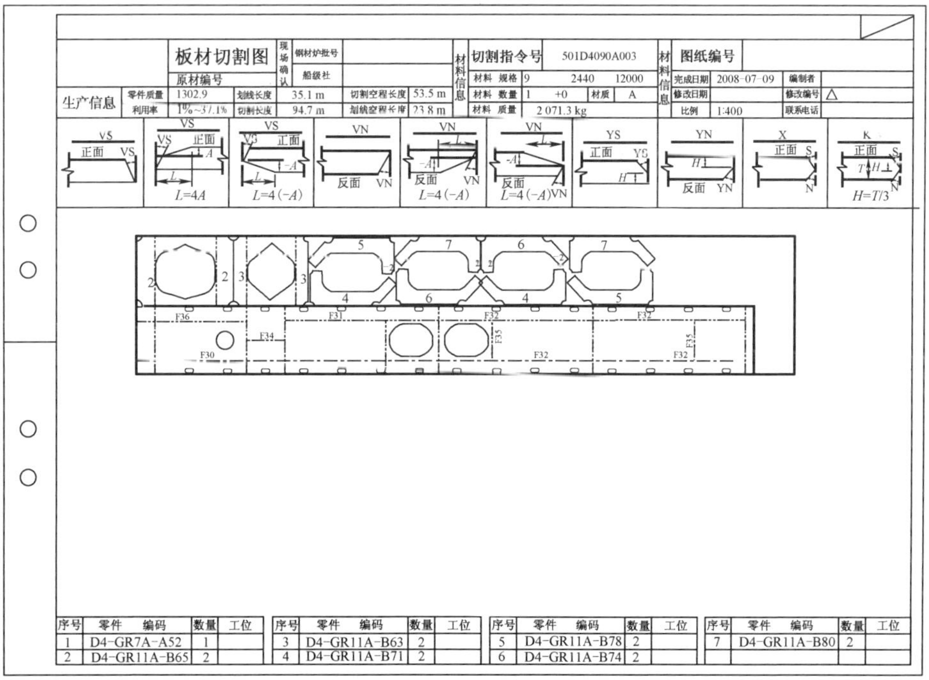

图 2－14 板材切割图

图 2－15　板材切割作业场景

思考与分析

图 2－13 所示的套料图中的空白区域均是钢材下料切割后的废料，空白区域越大，材料浪费就越多，试思考如何提高材料的使用率即套料率？

对于形状比较规则的零件，如板材较薄，也可采用剪板机（图 2－16）进行下料；对于少量零件的下料，可以采用气割下料。气割下料通常使用半自动气割机（图 2－17）下料和手工气割（图 2－18）下料。

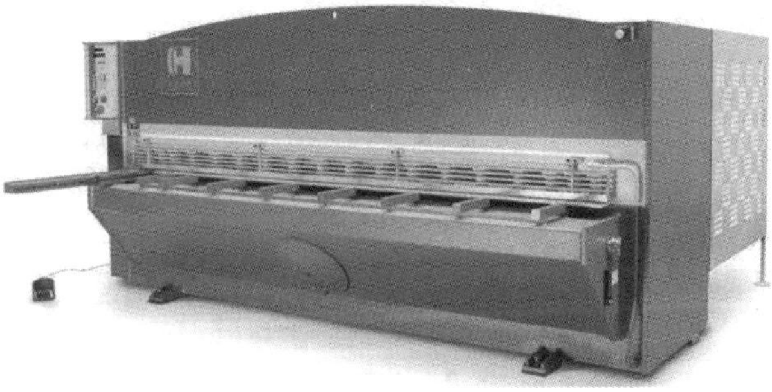

图 2－16　剪板机

图 2－17　半自动气割机

图 2－18　手工气割

第三节　船体板材与型材加工

一、船体板材加工

板材经预处理和下料后，要对经处理的构件按要求制造成各种各样的船体结构构件，这个工艺过程称为船体构件加工。

船体构件加工的方法，按加工时钢材的温度情况可分为冷加工和热加工两大类。冷加工是指钢材在再结晶温度（Fe－C 状态图中的二次结晶温度，即同素异晶转变温度，约727 ℃）以下时，对其施加一定的外力而发生断裂或塑变的工艺过程；热加工则是将钢材加热到 Fe－C 状态图中的二次结晶温度以上，利用船体结构钢材在高温时易与氧气燃烧而强度降低、塑性增高的特性，进行分离或塑变的工艺过程。

船体构件加工的方法，从其构件特点和加工要求来看，可分为边缘加工和成型加工两大类，随着船体建造工艺的发展，船体构件的加工技术也有了很大发展，主要趋势是：加工设备高效化，辅助工作机械化，工艺操作流水化，加工机床数控化。船体构件加工方法及分类如图 2－19 所示。

1. 板材边缘加工

船体构件的边缘加工是指进行边缘的切割和焊接坡口加工的统称。船体构件的边缘可分为直线边缘和曲线边缘，一般大于等于 6 mm 厚的船体构件焊接前须在边缘开坡口，其坡口形式按焊接规范要求可分为 I 型、V 型、K 型、X 型和 U 型等。船体构件边缘加工的工艺方法是机械剪切、刨边（或铣边）和气割。

当前，数控切割机一般都可调节切割角度，在板材下料切割时，即可切割成所需的坡口。采用剪板机也可剪出板材坡口，采用半自动气割机也可开出坡口。手工气割也可开出坡口，但受操作人员技术水平影响较大。对于采用火焰切割的超厚板和切割时未开坡口的板材，可采用刨床、刨边机等机械来开坡口，市场上也有专用的坡口机。坡口机尺寸小，操作简单，除平直边坡口机，还有适用于弧形板坡口机和管道边的坡口机，有的坡口机还可给板材上下两面一次开具坡口，可用于开 K 型、X 型坡口。少量边缘不良的板材还可用机械打磨以改善边缘状况。图 2－20 所示为国内某企业开发的便携式板材坡口机，它具有小巧、震动小、操作简单等特点。

2. 板材成型加工

将切割下来的平面构件加工成各种形状的船体构件的工艺过程称为板材成型加工。船体板零件具有各种各样的形状，常见的有平直的和弯曲的板。弯曲的板又可分为单向曲度板（含带有折边的）、双向曲度板和复杂曲度板。船体结构常见板材类型及所处位置见表2－3。

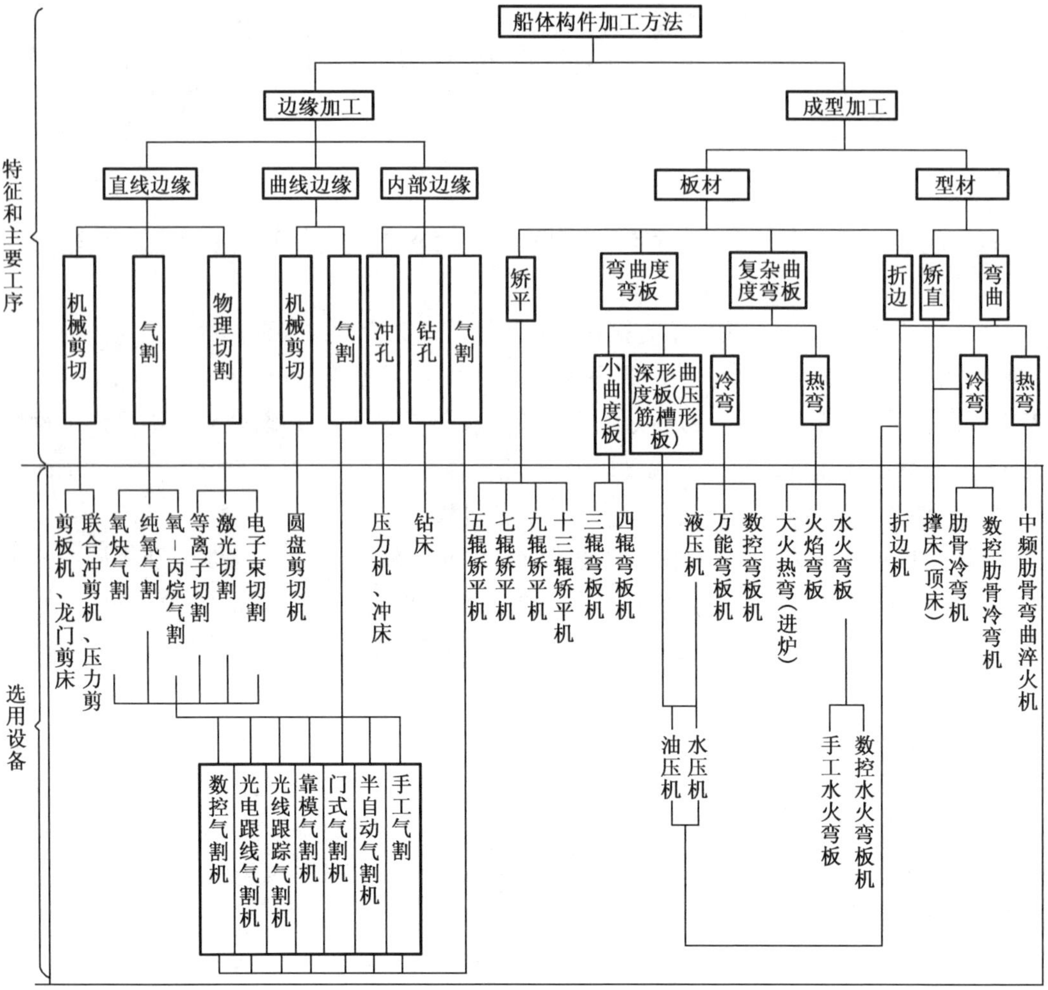

图 2-19　船体构件加工方法及分类

图 2-20　便携式板材坡口机

表 2 – 3 船体结构常见板材类型及所处位置

零件分类序号	分类名称		形状特征	零件图形	构件名称和所在部位
Ⅳ	板材	平面非直边构件	表面平、边缘不直	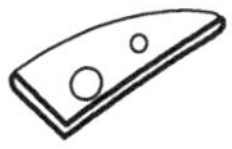	肋板
					舷侧纵桁、甲板纵桁、强横梁、强肋骨等的腹板
					肘板等
Ⅴ		单向曲度构件	横向曲度不变、边缘直(筒形板)		平行中体处的舭部列板等
			横向曲度变化、边缘直(锥形板)		艏柱板、位于平行中体以外的舭部列板、烟囱板等
Ⅵ		双向曲度构件	帆形板		艏艉端中间部分的外板等
			鞍形板		艏柱上部外板等
			横向弯曲和扭曲	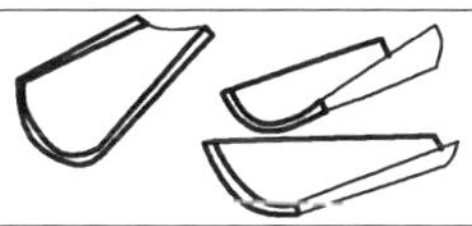	艏艉底板等
			横向波形弯曲		轴包套处外板等
Ⅶ		复杂(空间)曲度构件	球面曲度		巡洋舰尾的尾包板、上层建筑及烟囱的流线型封头板等
			纵横双向波形曲面		轴包套处外板等
			扭曲和横向变化曲度		轴包板
			纵横双向弯曲及扭曲		艏艉处舭部列板等

(1)板材的冷弯加工

①单向曲度板加工。具有圆柱形或圆锥形的单向曲度板(如平行中体处的舭部列板等)称为简单曲度板,可用图2-9所示的辊弯机加工成型。因辊轴直径较大且辊轴间具有间隙,板材边缘部分在弯板机中压不到,可采用加衬垫等方法来处理,也可在折弯机上对边缘进行压折,通过调节折弯机下部工作台的凹形,可实现对各种角度板材的折弯,如图2-21所示。

(a)

(b)

图2-21　折弯机压边

②压弯加工。对于具有曲面或是带有折边的板材,可采用折弯机或其他机械来加工,这些机械大多为液压式的,少数企业装备有大型水压机。近年来,国内企业开发了先进的大型三维数控弯板机,在江南造船(集团)有限责任公司实现了应用,对双向曲度板或复杂曲度板可做到一次加工成型,这大大提高了工作效率和曲度板加工的精度,但设备成本较高,如图2-22所示。该弯板机通过驱动上下密集布置的支柱,给板材以不同的压力,在与板材的接触面形成不同的曲面,以巨大压力挤压板材,使其弯曲从而达到所需的曲面。

(a)

(b)

图2-22　三维数控弯板机

(2)板材的水火弯板

①水火弯板工艺基本原理。

水火弯板是指用氧炔焰对板材(或型材)进行局部线状加热,并用水进行跟踪冷却,使板材产生局部塑性变形,从而将工件弯成所要求的曲面形状的一种热加工方法。对于双向曲度板或复杂曲度板，水火弯板仍是一种比较有效的加工方法，但其加工效率较低，工艺较难掌握，加工效果受施工人员技术水平影响较大。常见的操作方法是先用辊弯机把板材压出单向曲度，再用水火弯板把板材加工成所需的形状。

由于在使用水火弯板时，加热火焰的移动速度较快，因此在加热处板材的厚度方向存在较大的温差，加热面的温度高于背面的温度，这种热场的局部性，使加热面金属在膨胀时受到周围冷金属的限制，因而在加热区产生压缩塑性变形；热源移除后，在板厚方向产生收缩变形的同时，板材加热面产生拉应力，这相当于作用在平板上的外加弯矩，导致板材产生弯曲变形。水火弯板就是利用板材在局部加热冷却过程中会产生角变形和横向收缩变形这一特点来达到弯曲成型的目的（图 2－23）。用水跟踪冷却的作用在于加大这种变形，增加其成型效果。

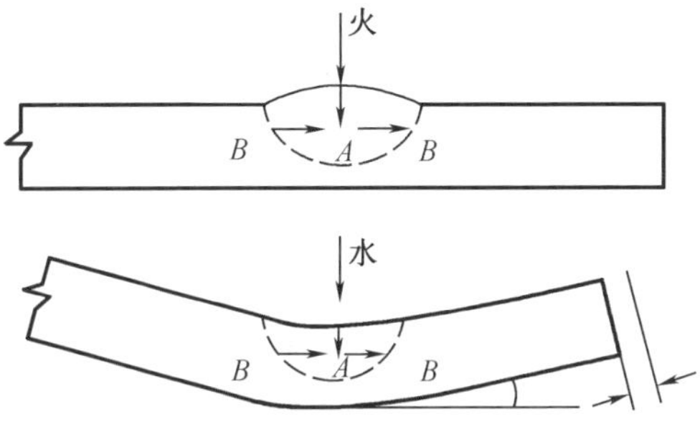

图 2－23　水火弯板原理图

②影响水火弯板成型效果的因素。

A. 加热线对成型效果的影响。水火弯板时，加热线的位置、疏密和长短对板材成型效果影响很大，图 2－24 所示为采用辊弯机先将某板材辊压出单向曲度，再用水火弯板对其进行加工，直到达到所需的形状（图 2－25）。从图 2－25 中可见明显的烧痕，其长短不一，分布不均匀，还有交叉情况，因此加热线的位置、疏密程度和长短都对板材成型效果有很大影响。

图 2－24　辊弯机加工后的板材

图 2－25　水火弯板加工后的板材

B. 冷却方式对成型效果的影响。冷却方式对水火弯板的成型效果影响也较大，水火弯板的冷却方式主要有自然冷却、正面跟踪水冷却和背面跟踪水冷却三种。

自然冷却是材板被加工后，在空气中自然冷却的一种方式，缺点是成型速度慢，冷却时间长，不便于连续加工。

正面跟踪水冷却就是加热与冷却在板材的同一面，与自然冷却相比，它加速了金属的收缩，强化了正在受热金属的压缩作用，能使其产生较大的附加变形。板材的横向收缩变形比空气冷却产生的变形大，加热线纵向收缩变形也远比空气冷却产生的变形小，但是，加热面被水强制冷却，温度急剧下降，使板材正反面温差变小，不利于角变形成型。

背面跟踪水冷却是在加热面的反面进行浇水冷却。与正面跟踪水冷却相比，它进一步加大了板材正反面的温差，角变形更大，成型效率更高。

三种冷却方法中，从成型原理看，在火烧板材面的背面浇水更有利于成型，背面跟踪水冷却效果最好，但在实际操作时，不容易实施，常见的还是正面跟踪水冷却。图 2－26 所示为工作人员一手拿着割炬，一手拿着水管，边烧边浇水的水火弯板施工场景。

图 2－26　水火弯板施工场景

C. 加热参数及其他因素对成型效果的影响。加热的主要参数有加热速度、烘嘴口径、加热温度、加热深度和水火距（即浇水点至火焰点的距离）。加热的火焰温度越高，烘嘴口径越大，速度越慢，板材变形越大，反之则越小。此外，水火弯板成型效果显然还受到板材的厚度、材质，施工时对板材的约束方式等因素影响。表 2－4 所示为各种加热参数对成型效果的影响。

③水火弯板的工艺要求。

水火弯板成型效果受以上多个因素影响，是一个非常复杂的工艺问题，施工时要根据板材情况选择合适的参数，同时应避免过烧，防止对钢材材质造成影响。水火弯板应注意以下工艺要求：

A. 加工前，应根据板材成型要求，先在钢板上划出加热线，加热线的起点应相互错开，不在同一条直线上；

表 2-4 各种加热参数对成型效果的影响

加热参数	对两种成型效果的影响	
	横向收缩	角变形
加热速度	反映加热量，速度越慢，收缩量越大。在同一加热速度下，薄板收缩大于厚板	在一定的速度范围内，速度越快，角变形越大。但速度过快时板面加热不足，角变形反而减小。故对应不同板厚存在着最佳加热速度，通常随着单位线热能的增加，薄板比厚板更快达到峰值
烘嘴口径	反映火焰功率，口径越大，单位线热能越强，横向收缩量越大	烘嘴口径越大角变形越大
加热温度	随温度升高而增大，当温度超过 900 ℃时，收缩量增大不显著	随温度升高而增大，薄板到达一定温度后，角变形的增大不显著
加热深度	收缩量随加热深度增加而略有增大	在 1/2 板厚内，角变形随加热深度增加而增大，超过 1/2 板厚后，随加热深度继续增加而逐渐减小
水火距	反映冷却速度，收缩量随水火距增大而增大，达到某一峰值后，继续增大水火距则收缩量减小	随水火距的增大而减小

B. 应根据板材成型要求，选择合适的加热参数；

C. 对于左右对称的板材，其加热线的位置、数量和长短应对称，最好施工时也对称进行；

D. 应尽量避免在同一位置反复加热，反复加热次数过多可能会降低钢材的机械性能；

E. 对于新材料，应在试验获得良好效果的基础上再推广使用。

思考与分析

在船体结构建造中，当分段或总段搭载后，船体已形成立体分段，如发现分段上的板材有较大变形，可采用什么方法进行矫平呢？

二、型材加工

船体平直型材加工相对简单，一般所说的型材加工多指的是型材的成型加工，而型材一般为长条形状，其成型加工主要是弯曲成型。船体结构中常见的型材构件主要有肋骨、横梁、纵骨等，型材类型主要有球扁钢、角钢、扁钢、T 型钢等。型钢成型加工也有冷弯成型和热弯成型加工，但后一种已经极少使用，这里重点介绍冷弯成型加工。

目前，大多数造船企业都采用机器冷弯来加工型材，常见机械有三支点肋骨冷弯机、型材矫直机、三轮滚弯机等，已有企业开发了大型多模头一次成型数控肋骨冷弯机。船体结构中的肋骨一般较长，肋骨冷弯时，常采用逐段冷弯(图 2-27)。

1. 型材弯曲加工的特点

型材弯曲加工属于塑性弯曲。塑性弯曲时的应力应变状态是复杂的，同时由于材料强化，数学分析比较困难，在过去的理论研究和公式推导中，大都做过这样或那样的假设，忽略了一些因素，所得的结论和公式是近似的。因此，在解决实际生产问题时，须视工况加以具体分析，合理运用其结论与公式。

型材弯曲加工的特点和复杂现象，主要有：

①由于实际材料是不均匀的，因此即使不考虑其他因素影响，这一不均匀因素也将导致弯曲回弹的复杂性，使预计回弹量困难；

②肋骨常用球扁钢和不等边角钢等制成，由于这类型材的截面不对称，弯曲加工时，往往产生“旁弯”的有害变形，使矫平工作量增大；

③由于船用型材的腹板高度相对较大，而板厚较小，在反弯时腹板边缘处受压应力作用，常会因刚性不足而发生失稳，产生皱折；

④对于面板较薄的角钢等，在弯曲加工时由于面板中的切向应力作用，不论角钢在正弯或反弯情况下，均会形成“倒边”的合力，使面板与腹板间的夹角变小。

图 2－27　肋骨逐段冷弯

2. 成型方法的分类

(1)冷弯成型

①撑床冷弯成型，其原理与型钢矫直相似。

②三滚轮辊弯机辊弯成型。

图 2－28 所示为三滚轮型钢辊弯机，它是一种连续进给式型钢冷弯成型的专用设备。其弯曲原理与三辊弯板机相同。工作部分为三个滚轮，两个滚轮为主动轮，其上开有槽子，滚轮的轴承实时固定，不能移动，上滚轮为从动轮，可伸缩调节，以达到不同的弯曲半径，这三个滚轮均可拆卸更换，以使滚轮上的槽形能符合相应加工型钢的尺寸和形状要求。

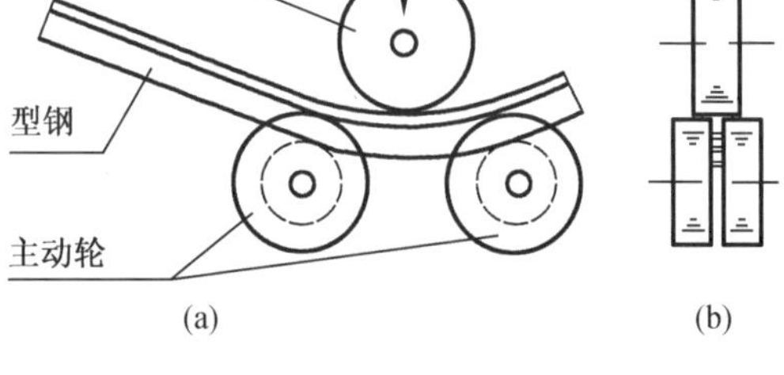

图 2－28　三滚轮型钢辊弯机

③多模头一次成型数控肋骨拉弯机冷弯成型。

图2－29所示为多模头一次成型数控肋骨拉弯机冷弯肋骨示意图。该机器由夹头、直流电动机、位置调节螺杆、模具夹头以及夹头和拉伸油缸等组成。

此种加工方法从自动化角度看比较简单,但由于不能预计型钢弯曲的回弹量,因此对于高腹板的船体肋骨,要准确地弯成所需要的曲线形状,必须经过反复加工才能实现。此外,为了适应船体肋骨的最大长度,需要的设备庞大、投资多。

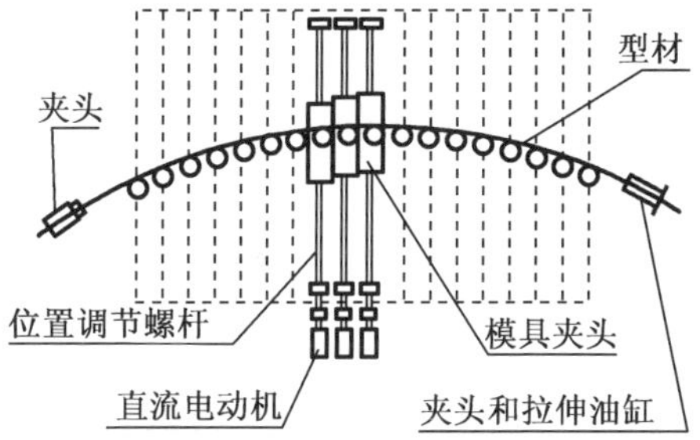

图2－29 多模头一次成型数控肋骨拉弯机冷弯肋骨示意图

④三支点肋骨冷弯机冷弯成型。

肋骨冷弯机大多采用集中力弯曲原理,前述三滚轮型钢辊弯机和撑床也属于此类机型。当梁上受到一个集中载荷作用时,梁就处于集中力弯曲状态,图2－30(a)所示为集中力弯曲下梁的受力情况。因为是三个支点,所以,也称三支点弯曲。在集中力弯曲时,梁的每一个断面上均作用着弯矩和剪力,最大弯矩发生在集中力作用处。

角钢和球扁钢等不对称型材,由于其中和轴与受力面不在同一平面上,所以在型钢上除弯曲力矩外,还有扭矩作用,这些都会使型钢截面产生畸变,产生旁弯、倒边、扭曲和皱折等严重影响加工质量的变形。对于旁弯可采用预置反变形量和设置垂向弯曲系统反变形等措施来预防;对于倒边大多用加垫硬面板的方法来预防;对于皱折常用上下平面加力夹持腹板塑性变形区和加密压点等办法来消除。如以上方法都不起作用,则只能采用机械压平手段或水火矫平来处理。此外,在型钢弯曲过程中,还可能发生回弹现象,需要依靠理论计算和经验来预防和处理。

⑤纯弯曲原理肋骨冷弯机冷弯成型。

纯弯曲原理弯制肋骨,是近年来的研究成果,力学中的纯弯曲是指在平面弯曲时,梁截面上只承受弯矩作用而没有剪力。为得到梁的纯弯曲,按材料力学的方法,只有在简支梁上对称地承受两个相等的集中力,梁在这一段内才处于纯弯曲状态,因为纯弯曲时有四个受力点,所以纯弯曲也称为四支点弯曲(图2－30(b))。

集中力弯曲与纯弯曲具有三个特点:一是型钢在集中力作用处的压痕要比纯弯曲时的压痕大得多,型钢在外力作用下产生弯曲的同时还产生压缩变形,压力越大,变形就越大,从而得出集中力弯曲较纯弯曲压痕大;二是根据纯弯曲原理冷弯型钢可获得光顺的肋骨曲线,纯弯曲时梁的每一个界面上均受到相同的弯矩作用,各截面的变形也相同,因此梁的弯曲形状必然是某一曲率半径的圆弧曲线,相反,集中力弯曲时,最大弯矩发生在集中力作用处,梁只在该处发生局部变形,当逐步冷弯整根型钢时,根据纯弯曲原理冷弯的肋骨,其两边缘均为光顺的曲线,而集中力弯曲所得的肋骨,则压痕显著,呈折线状,不光顺;三是使用纯弯曲能够加大型钢的每次进给长度,从而可以减少弯曲次数,提升加工速度。

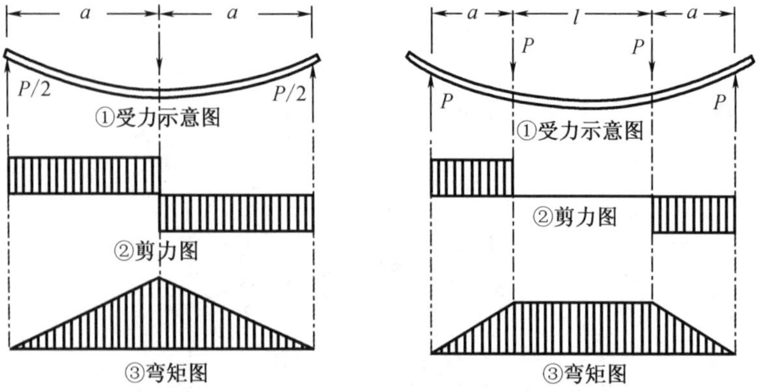

(a)集中力弯曲时受力情况　　(b)纯弯曲受力情况

图 2-30　三支点肋骨完全加工受力示意图

(2)热弯成型

型钢热弯时,先将按肋骨型线预先准备好的铁样固定在铸铁平台上的适当位置,然后从加热炉中取出已加热好的型钢(一般加热到 900 ~ 1 100 ℃),将其一端放在铁样的相应位置旁,在平台孔内插入一个铁棒,夹住型钢防止其移动,再用羊角弯曲型钢,使它逐段与铁样相吻合,并用铁马压牢。在热弯过程中还必须随时用平锤、弯锤等矫平型钢的翼板和腹板上产生的皱折和角变形。此种方法由于所需设备简单,可以适用于任意曲线形状的肋骨,但热弯成型因耗能较大,且施工不易,已很少使用。

(3)中频肋骨热弯机热弯成型

这是我国在 20 世纪 70 年代初期为满足低合金钢型材而研制的一种新工艺,肋骨须经调质处理(淬火加高温回火),使弯曲、淬火合为一道工序。图 2-31 所示是中频肋骨热弯机装置。

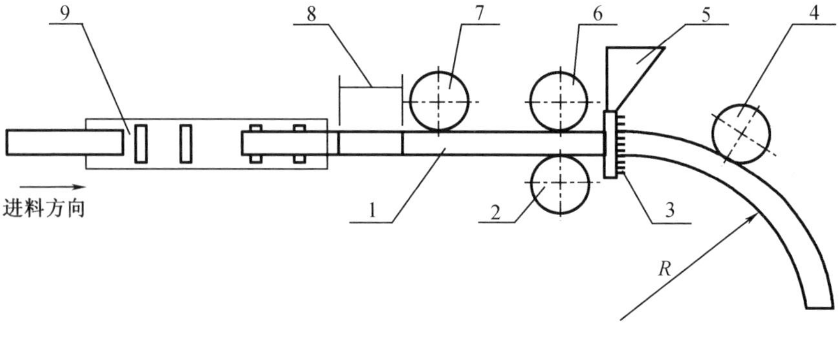

1—型材;2,6,7—滚轮;3—喷头;4—下压轮;5—冷却水;8—定位距;9—电磁感应装置。

图 2-31　中频肋骨热弯机装置

这种装置工作时利用 2 500 Hz 的电流通过感应器产生一个交变磁场,型钢在交变磁场作用下产生大量的热量,把型钢局部加热到淬火温度,然后被位于感应器后的喷头 3 喷出的水冷却,型钢在滚轮 2,6,7 带动下缓慢前进,在下压轮 4 的顶弯作用下发生弯曲。

型钢的弯曲在一段加热窄带中进行,这能有效地避免肋骨的起拱和皱折,其加工效率也较高,但是这种工艺燃料消耗多,劳动强度大,已经被冷加工所取代,目前,只有少量的小型船厂仍在使用。

3. 肋骨弯曲成型的检测方法

肋骨冷弯成型需要一定的检测和控制成型的方法校对型材腹板边缘,使之与要求的曲线一致,在没有采用数控程序的冷弯情况下,常用的控制成型的方法有铁样(样板)人工对样和逆直线法。

铁样(样板)人工对样法需要依据放样提供的结构型线制作铁样或样板,在成型加工过程汇总中用它反复检查、校对所弯曲型材的腹板边缘,直到与肋骨曲线一样为止,因此该种方法需要制造大量的样板,费工费料,且其反复检验,操作繁复,对工人技术水平要求较高。

逆直线法的基本原理是如果在弯曲的型钢上做一根或几根直线,将型钢矫平时,这些直线就成为曲线。反之,如果在未弯曲加工的直型钢上做出了弯曲的准线,经过加工后,这些弯曲的准线分别变成了直线,同样可以据此获得准确的弯曲形状,这就是逆直线法的原理。

在绘制逆直线加工草图或按草图在型钢上划准线时,必须以型钢的中和轴为依据。当然,在型钢弯曲度不大时(甲板纵桁等),其中和轴长度和型钢边线长度相差不大,则可以近似地以边线为划线依据。如果型钢弯曲度比较大,可以用两根或多根准线交叉,但是这样做精度较差。如果型钢弯曲度很大,可能要用到热加工,如果加热温度不均匀容易造成中和轴位置偏离,这时的做法如下:

①在肋骨线图上以对应的肋骨型线为型钢的边线,根据所用型钢的规格而得出其中和轴距离边线的尺寸,从而划出中和轴的位置线;

②划出一根或几根直准线;

③等分中和轴实长线并过等分点做中和轴实长线的法线;

④沿着这些法线量出中和轴到准线的距离 $\Delta1, \Delta2, \Delta3, \cdots$;

⑤在草图上画好直型钢并做出中和轴线且等分之,过各等分点做中和轴线的垂线,在垂线上对应截取各线段的准线点 $\Delta1, \Delta2, \Delta3, \cdots$,将这些点连接起来即为逆直线之准线。

以上逆直线草图可以取代肋骨加工样板,且可提高冷弯加工工效。

课后作业

以图 2-32 所示的零件下料表上的数据为例,按 1:50 缩小比例,参照本节介绍的逆直线草图绘制方法或自行查找相关方法,绘制该型材逆直线加工图。

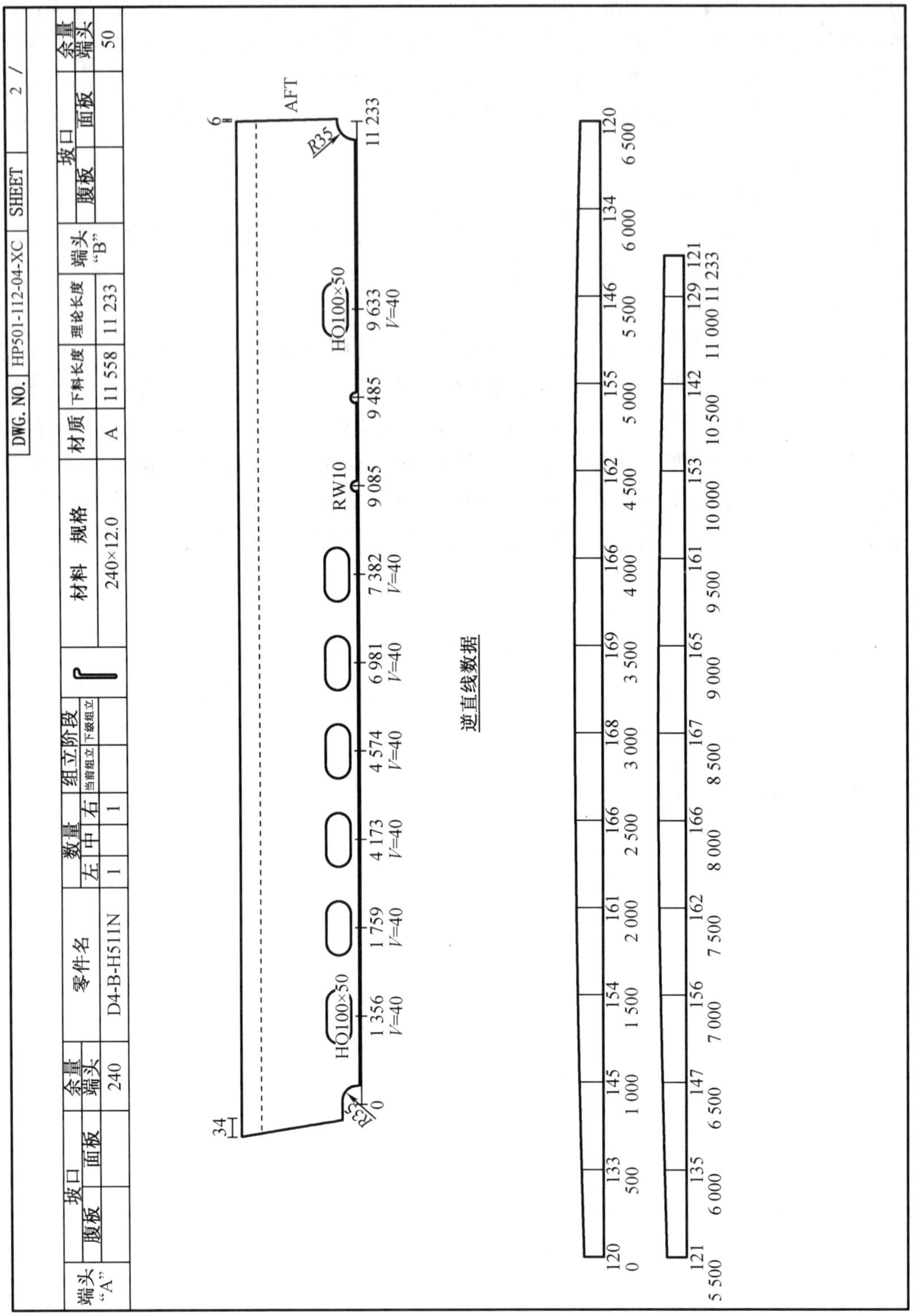

图2－32 零件下料表

图 2－32 零件下料表

第四节　船舶拼板与装配工艺

船体板材是构成板架结构的重要组成部分，船体上板材数量多，拼板工作量大。船体的外板、各层甲板、平台、纵横舱壁、围壁、内底板等大面积板，均须预先拼板。拼板有几种类型：一种是作为分段的基面，另一种是不作为分段的基面。前一种须在胎架上铺设，铺设后就作为分段制造的基面，需要与胎架定位固定，往往还带有曲面，须两面焊接；后一种可在专用平台上进行，有的可用单面焊双面成型法焊接，有的可采用就地翻身封底焊。因此，有的企业称前一种类型为铺板，后一种类型为拼板。

一、拼板拼接装配工艺

拼板有三种形式：一是在平面分段流水线上的拼板，采用单面焊双面成型法焊接（焊剂铜衬垫法，FCB 法）；二是在通用平台上采用埋弧自动焊进行拼接；三是在空心平台上采用自动焊和 CO_2 混合焊进行拼接。

1. 平面分段流水线上的拼板

平面分段流水线上的拼板有三种状态，如图 2－33 所示，分别是不带端缝的拼板、带有十字端接头的拼板和带有非贯通端缝的拼板（简称“T”字端接头）。

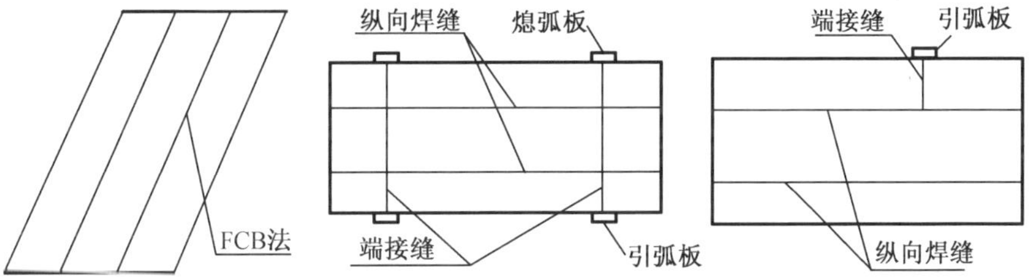

(a)不带端缝的拼板　(b)带有十字端接头的拼板　(c)带有贯通端缝的拼板

图 2－33　平面分段流水线上的拼板的三种状态

（1）拼板操作。

①排板。对照排版图（图 2－34），按零件序号进行排列，注意核对左右方向和板厚方向要与图纸一致。

②定位。根据精度标记线（MK 线）的规定，确保板列的 MK 线在同一直线上，然后进行板间定位焊。推荐定位焊长度 50 mm，高度不大于 5 mm，间距为 500 mm。引弧点应在焊道内。

③焊道两端安装引弧板和熄弧板。引弧板和熄弧板厚度与拼板厚度基本相同或小于拼板厚度 1～2 mm，中心线应与焊道中心保持在同一直线上，其上表面应与拼板齐平。

（2）拼板定位焊顺序。

定位焊由熄弧端向引弧端单向进行，在熄弧端 500 mm 范围内不得进行任何定位焊。

（3）焊缝清理与检查。

(4)带有十字端接头拼板和“T”字端接头的拼板。

这两种情况下必须在纵缝 FCB 法完成后，刨平交叉处的焊缝，再实行端头双面翻身自动焊。

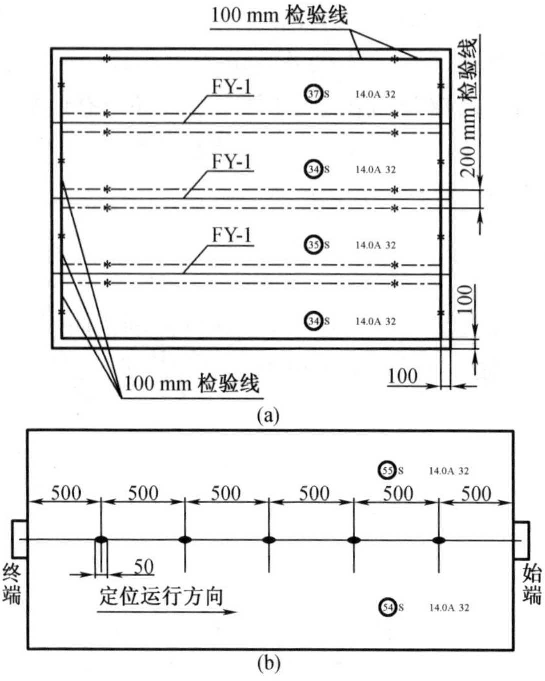

图 2 – 34　排版图(图中表示尺寸的数值单位为 mm)

2. 采用单面焊双面成型法焊接

(1)拼板状态。

带有十字端接头的拼板和“T”字端接头的拼板排列如图 2 – 35 所示。

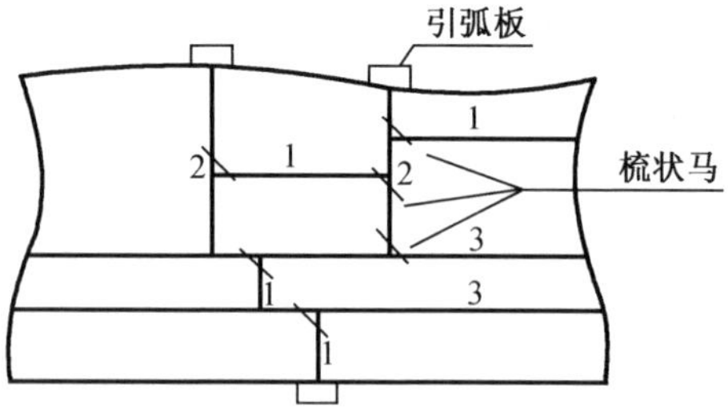

1—带有十字端接头拼板;2—“T”字端接头拼板;3—长纵缝拼板。

图 2 – 35　板缝的拼板排列

(2)拼板操作。

①按照拼板图的零件进行摊板操作。

②仔细核对板零件名称、位置、尺寸、材质、坡口、精度检测线等是否与施工图一致。

③散板拉拢,先确保纵缝的直线度和端边的垂直度。端边缝的间隙应服从纵缝的直线度和端边的垂直度。

④拼板外形端边缘应在一条直线上,曲面板边端外缘应光滑和顺。

⑤板缝定位焊应先定长纵缝,再定端纵缝,后定短端缝,最后定长端缝;而焊接的顺序与之正好相反,即先焊短端缝,后焊长端缝,最后焊纵缝。定位焊的起点从"T"字端接头处开始,向焊缝的自由端结束,使"T"字端接头处不起拱不起鼓。

(3)在胎架工位上拼板,其反面应有梳状模板加强。模板安装于拼板的反面,间距可为1 000 mm。"T"字形处的模板,应与焊缝呈45°设置二道。模板距交叉点100 mm。

(4)焊缝终端应设100 mm×100 mm或150 mm×150 mm的引弧板和熄弧板。板厚应与拼板同厚,引、熄弧板的中间应刨削引弧槽和熄弧槽。如图2－36所示为平面板的拼焊场景。

图2－36　平面板的拼焊场景

二、铺板拼接装配工艺

铺板常作为分段的基面,如甲板分段的甲板板、反造的平台、正造双层底的外底板、侧造舷侧分段的外板等,都是由散板铺就的基面,很多都带有曲面,常在胎架上铺设。

1. 铺板的状态

铺板的状态有不带端接头的半宽型底部分段铺板(图2－37(a))、不带端接头的全宽型底部分段铺板(图2－37(b))和带有"T"字端接头的舷部外板铺板(图2－37(c))等。

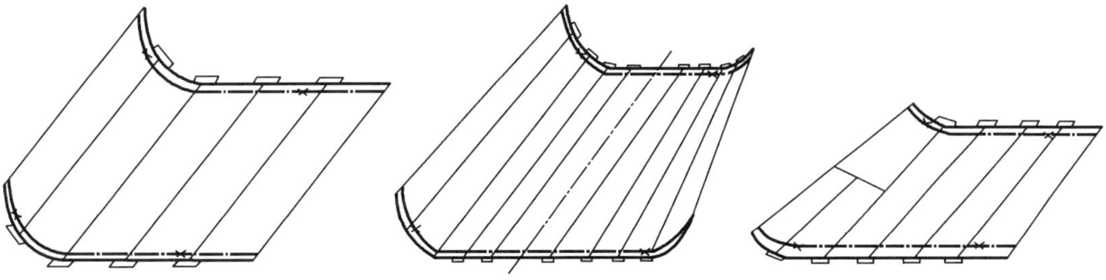

(a)　(b)　(c)

图2－37　铺板的类型

2. 铺板操作

(1)铺板准备

铺板以前,应对开好坡口的板材边缘进行打磨,以清除铁锈及氧化物,然后核对板材编号、厚度、材质等信息,检查板材的方向、肋骨号和纵向边缘直线度等是否与施工图一致。

(2)胎架铺板

①一般胎架铺板。

A. 将板材基准端的边缘对齐,使每张板材的精度检验线对准吻合,用花篮螺丝紧固。如是薄板,可用撬杠撬紧,保证 CO_2 焊接间隙要求。板材的中心应对准胎板焊道孔的断缝线。

B. 正面安装马板,马板间距 500 mm,对于接缝弯曲部分,应加密马板数量。

C. 在板缝两端安装引弧板和熄弧板,它们的中间应刨削引、熄弧槽。

D. 板材的两端与胎架没有完全紧贴的,可使用压铁或花篮螺丝拉紧后,用耳板与胎架紧固,对于"T"字端接头处可用弧形梳状马板加强。

E. 铺板结束后修整焊接工艺坡口,准备焊接。

②双斜切胎架铺板。

A. 支柱调节。双斜切胎架常见的是框架式胎架和可调式胎架,与板材相接的是角钢支柱或可调式支柱,它们都是点接触。在双斜切胎架上的铺板易滑动,铺板应严格按照胎架表数据调整各位置支柱的高低,常见的支柱间距为 1 000 mm × 1 000 mm。

B. 铺板定位。选择曲度最大的板材作为铺板的基准面,吊装该板材前应先在板材位置前后各立一稍高于相应标高的角钢,作为铺板基准面的定位靠山。基准面板材准确定位后,首尾两端,须用拉撑杆与地面固定。

C. 依次吊装铺设相邻的其他板材,每张铺板的四角都应用线锤荡对地面上的对应标点,然后才进行铺板间的定位。

D. 安装马板、引弧板和熄弧板。

思考与练习

1. 钢材为什么要进行预处理?
2. 钢材的矫平方法有哪些?
3. 钢材表面处理的常用方法有哪些?
4. 简述钢材预处理的整个流程。
5. 什么是钢板的号料和下料?
6. 如何提高钢板的套料率?
7. 船体构件加工的方法有哪些?
8. 简述水火弯板工艺的基本原理。
9. 影响水火弯板成型效果的因素有哪些?
10. 水火弯板需要注意哪些工艺要求?
11. 简述逆直线法的基本原理。

第三章　分段精度装焊

知识目标

- 掌握分段建造胎架制作工艺与精度控制方法。
- 掌握分段建造中拼板划线工艺。
- 掌握分段装配施工过程中的精度控制。
- 掌握分段建造精度管理作业方法。

能力目标

- 具备分段胎架精度制作施工作业的能力。
- 具备对分段建造中拼板划线作业及施工过程中精度控制的能力。
- 具备对分段装配过程中进行精度控制管理的能力。
- 具备对船体分段建造进行完工精度检测的能力。

本章基于现代造船模式和船舶制造工艺流程，重点介绍了船体胎架制造工艺技术的知识及其精度控制方法；分析了不同形式的胎架制造方法、流程及工艺标准差异，并以支柱式胎架的制作为例进行了详细讲解。基于此，本章进一步介绍了船体分段的建造、装配方法及精度控制技术，结合目前船厂较为先进的平面、曲面组立装焊流水线和小组立智能机器分析组立智能化装焊生产技术。

第一节　胎架制作及精度控制

胎架（JIG）是一种根据船体分段型线制造的用以分段装焊时保证其正确线型的外模托架，是船体装配与焊接的一种专用工艺装备，图 3 – 1 所示为典型分段组立胎架建造场景图。胎架是制造船体曲面组立和曲形分段的形状胎模和工作台。其曲形工作面应与组立外形曲面相吻合。为了防止胎架在使用过程中产生变形而影响施工质量，胎架的制作除应保证其工作曲面的型线正确外，还应保证有足够的结构刚性。此外，必须对胎架做定期的检查和矫正。

胎架主要有以下作用。

（1）保证分段获得正确的线型并控制其焊接变形

分段装配时，使分段外板与胎架曲面紧密贴合，即可得到正确而光顺的分段线型；分段外板采用连接板定位焊接在胎架模板上，分段和胎架连成一个大的刚体，这样可减小分段焊接后对线型变形的影响。

(2)提高装配与焊接质量

胎架有牢固的基础,模板按分段肋骨号设置,标有分段中心线、接缝线和水平检验线;装配施工时以胎架为依据,便于正确安装各种构架;同时施工者可在胎架上平稳地进行操作,减少了爬高作业。

图3-1 典型分段组立胎架建造场景图

一、胎架形式及适用范围

胎架的种类很多,按结构形式可分为固定胎架和活动胎架。固定胎架的胎架结构通常建造在坚固的平台上,根据其结构形式的不同主要有框架式、单板式和支柱式胎架。活动胎架根据其胎架倾斜角度的不同主要有摇摆胎架和回转胎架,摇摆胎架依靠摆动或滚动装置将胎架倾斜至一定角度,回转胎架则可以在一定角度范围内回转。此外,胎架根据其适用性,即同一胎架使用范围的大小和次数的多少又可分为专用胎架和通用胎架。制作胎架需要消耗许多材料和工时,对生产成本和造船周期的影响极大。因此,在单件和小批量造船生产中,尽量使用通用胎架,以降低生产成本。如由升降型支柱组成的胎架,平行中体部位的底部反造胎架和舷侧胎架,都可称为通用胎架,它占全船胎架总数的70%左右。

1. 专用胎架

所谓专用胎架,就是为制造某一特定船体分段而专门设计的胎架,专用胎架仅适用于这一特定分段。这种专用胎架有的用整料组成,较正规,胎架刚性强、坚固耐用,但制造时要求高、费材料,适用于军品或成批的产品。以下是目前常见的几种专用胎架的形式。

(1)单板式胎架

它由整块胎板组成(胎板与分段外板的接触面积小而又紧贴),并使分段在焊接时有自由收缩的可能,胎板的型线通常制成锯齿状,如图3-2所示。单板式胎架的刚性好,有利于控制变形,但耗材多。通常专供于军品或技术要求高的批量生产中的某种分段使用,如底部、舷侧、甲板分段和艏艉柱分段等。按船体外表面与胎板的接触形式单板式胎架还可分为纵向胎架和横向胎架。

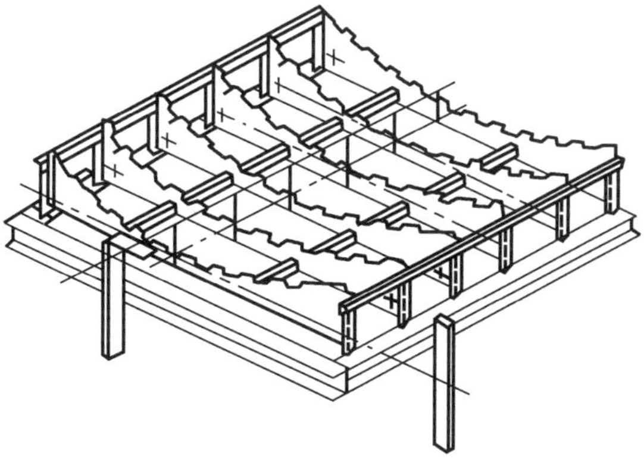

图 3-2　单板式胎架

(2)桁架式胎架

它由桁架和型线胎板组成,如图 3-3 所示。桁架式胎架节省材料,但刚性较弱,常用于一般船舶,尤其适用于单船或小批量建造。

2. 通用胎架

通用胎架,顾名思义,就是在不同的分段或者结构之间可以通用的胎架。当然,通用胎架的使用也比专用胎架广泛得多。

(1)框架式通用胎架

这种胎架主要是由角度框架、活络胎板和调节螺孔组成,如图 3-4 所示。这种胎架根据特定船型选择四种角度,即 30°、40°、50°、60°,其中 30°与 60°、40°与 50°是做在同一框架图上的。角度框架的斜向角铁上开有螺孔,供连接胎板及调节胎板高低用。通过更换角度框架和调节小胎板高度位置,可获得不同的工作曲面。

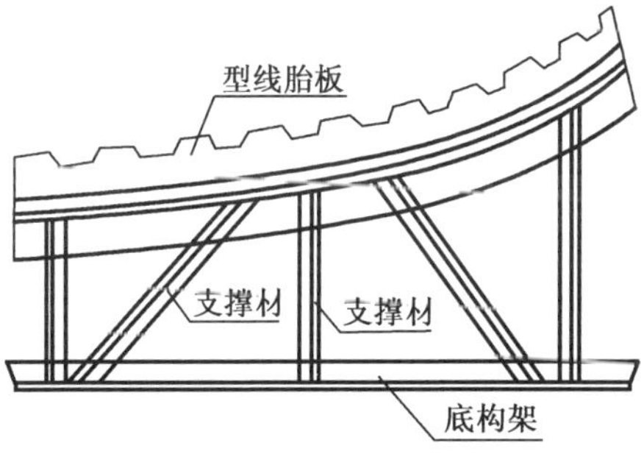

图 3-3　桁架式胎架

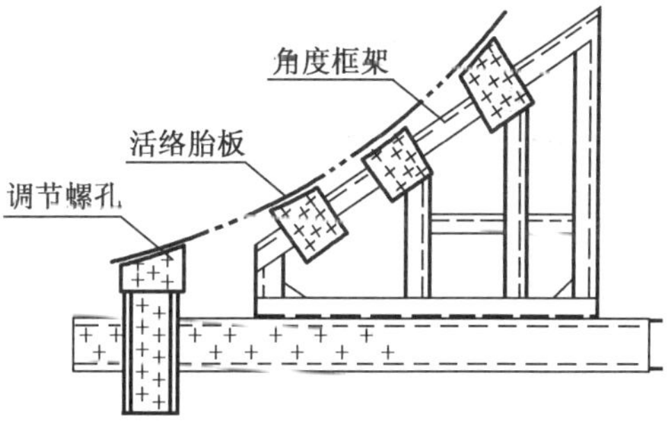

图 3-4　框架式通用胎架

(2)支柱式通用胎架

这种胎架由许多根可调节高度的支柱组成。胎架型线不需要用样板划线,而是直接以坐标型值定出。支柱由内外两根不同口径的管子套接而成,在内外管上按不同间距钻有数排销孔,以便按胎架型值调节支柱的高度后,将销轴插入相应的销孔中加以固定(图 3-5)。这种胎架在每装一个不同分段时,须将胎架支柱按分段型值调整一次。随着信息技术广泛应用于造船工业,胎架的支柱能自动调整,即各支柱的高度值是用数学放样产生的型值,其高度可以通过数控装置来调整,如图 3 –6 所示为升降型支柱式胎架。支柱的高低可用油压千斤顶或螺旋千斤顶进行传动调节。支柱式通用胎架具有较高的经济性,很有发展前途。

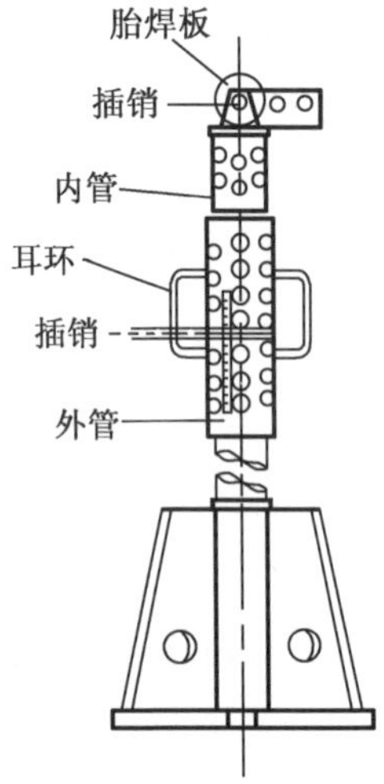

图 3 –5　固定型支柱式胎架

图 3 –6　升降型支柱式胎架

尽管现在已研制出多种通用胎架,但它们普遍都存在以下问题:自动化程度不高,手工调节精度不够,施工不便;精度检测过程麻烦且冗杂,拖延施工周期;支撑顶端多为点接触,易滑移且在强度方面还有待提高。因此,实现胎架的数字化、网络化和自组织管理化是船厂发展的需要,同时也是时代前进的必然选择。

常见胎架形式及适用范围见表 3 –1。

表 3 –1　常见胎架形式及适用范围

胎架形式	胎架结构简图	适用范围
支柱式胎架	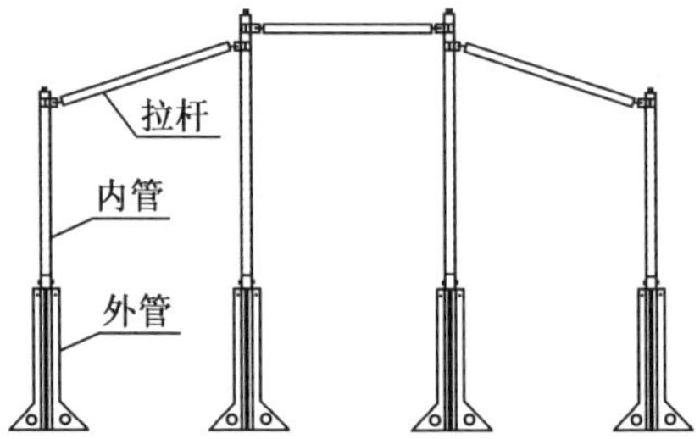	适用于甲板、舷侧、船底、纵横舱壁等平直分段,曲度变化较小的分段,以平台板或甲板为基面的曲型分段,以及曲型外板中组立

表 3－1(续)

胎架形式	胎架结构简图	适用范围
模板式胎架	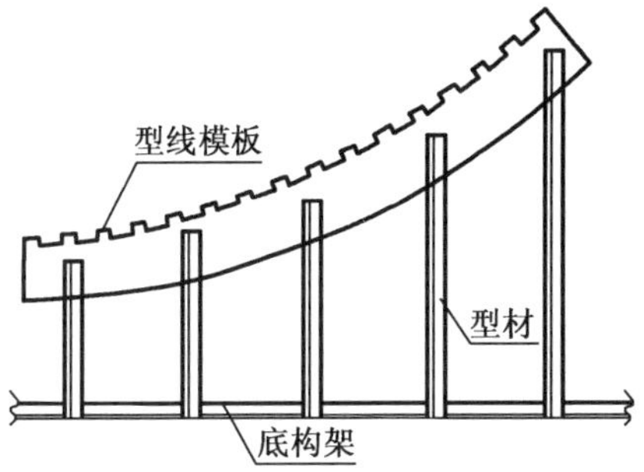	适用于精度要求高,且曲度变化较大的分段
槽型舱壁胎架	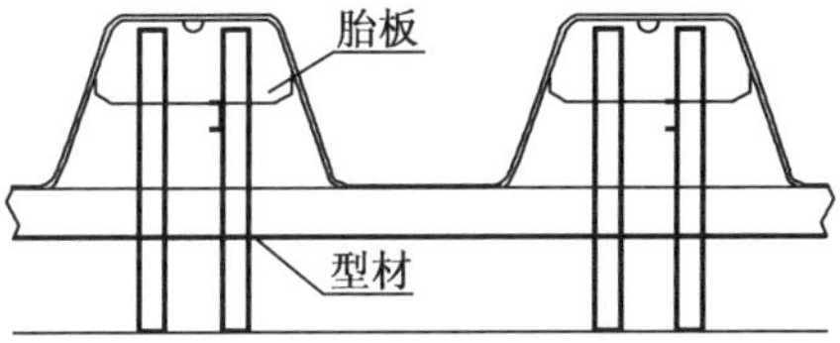	适用于槽型舱壁分段
通用型平面胎架	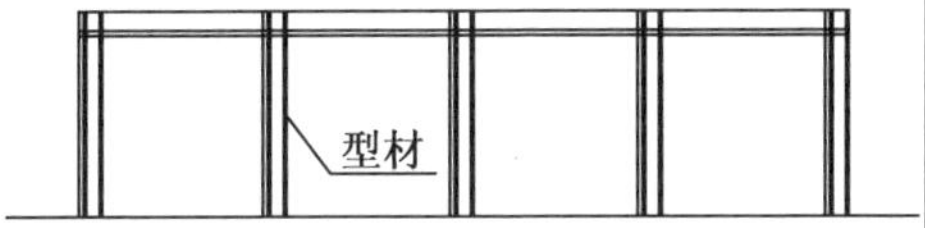	适用于以平面为装配基面的分段及上层建筑分段

二、胎架设计与精度制造

1. 胎架结构形式的确定

胎架由基础、胎架底座、胎板、纵向牵条、边缘角钢等组成,为保证分段装配,还设有胎架中心线划线架等。胎架结构形式主要由胎架受力情况、承受船体分段重力和在施工中受到各种变动因素的影响(如压载重物、分段焊接变形)决定,胎架结构形式的选择主要是选择胎架基础和胎板形式。

(1)胎架基础的选取

胎架基础对分段制造的质量影响非常大。胎架基础要求具有足够的承载能力而且不下沉、变形(上表面为一水平面)。船厂常用的胎架基础有水泥墩基础、条形基础和水泥平台基础三种类型,基础表面力求水平,如图 3－7 所示。

①水泥墩基础。在平地上按一定间距浇注水泥墩,在水泥墩上沿纵向铺设槽钢或工字钢,模板可直接竖立在槽钢上定位。

②条形基础。在平台上横向按一定间距排列设置连续的 T 形钢筋混凝土条,T 形混凝土下部与钢筋混凝土连为一体,上部沿平台纵向布置槽钢或工字钢,上表面保持水平。

③水泥平台基础。在平地上,用钢筋混凝土浇筑成有一定厚度的平台,平台表面按一定的间距布置 T 形钢制预埋件,T 形钢制预埋件上表面与平台上表面基本在同一水平面。它可以作为胎架基础,也可以作为平台使用,具有结构性强、控制分段变形作用大、场地广

阔、划线方便等特点。

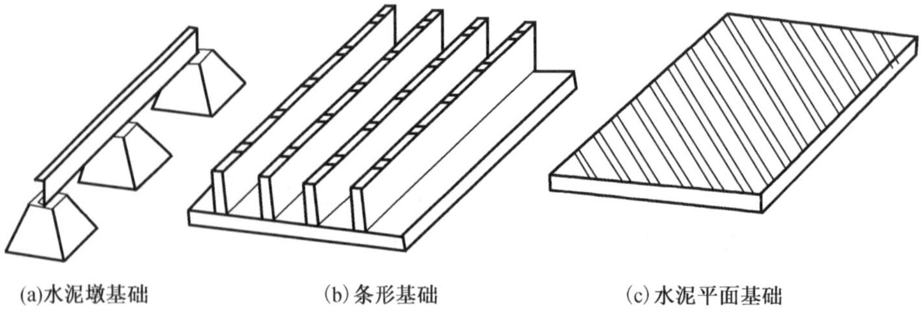

图 3 -7　胎架基础示意图

(2)胎架基准面的切取与选择

胎架基准面是用来决定胎架工作面曲面型值的基准面,根据它与肋骨剖面的相对关系,胎架基准面的选取主要根据船体或型线的变化及施工条件决定。胎架在选取基准面时,能改变分段的空间位置,使分段的焊缝坡度尽可能变得较平缓,以此减少仰焊,增多平焊,扩大自动焊、半自动焊的应用范围。

①正切胎架的胎架基准面平行或垂直于基线面,并且垂直于肋骨剖面,如图 3 -8 所示。正切胎架制作容易,主要用于甲板分段、中间底部分段、平行中体部位底舷侧分段等纵向曲度变化较小的分段制造。

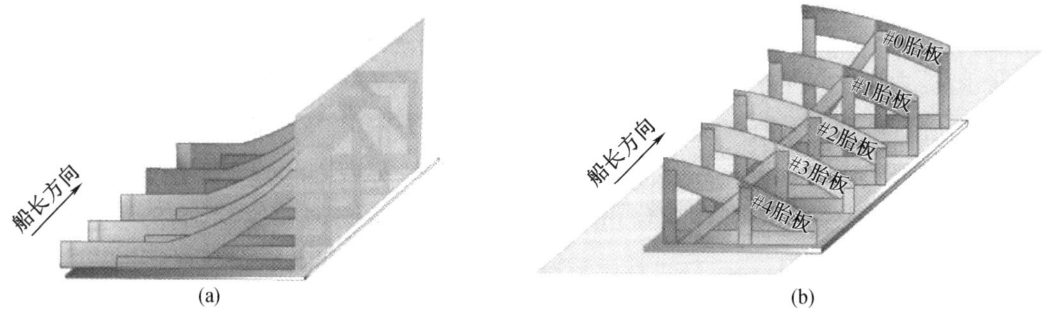

图 3 -8　正切胎架

②正斜切胎架的胎架基准面不平行于或垂直于基线面,并且不垂直于肋骨剖面,如图 3 -9 所示。正斜切胎架制作较麻烦,胎架上分段底横向构件划线和安装均要考虑胎架基准面底倾角,主要用于纵向型线变化大的艏艉底部分段制造,以达到节约材料、降低工作高度的目的。

③斜切胎架的胎架基准面不平行也不垂直于基线面,但垂直于肋骨剖面,如图 3 -10 和图 3 -11 所示。斜切胎架制作较容易,适用于纵向曲度变化小的舷侧分段。

④双斜切胎架的胎架基准面不垂直也不平行于基线面,并且不垂直于肋骨剖面,如图 3 -12 所示。其制作和使用特点类同于正斜切胎架,主要用于曲度变化较大的舷侧分段。

这种胎架由于切取基面的自由度大，在降低分段制造高度的同时，可使胎架的四角基本处于相同高度范围内，增强了施工安全性，有利于扩大自动焊的使用范围。

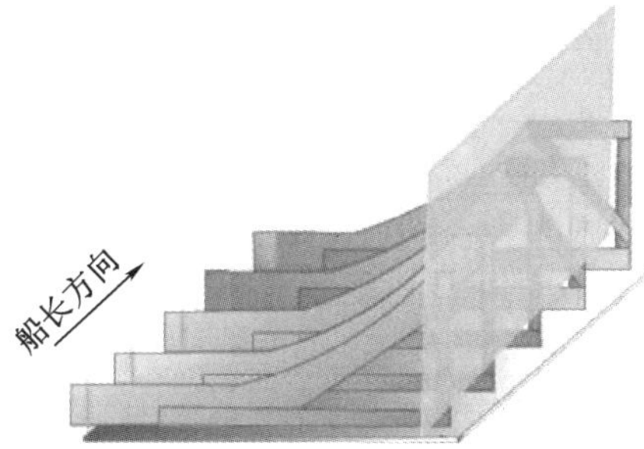

图 3－9　正斜切胎架

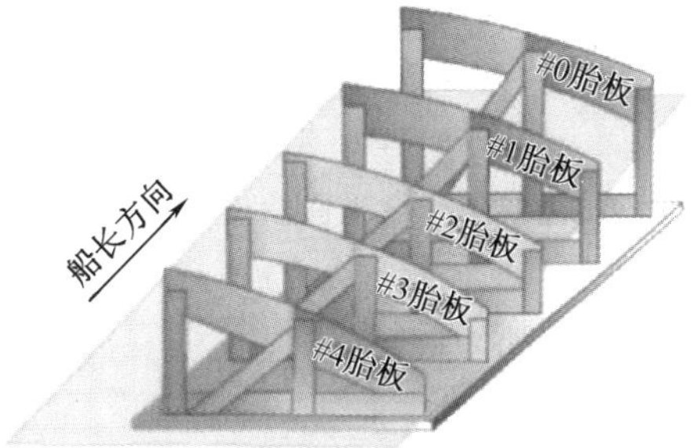

图 3－10　平斜切胎架

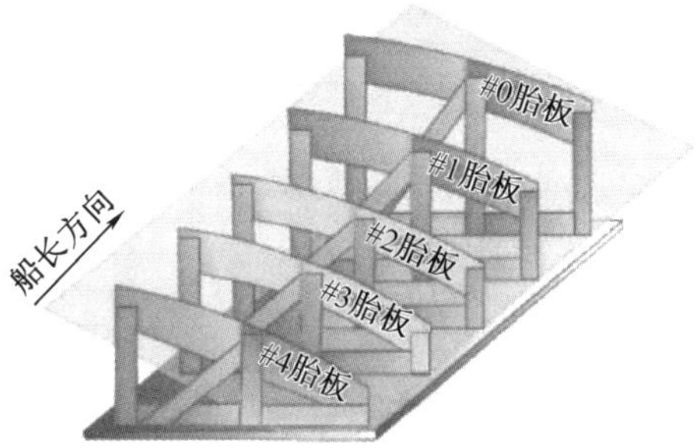

图 3－11　单斜切胎架

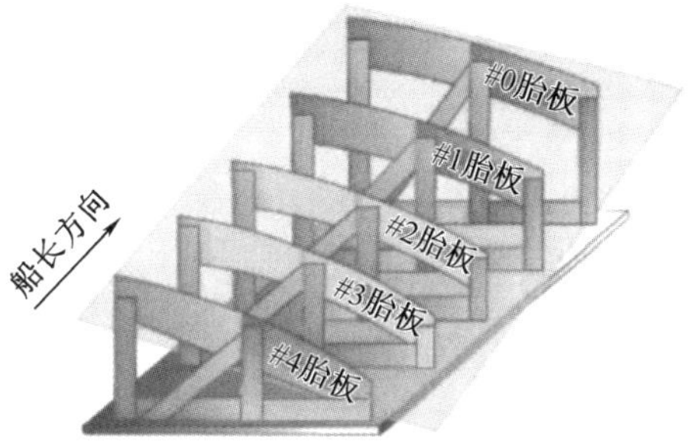

图 3－12　双斜切胎架

胎架基准面的切取方法对比如表 3－2 和图 3－13 所示。其中，正切基准面胎架通常用于甲板分段、船中平直部分的双层底分段及平行中体部分的舷侧分段等，胎架基准面垂直于肋骨剖面。单斜切基准面胎架用于船体横向肋骨型线弯势变化较大，而纵向型线弯势变化不大的舷侧分段，胎架基准面垂直于肋骨剖面。正斜切基准面胎架用于艏艉部升高较大的底部分段、半立体分段。双斜切基准面用于船体肋骨线在横向比较倾斜而纵向型线弯势变化又较大的艏艉舷侧分段。

表 3－2　胎架基准面的切取方法对比

基准面的切取方法	正切	单斜切	正斜切	双斜切
特征	基准面垂直于肋骨剖面		基准面不垂直于肋骨剖面	
	基准面平行或垂直船体	基准面与船体基面呈一倾角(横倾)	基准面垂直与船体基线面或中纵剖面	基准面与船体基线面呈一倾角
适用范围	用于甲板分段、双层底分段及平行中体部分的舷侧分段等	用于纵向曲度变化不大的舷侧分段	用于艏艉部升高较大的底部分段、半立体分段	用于曲度变化较大的艏艉舷侧分段

表 3-2(续)

基准面的切取方法	正切	单斜切	正斜切	双斜切
优缺点	•切取方法简单; •胎架制作、划线、安装均方便; •当分段纵向曲度较大时,模板材料消耗大,胎架倾斜度也大,施工不便,且不宜推广自动焊		•可根据分段具体形状,得到适宜的胎架倾斜度,施工条件较好; •扩大自动焊和半自动焊的工作面,提高焊接质量,节省模板材料和制作工时; •由于基准面不垂直于肋骨面,胎架制作较麻烦,结构装配需要角度样板	
选择要领	•根据肋骨型线图上分段所处的位置; •看分段肋骨线是水平、垂直还是倾斜; •看肋骨级数的大小; •尽量使胎架四角的高度接近			

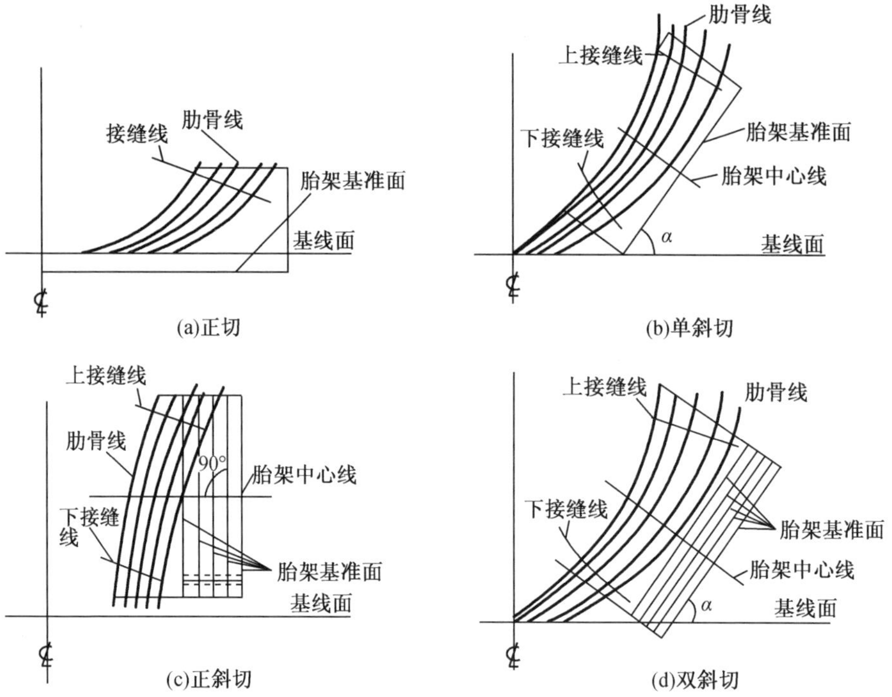

图 3-13 胎架基准面的切取

2. 胎架设计与制造的原则与工艺要求

胎架是精度造船的基础,各组立分段装配的依据。胎架如果出现几毫米的误差,实施到分段上就可能是几十毫米的偏差,尤其是艏艉分段的建造。胎架的设计除了模板制造尺寸要精确、总体尺寸要保证、线型要光顺吻合之外,还应有足够的连接刚性和整体四角水平。对于目前广泛应用的活络胎架,每两个活络胎架之间纵、横向要有加强连接,以满足整个装配过程中分段不出现偏差和变形。另外装配时板与胎架要紧密贴合,使线型平整和光顺,分段制作达到型线设计要求。

胎架设计是船体生产设计中的一项主要工作。通常情况下,如果以外板(非平直部分)为基础进行分段建造时,都必须在胎架上进行。胎架布置图的设计是否合理,将直接影响分段的施工质量、精度及现场作业的方便性,而胎架的种类有很多,应根据工厂的设备、场地及分段的实际情况来进行设计。

(1)胎架设计应遵循的原则

①胎架材料来源,往往决定了胎架的形式。如有废钢板或钢板边料时可采用单板式胎架,也可用型钢和小胎板组成衔架式或角钢支柱式胎架,或用钢管制作成高度可任意调节的胎架。

②尽可能降低胎架的高度,平衡胎架前后及左右的高度位置,这样既有利于安全施工,还有利于提高分段的制作精度。

③外板拼板缝的坡度应尽可能小,纵向控制在45°内,横向控制在30°内,以便使用单面焊双面成型的焊接方式,从而保证焊接质量。一旦坡度过大,就只能采用手工两面焊,这既增加了工作量,也不能很好地控制焊接质量。

④对于较大的分段及精度要求较高的分段,四周应用槽钢进行固定,从而保证分段的精度。而对于较小的分段,用间隔为1 m的胎架不能满足分段宽度方向的精度控制时,须在胎架之间再加上一排临时用的胎架,来保证分段的精度。

⑤胎板位置及胎架边缘结构形式要注意分段吊环和翻身时钢索穿越的方便性。

⑥在保证质量的前提下,要简化胎架结构,以减少辅助材料的消耗。

⑦尽量扩大以平台、内底、隔壁为基准的通用胎架使用面,减少用木质胎架样板划线成型的装配法。

⑧应考虑胎架的场地布置、分段的建造周期,以及分段内构造伸出胎架的尺度等其他因素,确保留有行人安全通道。

(2)工艺要求

工艺要求会根据胎架形式的差异和各厂标准的不同而有所差异,基本要求如下:

①胎架的长宽尺寸应大于分段尺寸。

②胎架工作面的最低点距地面600~800 mm。

③胎架及模板上,应划出肋骨号、分段中心线(或假定中心线)、外板接缝线、水平线、检验线、基线等必要的标记。

④胎架纵横框架应避开船体结构的拼板对接焊缝位置,模板上开设过焊孔便于焊接。

⑤所有胎架必须按图纸制作和布置,实际施工中如发现与图纸不符,应及时与胎架图纸设计人员联系,不得擅自施工。

3. 胎架的精度控制

在船体的建造过程中,胎架是一个不可或缺的重要工艺设备,因为船体的体型较大,所以一般采用分段的方式分别制造各个部位,然后再将这些部位拼接在一起,形成最终的船体。在此过程中,就需要用胎架来完成分段的装配与连接。而胎架本身的精度也会影响船体的整体精度。可以说，要保证船体的建造精度，首先就要确保胎架的精度。在实际的船体建造过程中，若胎架的精度有几毫米的误差，那么就可能使船体出现几十毫米的误差，这一现象在艏艉的建造过程中更为明显。因此设计时必须要给予高度重视，保证胎架的精度和稳定性。这不但要求在设计中注意尺寸误差的控制和线型光顺度的控制，还要求胎架的连接刚性达到一定要求，胎架的四角都保持水平，控制水平面的误差和变形，必要时，可以采取一定的反变形措施。

胎架设计精度管理标准见表 3－3。

表 3－3　胎架设计精度管理标准表

	管理基准/mm	允许范围/mm	检查位置
尺寸(长、宽、高、对角线)	±3	±5	
水平	±4	±5	甲板、外板
垂直度	±3	±4	纵桁(GIR)、肋骨(FR)、 外板首尾端部
端差	±1	±2	合拢口
直线度	±4	±5	平台板、纵壁及内部材
坐标	3 以内	5 以内	
检查线	±0	±0.5	
内部材间隙	±1	±2	
背部加热	±3	±4	

4. 胎架制作程序

不同种类的胎架制作工艺有所不同，以桁架式和支柱式胎架制作的典型工艺程序为例，其典型制作程序如下。

(1)桁架式舷侧斜切胎架制作程序

按样板或型值草图，在平台上划出各档模板的型线→模板拼接→根据各档模板型线确定胎架最低点高度，然后按假定基线分别装桁架、支撑角钢，并划上假定中心线、水平线→焊接→火工矫正→用伸长肋距样杆在胎架基础(或底座)上划出分段各肋骨位置线、假定中心线→将模板按所在肋骨位，摆对中心和垂直度(或倾角)后，加撑，固定→用模板上底的水平线复核四角水平，调整→装设纵向拉条→焊接→胎架划线→将模板表面切割成⎍⎍状→报验。

(2)支柱式通用胎架制作程序

以目前国内较为常见的支柱式通用胎架制作为例，其制作程序如下。

准备管式支柱，将所用支柱及顶帽降至最低点→在预定的胎架基础上，刻划胎架中心线(假定中心线)、接缝线、分段轮廓线、检查线，并按照肋骨间距或纵向构架位置和板材宽度布置管式支柱，一般布置成交错、梅花状，使板材搁置在两排以上的支柱上→确定基准高度，用经纬仪(水准仪)扫描每个支柱，求得基准水平面，打上凿印→使用内、外管粗调节和管端部细调节，由管座基准凿印向上量取高度值，使之与胎架草图上给定的每根支柱型值一致；如使用胎架样板，可将样板用"卡马"固定在支柱上，直接调节支柱高度与样板型线相合→根据胎架上分段拼板程序，在纵、横缝位置竖立若干根角钢（扁钢）作为定位依托→报验。

支柱式通用胎架占地面积小、造价低、使用方便、适应性强，可以代替传统的模板胎架。

胎架的具体工艺及制作要求会根据胎架形式的差异和各厂标准的不同而有所差异，接下来以某船厂的工艺要求为例进行介绍，并以其中最为常见的支柱式胎架为例对其工艺、施工和质量检验进行细化讲解，支柱式胎架的制作流程如下。

（1）制作前准备

①胎架应布置在预埋铁区域。

②确定胎架布置的方向和位置。

③清理和清扫胎架场地。

④准备胎架制作图及电算胎架图等资料。

⑤准备胎架模板、样条、型材等材料。

⑥备齐工具、夹具、量具、拉杆、销子等。

（2）人员要求

①制作人员应具备船体装配专业知识并经过相关专业培训，获得相应证书后，方可上岗。

②制作人员应熟悉本规范要求，并严格遵守工艺要求和现场安全操作规程。

（3）工艺要求

支柱式胎架的具体工艺要求如下：

①根据支柱式胎架图、胎架高低差及距地面高度选择所需内管，内管样式如图 3 – 14 所示。内管高度按表 3 – 4 要求选用。

②水平胎架最低高度不得少于 800 mm，高度不得高于 2 700 mm。

③外管高度为 800 mm、规格为 ϕ102 mm × 6 mm（外径 × 壁厚），内管规格为 ϕ83 mm × 7 mm（外径 × 壁厚），插销使用 45#高强度钢，其中内管、外管的壁厚尺寸为最低要求。

④将不允许支柱式胎架与船体结构通过焊接连接，且不允许私自改动内管结构或加装其他结构。

⑤水平拉杆固定件必须使用公司指定的拉杆，并在连接时确认是否牢固，不允许用板材、型材进行焊接连接。

⑥胎架四周通过用拉杆拉住相邻的内管、外管来固定。

⑦船体结构基面板材超出支柱胎架范围 1 000 mm 时，须增加临时胎架进行板材支撑固定，或使用工装件确保板材稳妥后，方可松开吊装设备。

⑧分段撤离胎架后必须对胎架进行一次外观检验。对变形或损坏的外管、内管、拉杆进行修正。

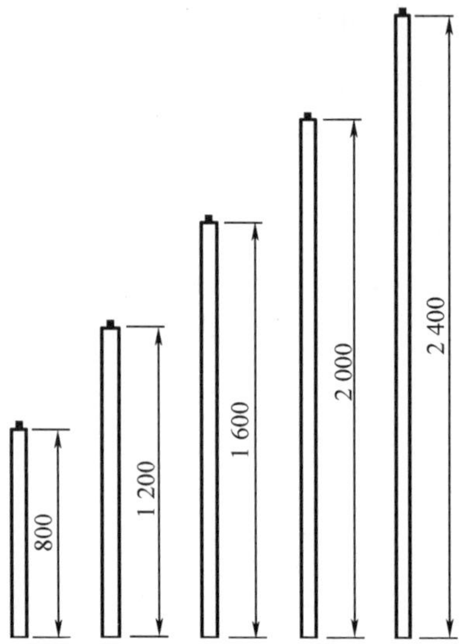

图 3－14　内管样式（单位：mm）

表 3－4　内管高度选用

单位：mm

胎架高度 H	内管高度选用 h
$H \leqslant 1\ 200$	800 或 1 000
$1\ 200 < H \leqslant 1\ 600$	1 200
$1\ 600 < H \leqslant 2\ 000$	1 600
$2\ 000 < H \leqslant 2\ 400$	2 000
$2\ 400 < H \leqslant 2\ 700$	2 400

（4）施工要求

①胎架布置的方位，应满足起重设备正常吊运、分段零部件的顺利吊装定位和分段测量设备的可操作性等要求。

②胎架布置，应考虑胎架周边的障碍物干涉、通道间距、分段零部件托盘堆放、照明设施摆放等因素。

③胎架布置的毗邻间距，应满足分段纵向构架穿插的空间和脚手梯架搭设的空间。

④胎架的强度和刚度，应根据其使用要求而定，如支柱式胎架的间距为 1 000 mm、通用型平面胎架的间距为 1 000 mm × 1 000 mm，一般应能满足支撑分段脱胎前总重力的要求。当需要以胎架控制分段形状和制造过程中的变形时，胎架结构应予以相应的加强。

⑤胎架模板或螺旋式支撑头等，其所形成的工作面应与分段的基面相贴合，必要时，考虑适当反变形。

⑥制作胎架应考虑节省钢材、工时，并考虑胎架在一定范围内的通用性和改装的可能性。

⑦胎架结构焊接作业必须进行满焊并包角。

（5）质量要求

①新胎架应按胎架设计技术要求和图纸要求施工。

②重复使用的胎架，经 2 ~3 次使用后须做复测修整。复测项目为中心线、水平线、基准线和型线。修整内容为纵、横牵拉材结构的连续性修整以及胎架修整、四周斜撑加强。支柱式胎架每一轮都要检查，损坏的须及时整修，要确保每根支柱都符合工艺要求。

（6）工艺过程

①内管的安装定位。

A. 确定胎架水平基准面时，利用水平监测控制设备定出胎架的水平基准面，统一标记于胎架外管上，以水平基准面为基面，进行胎架高度设置。

B. 安装胎架四周的内管，并用插销固定。

C. 旋转其螺旋式支撑头做微调，满足支柱胎架图中的高度要求。

D. 检测主板投影胎架四周位置，确保伸出胎架距离不大于 1 000 mm。

E. 以水平基准面为基面，按照支柱式胎架图纸各支撑点高度对胎架的内管进行调整安装。

F. 胎架高度超过 1 500 mm 的，使用拉杆内管的上部（拉杆距螺旋式支撑头不超过 500 mm）进行前后及左右方向的连接固定，如图 3 – 15 所示。

G. 旋转水平拉杆，确保支柱前后、左右固定。

H. 在高位胎架四周用拉杆将内管与相邻内管、外管固定，如图 3 – 16 所示。

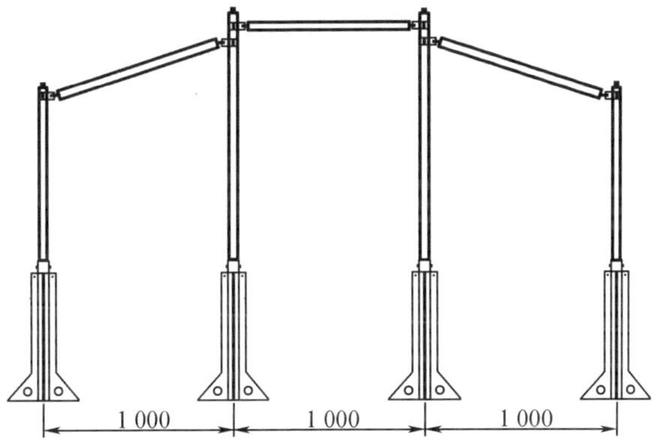

图 3 – 15　拉杆与内管连接（单位：mm）

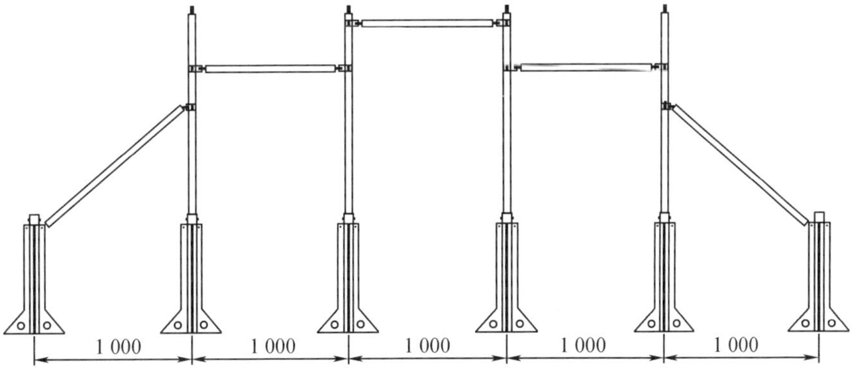

图 3 – 16　拉杆与内管、外管连接（单位：mm）

②支柱式胎架由精度管理部抽检，自检合格后可以上板。

③内管的保养。

A. 支柱式胎架安装完毕，用润滑油保养螺旋式支撑头。

B. 变形的内管、拉杆应及时对其进行修正。

(7)检验

精度检验按施工图要求，应符合船舶建造质量标准，并应符合各船厂工艺标准。支柱式胎架检验内容、检验方法和检验要求见表3－5。

表3－5　支柱式胎架检验内容、检验方法和检验要求

<table>
<tr><th>序号</th><th colspan="2">检验内容</th><th>检验方法</th><th>检验要求</th></tr>
<tr><td rowspan="5">1</td><td rowspan="5">外观</td><td>外管与地面是否牢固连接</td><td rowspan="5">目测</td><td rowspan="5">是否有损坏</td></tr>
<tr><td>内管是否弯曲与损坏，能否上下自由伸缩</td></tr>
<tr><td>连接插销是否弯曲</td></tr>
<tr><td>铁链、卡环是否脱落</td></tr>
<tr><td>钢管连接孔是否变形</td></tr>
<tr><td rowspan="5">2</td><td rowspan="5">数据</td><td>胎架水平基准面用标记注明</td><td>水平仪</td><td>偏差小于±2 mm</td></tr>
<tr><td>每根内管的高度尺寸</td><td rowspan="2">按胎架图</td><td rowspan="2">偏差小于±3 mm</td></tr>
<tr><td>胎架外围定位尺寸应按工艺要求施工</td></tr>
<tr><td>胎架间距</td><td rowspan="2">卷尺</td><td>偏差小于±5 mm</td></tr>
<tr><td>胎架垂直度</td><td>偏差小于±3 mm</td></tr>
<tr><td rowspan="3">3</td><td rowspan="3">稳性</td><td>内管高度≥1 500 mm</td><td rowspan="3">卷尺</td><td>加一挡拉杆将内管与相邻内管固定，拉杆距螺旋式支撑头不超过500 mm</td></tr>
<tr><td>内管高度≥2 000 mm</td><td>加一挡拉杆将内管与相邻内管固定，拉杆距螺旋式支撑头不超过500 mm</td></tr>
<tr><td>内管高度≥2 700 mm</td><td>采用型材对胎架进行支撑</td></tr>
</table>

第二节　分段装配工艺技术

分段装配是船体建造中的重要工艺阶段，是将预装好的部件和直接送入分段装配的零件，在平台或胎架上组装成分段。

一个造船厂的船体建造能力，主要就是体现在分段的制造能力上。因此，现代化造船企业对分段制造的工艺、计划日程的安排，都需要进行深入的研究，使分段装配过程充分合理化。可以说，分段装配是现代造船模式的基础。

一、分段类型

将船体划分成分段后，在分段中有比较简单的分段，也有带曲面的复杂分段以及立体和半立体分段。根据分段在船体结构的位置不同，通常将其分为底部分段、舷侧分段、甲板分段、舱壁分段、上层建筑分段以及艏艉分段等。按其外形特征可分为以下几类，见表3－6。

表3－6　船体分段类型

<table>
<tr><th colspan="2">分段类型</th><th>特征</th><th>图示</th></tr>
<tr><td rowspan="2">平面分段</td><td>平面直线形分段</td><td rowspan="2">①平直板列上装有骨材的单层平面板架；
②平面直线形分段可以采用平面分段流水线进行生产；平面曲线形分段适宜在平台上进行装焊作业</td><td rowspan="2">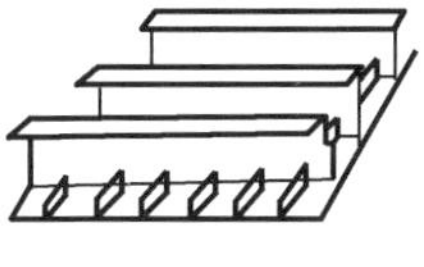 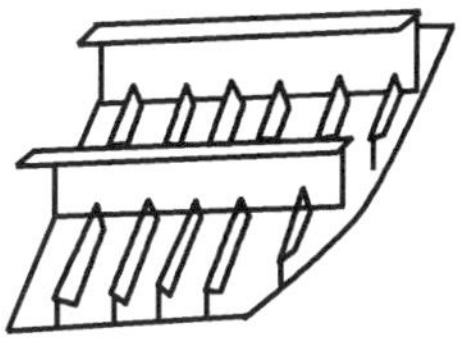</td></tr>
<tr><td>平面曲线形分段</td></tr>
<tr><td colspan="2">曲面分段</td><td>①曲面板列上装有骨材的单层曲面板架；
②一般须在胎架上制造</td><td>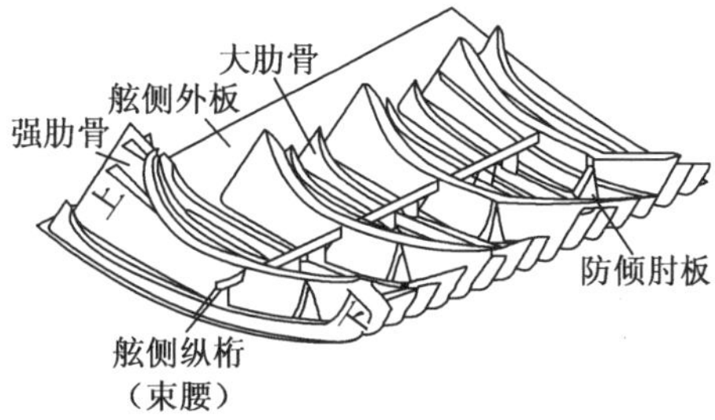
</td></tr>
<tr><td colspan="2">立体和半立体分段</td><td>由外板、甲板（或平台）、隔壁等结构组成的封闭型和半封闭型的分段，如L型、F型、II型、D型等</td><td>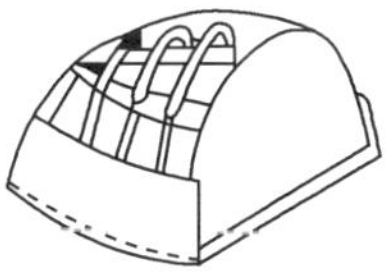 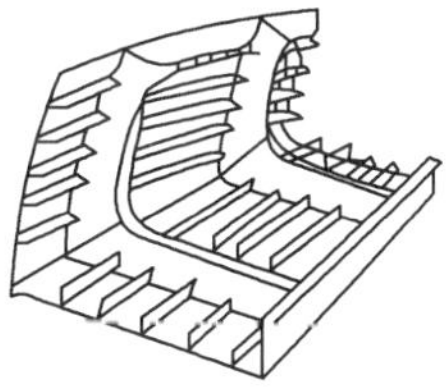</td></tr>
<tr><td colspan="2">特殊分段</td><td>结构特殊的分段，一般须设置专用胎架进行施工</td><td>—</td></tr>
</table>

平面分段（flat section）是由平直列板与相应的骨材装配结合而成的船体分段；曲面分段（curved section）是由曲面列板与相应管架所组成的船体分段；立体分段（three-dimensional unit/block）是由两个或多个船体分段、船体零件及船体组件组合成的船体分段。

由以上分类，可将船体部位大致归类为主船体分段和上层建筑分段。主船体分段包括艏部、艉部（包括艉机型的机舱区域）分段，一般为曲面分段；船体中部分段（占船体钢材总质量的60%～65%），如双层底分段、舷侧分段、甲板分段等，一般为平面分段。

二、分段建造和装配方法

分段类型不同，所采用的建造方法和构件装配方法就不同。

1. 分段建造方法

在分段建造之前，首先应按分段装配时的状态或基准面的不同，确定分段建造方法，其分类见表3－7。

表3－7　船体分段建造方法分类

分类	特征	适用范围
正造法	①分段建造时的位置与其在实船上的位置一致，处于正态位置； ②施工条件好，型线易保证； ③需要制造专用胎架，会消耗大量的辅助材料； ④构架划线工作量大且技术要求高	通常用于单底分段、机舱底部分段等
反造法	①分段建造时的位置与其在实船上的位置相反，处于反转的状态； ②胎架简单，若基准面是平面构件时，在通用平台上就可以制造，省去了制作正造线型胎架的材料和工作量； ③进行构架划线和装焊工作，效率高，可以只进行一次翻身	常用于双层底分段和以甲板为基准面的分段等
侧(卧)造法	①分段建造时的位置与其在实船上的位置呈一定的角度或垂直。侧造法一般采用以船中心线平面作为基准面而制造外板线型胎架；卧造法往往采用以隔壁为基准面进行安装定位。 ②改善施工条件，简化胎架的制造工作	①侧造法通常用于舷侧分段； ②卧造法通常用于舱壁分段、球鼻艏分段、艉柱分段等

2. 分段装配方法

分段的装配程序一般是先铺板，然后划线，再安装构架。根据构件安装情况，其装配方法有散装法和框架法两类。散装法又可分为分离装配法（先装纵材法）、放射装配法、插入装配法等几种。表3－8所示为船体分段装配方法。

表3－8　船体分段装配方法

<table>
<tr><th colspan="2">分类</th><th>特征</th><th>图示</th></tr>
<tr><td rowspan="3">散装法</td><td>分离装配法（先装纵材法）</td><td rowspan="3">①分离装配法是将纵横骨架分别进行装焊的一种方法，如图(a)所示。这是一种装配与焊接交替进行的装焊方法，有利于扩大自动焊、半自动焊的范围，是构成散装法平面分段流水线的主要方法；
②放射装配法是按照从中央向四周的放射状方向，依次交替地装配纵、横构件并焊接，如图(b)所示；
③插入装配法是先安装间断的纵向构件，再装插入的横向构件，最后将连续的纵向桁材插入横向构件中，然后进行焊接，如图(c)所示</td><td rowspan="3">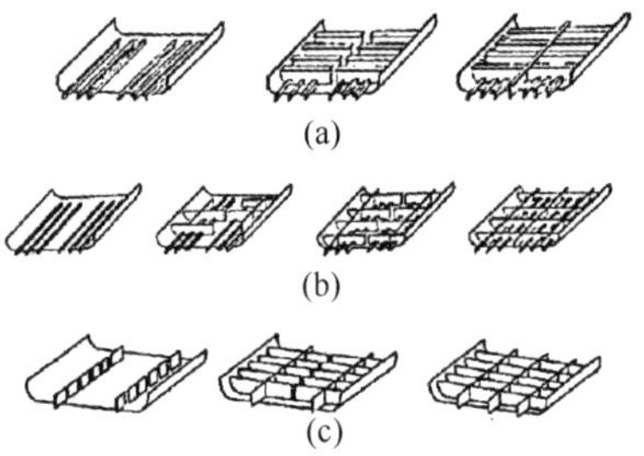</td></tr>
<tr><td>放射装配法</td></tr>
<tr><td>插入装配法</td></tr>
</table>

表 3-8(续)

分类	特征	图示
框架法	①这种方法是在平台上,先将内部构架(纵材、横材、桁材等)装配成格子状的框架,再将框架放到板列上,最后将框架和板列焊成一体的方法; ②这种方法可变立焊为俯焊,便于框架焊接机械化,使工作面得以扩展,有利于缩短分段制造周期、减小焊接变形,但要求有一个水平度较高的框架制作平台; ③构成框架法平面分段流水线的主要方法往往可用几种不同的装配方法进行	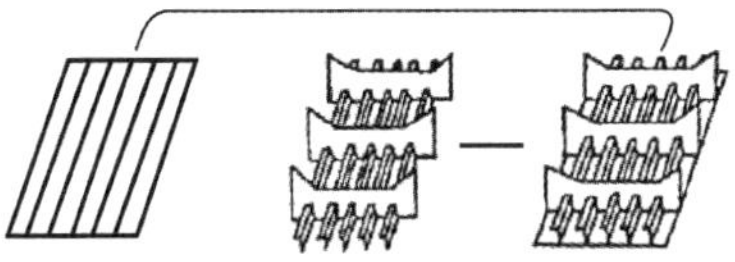

此外,装配方法还可按分段组装方式的不同,分为片体中组法和散装法两类。为改善施工条件、开展平行作业、缩短分段制造周期,装配时广泛采用片体中组法,如立体和半立体分段制造时,往往先将外板、隔舱壁和甲板分别中组成一独立的片体,再进一步组装成分段。

3. 分段装焊工艺设计

由于船体分段的结构形式以及各船厂的设备条件不同,其制造方法和装焊工艺也各不相同。

对于一个分段,往往可用几种不同的装配方法进行制造,而方法不同其作业环境、施工质量、成本、周期等也是不同的。所以,应该对分段的装配方法进行认真的分析和选择,以便获得最佳的分段制造方法和装焊工艺。

(1)分段装焊工艺设计的基本内容

①选择分段装配基准面和工艺装备(平台或胎架)。

②选定合理的装焊顺序。

③提出施工技术要求。

其中,分段装焊顺序的合理与否,直接影响分段制造的质量、装焊作业的难易程度、辅助材料的消耗量以及分段制造的周期等。由于同一分段可有不同的制造和装焊顺序,不同的分段更可有各自不同的制造方法和装焊顺序,因此确定适合于某一分段的最佳制造方法和装焊顺序是工艺设计的重要工作内容。

(2)制订分段装配要领必须考虑的因素

①装配基准面的选择(须考虑分段的稳定性)。

②装配工作中特别要考虑焊接作业的难易程度。

③尽量减少翻身次数。

④能否充分进行预舾装。

在船厂起重运输设备、分段的刚性、强度许可的条件下,应尽量扩大分段和总段的装配工作量和舾装工作量,这样就可减少船台(坞)的工作量,缩短船舶在船台(坞)上的建造周期,同时也有利于船台(坞)装配焊接变形的控制,提高船体建造质量。

第三节　拼板划线与精度控制

腹板与面板按理论尺寸下料,定位安装、焊接后面板上翘,反变形背烧腹板后,如造成组合型材收缩短尺,应进行精度补偿。现阶段一般只对型材端口与该分段所对应板材端口留有相同的补偿量,而板材相对收缩较小,就会造成组合型材与板材主尺度不同步。因此,我们需要通过测量大量的数据找出收缩量的规律。

通过监控各阶段板材焊接收缩量,优化板材之间焊接间隙,合理利用平均补偿,并完善精度补偿体系,避免多次切割,提高工作效率。分析因坡口角度、板厚、焊接间隙、电流大小、环境温度等原因造成的焊接收缩,总结出板材拼接的最佳补偿值。

图 3-17 所示为分段纵横构架(或骨架)位置线划线示意图。分段中心线可由经纬仪对胎架中心线转绘。各肋位线可由经纬仪或由经纬仪和五棱镜配合绘制(此方式非常适合较大型且较平直的分段绘制纵横构架位置线)。

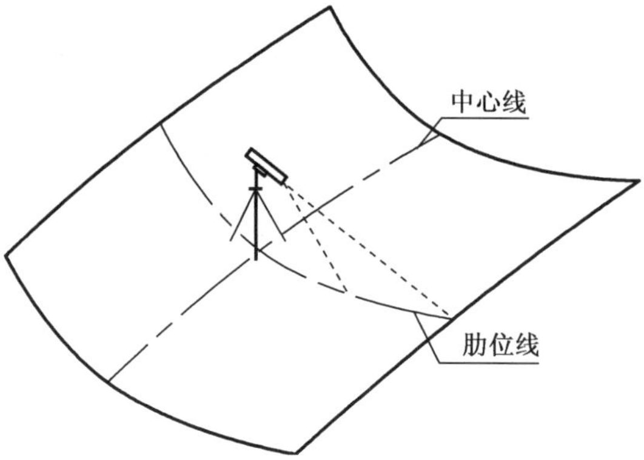

图 3-17　分段纵横构架(或骨架)位置线划线示意图

一、在底板上划纵横骨架线的方式

根据胎架中心线在分段两端标出中心点,连接两点即得分段中心线,然后划出肋骨线,肋骨线的划法有下列几种。

第一种是激光经纬仪法,即把胎架中心线复划到底板上后,用样棒或根据草图用钢卷尺在分段中心线上标出每档肋骨点后,过每一肋骨点架好激光经纬仪,校好水平,对准分段中心线,读取水平度盘角度 α,然后旋转 90°,固定水平度盘,发射激光束,转动竖直度盘求得许多激光点,顺点连线即为肋骨线。这种划法因要经常搬动仪器而操作不便,如果将激光经纬仪与五棱镜结合使用进行划线就会方便很多。五棱镜及其支座就是专用于配合激光经纬仪划线的，其支座可上下、左右、前后调节，由激光经纬仪发射的激光束进入五棱镜箱的进光口后，折射90°从出光口射出，五棱镜箱可旋转360°。支座的底脚装有磁铁开关，固定位置后打开开关就能使整个支座连同五棱镜牢固地吸附于钢板上。因此，只要把五棱镜及其支座放到中心线上某肋骨点处，激光经纬仪置于中心线上，发射的激光束投至五棱镜时，光束按90°折射到底板上，转动五棱镜，即可在底板上得出数点，连接各点即为肋骨线。

第二种是拉线架吊线锤法，即从胎架拉线架上的已知肋位处拉根钢丝，在钢丝上吊线锤找出若干底板上的点，再用样条将这些点连接起来即得肋骨线，如图3－18所示。

第三种是基准线对线法，即将胎架基准面上标出的基准肋骨线用线锤复划到底板上口边，以该点为准，用肋骨间距在上口线的展开样棒来划出上口线上的各肋骨点，打上标记，然后沿对应点子拉出钢丝，用吊线锤的方法找出若干点子，即可划出肋骨线。

第四种是拉线交面法，即利用肋骨平面划出肋骨线的方法。这种方法是已知底板上口线及中心线上的各肋骨点后，用两根粉线进行划线的，即一根咬住一舷底板上口线及中心线上的对应肋骨点，并绷紧固定，另一根的一端咬住另一舷底板上口线的相应肋骨点，使另一端靠着绷紧的粉线移动，其线头与底板相交点的连线为肋骨线。

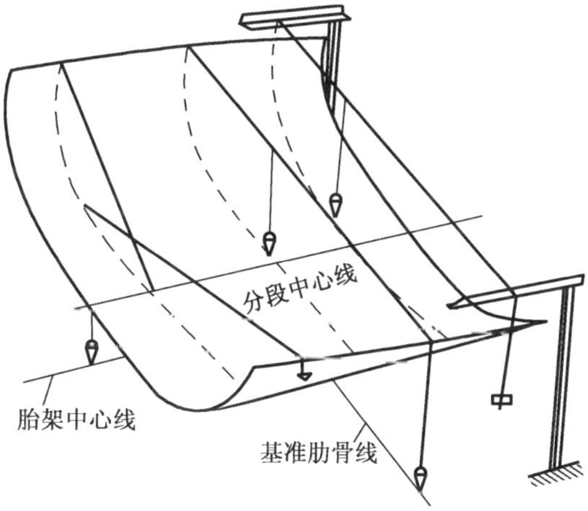

图3－18　底板横向骨架划线法

纵向骨架线的划法是在基准肋骨线上划出纵向骨架点，将激光经纬仪对准该点，以肋骨线为准，旋转90°后固定水平度盘，转动竖直度盘并发射激光束，在底板上定出若干点，然后顺点连线即得纵向骨架线。同样，划纵向骨架线也可将五棱镜放在基准肋骨线上的某一纵向骨架点处，激光经纬仪置于基准肋骨线上，发射的激光束经五棱镜呈90°折射后找出若干点，再顺点连线划出纵向骨架线。或者根据草图展开尺寸和利用展开样棒在各肋骨线上标出点子，然后连接各对应纵骨架点即得纵向骨架线。以上划线方法，根据实际情况任选一种。纵横骨架线划妥后，须进行复查，并做出标记。

二、舷侧纵横骨架划线

正斜切舷侧胎架上的划线通常有下列几种方法，任选其中一种即可。

1. 激光经纬仪法

在胎架外的平台上做垂直相交的两根直线 *AO* 和 *OB*，如图 3－19 所示，且使 *AO* 平行于胎架中心线，*OB* 与胎架中心线相交于 *C* 点，过 *C* 点架设激光经纬仪即可在外板上划出中心线。在 *OB* 线上以 *C* 点为准，可找出纵向构件位置点 *D*、*E*、*F*、*G* 等，用同样的方法，可以过这些点划出外板上的纵向骨架线。在中心线上用伸长肋距样条或草图、卷尺可找出各肋骨位置点。同理，在各纵向骨架线和分段纵缝线上也找出各肋骨位置点，用样条将相同肋号的点连接起来即为各肋骨线。

2. 两线法

如图 3－20(a)所示，先根据胎架中心线用线锤在外板上划出一根纵向角尺线，接着在胎架中部基准肋骨处顺沿胎架斜度(胎板的两端)分别安装拉线架，在拉线架的上下部位各拉一根钢丝，两根钢丝所构成的平面即为肋骨面。一般应使两根钢丝间有足够大的距离，方可保证划线的正确性。然后用粉线靠紧上下钢丝(但应保持粉线挺直)，粉线下端与外板相交点子即为肋骨线上的点子。这样做出许多点后，用样条连顺即划出了基准肋骨线。

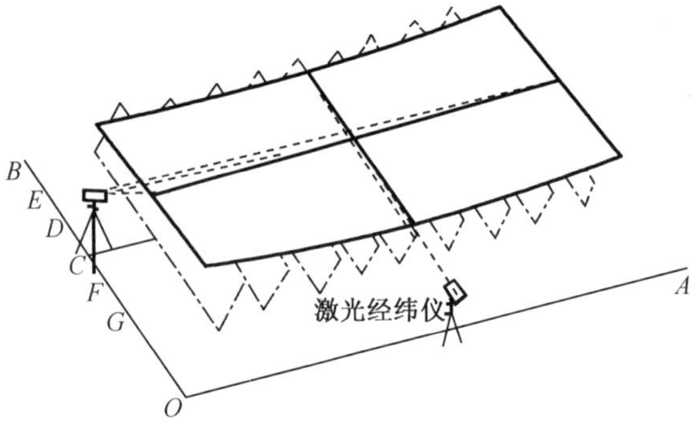

图 3－19　激光经纬仪法

同样，也可如图 3－20(b)所示那样在拉线架上拉出对角线，该对角线所构成的平面也是肋骨面，再用粉线在外板上找点连线即可。以基准肋骨线为准，分别在边接缝和纵向角尺线上用伸长肋距样条或草图展开尺寸划出其余肋骨位置点及分段横缝位置点，再用样条将各肋骨线及分段横缝线连出。同样，以纵向角尺线为准，用伸长肋距样条或草图展开尺寸可划出纵向骨架线及上下口纵缝线。

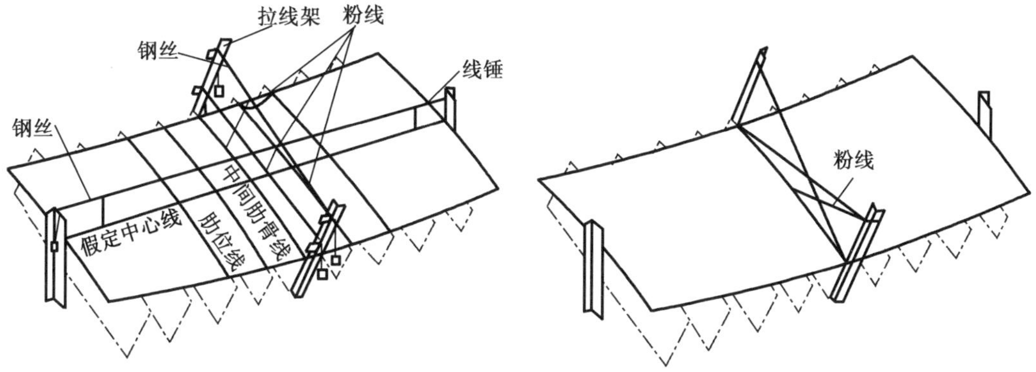

(a)双线法　　(b)对角线法

图 3-20　两线法

3. 计算法

它的基本原理如图 3-21 所示，钢丝到外板上的垂直距离（吊线锤的长度）S_1 是已知的，则基准肋骨线在胎架上的肋骨弯度 h_1 应为

$$h_1/S_1 = h/S$$

即

$$h_1 = h \cdot S_1/S$$

式中　S——肋骨间距；

　　h——正斜切基准面在一个肋距内的斜升值（即肋骨级数）。

甲板分段的划线与底部分段划线相同。因甲板分段是倒装，故须注意骨架的左右位置应与图中相反，在这里就不再赘述。

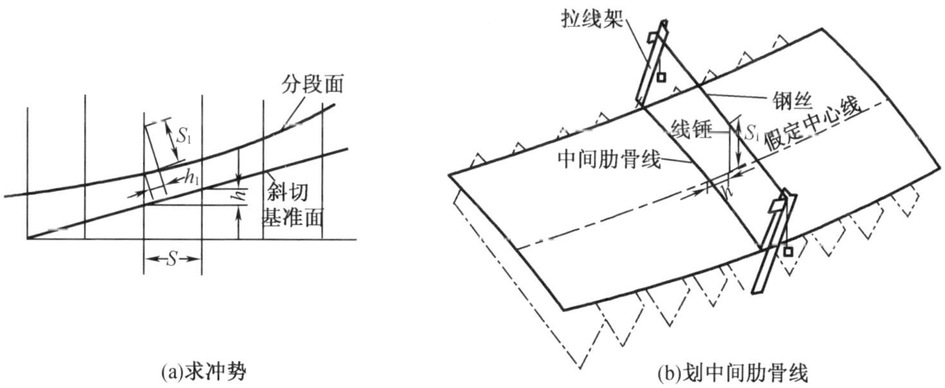

(a)求冲势　　(b)划中间肋骨线

图 3-21　计算法的基本原理

三、组立装焊过程精度控制

分段施工过程精度控制方法有以下几种。

1. 完善精度管理体系方面

编制《分段精度管理及处罚细则》《分段评级管理规定》《传统方式完工检测管理规定》《三维精度测量管理规定》《内外场划线管理规定》《流水线分段精度管理规定》等规范。《分段精度作业指导书》的内容包括:精度管理室日常管理规定、精度管理安全生产规范、仪器设备保养及使用规范、精度管理室生产操作规程规范、划线、完工检测管理及处罚规定、各船型主要参数汇总、常见问题分析。

2. 组建精度控制数据统计小组

以数据为中心实行分段过程精度控制,此项目用于分段建造跟踪控制,高速有效,为分段过程控制提供数据基础。

数据统计以每日的完工检测表为准,进行电子文档的登记备案。这样不仅方便各检测小组通过此电子文档快捷地查找施工分段的相关数据,对分段完工检测的施工状况加以跟踪,而且此电子文档更加注重于分段建造精度过程控制,如对分段胎架、胎板、划线、槽型舱壁的焊前焊后、三维全站精度控制等过程检测都有相关数据的统计。现阶段以数据为中心实行的各项精度管理及控制规范,大大提高了分段制作精度。同时,以月为单位进行分段评级工作,对一次合格分段和不合格分段进行统计,可整体控制分段施工状况。

3. 扩展程序管理

(1)控制胎架胎板检测

胎架转角,采用经纬仪对场地进行十字胎心线的转角,做好理论线基础。

(2)胎架检测

胎架检测可为保证外板线型打好基础,采用水准仪来检测场地胎架高度、间距。

在胎架检测前增加胎板精度交检,有效避免划线误差、装配误差。

4. 运用三维测量仪器设备对分段进行严格的精度检测

(1)焊前检测

使用全站仪进行内壳板定位焊接后的焊前检测,包括胎板线型、划线和主要框架定位的检测。

(2)完工检测

完工检测前检查焊前精度测量报告是否有施工班长的签字确认,使用全站仪对分段进行整体的精度测量,测量后用三维软件进行分段实际数据与理论数据的比对,确认分段整体精度是否在公差范围内,验收合格的分段签字下胎,并将相关数据传送给船台(坞)下道工序。同时,运用三维测量艏部分段模拟合拢,使用全站仪将检测范围扩大至循舵过渡段、机舱段,以使机舱分段外板线型的精度得到有效控制。同时,在检测工作中不断细化控制程序,将引进仪器设备的功能使用最大化,适应各部门分段施工状况,积累经验,改进不足。

5. 传统测量与三维精度检测相结合

由于机舱段、舭部分段型值等相关数据提供得不细致,导致分段合拢时会出现数据表以外的数据超差现象,为避免出现这类问题,利用三维测量系统调出想要测量的数据,采取加测点、加保型的方式,使三维测量与传统测量相结合,满足合拢时的要求。

6. 精度控制中发现问题及问题的解决与反馈

为了严格精度控制过程，逐步暴露出小组立施工质量问题和钢材加工质量问题，检验员应在小组立制作工序中有针对性地进行专项控制，尽量做到在小组立阶段消除质量隐患。对钢材加工存在的问题，及时向钢配公司进行反馈，尤其是曲外板线型加工等问题，对分段精度影响最大，一般可以通过累积大量数据和相关照片来及时反馈上道工序精度控制的不足。

7. 推进实施区域化精度控制

将现有施工单位按区域进行划分，专人负责，提高分段建造精度控制过程水平，培养精度管理人员的精度管理理念，表 3 – 9 所示为精度管理室区域人员划分表。施工单位应对发现问题进行分类统计分析，定期组织相关人员进行交流，制订整改措施，做好持续改进工作，提高精度控制水平，注重分段建造过程控制，增加分段建造重要控制点。

表 3 – 9　精度管理室区域人员划分表

区域	流水线区域	装焊厂房区域	外场区域	三区区域	技术组
区域负责人	1 人	1 人	1 人	1 人	1 人
区域成员	11 人	9 人	8 人	10 人	1 人

8. 针对新型船只的精度控制工作交流研讨

针对现场施工船舶难点、重点控制分段进行数据累积，在船舶槽型舱壁、边底、舷外、机舱等分段进行开工前的交流研讨，在工作中及时发现问题并给予解决，定期对发现的问题进行总结，如：

①图纸不明确，运用三维分段模型查找理论数据、多角度转角，以保证分段精度。

②来料错误情况频发，对于出现长尺、短尺、坡口问题严重的船体资料，用作荒料线、借尺等方法克服困难。

③场地和胎架不规范，胎架不是规范的模板胎架，焊后变形严重，对施工和后续作业影响很大，为此应在分段施工前先做出基准地心以检测分段尺寸。

9. 做好分段的质量预警工作并定期进行质量反馈

工作中发现检测分段精度不达标准、外观不美观等问题，可以拍照取证予以说明，对控制不足的关键点，需要提出整改措施和控制方案，细化精度控制中的不足。

此外，应坚持质量巡检，及时解决下道工序反馈的问题。

四、分段装配焊接变形及控制技术

1. 分段变形分析

分段变形是在装焊过程中产生的纵向和横向的收缩和翘曲变形。由于各个分段结构不尽相同，焊接程序不同，故每一分段变形的大小和现象也不一样。各种分段变形趋势及原因分析见表 3 – 10。

表 3-10 分段变形趋势及原因分析

分段名称	变形特点	结构因素	工艺因素
单底分段	①宽度、长度缩小; ②底部中垂; ③边缘波浪变形	①底板的纵横向焊缝所引起的纵横收缩; ②构架角焊缝引起的纵横向收缩,且影响最大	①分段建造的胎架基础不牢固; ②分段的胎架本身刚性太差; ③胎架虽设置“拉马”但没有拉住或焊前外板与模板型线不吻合; ④装配、气刨质量不好,间隙过大;焊后火工矫正收缩量过大; ⑤未严格遵守合理的焊接程序,焊接参数不正确,焊脚尺寸过大 ⑥装焊分段前没有考虑采取有效的工艺措施,如反变形等 ⑦翻身后焊接时分段搁置不当
	①宽度、长度缩小; ②底部中拱(翻身后两端下垂); ③边缘波浪变形	①内底板纵横焊缝引起的纵横向收缩(由于与胎架固定,故数值较小); ②纵横结构角焊引起的纵横向收缩; ③由于焊缝不对称于分段截面中和轴,船底板焊缝及其与结构的角缝焊后两端产生向内、向上变形; ④分段翻身后焊接,继续产生变形	
双底分段	①长度、宽度缩小; ②底边中垂(翻身后两端上翘); ③边缘波浪变形	①外板焊缝及结构间的角焊缝引起的分段纵横向收缩(由于胎架固定,故数值较小); ②内底板焊缝及其结构的角焊缝,由于不对称于分段截面中和轴,焊后两端向上、向内变形; ③翻身后的外板封底焊使外板变形,结构焊接使外板向内变形	
舱壁甲板舷侧分段	①长度、宽度缩小; ②甲板梁拱减小、舷侧曲率减小、舱壁表面拱出; ③边缘波浪变形	纵横向焊缝及结构角焊缝所引起的纵横向收缩	

2. 分段变形控制技术

控制分段装焊变形的原则是:预防为主,矫正为辅。

(1)控制变形的措施

对于分段的装焊变形,在掌握了上述变形规律的前提下可从结构设计、焊接工艺和装焊工艺三个方面采取相应措施,具体有以下几种。

①提高零件加工质量和部件装配质量。

②对于线型复杂的分段(如带轴包板的艉部分段)采用正造法,用“拉马”将外板与胎架拉紧,强制减小分段的变形,胎架要具有一定的刚性。

③构架曲型应与外板线型自然吻合,超差严重的应矫正后再装。

④尽量减小构架与构架的装配间隙。

⑤扩大平面分段的拼装范围，扩大小组立、中组立的范围。这样可减少分段的焊接工作量，以减少船体总的焊接变形。

⑥采用框架式装配新工艺。

⑦根据分段变形的一般规律，采取反变形措施。在结构放样或胎架设置时放出反变形量，用以抵消分段焊接后的变形。

⑧采用强力构件端部刚性固定法。大中型船舶的分段制造已广泛采用支柱式通用胎架，在分段装配和焊接过程中产生的收缩力，必然要使分段产生各种变形。该法就是在构架焊接以前，采用强构件端部刚性固定法控制变形。其做法是将在支柱式胎架上建造的分段四周边缘，调整到水平或理论型值的位置，在强肋骨、强横梁、纵桁和隔壁的端部、胎架下面用角钢或槽钢固定于水泥基础平台上，数量应视分段的结构形式而定。

⑨在分段制作中，对于易变形的部位，可增加临时加强材，以避免吊运、搁置时的变形。

(2)分段变形的处理

①在分段制造过程中，应及时检测分段变形状态，对变形大的部位加重物施压和火工配合矫正，以达到减小分段总变形量的效果。

②分段纵向收缩可在考虑建造工艺时适当增大每档肋距，以抵消纵向收缩量。

③可将分段大接头处的构架角焊缝设 300 mm 待焊区，使变形保持在精度标准允许的范围内。

④无论单底或双层底分段，如果分段宽度缩小太多而影响船台对接时，可将其邻近分段大接头处的肋板、内底板和外板的接缝切开部分焊缝，使船体外板对接处线型光顺。

第四节 组立智能化装焊生产技术

一、平面组立装焊生产流水线

平直作业区主要负责平直分段建造。平直组立装焊生产线是造船流程中自动化程度较高的生产区域，也是组立智能化装焊技术应用最成熟的生产线。本小节以某平直流水线为例进行详细介绍。

1. 工位

平直流水线主要有以下工位：拼板、FCB 单面焊(三丝)、纵骨装配(可旋转)、纵骨焊接(16 电极纵骨自动焊)、缓冲及横移、肋板及纵桁装配、肋板及纵桁焊接(2 个工位)、预舾装、舾装修补及涂装、搬出与检查。

2. 主要设备

主要设备及功能如下。

(1)数控火焰门式切割机

等离子切割机无法进行切割的超厚板采用数控火焰门式切割机进行切割，如图 3 - 22 所示。它主要用于进入平面流水线主板切割坡口，切割工位不在流水线上，通过旋转式电磁吊将板材吊上流水线,如图 3-23 所示。

(2)纵骨焊接装置

纵骨焊接装置主要有移动式纵骨安装、定位焊门架,其具有提取型材至列板的电磁吸头以及 CO_2 定位焊焊机,可进行纵骨快速定位,如图 3-24 所示。

纵骨焊接装置(16 电极)配有可移动式 16 电极门架 1 台,具有两面双焊头 CO_2 气体保护焊功能,可同时进行 4 根纵骨焊接。焊脚高度在 5 ~ 8 mm 时 16 电极纵骨自动焊焊接 1 次,焊脚大于 8 mm 时须进行二次焊接,如图 3-25 所示。

图 3-22　数控火焰门式切割机

图 3-23　旋转式电磁吊

图 3-24　纵骨自动装配

图 3-25　16 电极纵骨自动焊

通过对现有平直流水线的升级改造,可实现自动拼板、纵骨自动装配、自动焊接、井字构架智能焊接等作业,如图 3-26 至图 3-28 所示。全过程信息实时自动跟踪、自动反馈,配置生产计划仿真系统。

图 3－26　主板自动拼板

图 3－27　纵骨自动装配

图 3－28　格子间焊接机器人

(3)平面分段的焊接

平面分段包括甲板分段、舱壁分段、平直舷侧分段和平面的子分段，是由平面或稍有曲率的板列、横梁和纵桁材等零部件组成的分段。一般情况下，板列已焊妥，所以该分段的主要焊缝是角焊缝，其焊接顺序是先立角焊(图 3－29(a))，后平角焊(图 3－29(b))。

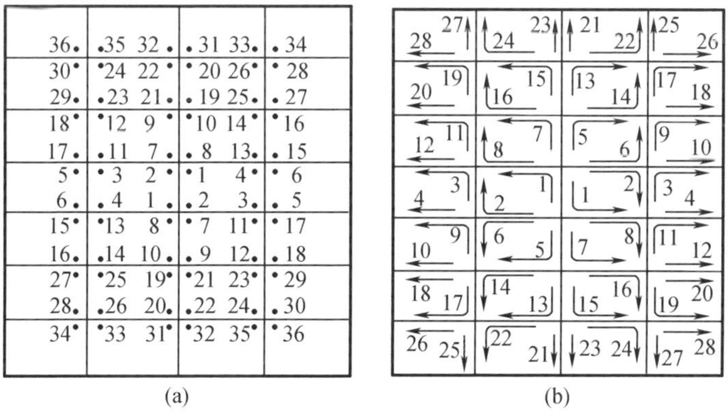

图 3－29　平面分段的构件角焊焊接顺序

FCB 法是在铜板上撒布厚度均匀的衬垫焊剂，并用压缩空气软管等顶升装置把上述敷好焊剂的铜板压紧到焊缝背面,从正面进行焊接而形成背面焊道的一种埋弧焊接法。FCB 法通常用双丝或多丝焊机进行焊接。厚度在 25 mm 以下的钢板,用双丝焊一个焊程就可完成焊接。厚度更大的钢板宜用三丝焊,第一丝常采用直流电源,其他几丝可采用交流电源。先行焊丝采用直流电源,是为了形成较好的熔深形式和稳定的背面焊道。

FCB 单面焊主要原理是在铜衬垫上撒上一层底层焊剂,并将其紧贴在焊接件坡口背面,在表面用 2 个或 3 个电极进行埋弧自动焊,如图 3 – 30 所示。

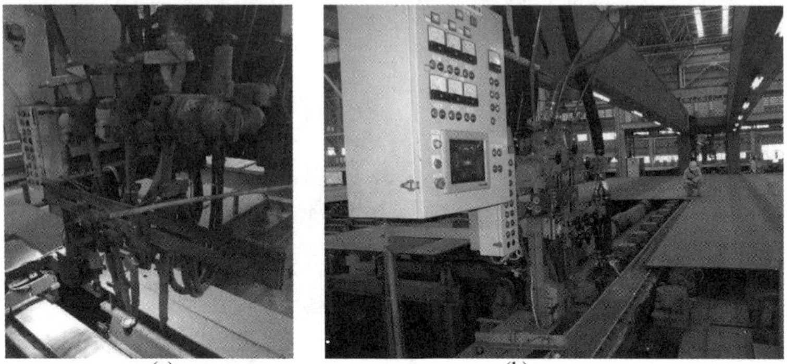

(a) (b)

图 3 – 30 FCB 单面焊

3. 主要作业流程

平直流水线主要作业流程如图 3 – 31 所示。

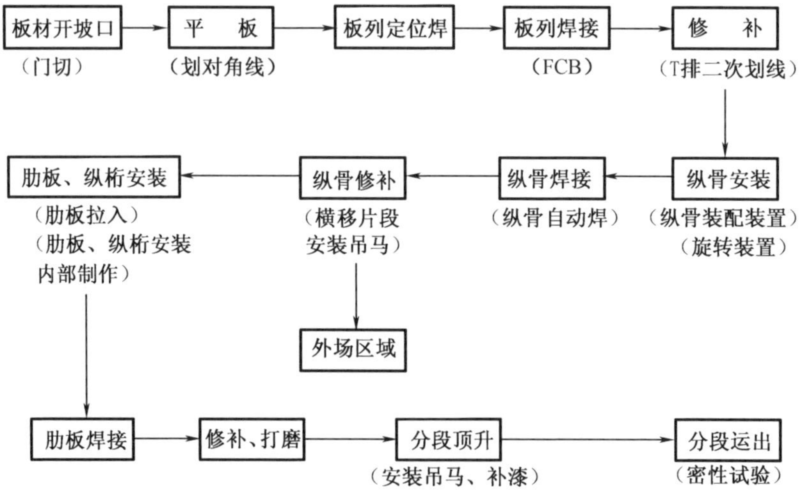

图 3 – 31 平直流水线主要作业流程

二、曲面组立装焊生产流水线

曲面组立装焊生产流水线主要包括自动化托盘(定置化工位)、数字化胎架(图 3 –

32)、曲型构件机器人(图3－33)焊接等工艺技术，通过专业化的作业流程，实现了活络胎架数据自动调整、工位定置作业、曲型构件机器人焊接，生产效率得到了大幅提升。曲面分段流水线装焊生产流程如图3－34所示。

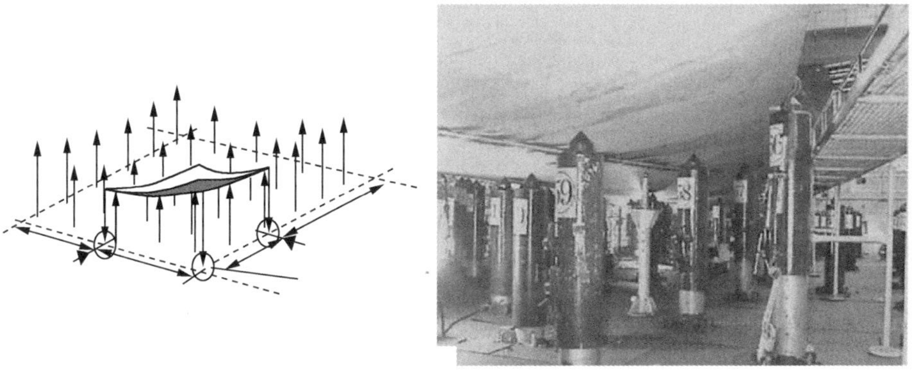

(a)　　(b)

图3－32　数字化胎架

图3－33　曲型构件机器人

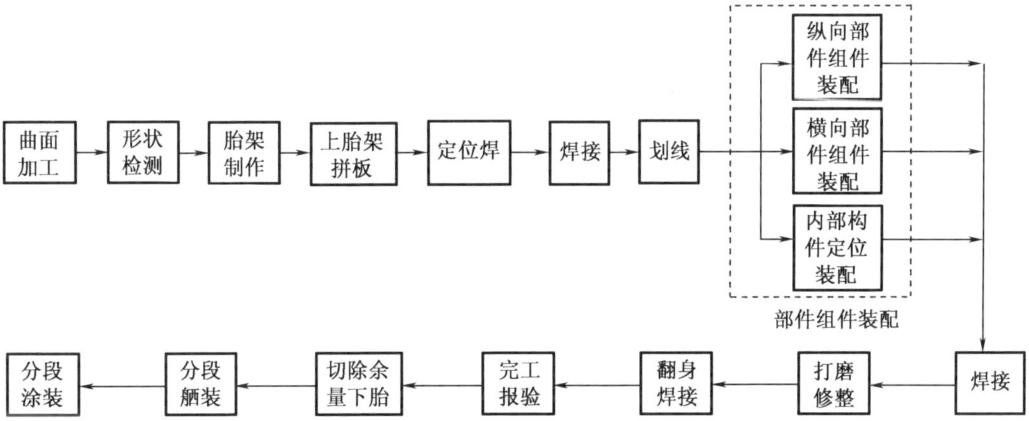

图3－34　曲面分段流水线装焊生产流程图

三、小组立机器人简介

本小节主要以全自动船舶组立智能焊接机器人为例，如图3－35所示，介绍小组立智能生产线。

图3－35　组立智能焊接机器人

智能焊接机器人多采用龙门式结构，主要由双梁行走龙门架、焊接移动小车、机器人移动齿轮齿条导轨系统、机器人旋转系统、安川双机器人系统、松下焊接系统、整体拍照视觉识别定位系统、激光视觉在线焊缝跟踪系统、弧光防护遮光棚、安全围栏和设备人梯、焊烟净化系统和全自动焊接控制系统等组成，如图3－36所示。焊接工作站的能源输送采用拖链输送，通过智能整体视觉识别方式采集工件结构、尺寸和定位信息，自动生成激光视觉精确定位跟踪的智能化数字焊接程序，在激光跟踪器导引下自动确定起始点和结束点，焊接方法为 CO_2 气体保护焊，由两关节臂机器人焊接完成已人工点焊的先行小组立、小组立、吊马加强圈的平角焊缝、平包角、立角焊缝以及立包角焊接（关节臂可达且不干涉前提下可焊）等。

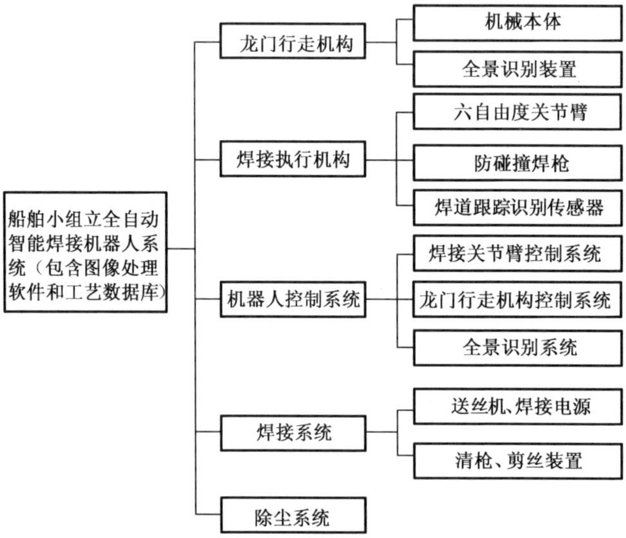

图3－36　船舶小组立全自动智能焊接机器人系统组成框图

其主要功能如下。

①小组立智能生产线针对平角及包角、立角焊缝自动焊接而设计。焊接方法为 CO_2 气体保护焊,焊接方式为被焊接件固定不动,龙门移动到相应位置后由焊接机器人进行焊接。

②焊接由两台机器人(图 3－37)完成,使得操作更加灵活,可减少更改焊接方向的次数,甚至避免更改方向。

(a)　　(b)

图 3－37　通用件焊接机器人

③设备可实现高度自动化,一次上料可以完成整个原料的所有焊接工序,可实现一键操作。

④先进的视觉跟踪和定位功能,便于操作,缩短焊接辅助时间,提高效率,且对操作人员要求低。

⑤系统允许人工干预调整、启停设备,方便焊接过程的控制。

⑥设备软件具有生产数据记录功能,可对焊接过程中的基本数据进行记录输出,具体包括焊接时间、焊接电流、故障报警记录、开机运行时间、停机时间、焊接长度等。

⑦除视觉识别等核心数据库以外,软件使用权限应开放。

以先行小组立焊接为例,其主要操作流程如下。

①准备阶段:开机,初始化,设备回零,将工件放置在焊接区域。

②启动设备,全景相机拍照,确定工件初始位置,开始焊接,焊接时视觉跟踪器精确测量平角焊缝起始位置,并判断结束位置,自动进行包角焊接(中间过程可人工操作中断、停止)。如此循环逐一焊接每一道平角焊缝。

③设备退回到起始位置,等待下一批工件。

思考与练习

1. 什么是胎架,作用有哪些?
2. 有哪些不同类型的胎架,每种胎架的特点是什么?
3. 如何进行胎架设计?
4. 胎架基准面的切取方法有几种,分别适用于什么分段?
5. 船舶有哪些分段类型?

6. 简述船舶分段建造方法以及适用范围。
7. 简述底板以及舷侧纵横骨架划线方法。
8. 船体分段施工过程精度控制方法有哪些?
9. 简述船体分段变形的特点以及控制技术。
10. 简述平直流水线和曲面流水线的主要作业流程。

第四章　船舶总组与搭载

知识目标

- 掌握船舶总组与搭载的工艺过程。
- 理解各区域总段装焊工艺方法和技术。
- 掌握船舶总组和船台(坞)搭载精度控制技术的基本知识。
- 了解船体装配全过程精度管理的基本知识。

能力目标

- 掌握船舶总组与船台(坞)搭载的精度管理方法。
- 掌握分(总)段精度测量方法。
- 掌握分(总)段精度数据分析方法。
- 能编制船舶总组、船台(坞)搭载装焊工艺方案。

船舶总组一般指将分段组合成总段,搭载一般指在分、总段装焊的基础上,在船台或船坞中进行整体装焊(大合拢)的工艺阶段。船舶总组和搭载是船舶建造的关键环节,船舶总组工艺水平以及搭载过程中的精度控制水平,对船舶建造质量、船台(坞)周期以及建造成本有着重要的影响。

本章简要介绍了船舶总组与搭载的工艺知识以及在建造过程中如何控制变形、保证建造精度的方法,并通过精度管理典型案例说明了船体装配全过程管理的相关精度标准。

第一节　船舶总组与搭载工艺

船舶总组与搭载是船体结构零件经过部装、分段装焊和总段组装后,成为若干数量的船体分段和总段,将它们吊运到船台或船坞内,最终组装成庞大的船体。现代造船广泛采用在船台(坞)装配前预先把几个分段组合成大分段或总段后,再进行船台(坞)搭载装配的方法,如图 4－1 所示为总段装配示意图。

一、分段总组(总组立)工艺

总段是由若干平面分段、曲面分段和立体分段总组而成的。分段总组工艺根据各船厂的生产条件而有所不同,大致可分为立体分段总组和平面分段总组两大类。立体分段总组又可细分为平面分段的立体总组(或平面分段和曲面分段的立体总组)以及曲面分段的立体总组。

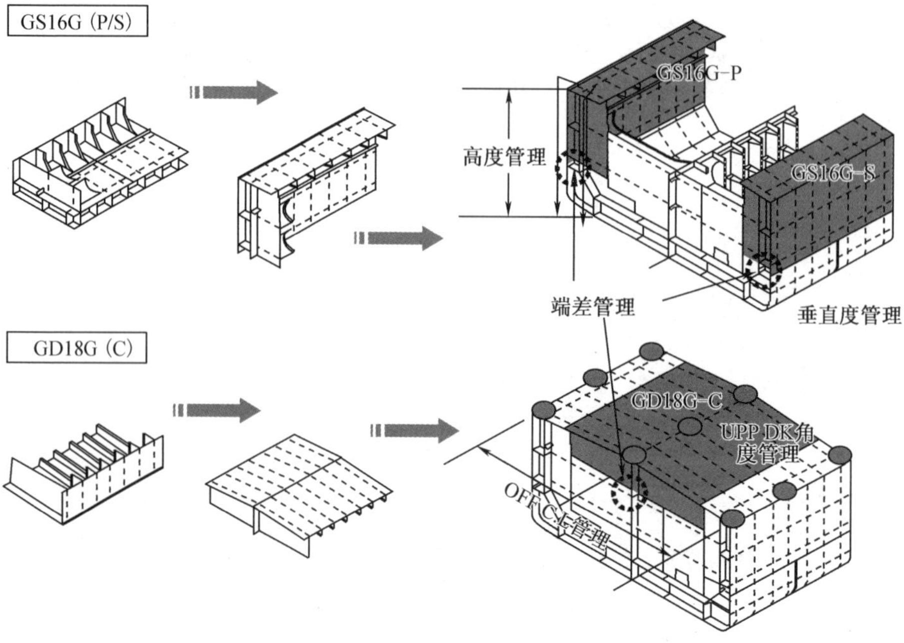

图 4－1　总段装配示意图

一般对船体中部、立体的或平面的分段总组都采用平面分段总组，对艏艉部和上层建筑来说，都采用立体分段总组的方式。

1. 环形总段总组

中部环形总段就是由底部分段、舷侧分段、甲板分段及舱壁分段组成。一般是以底部分段为基准分段，依次将预先装焊并经检验合格的舱壁、舷侧以及甲板分段吊到底部分段上组装。

①货舱环形总段总组工艺流程如表 4－1、图 4－2 所示。

表 4－1　货舱环形总段总组工艺流程

工艺过程		示意图	技术要领
1	各个分段的装配焊接	—	—
2	横舱壁分段组立	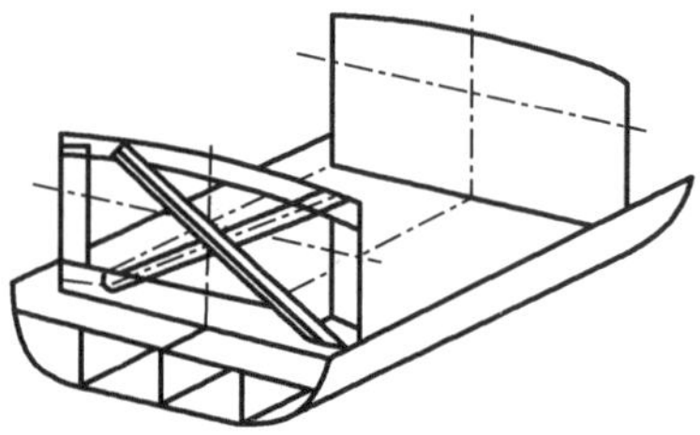	①横舱壁的安装位置应和内底板下横骨架一致，错开位移不得超过舱壁板厚的一半； ②水平检验线必须在同一水平面内，中心线应和内底板中心线对齐； ③舱壁应保证与基线垂直，高度应符合图纸要求

表 4-1(续)

工艺过程		示意图	技术要领
3	舷侧分段组立	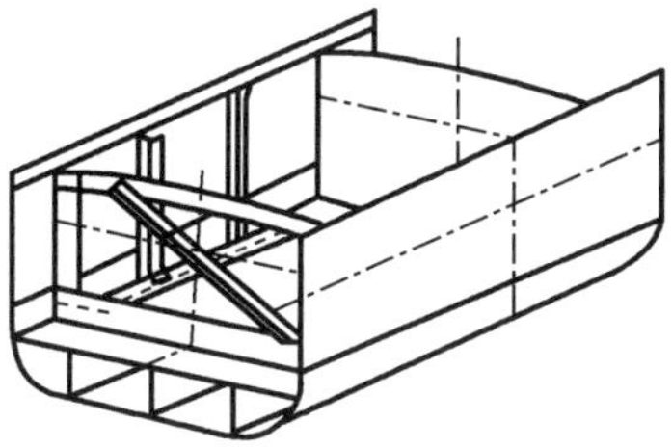	①舷部肋骨检验线应与底部肋骨检验线对齐; ②水平检验线应与舱壁水平检验线在同一水平面; ③肋骨检验线顶部半宽等于该号肋骨的船体半宽
4	甲板分段组立	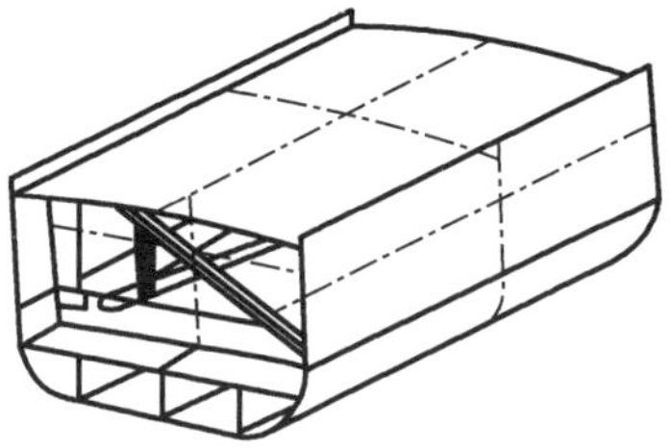	①甲板中心线应与内底中心线相吻合; ②甲板肋骨检验线应与舷部肋骨检验线对齐; ③甲板边高应与舷部所划甲板理论线吻合; ④应保证梁拱高度
5	总段接缝的焊接	—	①焊接舷侧板与舭板的对接缝; ②焊接横舱壁与内底板、舷侧板、甲板的角焊缝; ③焊接甲板与舷侧板的角焊缝; ④焊接内部结构的接缝
6	总段划线和结构性检验	—	划安装定位线、轮廓线、焊缝和结构性检验
7	总段舾装	—	安装总段内的舾装单元、各种舾装件及其附件
8	总段吊运	—	—

②技术要领。总段组装中的分段定位作业,是保证总段组装质量的技术关键。若将总段置于空间直角坐标系中,则各个分段的定位可在三维尺度(长、宽、高)方向上选定其安装的基准面,另加左右和前后水平,即可定出分段的正确位置。

对带有中间甲板的总段装焊,一般有先装舷侧分段(图 4-3(a))和先装中间甲板分段(图 4-3(b))两种方法。若采用后者,则须对甲板分段做临时支撑,这有利于舷部分段的定位。此外,还应注意接头形式的不同。

2. 货舱区舷侧分段总组(C 型总段)

其工艺流程如图 4-4 所示。在平台上划出分段定位所需的各类基准线(肋骨检验线、水平检验线、舱壁位置线)→吊顶边水舱、底边水舱分段,以肋骨检验线和水平检验线定出两个分段的相对位置→吊舷侧分段,以肋骨检验线定位、安装→吊横舱壁分段,以舱壁位置线和直剖线定位→装配、焊接、矫正、修割余量→测量并做好标记。

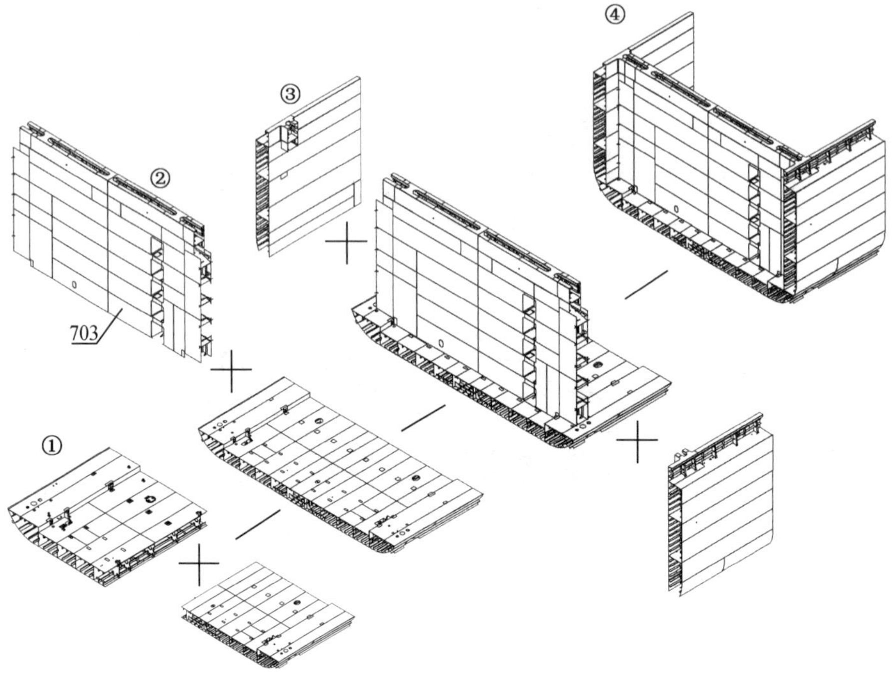

图 4－2　货舱环形总段总组工艺流程图

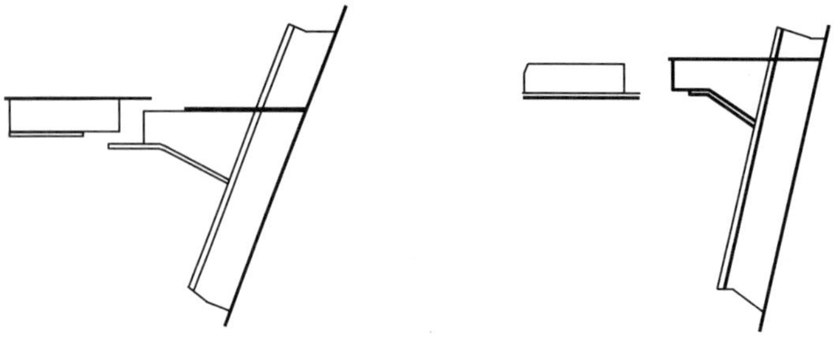

(a)先装舷侧分段　　(b)先装中间甲板分段

图 4－3　中间甲板分段装焊方法示意图

3. 艉部(机舱)半立体分段总组

为实施盆舾装,机舱部位必须形成盆状结构,它是由机舱底部双层底分段、两侧舷侧分段和横舱壁分段组合而成的,如图 4－5 所示。

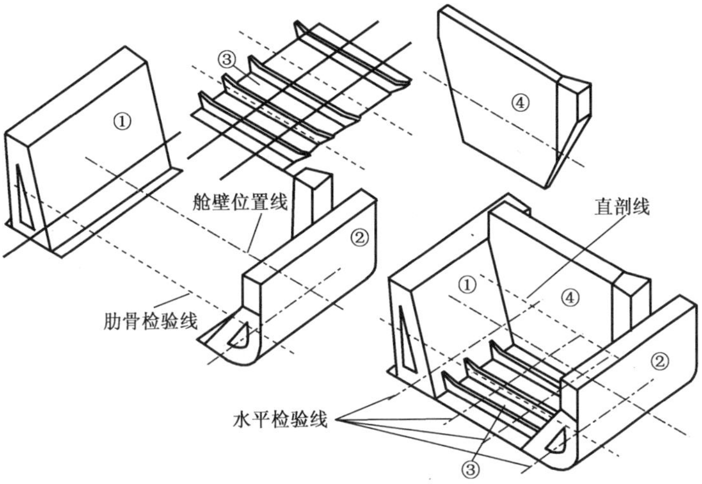

1—顶边水舱;2—底边水舱;3—舷侧分段;4—横舱壁分段。

图 4-4　货舱区舷侧分段总组工艺流程图

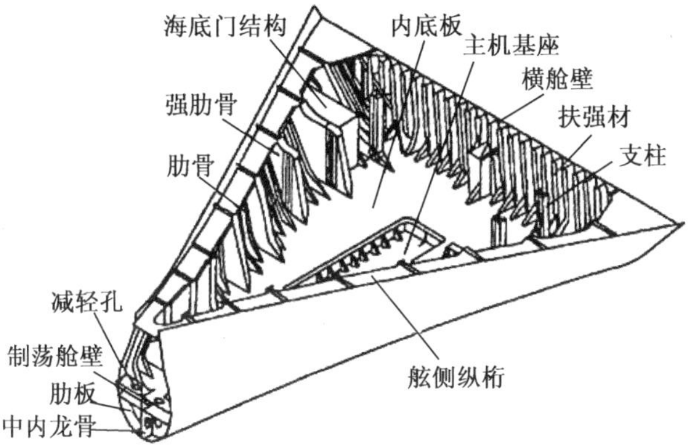

图 4-5　艉部(机舱)半立体分段结构图

机舱底部双层底分段、两侧舷侧分段及横舱壁分段分别制造完成后,以底部分段为基准分段,按工艺要求进行总组。其工艺流程如图 4-6 所示。

底部分段定位→吊装舱壁分段→吊装左右舷侧分段→焊接。

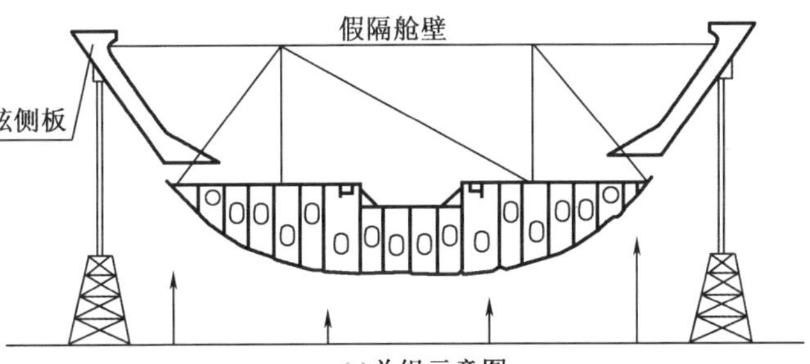

(a)总组示意图

图 4-6　艉部(机舱)半立体分段总组工艺流程图

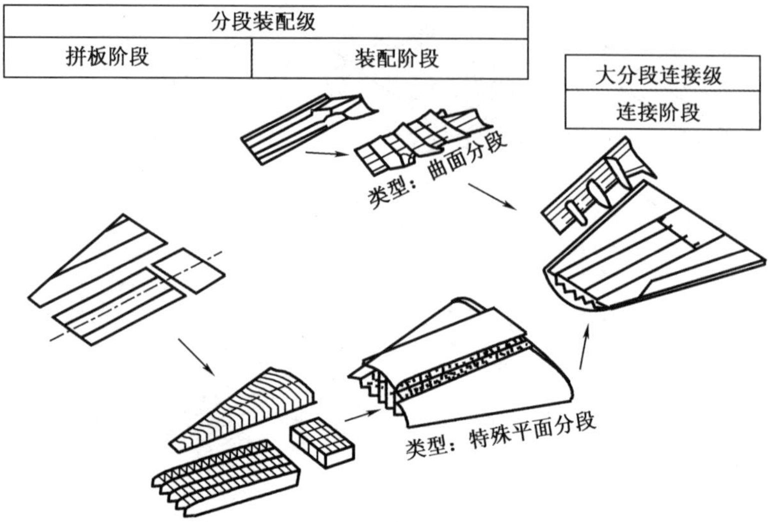

(b)工艺流程

图 4-6(续)

4. 艏艉分段总组

艏部总段一般由上段(上甲板与中间平台组合)、中段(球鼻艏与锚链舱)和下段(艏部托底)等分段组成，划分情况如图 4-7(a)所示。视船厂的起重能力和艏部总段的结构情况而定。

艉部总段一般由下段(底部与轴系)、中段(舵系)、上段(甲板与中间平台)等分段组成，划分情况如图 4-7(b)所示。同样也要视船厂的起重能力和艉部总段的结构情况来定。

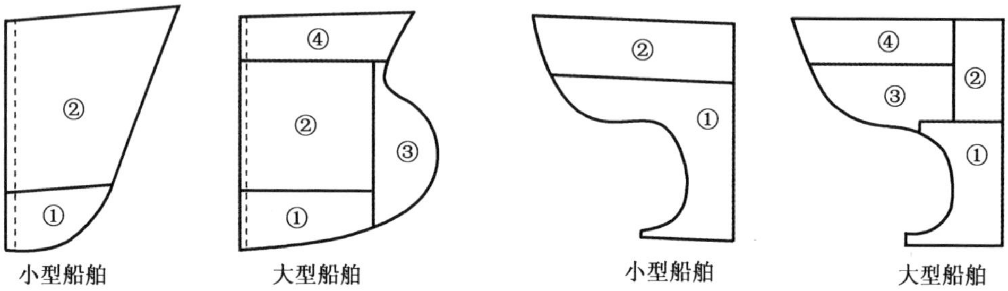

(a) 艏立体分段的划分　　(b) 艉立体分段的划分

图 4-7　艏艉立体分段组成图

艏部总段总组工艺流程如图 4-8 所示。上段、中段和下段分段分别制造完成后，以下段为基准分段，按工艺要求进行总组。其工艺流程为：下段定位→吊装中段→吊装上段→焊接。

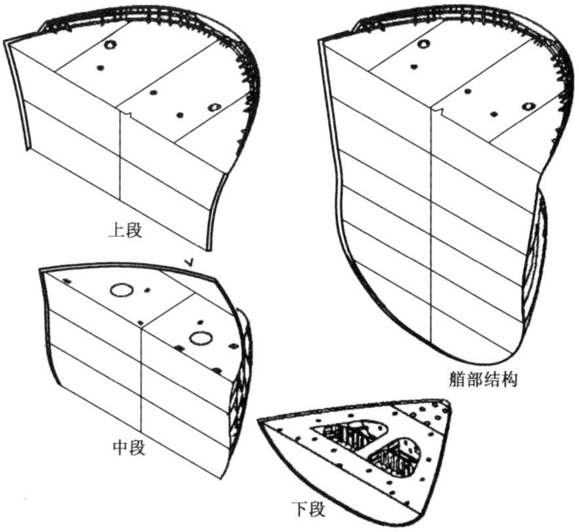

图 4 –8　艏部总段总组工艺流程图

5. 上层建筑总组

为了尽量扩大居住区的预舾装，应在平台上进行上层建筑总组。其基本方法是将船体艉楼或主甲板以上的甲板室结构划为一个或两个总段，在船台（坞）附近的平台上或码头区的专用平台上进行总组，完成后进行总段预舾装，然后将多层甲板室总段一次吊装，这样可以缩短建造周期。

总组吊装时可采用由下向上逐层吊装的方法进行安装，其工艺流程如图 4 –9 所示。

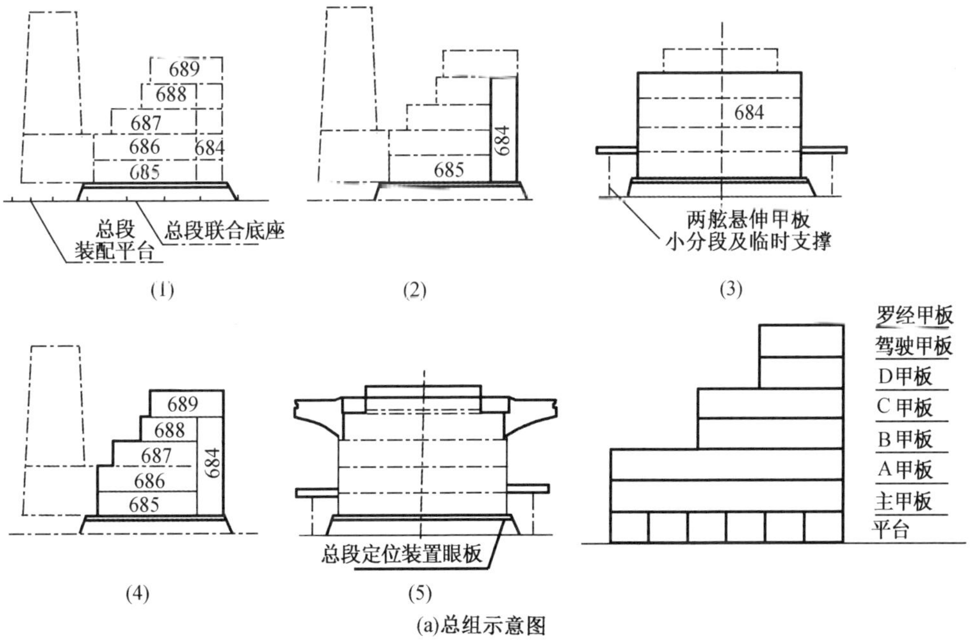

图 4 –9　多层甲板室分段总组图

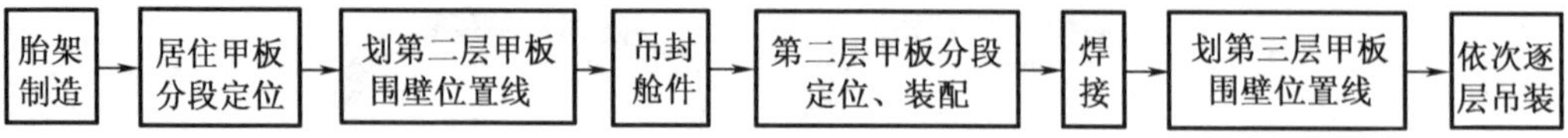

(b)工艺流程图

图 4 -9(续)

在图 4 -9 所示多层甲板室分段总组过程中,总段联合底座模板的设置应与底层分段的各主要纵、横围壁位置相对应,底座应具有一定的强度,为了扩大分段围壁与底座模板的接触面,以利于分段的装配定位,底座模板上表面可设置面板,宽度以 150 ~ 200 mm 为宜。总段火工矫正工作应从上向下进行,围壁平整后,进行舱室舾装工作。上层建筑总段吊环的设置、总段的加强等整体吊装工作穿插在总组工作过程中。

二、船台(坞)搭载工艺

船舶搭载俗称大合拢,是船体建造的最后一道工序,如图 4 - 10 和图 4 - 11 所示。这个工序的特征是,以露天作业为主,受天气影响较大;垂直焊和仰焊较多,较难推行自动焊接;高空作业多。它对保证船舶建造质量、缩短船舶建造周期有着很大的影响。

(a) (b)

图 4 - 10　船舶分段搭载现场

1. 船台(坞)搭载工艺流程

船体总装虽然在建造方法上有所不同,但在一个建造区的分/总段吊装顺序和分/总段定位固定方法却是相同的。

某油船船台(坞)总装(搭载)工艺流程如图 4 - 12 所示。

定位基准分/总段→吊装基准分段上的舱壁分段和前后的底部分段→吊装舷侧分段,向艏、艉方向继续吊装底部分段和舱壁分段→吊装甲板分段,继续吊装底部分段、舱壁分段和舷侧分段,对已形成的环形船体部分进行分/总段大接缝的焊接→继续向艏、艉方向吊装底部分段、舱壁分段、舷侧分段和甲板分段,继续对装配完工的分/总段大接缝进行焊接,并对分/总段大接缝已施焊结束的舱室开展舾装作业→吊装艏、艉分/总段,继续完成分/总段大接缝的焊接工作和舱内舾装作业→吊装及焊接上层建筑,继续进行舾装作业。

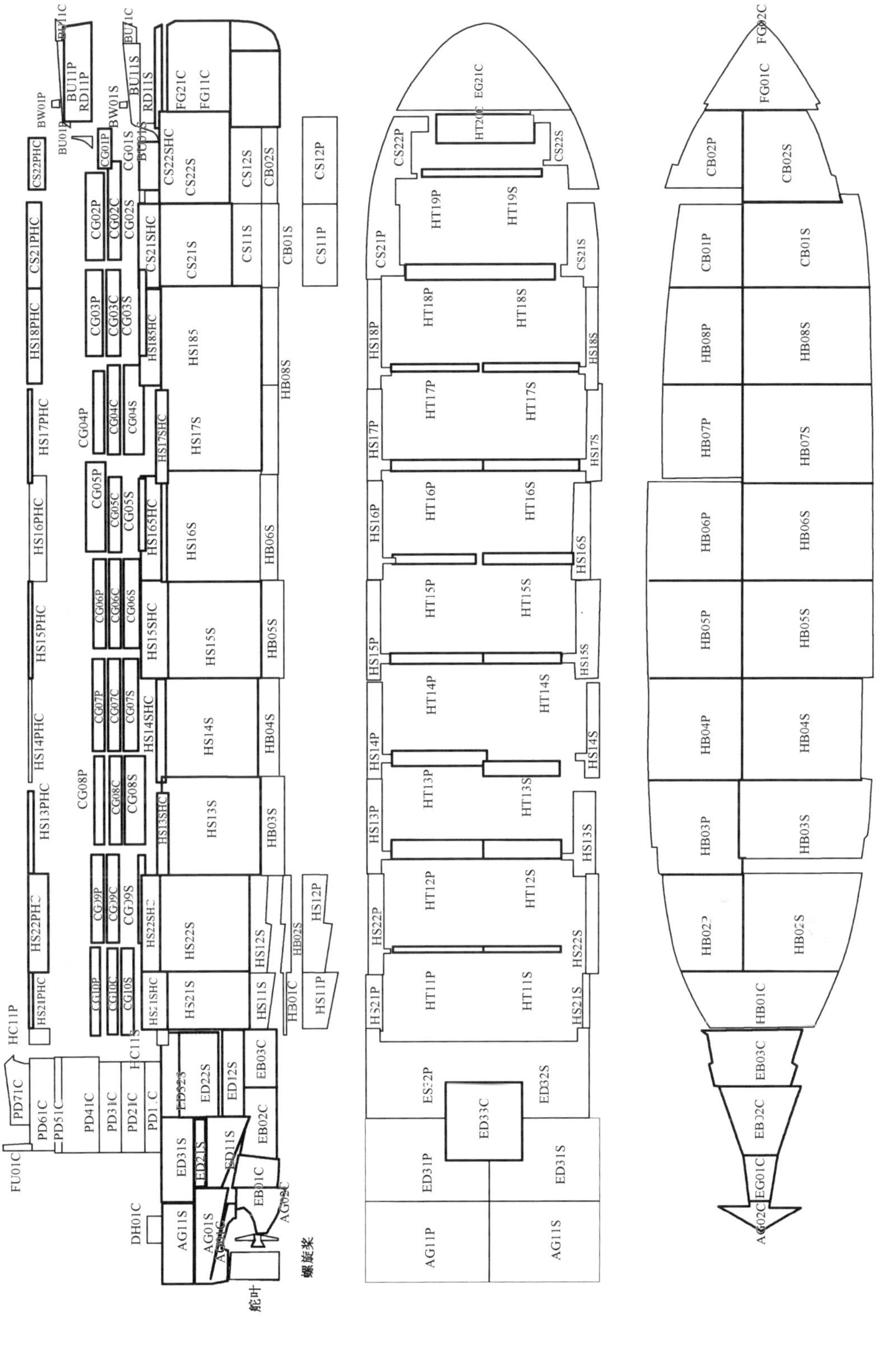

图4-11　船舶搭载网络图

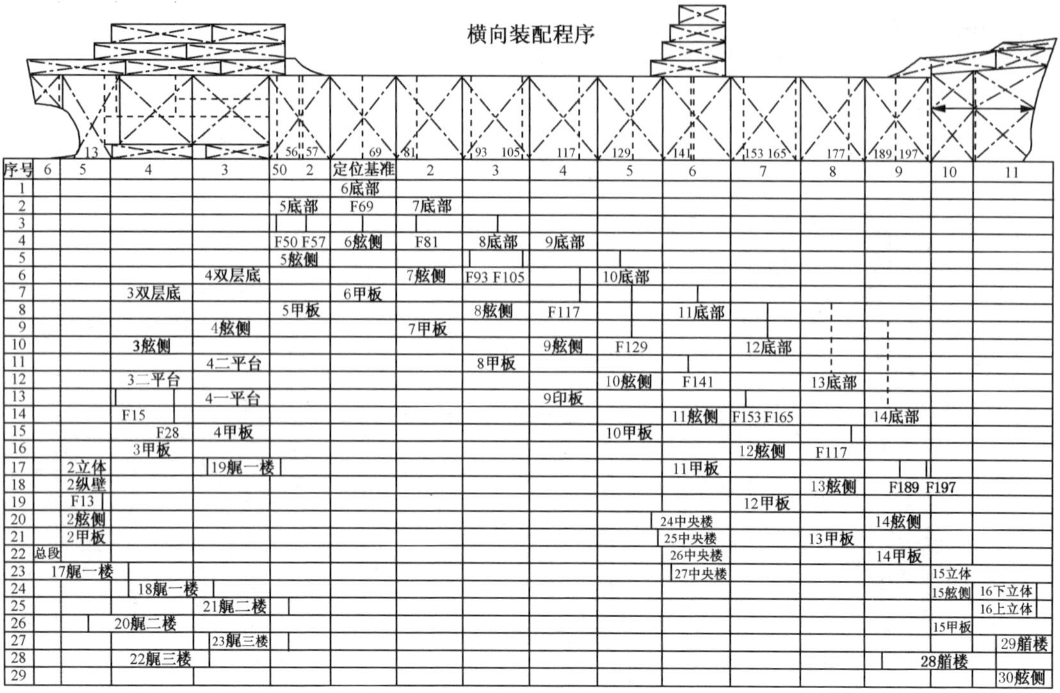

图 4-12　某油船船台(坞)总装(搭载)工艺流程图

若采用岛式建造法时,其顺序中应增加吊装嵌补分段的工作,将各个建造区连接起来。

从上述可知,船台(坞)装配合拢的具体施工方法,实质上就是各类分/总段在船台(坞)上的组装工艺。分/总段的定位、余量划线及切割、大接头定位、大接缝焊接等乃是具有共性的工艺流程和工艺技术。

2. 船台(坞)准备工作

按照船台(坞)总装格子线图勘划好船台(坞)基准线和格子线,为船台(坞)总装确立船台(坞)有关基准。

(1)划船台(坞)中心线

确定船台(坞)中心线的方法有照光板法、拉钢丝吊线锤法、望光柱法和经纬仪法。前三种方法因为精度低、操作麻烦且效率低、受环境影响较大等原因逐渐被淘汰。目前,国内大中型船厂均使用激光经纬仪和全站仪在船台(坞)中心线槽钢上划出船台(坞)中心线。

船台(坞)中心线划好后,要在船台(坞)中心线上确定艏艉端点,划出艏艉端点位置线。按船台(坞)划线数据和草图,将分/总段大合拢接缝的前、后肋骨位置,舵杆中心,艉轴后端面等位置划在船台(坞)中心线上,并做出标记。

(2)划船台(坞)半宽线或船台(坞)中心线两侧的平行线

为方便船台(坞)合拢对宽度的测量,应绘制船台(坞)半宽线。船台(坞)半宽线通常也是采用激光经纬仪来绘制的。

船台(坞)半宽线除了型宽线外,因船体沿船长方向宽度的变化,还要绘制不同船宽处分/总段定位用的半宽线(其宽度为该处分/总段或平台、内底等宽度),在半宽线上也要划出合拢缝前后肋位线，并做出标记。

(3)划船台(坞)肋骨检验线和分段接缝线

按船台(坞)总装定位图，在船台(坞)中心线上划出各分/总段首尾端的肋骨位置，并标上肋位号码，用于分/总段精准定位。

当船体基线坡度与船台坡度不相等时，则应根据两者之间的几何关系通过换算后确定分/总段肋骨线位置。

(4)划高度标杆上的高度线(船体参考基线)

根据生产设计提供的数据(高度型值)，在船台(坞)的高度标杆上划出基线、水线、甲板边线等全部理论高度线，作为水平软管、激光水平仪或激光经纬仪进行船台(坞)铺墩、分/总段吊装定位和检验高度的基准。

在倾斜船台上，船体和水线等都是倾斜的，应根据激光水平仪转站测量的要求，设置若干根高度标杆，为了便于测量，高度标杆都是垂直于水平面设置的，所以，应根据两者之间的几何关系通过换算后确定其高度值。

3. 船体准备工作

(1)检查分/总段定位线、对合线

为保证分/总段在船台上的位置准确性，在船台(坞)总装前必须检查各分/总段上的船台(坞)装配定位线及对合线。

①各典型分段的定位线如下(总段上的定位线可参照确定)：

底部分段：分段中心线、分段肋骨检查线、分段水平检查线、舱壁位置线；

舷侧分段：水线 1 ~2 根、甲板边线、分段肋骨检验线(与船底同号肋位)、舱壁位置线；

甲板分段：分段中心线、分段肋骨检验线(与舷侧同号肋位)、舱壁位置线；

舱壁分段：中心线、水线 1 ~2 根、肋骨检验线。

②对合线。分/总段对合线是作为各分/总段对接时对准用的。通常在分/总段左右(或上下)各划一根与分/总段大接缝线垂直的短直线。对接的两个分/总段对合线的位置应统一，以便对准定位，如图 4－13 所示。

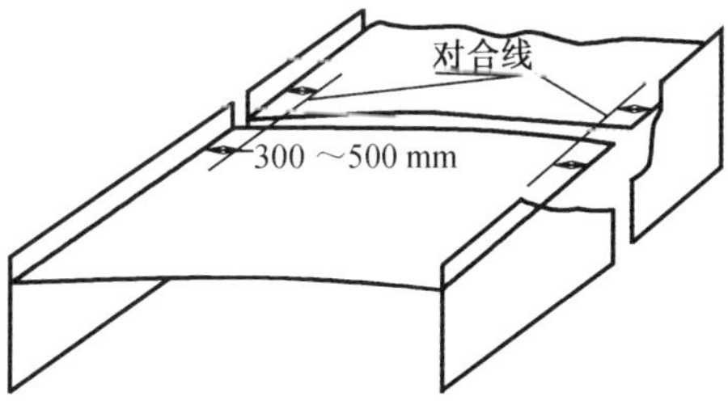

图 4－13　对合线

(2)分/总段的临时支撑及定位用工装的准备

临时支撑的作用在于保证分/总段在船台(坞)装配时的位置和型线，并作为分/总段的支撑装置，其他分/总段定位工装也应做好相应准备。

(3)分/总段的吊装准备

吊环是分/总段吊运、翻身和船台(坞)吊装的主要工装,通常用钢板制成,分为有肘板和无肘板两种。图 4-14 中的几种吊环形式是船厂常使用的,另外还可以根据特殊位置及特殊要求,制作非标准吊环,同时按分/总段吊运、翻身和船台(坞)吊装的要求,合理地设置吊环的位置和数量。

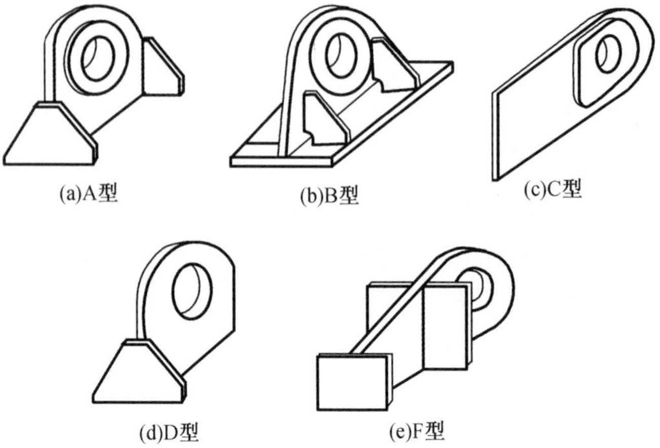

图 4-14 吊环形式图

4. 分/总段的船台(坞)搭载技术

分/总段在船台(坞)的定位工作,一般是借助该分/总段在船体中长度、宽度和高度方向所处的位置,以及水平检验线等要素来决定分/总段在船体中的正确位置,具体为:用肋骨检验线来决定分/总段在长度方向的相对位置;用中心线(或纵剖线)决定分/总段在宽度方向的相对位置;用水平检验线(或某一水线)决定分/总段在高度方向的相对位置和分段水平。

在船台(坞)装配定位中,按其先后安装顺序分为基准分/总段和后续分/总段。基准分/总段就是指第一个上船台(坞)的分段,它是作为全船定位、装配的基准点,除基准分/总段外皆为后续分/总段。一般后续分/总段在分/总段接缝处皆有单端余量,如采用无余量装配新工艺,则分/总段全部无余量(仅设补偿量)。

分/总段在水平船台的定位装配与在倾斜船台的定位装配,两者技术要求相同,在倾斜船台上分/总段定位要考虑斜面对定位测量的影响。

(1)基准分/总段的定位

将基准分/总段吊上船台(坞)相应位置处按上述要素进行定位,如图 4-15 所示,定位分/总段位置固定后,即可吊装相邻的分/总段。

(2)后续分/总段的定位及装焊技术

①定位。定位方法与基准分/总段的定位方法基本相同。若大接头端部放有余量,则两者应拉开一段距离。

②大接头边缘处理。长期以来,大接头边缘处理一直采用在分/总段一端放 20~50 mm

的余量，吊上船台（坞）二次定位、划线、切割、合拢的工艺。这是一道被广大造船工作者视为费时最多、劳动强度最大、工作环境最差、严重影响船台（坞）周期和船体质量的“老大难”工序。对于船台（坞）装配这道“老大难”工序，各船厂都提出了各自的解决方法。在这个过程中，船台（坞）无余量装配，即分/总段无余量船台（坞）合拢工艺在造船业中发展并成熟，要实行船台（坞）无余量装配，主要有两条途径：一是通过分/总段预修整来达到船台（坞）无余量装配；二是通过分/总段无余量制造来达到船台（坞）无余量装配。

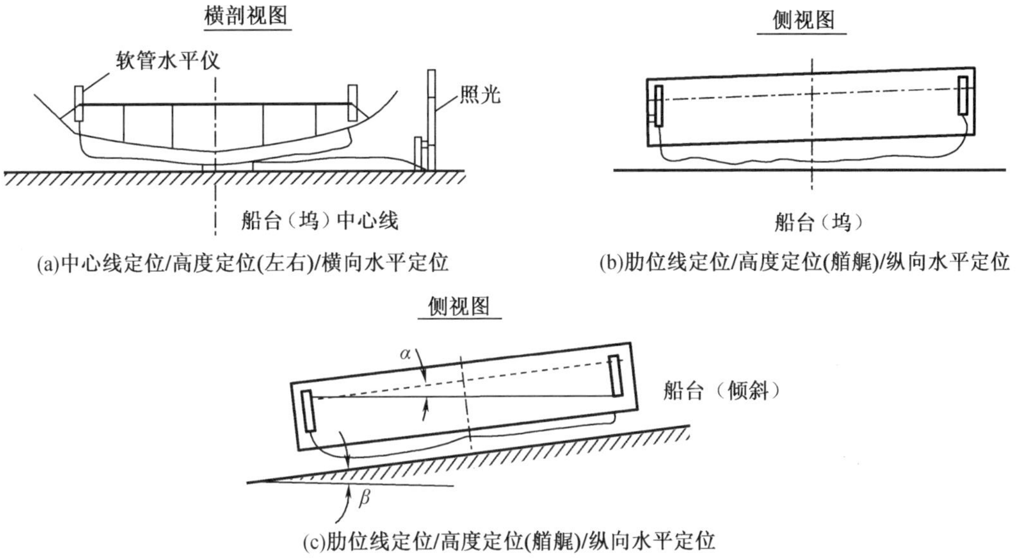

图 4－15　基准分/总段船台（坞）安装示意图

我国大多数船厂采用的是通过分/总段预修整的方法来达到船台（坞）无余量装配，同时也在积极探索通过精度控制，实现分/总段无余量制造来达到船台（坞）无余量搭载。

目前，先进的船厂在建造大型船舶时，通过控制各道工序的施工误差，实现了船舶平行中体部位分/总段的无余量制造和船台（坞）无余量搭载，即船体中部区域不设大数值余量，只设补偿值。在船台（坞）对接时，将对接缝进行部分修割。但在型线复杂的艏艉部的分/总段仍采用在一端加放 20～50 mm 余量，通过预修整来实现船台（坞）无余量装配。

分/总段余量传统的划线方法有两种：一种是将一个分段的大接头叠盖在另一个分段上，在被叠盖的分段上事先划出大接头的辅助线，当分段定位好后，即按辅助线划出余量线并割除余量或采用套割的方法；另一种是使对接的分/总段相离 30～50 mm，其划线尺寸应为分/总段上基准线与船台（坞）基准线的差值。图 4－16 所示为后续分段余量处理示意图。

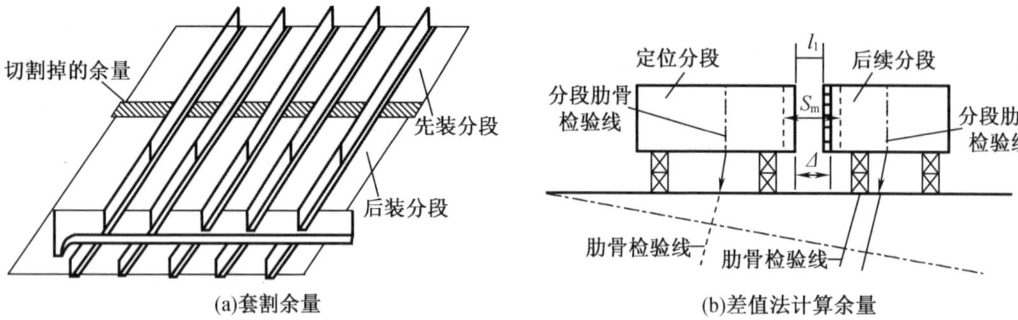

图 4-16 后续分段余量处理示意图

接缝余量必须根据两分/总段肋骨检验线间的距离与船台(坞)上两肋骨检验线间的距离差值求出,同时又须考虑分/总段对接缝处的肋距数值,余量确定后,在留有余量的分/总段上划出余量线,切割余量。

(3)大接头合拢

分/总段拉拢配合方法是在吊车的配合下,采用滑动装置、液压千斤顶、葫芦、松紧螺旋扣等工装将其拉拢配合定位。

为了保证大接头处型线光顺,并使分/总段与分/总段间相互固定,一般采用"梳状马"跨在分/总段大接头处。

分/总段余量切割后,对坡口进行准确加工,然后拉拢分/总段,进行分/总段装配位置及接缝间隙的检查,符合定位焊要求后,进行定位焊,装配大接头区域的内部结构。

现代造船,随着分/总段的三维检测及计算机模拟搭载技术的应用,可进行分/总段的预修整及精确搭载。

(4)大接缝焊接

船体大接缝焊接是船体建造的主要工作内容,船体大接缝焊接质量也是船体建造质量的关键。按照要求,船体完工时,主船体焊缝的 X 光拍片和超声波探伤片的一次合格率应达到 85% 。

分/总段大接缝的焊接作业,是与分/总段吊装作业平行进行的,在装配好若干个分/总段后再开始焊接,以增大船体刚性。这样不仅有利于合理组织船台(坞)装配焊接的生产过程,而且在建造区长度较短的情况下进行施焊,还能减少船体焊接变形,便于对称施焊。

5. 典型分/总段的船台(坞)搭载工艺流程和技术要领

(1)底部分段搭载

底部分段搭载如图 4-17 所示。

(2)横舱壁分段搭载

横舱壁分段搭载如图 4-18 所示。

(3)舷侧分段搭载

舷侧分段搭载如图 4-19 所示。

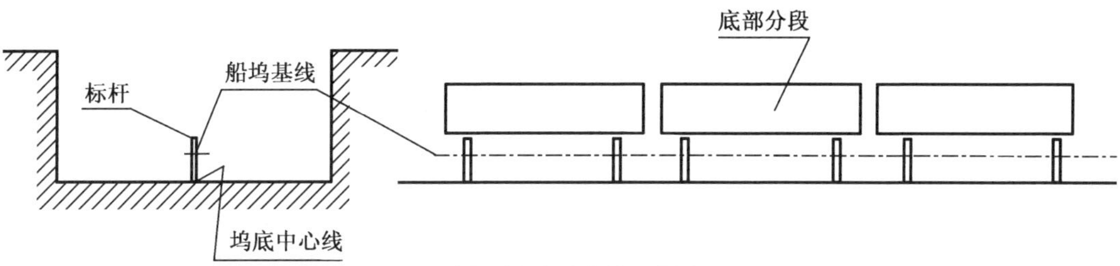

(a)底部分段船坞搭载示意图

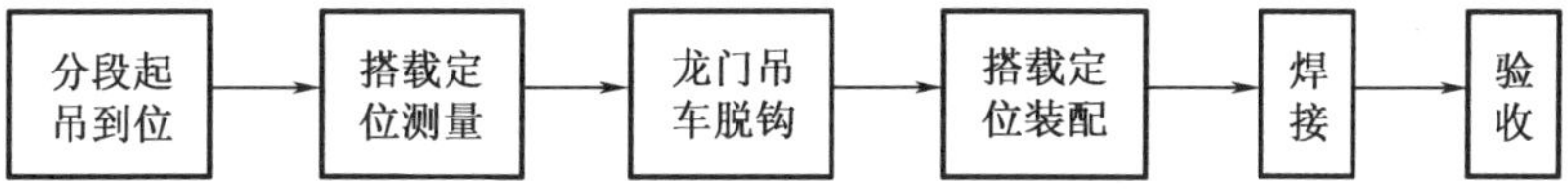

(b)工艺流程图

图 4－17　底部分段搭载图

装配定位检测:中心线、定位肋骨线、分段四角水平、距基线高度。

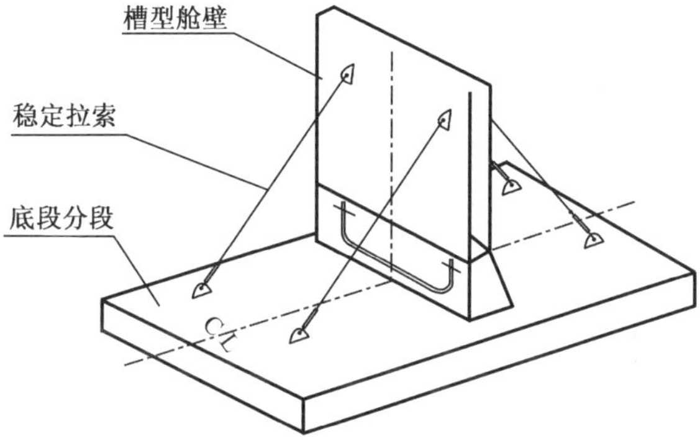

(a)横舱壁分段船坞搭载示意图

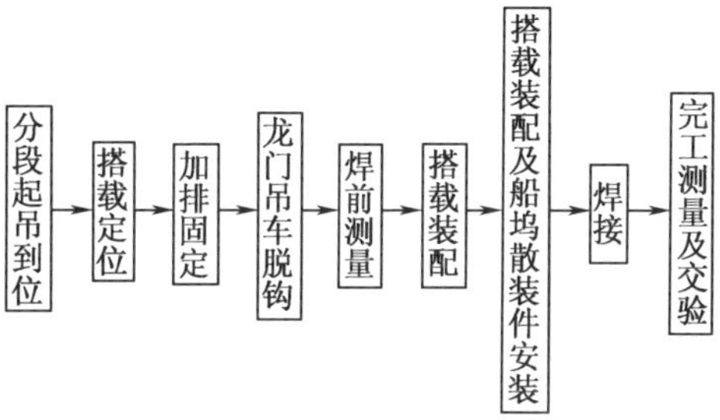

(b)工艺流程图

图 4－18　横舱壁分段搭载图

装配定位检测:中心线误差、水平误差、高度误差、垂直度座墩垂直壁下口和内底水密肋板下口错位。

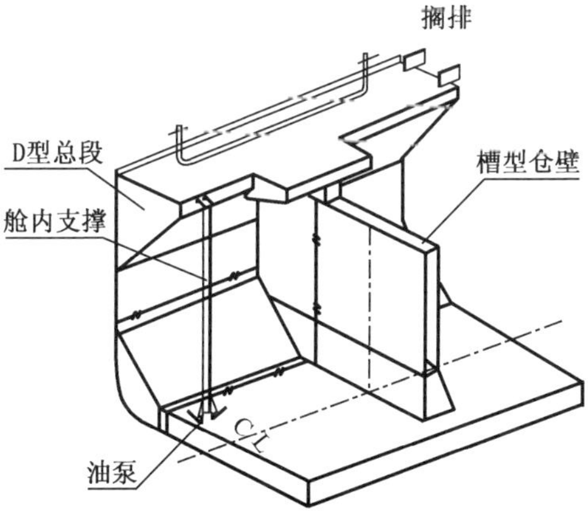

(a)舷侧分段船坞搭载示意图

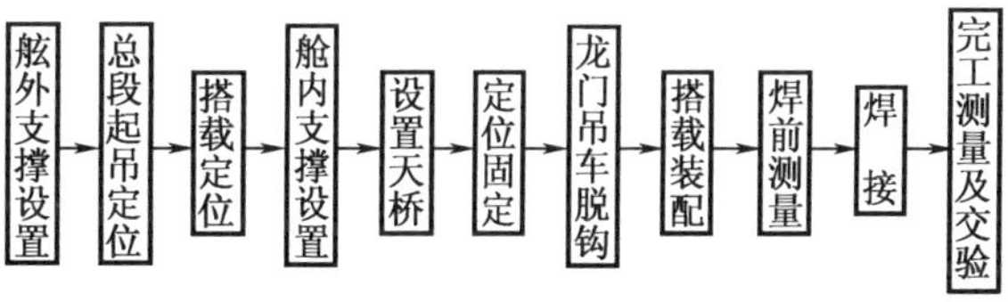

(b)工艺流程图

图 4－19　舷侧分段搭载图

装配定位检测:定位肋骨线误差、货舱开口距中半宽、上甲板水平分段间距接缝间隙、分段接缝处肋距。

(4)艉立体分/总段搭载

①工艺流程。

艉立体分/总段是较复杂的立体分段之一,它的定位不但要考虑与船体相邻分段的对接质量,还必须考虑轴系和舵系的定位精度。

艉立体分/总段一般具有舵机甲板,上宽、下窄,在吊装前应先在下舵承支臂位置设置墩木和刚性托架,左右舷的固定式脚手架定位好,艉立体分段就位后应设置好基线反变形值,定位船体中心线,包括艏艉端舵机甲板中心线,调整分段纵倾和高度型值,并使轴毂前后端的偏差值落在允许偏差值以内。首先调整横倾和艉端的昂势值,并将艉端点引至中心线槽钢上检查纵向位置,最后检查舵杆中心线垂直度,舵机甲板、上舵钮、下舵承座的舵系中心线偏差和对应轴毂中心线的重合度。艉立体分/总段的搭载如图 4－20 所示。

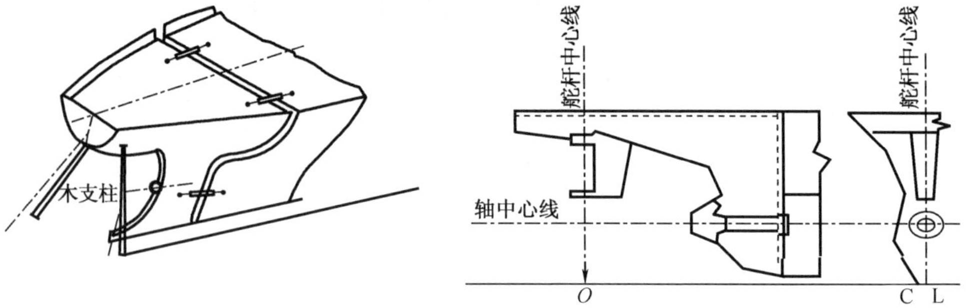

(a)艉立体分/总段船坞搭载示意图

坞内预先设置支柱、花架 → 总段翻身起吊到位 → 总段定位 → 划线切割余量 → 二次定位、加排固定 → 龙门吊车脱钩 → 搭载装配 → 焊前测量 → 焊接 → 完工测量及交验

(b)工艺流程图

图 4－20　艉立体分/总段的搭载图

当船底基线高度与艉轴孔中心线高度有偏差时,应以艉轴孔中心线高度为主进行定位,分/总段中心、艉轴中心线、舵杆中心线应在同一垂直平面内,如不能做到,应设法使艉轴中心线与舵杆中心线在一个垂直平面内,且对准船台(坞)中心线。

②检测项目与要求。

艉立体分/总段船台(坞)装配检测项目与要求见表 4－2。

表 4－2　艉立体分/总段船台(坞)装配检测项目与要求表

项目	肋位	允许偏差/mm	测量值 A/mm	
			焊前	焊后
肋骨检验线	FR	±4		
舵杆中心线				
艉端点				

表 4－2(续)

项目	肋位		允许偏差/mm	测量值 A/mm	
				焊前	焊后
中心线	FR		±3		
	艉端点		≤5		
距基线高度	FR		±4		
	轴中心线		±5		
	艉端点				
轴孔中心	上		±5		
	下		±5		
	左		±5		
	右		±5		
大接头肋距	FR ~ FR	左	－20 ~ ＋20		
		中			
		右			

6. 嵌补分段的船台(坞)装焊工艺

嵌补分段(joining section)是指采用岛式建造法进行船台(坞)合拢时,最后以嵌补方式将各“岛”互相连接成完整船体的分段。

嵌补分段是将各个建造区连接起来的特殊分段。甲板、舷侧嵌补分段比较简单,装配并不困难,主要是双层底嵌补分段,节点的处理和吊装作业比较麻烦。

(1)嵌补分段的处理原则

①构架和板材均应做阶梯式布置。一般情况下,板和骨架均应错位 100 ~ 150 mm。

②嵌补分段垂直嵌入吊装,必须待相邻两区域的焊接工作完毕后才能进行,但邻近嵌补分段接头的舱壁暂时不装,以免造成沉陷不一致,而影响嵌补对接。

(2)嵌补分段的装焊程序

①割除分段一端内、外底板及构架的余量,另一端仅割构架余量,为便于吊装,也可将另一端纵骨割去 300 ~ 400 mm 作为嵌补,或将纵骨开成倾斜的坡口形式;

②使分段的定位肋骨线与船台(坞)上相应的肋骨线对准;

③嵌补分段横向平行于中线且偏移一段距离,割除分段另一端内、外底板余量,然后垂直嵌入空位,再将分段横向位置移正;

④将一端外底板定位焊牢,将分段两端内、外底板及构架的接缝对准、焊接;

⑤安装内底边板的嵌补板并焊接。

第二节　船台(坞)搭载精度控制技术

船台(坞)总装质量是船体建造质量的集中体现,因此船东、船检对船台(坞)装焊质量极为重视,根据双方共同认可的船型误差标准(表4－3)进行验收。对于船台(坞)总装过程中造成的形位偏差,必须根据误差标准制订相应的工艺措施,对船台(坞)总装质量进行有效地控制。

表4－3　船型误差标准

分类		项目	误差范围	说明
主要尺度	长度	垂线间长	±0.1% L_{pp}	L_{pp}——垂线间长
	宽度	舯部型宽	±0.1% B	B——型宽
	深度	舯部型深	±0.1% D	D——型深
船型变形量	船底龙骨板的挠曲	相对整个船长的变形	±25 mm	基线挠度
	艏艉上翘	船首上翘	±30 mm	相对基线的误差
		船尾上翘	±20 mm	相对基线的误差
	下垂	船宽方向下垂	±10 mm	相对基线的误差

一、船台(坞)搭载主要变形

在船体分/总段装配、焊接及主船体成型的过程中,由于选择的建造法不同、施工中装配精度的差距、焊接工艺措施的不同、焊缝不对称于船体中和轴,以及预制分/总段的变形等多种因素影响,必然会造成船体的变形和船体局部的变形,变形形式主要有以下五种:

①主船体龙骨底线挠曲;

②艏、艉两端上翘,在结构特点或建造工艺比较特殊的情况下,也会出现艏、艉端点下垂现象;

③主船体总长度缩短;

④沿船体中纵剖面,左右线型不完全对称;

⑤船体分段接缝局部凹凸变形。

在船台(坞)搭载装配过程中,船体发生变形的原因较多,归纳下来主要有以下四种因素。

①船台(坞)的坚实程度,不同等级的船台每平方米上的承压负荷能力是不相同的,加上船厂所在地区域地基性质的不同,可能造成船体基线下沉。又如,船台墩木结构的不同,有刚性的铁墩木,也有砂石墩木,后者有时由于砂石的不均,会使船体下沉变形。

②船体结构上弱下强,船体的中和轴偏于船体下部,焊接量上多下少,分/总段装焊过程中所产生的弯曲变形,使船体产生两端上翘变形。

③船台（坞）装焊程序使得在前阶段分段吊装焊接后，变形逐步积累造成偏差过大，使后续分/总段的安装精度降低，甚至超差。

④由于环形大接缝的焊后收缩变形，如果环缝焊接补偿量设置偏少，将导致船体总长缩短。

二、分段完工检测及精度控制

根据船体装配阶段划分，船体测量分为几个阶段，具体测量的内容见表4－4。

表4－4　船体测量阶段划分、内容及目的

装配阶段	测量阶段		测量阶段名称	测量内容	测量目的
部件装配	Ⅰ	1	部件装配测量	T形部件、主要基座 艏柱、艉柱	测量焊接变形以便矫正； 测量完工尺寸，为下阶段装配工作提供依据
分段装配	Ⅱ	1	胎架测量	胎架中心线 胎架水平线 模板垂直度（或倾角）	为分段装配提供准确依据
		2	分段测量	分段中心线、轮廓线 分段尺度（长、宽、高） 基线挠度（对底部分段） 四角水平 梁拱、脊弧、舷弧	掌握分段建造的变形规律及具体数据； 根据变形情况进行火工矫正或在船台装配阶段采取相应的措施； 为船台装配提供依据
船台装配	Ⅲ	1	主船体装焊完毕	基线（龙骨）挠度 艏艉端点高度 轴中心线高度 舵杆中心线前后位置 主尺度（长、型深、型宽）	测量船体变形情况； 根据变形情况采取必要措施，防止变形继续扩大； 测量型深和型宽的完工数据
		2	拉轴线主机基座前	基线（龙骨）挠度 轴孔中心高度	根据船体变形情况修正轴线高度，使其符合设计和主机安装要求

表 4－4(续)

装配阶段	测量阶段		测量阶段名称	测量内容	测量目的
船台装配	IV	3	上层建筑装焊完毕	艏艉端点高度 轴中心线高度 基线(龙骨)挠度 舵杆中心线前后位置 总长	掌握上层建筑分段安装对船体变形的影响
		4	全船火工矫正后	艏艉端点高度 基线(龙骨)挠度 总长	了解火工矫正对船体变形的影响
		5	密性试验完毕	艏艉端点高度 基线(龙骨)挠度	了解船体经过密性试验以后的变形情况
		6	划水尺、水线前	总长、设计水线长 基线(龙骨)挠度 艏艉端点高度	作为刻划水尺水线的依据; 作为船体主尺度的完工数据

船体建造完工后,为了了解船体变形情况,并针对变形情况采取必要措施,以防变形继续扩大,同时得出船体主尺度的完工数据,在下水前须对船体的主要尺度进行一次测量。测量的内容有船长(包括总长 L_{oa} 与垂线间长 L_{pp})、型深 H、型宽 B、船底纵向挠曲度、艏艉端高度(包括艏艉端舷墙高及上甲板艏艉端高)与艏艉柱中心线等,见表 4－5。

表 4－5　船体主尺度测量图表

项目	总长(L_{oa})	垂线间长(L_{pp})	型宽(B)	型深(H)	艏端点高(H_F)	艉端点高(H_A)
理论值/m						
实测值/m						

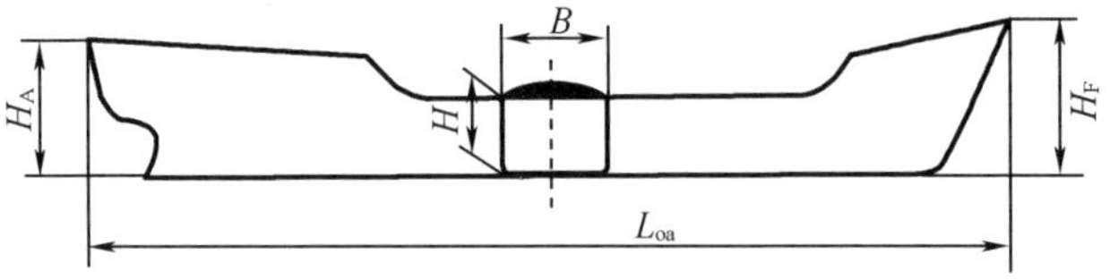

1. 船体长度测量

船体长度测量一般测量船体总长(L_{oa})与垂线间长(L_{pp}),现以测量船体总长为例加以说明。

(1)在水平船台上用线锤及卷尺测量船体总长

在船尾端吊线锤，在船台中心线上得 A'，在船首端吊线锤，在船台中心线上得 B'；C、D 为船台船长划线的艉止点和艏止点。分别测量 A'、B' 和 C、D 的距离，得 $A'C$ 和 $B'D$(图 4 -21)。

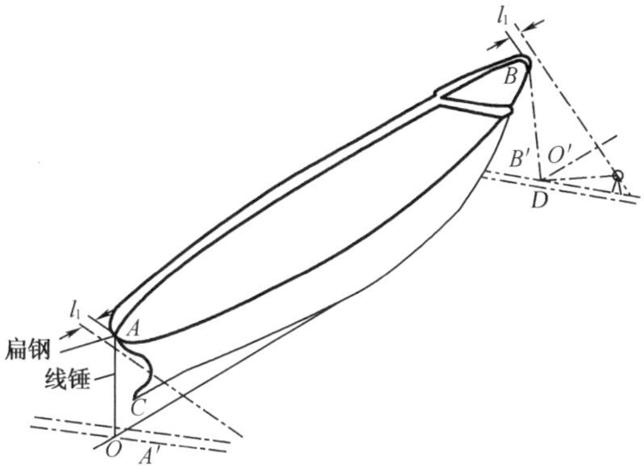

图 4 -21　船体总长的测量

(2)用激光经纬仪测量

在水平船台中心线上，超出主船体艉端和艏端点位置线一定距离，分别取点 O 与 O'。通过 O 、O' 两点分别做船台中心线的垂线。将激光经纬仪分别置于该垂线上，对中、整平、发射激光束，使视准轴对准该垂线。在艏艉端点处焊一扁钢，垂直方向调整望远镜，使光束射在该扁钢上。分别测量扁钢上的光点到艉艏端点的距离 l_1、l_2，则船体总长为

$$L_{oa} = OO' - (l_1 + l_2) - (\delta_1 + \delta_2)$$

式中　δ_1——艏舷墙钢板厚度；

δ_2——艉封板钢板厚度。

(3)在倾斜船台上船体总长的测量

在倾斜船台上，用线锤法量取的长度测算船体总长，还应考虑艏艉端高度差与船台坡度(图 4 -22)。

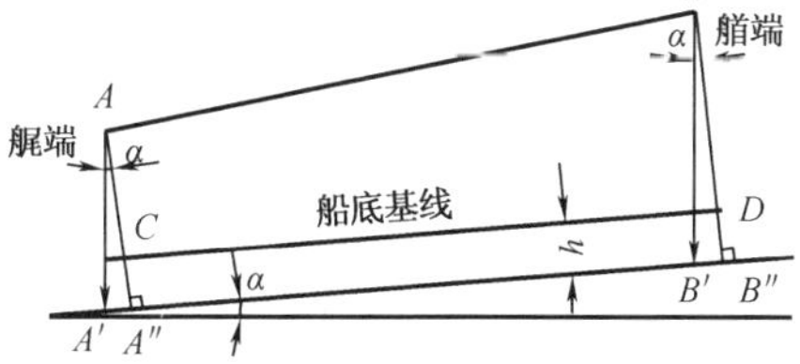

图 4 -22　在倾斜船台上船体长度的测量

实际船体总长为

$$L_{oa} = A''B'' - (\delta_1 + \delta_2)$$
$$A''B'' = A'B' + B'B'' - A'A''$$

而

$$A'A'' = (AC + h)\tan \alpha$$

$$B'B'' = (BD + h)\tan \alpha$$

则

$$A''B'' = A'B' + (BD + h - AC - h)\tan \alpha$$

所以

$$L_{oa} = A'B' + (BD - AC)\tan \alpha - (\delta_1 - \delta_2)$$

式中　h——船底基线至船台面的垂直距离；

$(BD-AC)$——艏艉高度差。

2. 船体型宽的测量

船体型宽的测量不受船台倾斜度的影响，测量方法有三种。

(1)用卷尺直接测量

在船体中横剖面的甲板上，用卷尺由一舷的外板内缘量至另一舷的外板内缘的水平距离数值，即为船的型宽。若甲板上有上层建筑或其他结构而不便测量时，可采用下面两种方法。

(2)用线锤及卷尺测量

在船体中横剖面舷顶列板外侧的甲板边板位置线处焊一扁钢，在扁钢上吊线锤至船台面上得 A 点，用卷尺测量 A 点至船台中心线(或船底中心线)的距离 AO。AO 中减去舷顶列板厚度 δ 及扁钢上线锤线距外板表面的距离 b，即为船体半宽。用相同方法可测得另一舷的船体半宽，两半宽相加即为船体的型宽。

(3)用激光经纬仪测量

在船台面上做一根平行于船台中心线的平行线(图 4－23)。平行线至船台中心线的距离应略大于船体的半宽。将激光经纬仪置于该平行线上对中、整平，使望远镜视准轴与平行线对准，并与船台上中横剖面肋位线相交于 A 点。在船体中横剖面舷顶列板外侧的甲板边板位置线处，焊一扁钢，且垂直于外板。发射激光束至扁钢上，量得光点至船舷的距离为 b。用卷尺测量船台上中横剖面肋位线自 A 点至船台中心线的垂直距离 OA，则船体半宽为 $AO-b-\delta$。用相同方法可测得另一舷的船体半宽，两半宽相加即为船体的型宽。

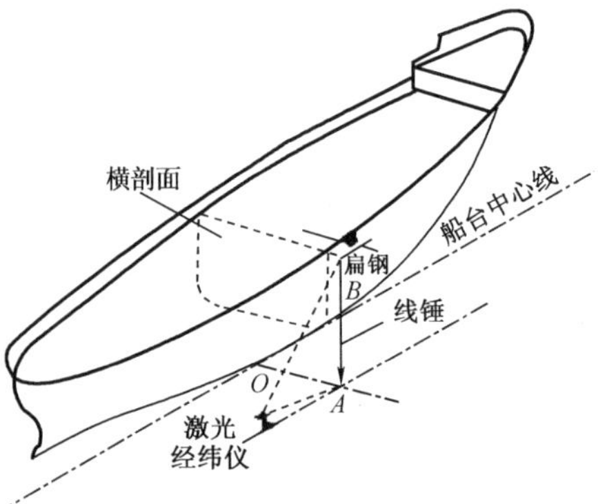

图 4－23　船舶型宽测量

3. 船体型深的测量

在水平船台上测量船舶型深时，可在船体中横剖面的舷顶列板外侧的甲板边板位置线处焊一扁钢且垂直于外板，在扁钢上吊线锤，用水平软管将基线标杆上相应肋位的极限平移至线锤上得一点，用卷尺测量从该点至甲板边板位置线的距离 H，即为船体型深。在倾斜平台上测量船体型深，应考虑船台倾斜度，如图 4－24 所示。

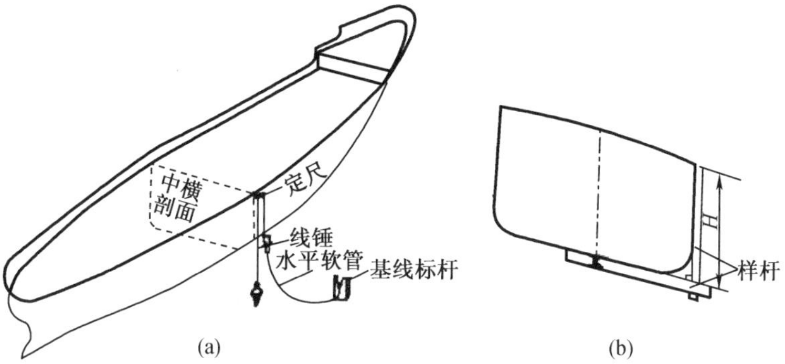

图 4－24　船舶型深的测量

4. 船底纵向挠度的测量

船底纵向挠度，过去都是用水平软管依次测量船底相应肋位处距理论基线的差数得到。在倾斜船台上测量船底纵向挠度时，必须考虑累计升高值，因此比较麻烦。

用激光经纬仪测量船底纵向挠度比较方便、准确，特别是应用在倾斜船台上（图 4－25）。它是将激光经纬仪放在船尾端，使望远镜的视准轴与船底基线平行，然后用直尺直接测量船底各相应肋位处与激光束之间的垂直距离 h_1、h_2、h_3、h_4 等，将所测得的各点的值减去激光束与船体基线距离 h 的值，并将其差值填入表 4－6 中，即可得出船底纵向的挠度。

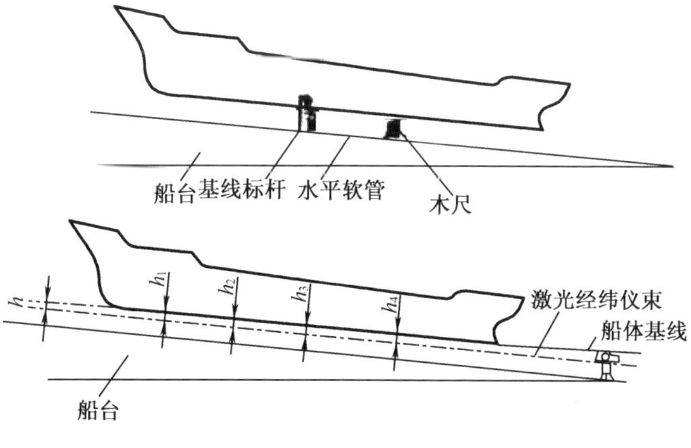

图 4－25　船底纵向挠度在倾斜船台上的测量

表 4-6　船底纵向挠度测量表

内容	肋骨位置												
	F	F	F	F	F	F	F	F	F	F	F	F	
高度													
中心													

5. 艏艉端点高度的测量

艏艉端点高度的测量与型深测量相同，现以艏端高度的测量为例加以说明。

(1)用一般工具测量艏端高度

在艏端吊线锤至船台表面，在水平船台上可用水平软管将船体基线高平移至线锤上，得一点，用卷尺测量该点至艏端点的距离，此距离即为艏端高度。

在倾斜船台上测量艏端高度(图 4-26)时，在艏端点吊线锤，将最接近艏端线锤线的标杆上某号肋位的基线高用水平软管平移至线锤线上得 D 点，然后减去该号肋位至艏端线锤线距离的升高值 H，在线锤线上得 B 点，从 B 点量至艏端点 A 的距离 AB。考虑船台倾斜角的影响，艏端点的高度应为

$$AC = AB \cdot \cos\alpha$$

式中　α——船台的倾斜角。

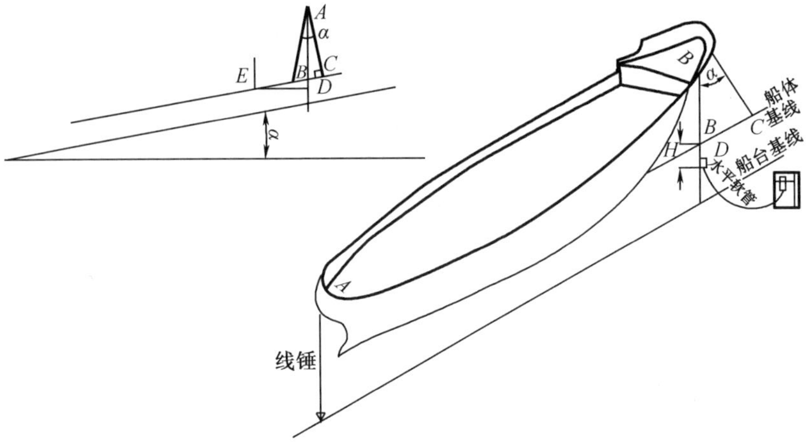

图 4-26　在船台上测量艏艉端点的高度

(2)用仪器法测量艏端点高度(图 4-27)

将经纬仪安装在船台中心线或中心线延长线上，调整仪器底座水平后，将望远镜中纵丝与横丝的交点对准艏端点，记录下经纬仪的垂向角度，即视准轴与横轴的夹角，可从仪器上直接读出，同时测量经纬仪到艏端点在船台中心线上的投影点的直线距离，按下式计算出艏端点高度。艉端点高度测量方法与艏端点高度测量方法一样。

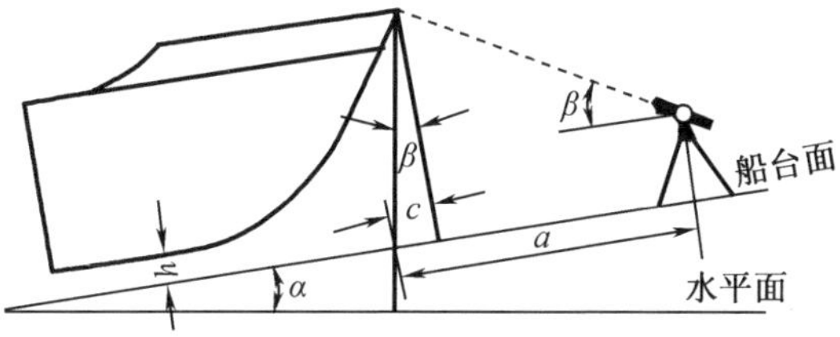

图 4-27　仪器法测量艏端点高度

$$H_S=(a-c)\tan\beta-h-i$$

式中　H_S——艏端点高度；

h——船体基线距船台中心的垂直距离；

i——仪器本身高度；

β——仪器视准轴与横轴的夹角；

a——仪器到艏端点在船台中心线上投影点的直线距离；

c——$c=$(艏端点理论高度 $+h$) · $\tan\alpha$,其中 α 为基线斜度。

6. 艏艉柱中心线的测量

艏艉柱中心线的测量方法具体如下。

(1)吊线锤法

这种方法操作简单,被广泛采用,但这种方法受风等外界条件影响较大。在艏艉柱中心线取一些点,吊线锤至船台,测量线锤线与船台中心线的距离,即得艏艉柱中心线各点的偏离量。

(2)激光经纬仪测量

用激光经纬仪测量时,将激光经纬仪放在船台中心线上,调平底座,使仪器与船台中心重合,并发射激光束,使其与船台中心线对准,并固定仪器水平转角,然后将望远镜绕横轴转动,光点沿艏艉柱上下缓慢移动,测量光点至艏艉柱中心线的距离,即得艏艉柱中心线各点的偏移量(图 4-28)。

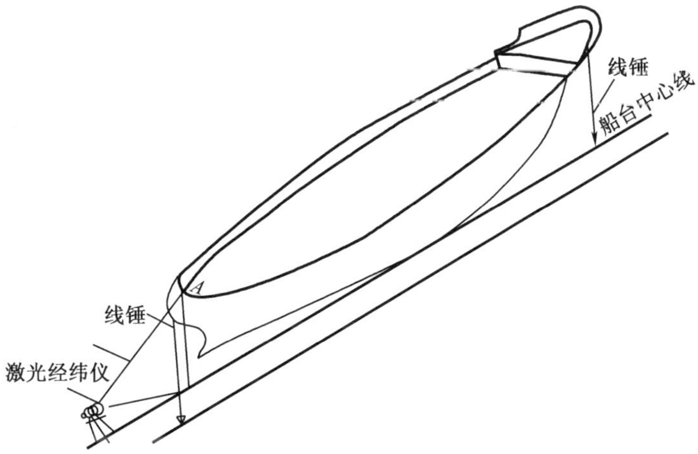

图 4　28　艏艉柱中心线的测量

三、搭载过程中的变形及尺寸精度控制

1. 基线挠曲度的控制

基线挠曲度控制最常用的方法是采用底部分段定位时，以一定的反变形值向下倾斜，来抵消部分总体上翘变形。反变形值是在已经建造过的船舶变形量数据统计的基础上得出的，对于舯机型船舶应该从船中定位分/总段开始；对于艉机型船舶，应该从机舱前壁向艉端和艏端防撞舱壁前后的分/总段开始向艏端加放反变形值，如图 4－29 所示。

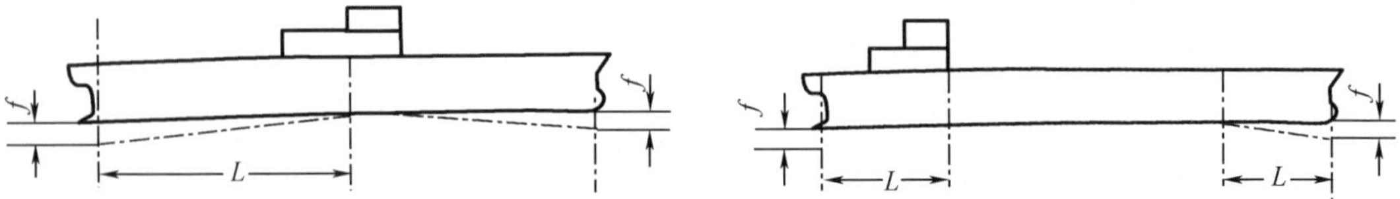

(a)舯机型船舶反变形值：f=1/2 000L　(b)艉机型船舶机舱区和艉部区：f=1/1 000L

图 4－29　船体基线反变形值示意图

2. 船体总长度的控制

船台（坞）总装中，分/总段的长度方向是按肋骨检验线定位的，经过各阶段的装配焊接工作以后，船体总长度要缩短。为了控制误差，就必须在分/总段上合理地设置补偿量，方法主要有：

①分/总段一端加放补偿量。补偿量的大小目前还不能用纯粹的计算方法求得。须根据分/总段结构的特点、焊接工艺方法和分/总段的装焊程序等因素，按分/总段长度值选取系数进行估算。

若分/总段端部设有余量时，可不设补偿量。

②按肋距加放补偿量。分/总段制造时，在每档肋距内预先增加补偿量，即在焊接以前铺板划线时，每档肋距加放伸长量 Δ，待焊接收缩后，使分/总段尺寸能理想地落在允许的偏差之内。

3. 局部变形和船舯线型质量的控制

①船台（坞）装焊时大接头肋距内外板严重凹陷，超过允许偏差范围。校正的方法是在外板外侧用水火进行条形加热，变形严重时，可同时用排和螺栓焊牢，边校正、边锤，直至校平，厚板可以用千斤顶校正。

预防的方法是在分/总段完工时，先将外板边缘进行预先加热成反变形，也可以采用在构架内侧安装梳状马，并在焊缝一侧设置顶紧铁楔，以平衡外侧封底焊时产生的向内收缩力，减少内凹现象。

②外板舷侧顶列板的角变形和校正法。凡是甲板边板和舷侧顶列板采用角接的结构形式，焊接后都容易产生外板企口的角变形。由于角变形量大，往往不容易校正至理论位置，影响船体外观质量和减弱结构强度。因此，必须在分/总段完工而上侧角焊缝未焊前，在甲板位置线外侧用火焰加热，预防反变形，并以适当的间距设置防倾肘板，控制角焊缝焊

接后的内倾角变形量,提高外表质量。

③横向变形。它是指船台(坞)装焊后,造成船宽方向尺度的缩小和超过允许偏差范围。如散货船,货舱区舷侧、隔壁和甲板分段的焊接,横向收缩值相当大,必须在舷侧分段定位时,向外侧加放 5 ~ 10 mm 半宽补偿量,才能使船体完工时的型宽值落在允许的偏差范围内。

④货舱口尺度超差。如集装箱船货舱具有大型舱口,甲板上还需要安装舱口围板和舱口盖,由于分/总段吊装顺序的先后,往往使分/总段最后吊装区域的舱口尺度超差,这是由先安装区域焊接收缩量的叠加使舱口长度和宽度增大所致。为此,可在该区域的有关分/总段处向舱口位置加放补偿量,保证舱口盖的最终尺寸和安装质量。

4. 减少船台(坞)总装时定位误差的辅助措施

船台(坞)总装工程是典型的高空立体作业,随着船舶吨位的增大,总装作业的难度也相应增高,为了使分/总段在搭载过程中,能处于平衡的状态下施工而提高定位精度和工作效率,可以采用立体和半立体分段的分层安装法。但是由于船舶结构的特征不同以及分段划分方法的差异,许多分段是处在不平衡的形态下搭载的,要提高船台(坞)定位精度,还必须采取以下工艺性辅助措施。

①设置临时性支撑构件和刚性支柱、托架、固定钢梁和假隔壁等,这些都可以使分/总段在搭载时获得可靠的支撑点。

②依据分/总段实际完工型值进行定位。一般船台(坞)搭载时分/总段均应该按中昂、边昂和半宽的理论型值定位,但是在实际施工过程中,双层底、艏艉立体以及结构复杂的半立体分段,由于焊接量大,分/总段完工时的变形量也相对增加。要使船台(坞)大接头对合良好,就必须在吊装本分/总段时,参照后续分段的实际完工型值修正后再定位。计算机模拟搭载技术的应用提供了这方面的技术支持。

③采用激光经纬仪及全站仪进行划线、检测、配合定位。激光经纬仪精度高,操作、使用方便,因此广泛应用于造船的各个工艺阶段。全站仪的应用解决了分/总段的三维检测问题,使计算机模拟搭载技术得到了应用。

第三节 船体装配全过程精度管理典型案例

精度控制基准书是按分段类型和区域编制的目标产品在零件加工、组立、总组、搭载各阶段的精度控制要点与具体措施,它是生产设计、建造工艺、现场精度管理等各方面的基准文件之一。

下面以 17 万吨级散货船为例,介绍典型产品的精度控制基准书,其他船型可以参照执行。

一、典型产品的精度控制基准书

精度控制基准书提供船体建造过程中各种类型的零部件的尺寸及形状标准,作为精度检测及精度控制的基准,最终确保分段、总段及搭载的精度控制满足规范要求,提高生产效率,精度管理部部门考核基准见表 4 - 7。

表 4－7　精度管理部部门考核基准

序号	区域	管理项目	图示	检查位置	管理基准	极限范围
1	加工	主板切割	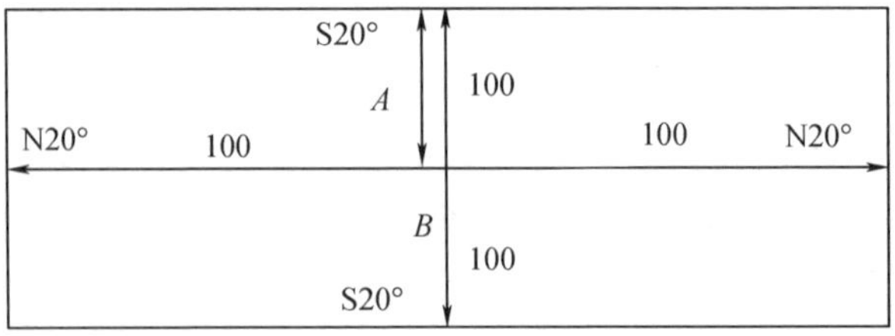	长度 A	±2 mm	±3 mm
2				宽度 B	±2 mm	±3 mm
3		坡口	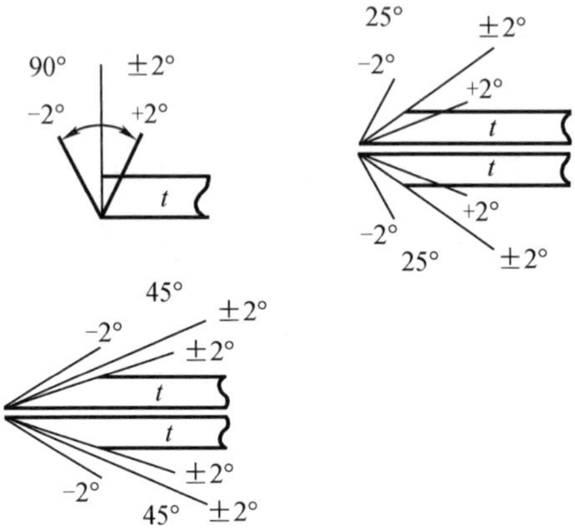	角度	±0°	±3°
4		钢板 M－K	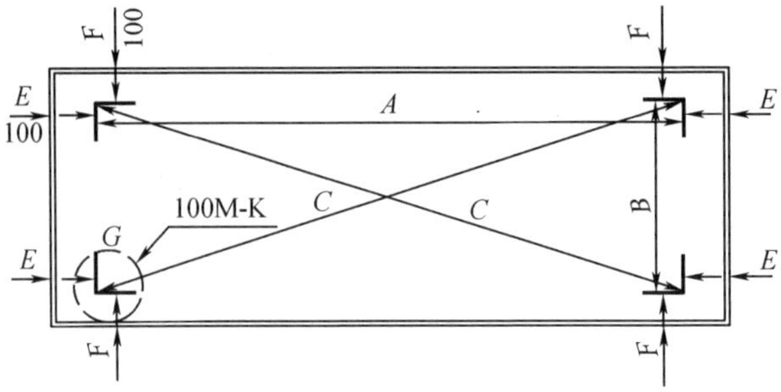	长度 A	±2 mm	±3 mm
				宽度 B	±2 mm	±3 mm
				对角线 C	±2 mm	±4 mm
				基准长 E	±0 mm	±2 mm
				基准宽 F	±0 mm	±2 mm
				M－K 粗细	±1 mm	±1 mm
5		FLOOR 切割	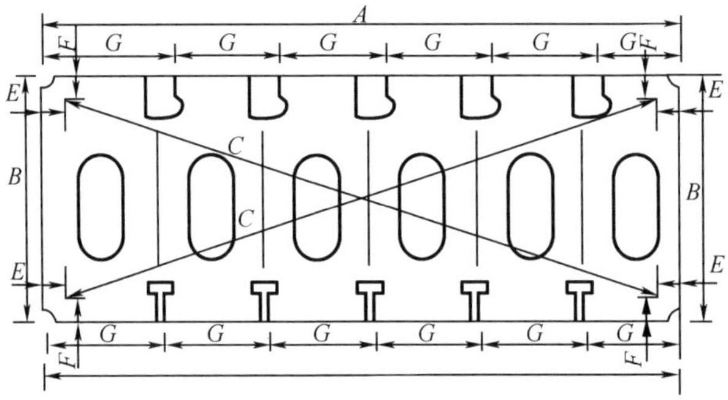	长度 A	±2 mm	±3 mm
				高度 B	±2 mm	±3 mm
				对角线 C	±2 mm	±3 mm
				基准长 E	±2 mm	±2 mm
				基准宽 F	±2 mm	±2 mm
				SLOT 距离 G	±1 mm	±2 mm

表 4-7(续 1)

序号	区域	管理项目	图示	检查位置	管理基准	极限范围
6	加工	纵桁切割	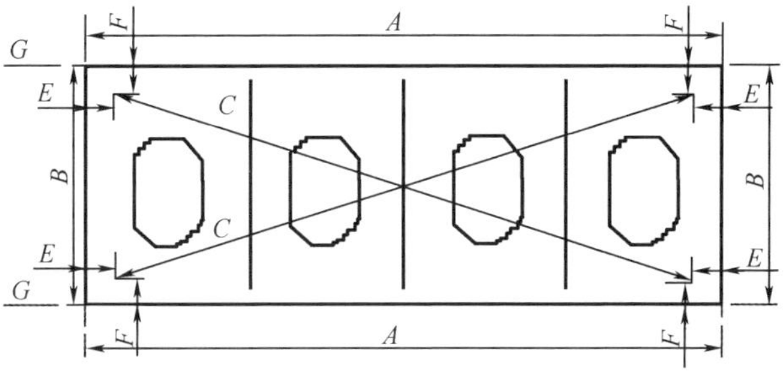	长度 *A*	±2 mm	±3 mm
				高度 *B*	±2 mm	±3 mm
				对角线 *C*	±2 mm	±3 mm
				基准长 *E*	±2 mm	±2 mm
				基准宽 *F*	±2 mm	±2 mm
				直线度	±2 mm	±3 mm
7		加强切割	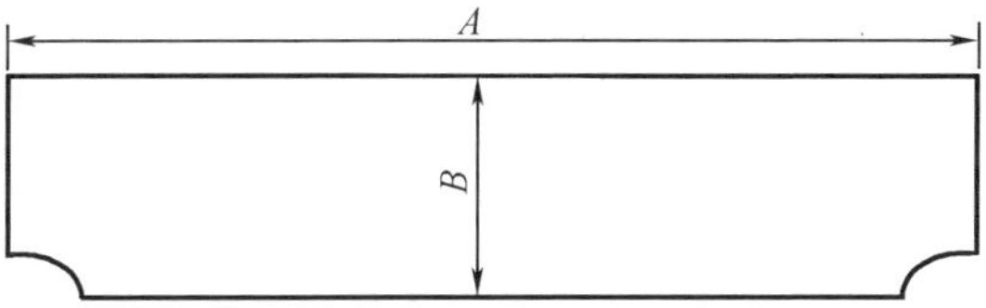	长度 *A*	±2 mm	-3 ~ +2 mm
				宽度 *B*	±2 mm	±3 mm
8		内部材	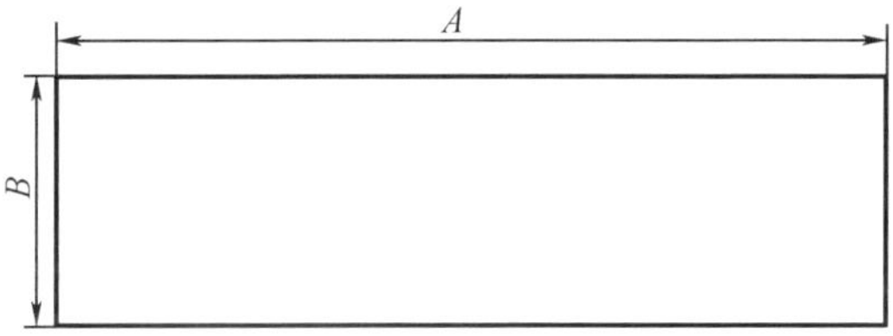	长度 *A*	±2 mm	-3 ~ +2 mm
				宽度 *B*	±2 mm	±3 mm
9	冷加工	纵向弯曲构件	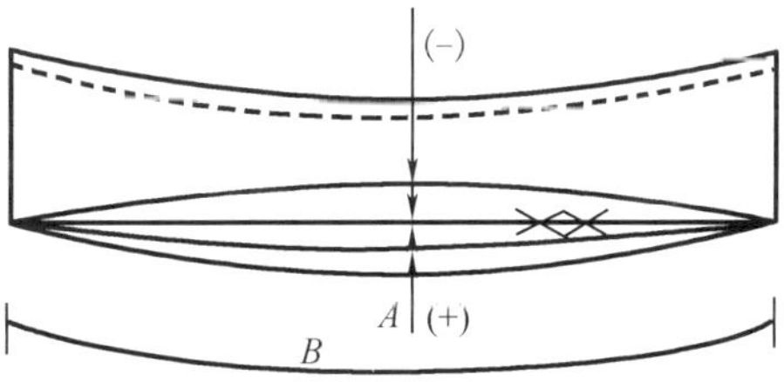	中性线 *A*	±3 mm	±4 mm
				长度 *B*	±3 mm	±4 mm
10		曲板构件	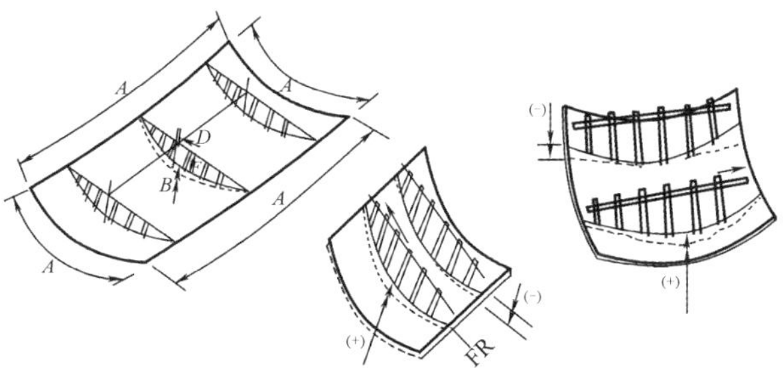	长、宽 *A*	±3 mm	±4 mm
				横向弯曲 *B*	±4 mm	±6 mm
				纵向弯曲 *C*	±4 mm	±6 mm
				垂直中心 *D*	3 mm 以内	4 mm 以内
				水平中心 *E*	3 mm 以内	4 mm 以内

表 4 -7(续 2)

序号	区域	管理项目	图示	检查位置	管理基准	极限范围
11	冷加工	折弯构件	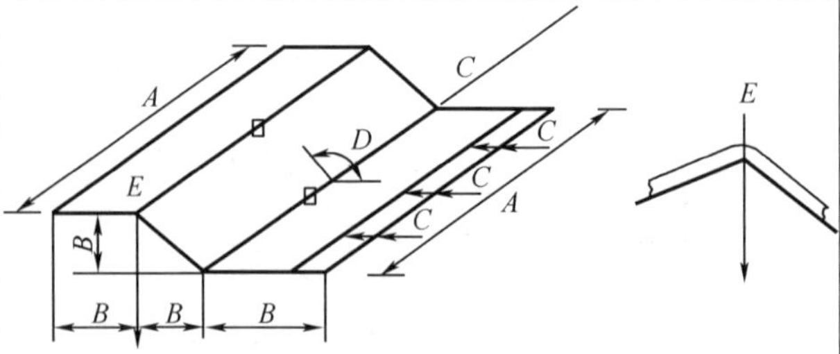	长度 *A*	±2 mm	±5 mm
				宽度 *B*	±2 mm	±6 mm
				直线度 *C*	±2 mm	±6 mm
				折角度 *D*	±1°	±2°
				垂线 *E*	±1°	±2°
12		BUILE - UP 构件	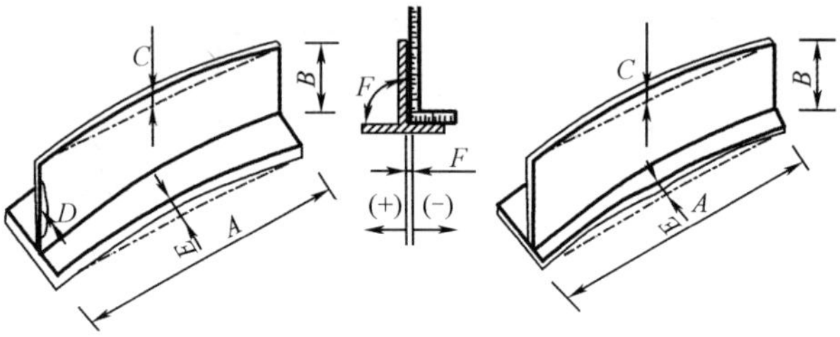	长度 *A*	±2 mm	±3 mm
				宽度 *B*	±2 mm	±3 mm
				腹板直线度 *C*	±3 mm	±4 mm
				腹板垂直度 *D*	±2 mm	±3 mm
				面板直线度 *E*	±2 mm	±4 mm
				面板垂直度 *F*	±2 mm	±4 mm
13		P/LINE 钢板	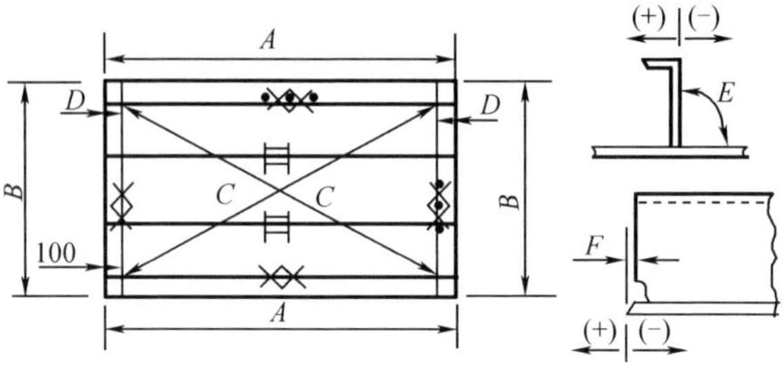	长度 *A*	±3 mm	±5 mm
				高、宽 *B*	±3 mm	±5 mm
				对角线 *C*	±3 mm	±5 mm
				基准线 *D*	±1 mm	±2 mm
				纵向角度 *E*	0 ~ +5 mm	0 ~ +8 mm
				纵向落差 *F*	1 ~ −2 mm	+2 ~ −3 mm
14	组立	PIN - JIG 管理	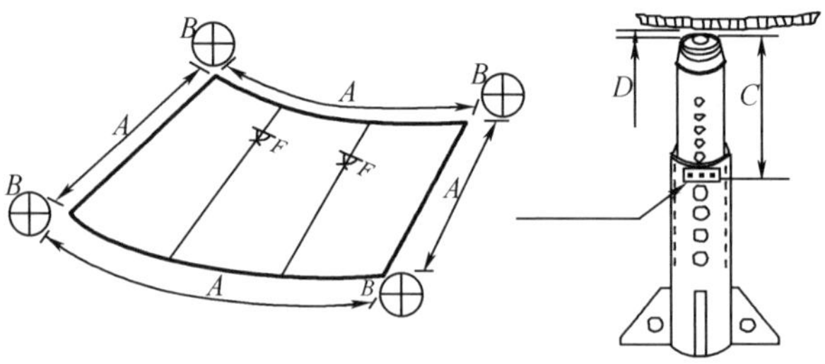	长、宽 *A*	±3 mm	±4 mm
				坐标	4 mm 以内	6 mm 以内
				胎架高度	±3 mm	±4 mm
				胎架与外板的间隙	4 mm 以内	6 mm 以内

表 4 -7(续 3)

序号	区域	管理项目	图示	检查位置	管理基准	极限范围
15	冷加工	船尾部	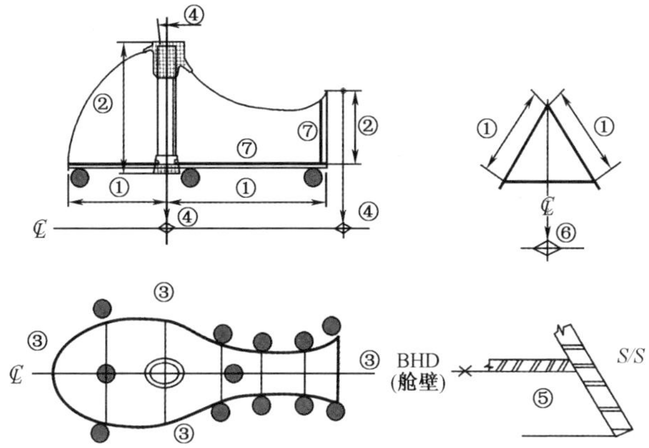	长(实长)1	±3 mm	±5 mm
				宽(高)2	±3 mm	±5 mm
				水平度	±4 mm	±6 mm
				垂直度 4	±4 mm	±6 mm
				端差 5	±3 mm	±5 mm
				焊接保留 6	标准	
				端部背烧 7	0 ~ +3 mm	0 ~ +5 mm
				纵向角度 8	±4 mm	±6 mm
16		船尾部	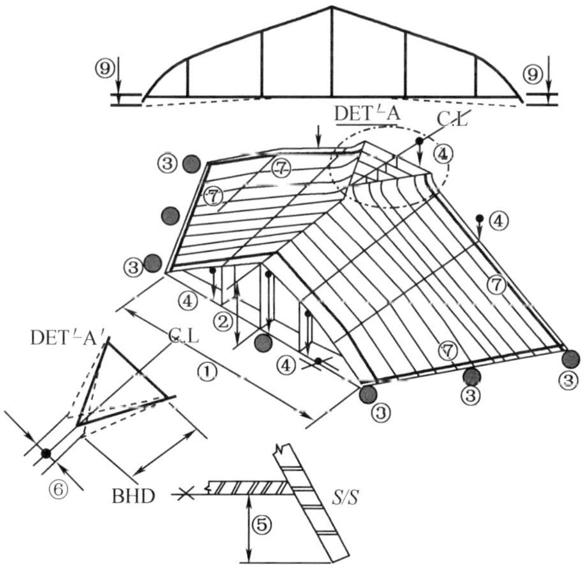	长(实长)1	±3 mm	±6 mm
				宽(高)2	±3 mm	±5 mm
				水平度	±4 mm	±6 mm
				垂直度 4	±4 mm	±6 mm
				周长	±3 mm	±5 mm
				中心线	±2 mm	±4 mm
				端部背烧 7	0 ~ +3 mm	0 ~ +6 mm
				受力变形		3/1 000 mm

表 4－7(续 4)

<table>
<tr><th>序号</th><th>区域</th><th>管理项目</th><th>图示</th><th>检查位置</th><th>管理基准</th><th>极限范围</th></tr>
<tr><td rowspan="8">17</td><td rowspan="16">组立</td><td rowspan="8">艉轴部</td><td rowspan="8">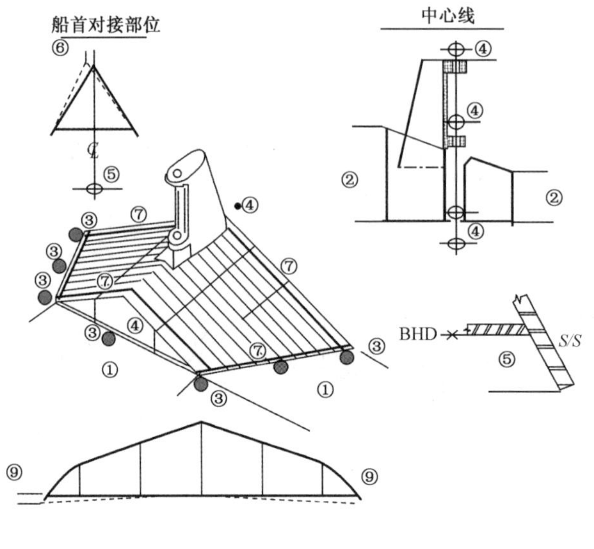</td><td>长(实长)1</td><td>±3 mm</td><td>±6 mm</td></tr>
<tr><td>宽(高)2</td><td>±3 mm</td><td>±5 mm</td></tr>
<tr><td>水平度 3</td><td>±4 mm</td><td>±6 mm</td></tr>
<tr><td>垂直度 4</td><td>±4 mm</td><td>±6 mm</td></tr>
<tr><td>周长 5</td><td>±3 mm</td><td>±5 mm</td></tr>
<tr><td>中心线 6</td><td>±2 mm</td><td>±4 mm</td></tr>
<tr><td>端部背烧 7</td><td>0 ~ +3 mm</td><td>0 ~ +6 mm</td></tr>
<tr><td>受力变形 8</td><td></td><td>3/1 000 mm</td></tr>
<tr><td rowspan="8">18</td><td rowspan="8">舵侧部</td><td rowspan="8">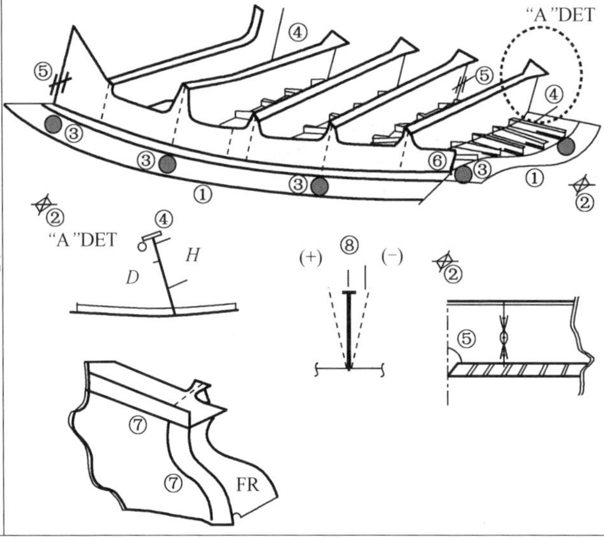</td><td>长(实长)1</td><td>±3 mm</td><td>±6 mm</td></tr>
<tr><td>宽(高)2</td><td>±3 mm</td><td>±5 mm</td></tr>
<tr><td>水平度 3</td><td>±4 mm</td><td>±6 mm</td></tr>
<tr><td>垂直度 4</td><td>±4 mm</td><td>±6 mm</td></tr>
<tr><td>端差 5</td><td>±3 mm</td><td>±5 mm</td></tr>
<tr><td>焊接保留 6</td><td>标准</td><td></td></tr>
<tr><td>端部背烧 7</td><td>0 ~ +3 mm</td><td>0 ~ +6 mm</td></tr>
<tr><td>纵向角度 8</td><td>±4 mm</td><td>±6 mm</td></tr>
</table>

表 4－7(续 5)

序号	区域	管理项目	图示	检查位置	管理基准	极限范围
19	组立	双层底边段	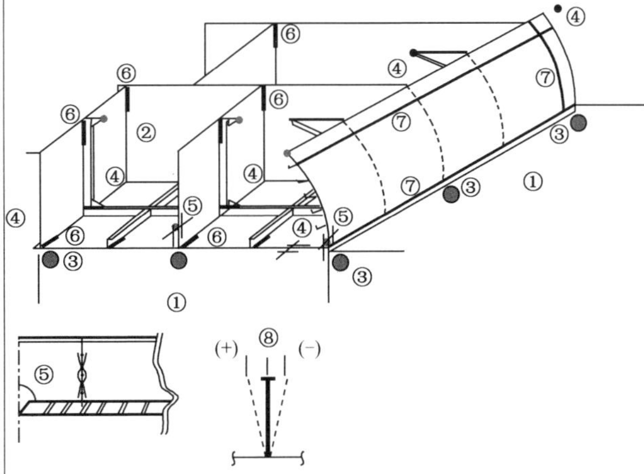	长(实长)1	±3 mm	±6 mm
				宽(高)2	±3 mm	±5 mm
				水平度 3	±4 mm	±6 mm
				垂直度 4	±4 mm	±6 mm
				周长 5	±3 mm	±5 mm
				中心线 6	±2 mm	±4 mm
				端部背烧 7	0～+3 mm	0～+6 mm
				受力变形 8	3/1 000 mm	
20		中间船底部	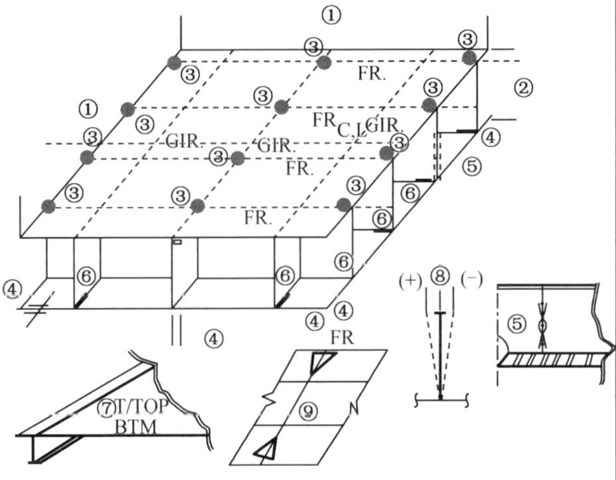	长(实长)1	±3 mm	±6 mm
				宽(高)2	±3 mm	±5 mm
				水平度 3	±4 mm	±6 mm
				垂直度 4	±4 mm	±6 mm
				端差 5	±3 mm	±5 mm
				焊接保留 6	标准	
				端部背烧 7	0～+3 mm	0～+6 mm
				纵向角度 8	±4 mm	±6 mm

表 4 –7(续 6)

序号	区域	管理项目	图示	检查位置	管理基准	极限范围
21	组立	舭部	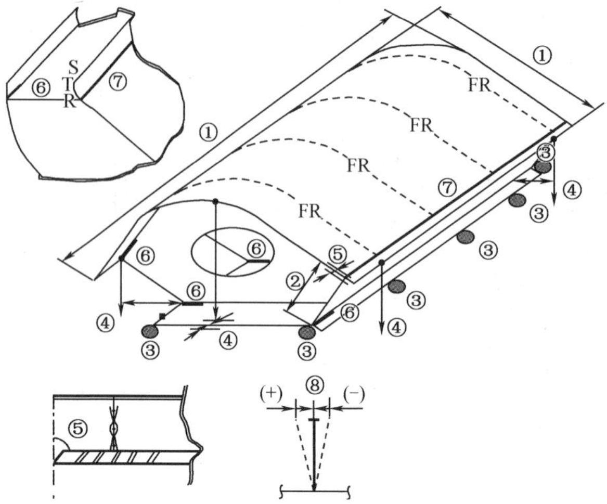	长(实长)1	±3 mm	±6 mm
				宽(高)2	±3 mm	±5 mm
				水平度 3	±4 mm	±6 mm
				垂直度 4	±4 mm	±6 mm
				端差 5	±3 mm	±5 mm
				焊接保留 6	标准	
				端部背烧 7	0 ~ +3 mm	0 ~ +5 mm
				纵向角度 8	±4 mm	±6 mm
22		船首部	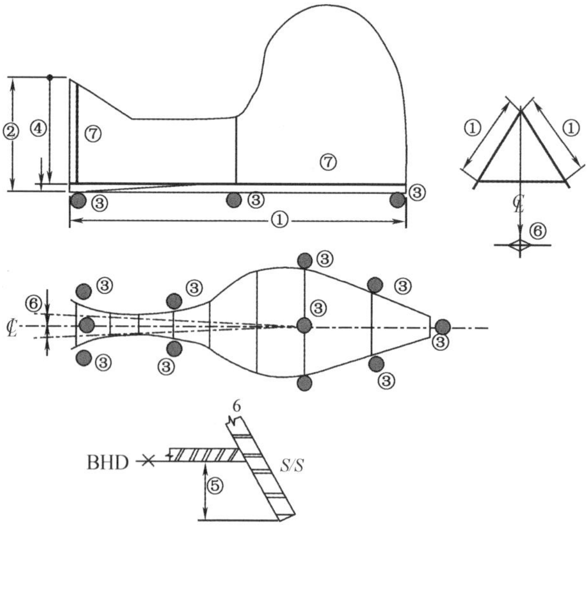	长(实长)1	±3 mm	±6 mm
				宽(高)2	±3 mm	±5 mm
				水平度 3	±4 mm	±6 mm
				垂直度 4	±4 mm	±6 mm
				周长 5	±3 mm	±5 mm
				中心线 6	±2 mm	±4 mm
				端部背烧 7	0 ~ +3 mm	0 ~ +5 mm
				受力变形	7/1 000 mm	

表 4－7(续 7)

序号	区域	管理项目	图示	检查位置	管理基准	极限范围
23	组立	机舱部	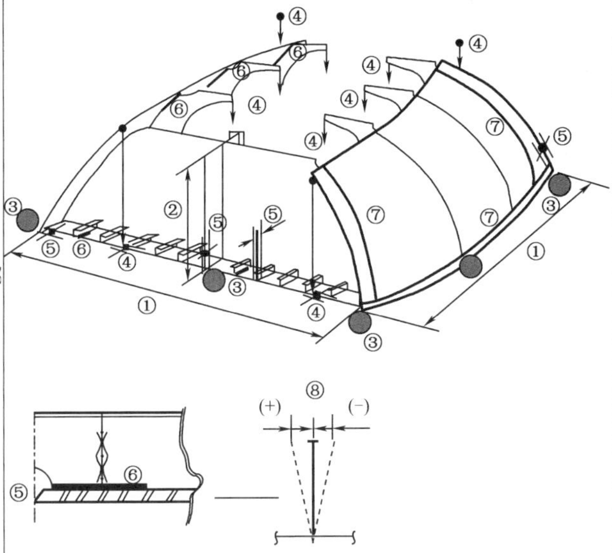	长(实长)1	±3 mm	±6 mm
				宽(高)2	±3 mm	±5 mm
				水平度 3	±4 mm	±6 mm
				垂直度 4	±4 mm	±6 mm
				端差 5	±3 mm	±5 mm
				焊接保留 6	标准	
				端部背烧 7	0 ~ +3 mm	0 ~ +5 mm
				纵向角度 8	±4 mm	±6 mm
24		机舱部	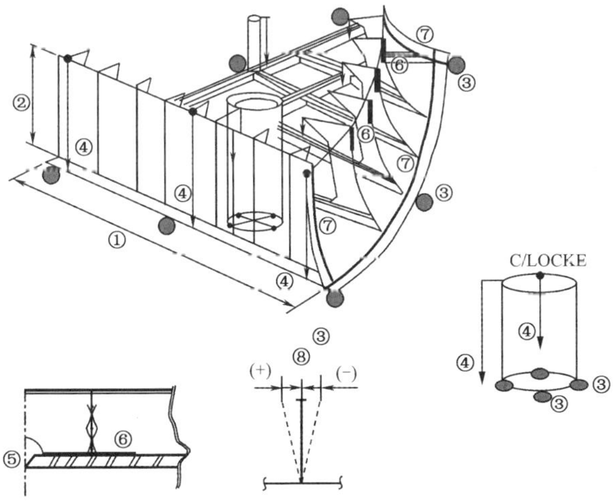	长(实长)1	±3 mm	±6 mm
				宽(高)2	±3 mm	±4 mm
				水平度 3	±4 mm	±6 mm
				垂直度 4	±4 mm	±6 mm
				端差 5	±3 mm	±5 mm
				焊接保留 6	标准	
				端部背烧 7	0 ~ +3 mm	0 ~ +5 mm
				纵向角度 8	±4 mm	±6 mm

表 4-7(续 8)

序号	区域	管理项目	图示	检查位置	管理基准	极限范围
25	组立	机舱部	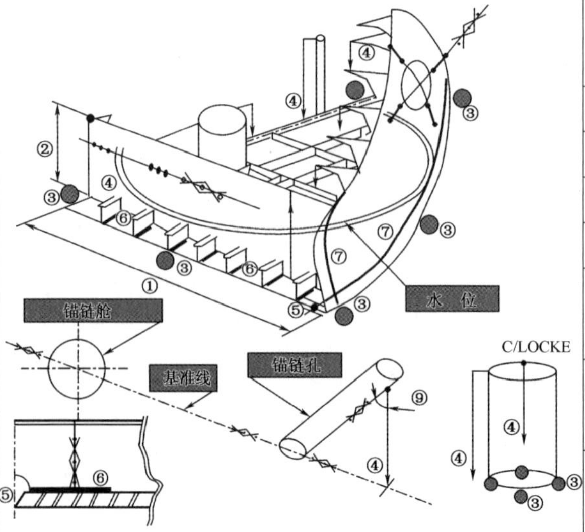	长(实长)1	±3 mm	±6 mm
				宽(高)2	±3 mm	±5 mm
				水平度 3	±4 mm	±6 mm
				垂直度 4	±4 mm	±6 mm
				端差 5	±3 mm	±5 mm
				焊接保留 6	标准	
				端部背烧 7	0 ~ +3 mm	0 ~ +5 mm
				纵向角度 8	±4 mm	±6 mm
26		艉轴部	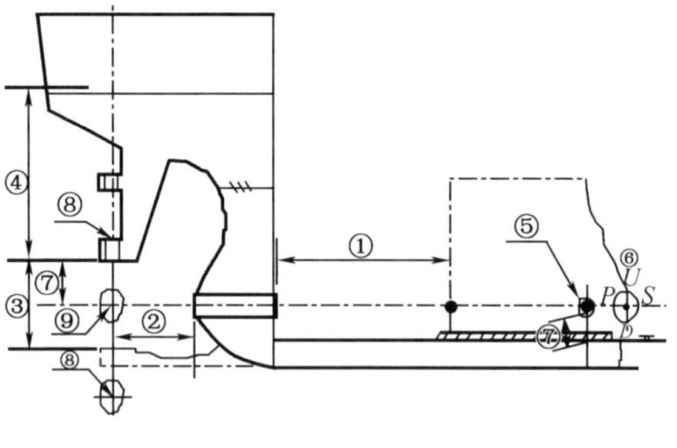	轴长 1	±4 mm	±6 mm
				轴毂端至舵-间距 2	±4 mm	±6 mm
				舵托至上轴承-距离 3	±4 mm	±6 mm
				上轴承至操舵间甲板-高度 4	±3 mm	±5 mm
				轴中心线水平度 5	±1 mm	±2 mm
				轴中心线偏差(左、右)6	±3 mm	±5 mm
				轴中心线-高度 7	±4 mm	±6 mm
				上下舵承间偏差 8	±4 mm	±6 mm
				舵承中心线和轴中心线重合度误差 9	±4 mm	±6 mm

表 4－7(续 9)

序号	区域	管理项目	图示	检查位置	管理基准	极限范围
27	船坞	合拢	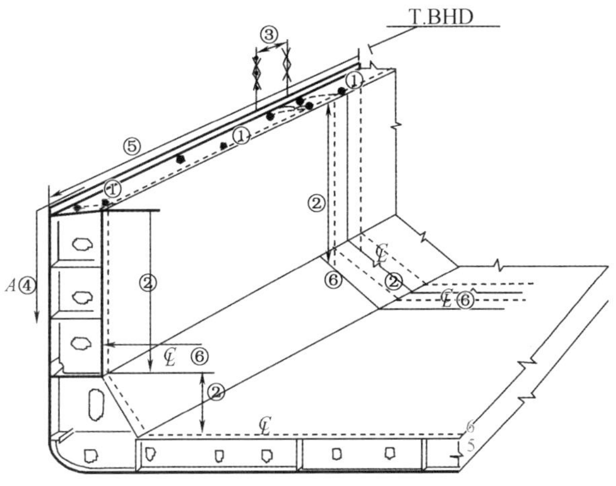	水平度 1	±5 mm	±8 mm
				高度 2	±5 mm	±8 mm
				分段接缝处肋距 3	±5 mm	±8 mm
				垂直度 4	±5 mm	±8 mm
				长度 5	±5 mm	±8 mm
				中心线偏差 6	±5 mm	±8 mm

二、典型产品的精度测量表

精度测量表用于对实物模型进行尺寸管理控制，详细呈现分段测量点，提供准确数据，方便现场精度管理员进行测量管理，为分段施工控制提供指导。

1. 精度测量表管理项目

精度测量表管理项目：长度、宽度、坡口、对角线、垂直度、重合度、斜度、断差、平板水平度、曲板水平度、外板距中心线距离、中心线偏差、半宽、船首和船尾分段对接处、分段的三维管理点船体坐标。

精度测量表检查阶段分为主板对接、中组、大组、总组、搭载。

2. 测量表设绘说明

①精度测量表中三角形表示垂直度，圆形表示水平度。

②精度测量表中标记的理论线符号，表示尺寸以理论线量起。

③精度表中均标注分段方向，PORT 表示左、STB'D 表示右、TOP 表示上、BTM 表示下。

④正文顶部是精度表的分段信息，中间是被测量的分段尺寸及信息。

⑤下框栏各阶段精度检查基准：尺寸(长/宽)±5 mm、末端断差±3 mm、对角线尺度±5 mm、垂直度±6 mm、水平度±6 mm、中心线偏差±2 mm，这些是用来判断分段合格的基准。

⑥下框栏表示问题：反馈被测量分段尺寸上出现较大偏差的问题；原因：造成尺寸较大偏差的原因；对策：理出解决方案，避免下次再出现同样的问题。

⑦三维精度表标有 X、Y、Z，分别表示船长、船宽、船高。

3. 分段制作阶段精度检查

拼板对接检查表见表 4－8，分段制作各阶段精度检查单见右侧二维码。

表 4-8　拼板对接检查表

拼板对接检查表		生产班组		决裁	担当	主任	部长
		施工人员					
船号		精度检查					
分段号	524/534-LB	检查日期					
示意图	胎架是否自检　□ 是 / □ 否	水平情况	□ 合格　□ 良好　□ 不合格				

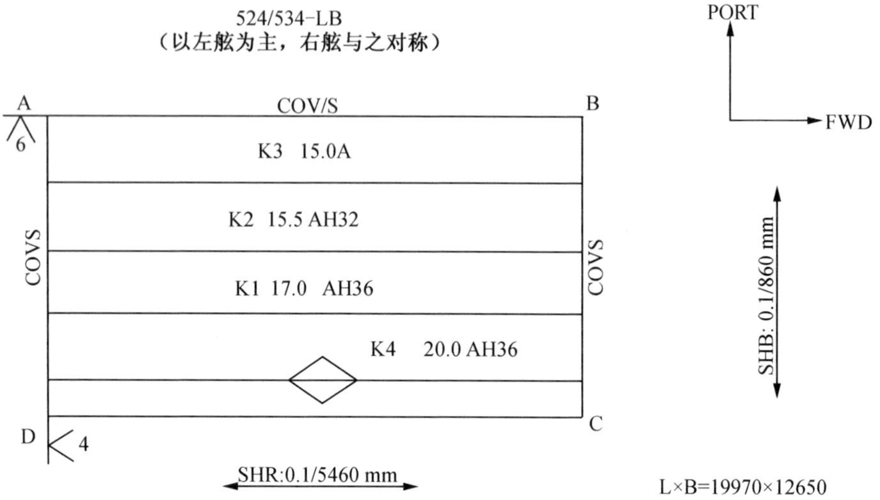

焊前尺寸						检测结果	
项目	编号	焊前理论尺寸	自测数据	检查数据	偏差	自测人/日期	
长	AB	19968				精度员/日期	
	CD	19968				血液2	
宽	AD	12658					
	BC	12658					
对角线	AC	236 44					
	BD	23644					

焊后尺寸						检测结果
项目	编号	焊后理论尺寸	自测数据	检查数据	偏差	自测人/日期
长	AB	19968				精度员/日期
	CD	19968				备注2
宽	AD	12655				
	BC	12655				
对角线	AC	23642				
	BD	23642				

检查基准	项目	基准	备注
	长	±3	
	宽度	±3	
	对角线	±5	

备注：1. 焊前理论尺寸=理论尺寸+补偿+分散延长+板张缝补偿-坡口间隙
　　　2. 焊后理论尺寸=理论尺寸+补偿+分散延长-坡口间隙

思考与练习

1. 船体总装船台上的准备工作有哪些？

2. 船体总装中船台装配临时支撑的作用是什么？

3. 简述货舱环形总段总组工艺流程。

4. 简述上层建筑分段总组流程。

5. 分别简述船体底部、舱壁、舷侧、甲板分段以及艏部、艉部立体分段搭载顺序及工艺流程。

6. 简述船台(坞)总装(搭载)典型的工艺流程。

7. 什么是嵌补分段？嵌补分段的装焊程序是怎样的？

8. 船台(坞)搭载过程中发生船体变形的主要形式有哪几种？

9. 在船台(坞)搭载过程中，为了防止船体总长度发生误差，一般采用哪些方法和措施以控制船体总长度的变化？

10. 识读 8 000 t 散货船船体总装模型船台搭载图、横剖面图等图纸资料，写出分段划分和总组搭载的基本情况：

(1)简述该总装模型分段划分、余量分布及分段尺寸的基本情况；

(2)写出该模型总装的基本程序；

(3)写出船台定位中心线长度、肋距、半宽及大接头位置等定位数据。

图表资料：8 000 t 级散货船模型横剖面图，如图 4－30 所示，8 000 t 级散货船船体总装 1∶4比例仿真模型船台搭载图(中部)，如图 4－31 所示。

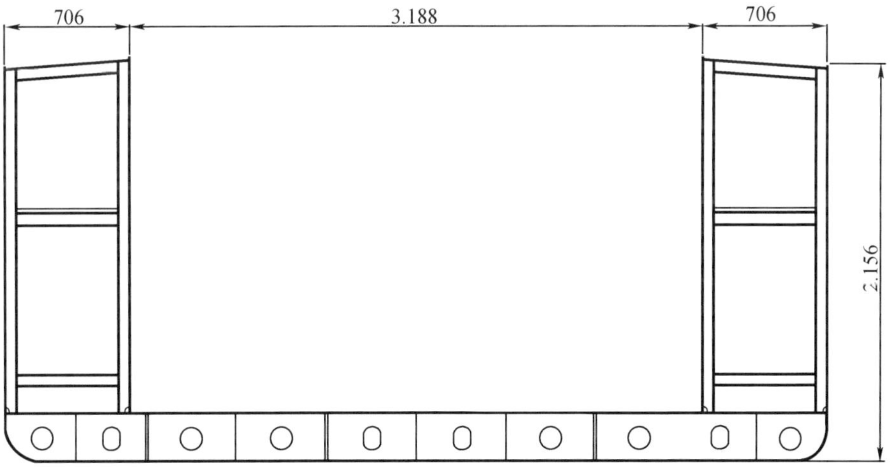

图 4－30　8 000 t 级散货船模型横剖面图(单位：mm)

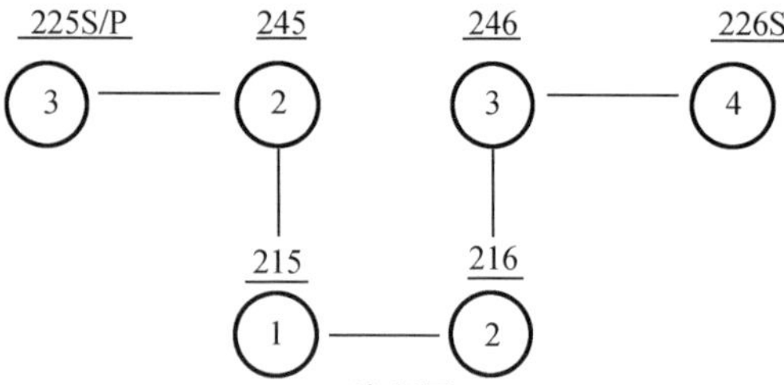

(a)流程图

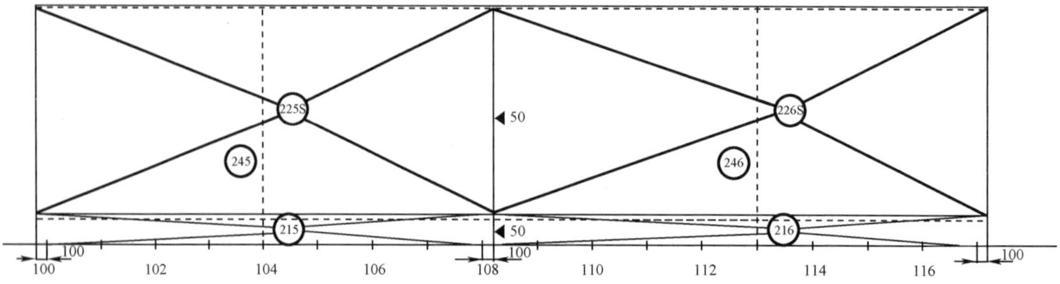

肋距 500 mm

(b)主视图

6	246	#113 舱壁分段		32 × 1 － 929	
5	245	#104 舱壁分段		32 × 1 － 929	
4	226S/P	$\#108^{+100}$ ~ $\#117^{+100}$舷侧分段		4 － 5 × 0 － 7 × 1 － 929	
3	225S/P	$\#100^{-100}$ ~ $\#108^{+100}$舷侧分段		4 － 2 × 0 － 7 × 1 － 929	
2	216	$\#108^{+100}$ ~ $\#117^{+100}$底部分段		4 － 5 × 4 － 6 × 0 － 31	
1	215	$\#100^{-100}$ ~ $\#108^{+100}$底部分段		4 － 2 × 4 － 6 × 0 － 31	
序号	分段号	分段名称	质量	外形尺寸/m(长 × 宽 × 高)	附注

(c)明细栏

图 4 － 31　8 000 t 级散货船船体总装 1∶4 比例仿真模型船台搭载图(中部)

第五章　船舶管系生产工艺

知识目标

- 掌握船舶管路系统加工工艺过程。
- 掌握船舶管路安装工艺方法和技术。
- 掌握船舶管路系统检验的基本知识。
- 了解船舶管路表面处理的基本知识。

能力目标

- 掌握船舶管子下料、弯制、校正、焊接、打磨等加工方法。
- 掌握船舶管路安装方法。
- 掌握船舶管路系统密性和强度检查方法。
- 了解船舶管路镀锌、酸洗、涂塑等表面处理方式。

船舶管路系统是船舶为了完成一定任务而专门用来输送流体(液体或气体)的管路及其阀件、附件、机械设备和检测仪表等的总称,简称船舶管系。船舶管路系统是船舶动力装置的重要组成部分,是保证船舶正常航行、停泊,满足船员和旅客的日常生活和工作的需要。

船舶管路系统的组成比较复杂,一般可以总结为以下几大部分:

①管路及其附件。管路是流体的流通渠道,是组成船舶系统的主要部分,按材料类型分有钢管、铁管、铜管、铝管和塑料管等,各有不同的用途。管路附件是指各种连接件、弯头,为适应船体变形和温度变化而设置的膨胀接头等。

②阀件。其作用是对管路中的流体加以控制,如接通或关闭,限制或改变流体的流动方向,改变流体的压力和流速、流量。各种阀件用途不同,结构各异,如截止阀、止回阀、三通阀、节流阀以及阀箱等。

③机械设备。流体在管路中流动,并维持一定的压力和流量,要克服流动中的阻力,需要系统中的机械设备为之提供能量,也就是把机械能转变为流体的势能和动能。系统中的机械设备主要有各类泵、空气压缩机和通风机等。

④仪表。仪表用于显示系统中流体的压力、温度、流量等相关参数。

第一节　船舶管系基本知识

船舶管路系统按功用,可分为两大类:

(1)动力管系(动力系统)

其是为船舶动力装置中主、辅机服务的管路系统,保证动力装置正常工作。按其具体任务的不同,主要分为五种动力管系:燃油管系、滑油管系、冷却水管系、压缩空气管系和排气管系。

(2)通用管系(通用系统)

其又称为船舶管系,是为全船服务以保证船舶的生命力、安全航行以及船员和旅客的正常生活和工作的管路系统。主要包括舱底水管系、压载水管系、消防管系、日用淡水和卫生水管系、通风管系、制冷与空调管系以及其他特殊任务系统(如破冰船上调整纵倾与横倾系统、油轮及化学品等船上的液货装卸管系、洗舱管系、惰性气体保护管系等)。

在动力管系中,有些发动机本身自带不可分割的有关机械、设备部分,在柴油机设计过程中已解决,称为内部动力系统,其余部分称为外部动力系统(在动力装置设计过程中解决)。设计过程中按其实现的功能、安全可靠、经济性等方面考虑。

动力装置能否正常可靠地工作,除了取决于装置的主要设备(主机、辅机、锅炉等)本身的技术性能外,动力管系的技术性能也起着重要的作用。在动力装置的生命力方面,动力管系担负着更重要的作用。

船舶管系按其基本任务可分为保船的、生活设施和驳运储藏三个类别,为此船舶管系必须具有可靠性和一定的活力性。可靠性是船舶管系必须具备的性能,它要求系统在运行中不出故障,同时也能适应特殊的工况,如摇摆、颠簸、冲击、振动,以及对海水、湿空气及结冰等的抗御。系统的可靠性是靠正确地掌握系统技术要求、零部件的合理选用,以及准确地遵守安装技术要求来达到的。活力性是指对某些系统的特殊要求(海损时的排水系统、灭火系统等),要求它们不仅在正常工况下,而且在海损、火险等具有一定破坏和纵、横倾情况下,仍能正常工作。活力性是靠多套设置、分组设置和配备双套机械和管理来保证的。

一、管系等级

为了确定合适的试验要求、连接形式以及热处理和焊接工艺规程等,对于不同用途的压力管系,按其设计压力和设计温度分为三级,见表 5－1。

二、管路的基本参数

1. 通径

管路和管路附件的通径是为了便于生产和设计,保证管路和管路附件的通用性和互换性,而相对其通过介质的内径经圆整后的一个值。公称直径不是外径,也不是内径,而是近似普通钢管内径的一个名义尺寸。每一公称直径,对应一个外径,其内径数值随厚度不同而不同。公称直径可用公制 mm 表示,也可用英制 inch 表示。管路附件也用公称直径表示，意义同有缝管，见表 5－2。

在日本工业规格（JIS）标准中，公制表示的管子和管件在通径尺寸后加“A”，如蝶阀 150A，表示公称通径为 150 mm 的蝶阀；而用英制表示的则在尺寸后加“B”，如用 6B 则表示通径为 6″。

表 5－1　管系等级

管系	Ⅰ级		Ⅱ级		Ⅲ级	
	设计压力/MPa	设计温度/℃	设计压力/MPa	设计温度/℃	设计压力/MPa	设计温度/℃
蒸汽和热油	>1.6	或>300	≤1.6	和≤300	≤0.7	和≤170
燃油	>1.6	或>150	≤1.6	和≤150	≤0.7	和≤60
其他介质	>4.0	或>300	≤4.0	和≤300	≤1.6	和≤200

注：1. 当管系的设计压力和设计温度中，一个参数达到表中Ⅰ级规定时，即定为Ⅰ级管系；当管系的设计压力和设计温度均达到表中Ⅱ级和Ⅲ级规定时，即定为Ⅱ级管系和Ⅲ级管系。

2. 有毒和腐蚀介质、加热温度超过其闪点的可燃介质和闪点低于 60 ℃的介质，以及液化气体等一般为Ⅰ级管系；如设有安全保护措施以防泄漏和泄漏后产生的后果，也可为Ⅱ级管系，但有毒介质除外。

3. 货油管系一般为Ⅲ级管系。

4. 不受压的开式管系，如泄水管、溢流管、透气管和锅炉放汽管等为Ⅲ级管系。

5. 其他介质指空气、水、滑油和液压油等。

6. 热油指热油系统的循环油液。

表 5－2　常用管路的通径

公称通径（NB）/inch	公称直径（DN）/mm	公称外径（OD）/mm	公称通径（NB）/inch	公称直径（DN）/mm	公称外径（OD）/mm
1/2″	15	21.3	2 1/2″	65	73
3/4″	20	26.7	3″	80	88.9
1″	25	33.4	4″	100	114.3
1 1/4″	32	42.2	5″	125	139.8
1 1/2″	40	48.3	6″	150	168.3
2″	50	60.3	8″	200	219.1

2. 管路壁厚等级（管路表号）

管路表号是管路设计压力与设计温度下材料许用应力的比值乘以 1 000，并经圆整后的数值，通常我们理解为管子的壁厚等级。表示方法：SCHXX（读 schedule），例：DN150 SCH40 表示通径 150 mm，壁厚等级为 40 的钢管，是按美国国家标准协会的标准《外径尺寸和壁厚表》ANSI B36.10 的规定执行的，管子表号 SCH 不是壁厚，是壁厚系列，见表 5－3。

表 5-3　常见的不同规格管路及表号对应管路厚度表

公称直径(DN)/mm	外径/mm		公称壁厚/mm								
	A 系列	B 系列	SCH5s	SCH10s	SCH20s	SCH20	SCH40	SCH80	SCH120	SCH140	SCH180
15	21.3	18	1.6	2.1	2.6	—	2.9	3.6	—	—	4.5
20	26.9	25	1.6	2.1	2.6	—	2.9	4.0	—	—	5.6
25	33.7	32	1.6	2.8	3.2	—	3.2	4.5	—	—	6.3
32	42.4	38	1.6	2.8	3.2	—	3.6	5.0	—	—	6.3
10	48.3	45	1.6	2.8	3.2	—	3.6	5.0	—	—	7.1
50	60.3	57	1.6	2.8	3.6	3.2	4.0	5.6	—	—	8.8
65	76.1	76	2.0	3.0	3.6	4.5	5.0	7.1	—	—	10.0
80	88.9	89	2.0	3.0	4.0	4.5	5.6	8.0	—	—	11.0
90	101.6	—	2.0	3.0	4.0	4.5	5.6	8.0	—	—	12.5
100	114.3	108	2.0	3.0	4.0	5.0	5.9	8.8	11.0	—	14.2
125	139.7	133	2.9	3.4	5.	5.0	6.3	10.0	12.5	—	16.0
150	168.3	159	2.9	3.4	5.0	5.6	7.1	11.0	14.2	—	17.5
200	219.1	219	2.9	4.0	6.3	6.3	8.0	12.5	17.5	20.0	22.2
250	273.0	273	3.6	4.0	6.3	6.3	8.8	16.0	22.2	25.0	28.0
300	323.9	325	4.0	4.5	6.3	6.3	10.0	17.5	25.0	28.0	32.0

三、管路的材料、规格和特性

管路是用来输送各种工作介质的通道，由于各种工作介质的压力、温度、流量及腐蚀性的不同，也就决定了管子的种类和规格繁多且具有不同的特性。根据材质分有钢管、不锈钢管、紫铜管、铝合金管（铝管）、铜镍合金管（镍黄铜管、镍铁合金管）、塑料管、玻璃钢管等等，有的管路质量小，有的耐腐蚀，有的价格便宜、有的绿色环保、有的可承受压力高等，根据这些特点，选用到船舶各大管路系统，可以说，管路不仅仅运用于船舶、建筑、化工和电力等各行各业，日常生活中也离不开管路。

在各类船舶上常用的管子主要有钢管、铜管、塑料管三种类别，此外还有双金属管、铝管、钛合金管等。

1. 钢管

钢管按制造工艺分为有缝钢管和无缝钢管两类，钢管的材料有普通碳素钢、优质碳素钢、合金钢和不锈钢等，主要用于Ⅰ级和Ⅱ级管系的管子。

(1) 无缝钢管

制造无缝钢管的材料牌号一般为 10 号、20 号、30 号等优质碳素钢，以及 A2、A3、A4 等普通碳素钢，合金钢则为 10Mn2、09Mn2V、16Mn、15MnV、12Mnov 等，不锈钢多为 0Cr18Ni9Ti、1Cr18Ni、10Ti、1Cr18Ni10Ti 等。

无缝钢管是由圆坯加热后，经穿管机穿孔轧制（热轧）而成，或者经过冷拔成为外径较小的管子。由于无缝钢管具有足够的强度,良好的延伸率和工艺性(既可以冷弯,也可以热弯,以及良好的焊接性),所以在船舶各管系中应用得最为广泛。例如蒸汽管、燃油管、滑油管、压缩空气管、冷却水管、消防管等。无缝钢管外径与最小公称壁厚见表5-4。

表5-4 无缝钢管外径与最小公称壁厚

外径 D /mm	最小公称壁厚 δ/mm			
	一般用管③④⑥⑧⑨⑩	与船体结构有关的舱柜的空气管、溢流管和测量管②③④⑥⑦⑧⑩	舱底、压载水管和一般海水管①③④⑤⑥⑦⑧	通过压载舱和燃油舱的舱底水管、空气管、溢流管和测量管,通过燃油舱的压载管和通过压载舱的燃油管②③④⑤⑥⑦⑧
10.2~12	1.6			
13.5~17.2	1.8			
20	2			
21.3~25	2		3.2	
26.9~33.7	2		3.2	
38~44.5	2	4.5	3.6	6.3
48.3	2.3	4.5	3.6	6.3
51~63.5	2.3	4.5	4	6.3
70	2.6	4.5	4	6.3
76.1~82.5	2.6	4.5	4.5	6.3
88.9~105	2.9	4.5	4.5	7.1
114.3~127	3.2	4.5	4.5	8
133~139.7	3.6	4.5	4.5	8
152.4~168.3	4	4.5	4.5	8.8
177.8	4.5	5	5	8.8
193.7	4.5	5.4	5.4	8.8
219.1	4.5	5.9	5.4	8.8
244.5~273	5	6.3	6.3	8.8
298.5~368	5.6	6.3	6.3	8.8
406.4~457	6.3	6.3	6.3	8.8

注:1. 具有有效防腐蚀措施的管子,其最小壁厚可适当减薄,但减薄最多不超过1 mm。

2. 除液货闪点小于60 ℃的液货舱测量管外,表列测量管的最小壁厚适用于液舱外部的测量管。

3. 对于允许采用的螺纹管最小壁厚应自螺纹根部量起。

4. 焊接钢管和无缝钢管的外径和壁厚的数值取自ISO的推荐文件R336,若按其他标准选取管子壁厚可允许适当减小。

5. 通过深舱的舱底水管和压载水管的最小壁厚应另行考虑。

6. 直径较大的管子的最小壁厚另行考虑。

7. 舱底、测量、空气和溢流管的最小内径应为：舱底管 $d=50$ mm，测量管 $d=32$ mm，空气和溢流管 $d=50$ mm。

8. 本表所列的最小壁厚一般是指公称壁厚，因此不必考虑负公差和弯曲减薄余量。

9. 排气管的最小壁厚另行考虑。

10. 货油管的最小壁厚应另行考虑。

不锈钢管也属于无缝钢管的范畴，它除具备一般无缝钢管的特性外，还具有耐腐蚀性强，在高温下不易被氧化，不结皮，并保持较高机械性能的特点，但是这种管子不宜热弯，在大量的含有氯离子介质中易产生应力腐蚀，它除用于潜艇中高温、高压、高清洁度、工作介质的腐蚀性大的特殊系统外，一般船舶不宜采用。不锈钢管外径与最小公称壁厚见表 5-5。

表 5-5　不锈钢管外径与最小公称壁厚

外径 D/mm	最小公称壁厚 δ/mm
≤10	1
11 ~ 18	1.5
19 ~ 83	2
84 ~ 169	2.5
170 ~ 246	3
247 ~ 340	3.5
341 ~ 426	4
427 ~ 511	4.5
512 ~ 597	5

(2)有缝钢管

这类钢管是由钢板卷曲后经焊接而成的，根据表面颜色又分两种，其中之一是为了提高钢管的抗腐蚀能力，在管子表面镀上一层耐腐蚀的锌层，由于镀锌后的管壁内外表面呈银白色，人们习惯称为白铁管，而没有镀锌的有缝钢管统称为黑铁管。

制造这类管子的材料牌号有 A2、A3、B2、B3 等，A 类钢多用于船舶。

由于有缝钢管所选用的材料无严格要求，故其机械性能也相对较差。白铁管只适用于常温和工作压力 $P \leqslant 0.1$ MPa 的日用水、卫生水、舱底水等系统，黑铁管可用于输送低温低压的水和油等工作介质，有时也可用于低压的废气和蒸汽系统。

2. 铜管

常用的铜管有紫铜管和黄铜管两种，紫铜管由含铜量 99.5% 以上的纯铜拉制和挤制而成；黄铜管由铜基合金制成，两者相比较紫铜管的韧性稍高一些，黄铜管的强度稍高一些。

(1)紫铜管

紫铜管经退火后，质地柔软，工艺性好，具有很高的塑性和耐蚀性，它不适用于高温、高压系统，再加之价格较贵，在一般的船舶上，只用于压力表管或直径 $\varphi \leqslant 14$ mm 的液压油类管，但在舰艇上得到广泛应用，如海水系统、液压系统、滑油系统等。

常用的紫铜管材料牌号有 T1、T2、T3、T4、TUP 等，由制造厂供应的紫铜管均未退火，故在加工过程中，首先应对弯曲部位进行退火，退火温度一般为 550 ~ 650 ℃。铜和铜合金管外径与最小公称壁厚见表 5 - 6。

表 5 - 6　铜和铜合金管外径与最小公称壁厚

外径 D/mm	最小公称壁厚 δ/mm	
	铜	铜合金
8 ~ 10	1	0.8
12 ~ 20	1.2	1
25 ~ 44.5	1.5	1.2
50 ~ 76.1	2	1.5
88.9 ~ 108	2.5	2
133 ~ 159	3	2.5
193.7 ~ 267	3.5	3
273 ~ 470	4	3.5
508	4.5	4

注：①外径和壁厚的数值取自 ISO 标准；

②若按其他标准选取管径，管子壁厚可允许适当减小。

（2）黄铜管

黄铜管的特点是抗海水及空气的腐蚀能力很强，而且有很好的导热率，但由于冶炼困难产量少，价格较贵，一般只用于热交换器的管束及通话管。

黄铜管系由 H62、H68、锡黄铜 HSn70 - 1、HSn62 - 1、铅黄铜 HPb59 - 1、铁黄铜 HFe59 - 1 - 1 等拉制或挤制而成，黄铜管在加工过程中也均应首先进行退火处理。

3. 塑料管

塑料管一般由耐冲击聚氯乙烯制成，它具有质量轻，比目前船上常用的任何一种金属管都轻，耐腐蚀性能强，还具有摩阻小、绝缘、隔音、吸振、耐磨、绝热和不需油漆，加工与安装工艺较简便等优越特性，但是也存在着强度低、耐热和防火性能差、膨胀系数大、易老化、破损不易修补、焊接温度不易控制等缺陷。所以，目前这种管子仅用于工作温度在 0 ~ +60 ℃，工作压力小于 0.6 MPa 的管系中，如用于甲板排水、污水、洗涤水、空气管等。随着塑料管材料性能的不断改进，制造工艺的不断完善，其必将会获得广泛的应用。

4. 双金属管

所谓的双金属管是指管壁由两层不同的金属组合而成的管子，即外层为 10 号优质碳素钢，内层由 0.6 ~ 0.8 mm 厚的 T4 号铜制成，管子的外径 D 为 6 ~ 70 mm，壁厚 δ 为 1.5 ~ 6 mm，管长 L 为 3 ~ 7 m。

这种管子具备了钢管和紫铜管的双重特点，即有较高的机械强度，又有较强的耐腐蚀能力，因此它一般专用于高压空气管路，常用于舰艇上。这种管子加工较困难，因钢和铜的熔点、机械性能都不同,所以最好采用冷弯工艺。

5. 铝管

铝管是拉制或挤制而成的无缝管,一般船舶铝管由硬铝合金拉制而成。主要优点是质量轻、耐腐蚀、塑性好、易加工,常为一般轻型快艇所采用。由于其机械性能不及铜管,只适用于低温、低压的场合,如燃油管、滑油管、冷却水管路等。

常用的铝管牌号有 LF2 - M 防锈合金铝、LF2、LF21、LY11、LY12 等。这种管子既可冷弯又可热弯,冷弯前须经退火处理。

6. 钛合金管

钛合金优于无缝钢管和紫铜管所具备的特性,且又克服了无缝钢管耐腐蚀性差、紫铜管强度低的问题,但由于其价格昂贵、规格较少,所以它目前的应用只局限于舰艇上某些特殊的场合。

四、管子的选用原则

管子的选用主要应遵循保证使用要求、工艺要求及经济要求等三个方面的原则。

(1)使用要求

使用要求主要是指管系对管子的机械强度、刚度、尺寸大小、质量、抗腐蚀能力、耐热性等方面的要求。不同系统中的管子除要满足管内流通的工作介质在压力、温度、流量、抗腐蚀等要求,还应考虑是否受水击、振动等外界环境条件影响。

(2)工艺要求

选用管子在满足使用要求的前提下,还应达到弯曲、焊接、安装、维护保养、检修等方面的工艺技术条件。

(3)经济要求

在选用管材过程中,应在考虑使用要求和工艺要求的同时,还要防止大材小用,优材劣用。在符合使用要求的前提下,尽最大努力降低船舶的建造成本,在船舶设计阶段是实现这个目标的最佳时机。

综上所述,管子的选用需要考虑各方面的要求,但是在许多情况下,选出同时满足上述各方面要求的管子,也是很困难的,因此首先要抓住主要矛盾,即满足工作介质的压力、温度和腐蚀性对管子的要求,同时要兼顾其他方面的要求,在此基础上,最后按照有关规范和标准进行,尽量减少规格的数量和不常采用的规格牌号。

五、管系附件

任何管系都是由管子和其他配件组成的,如管路连接件、阀件、观察检测仪表、滤器和操纵附件等,其作用是保证管系按预定的要求正常可靠地工作,这些配件被称为管路附件,简称管件。

1. 连接附件

连接附件的功能是将系统中的机械、设备、仪表、附件和管子等相互连接起来,并给安装和检修带来便利。连接方式主要有法兰连接、螺纹连接、焊接连接三种。

(1)法兰连接

法兰是连接附件中最可靠的连接方法之一,使用范围广泛,可用于 DN≥20 mm 的各种管子的连接,应用时可根据需要按标准选用。目前常用的法兰种类有搭焊钢法兰、对焊钢法兰、松套钢法兰等。

①搭焊钢法兰。

这种船用法兰的特点是结构简单、制造方便,它适用于公称通径为 10 ~ 2 000 mm, PN≤0.25 ~ 1.6 MPa,工作温度低于 300 ℃的各种钢管的连接,制造这种法兰的材料一般为普通碳素钢中的 Q235 - A 类,但如果连接不锈钢管,其法兰的材料也相应为管子的同种材料。如图 5 - 1 所示。

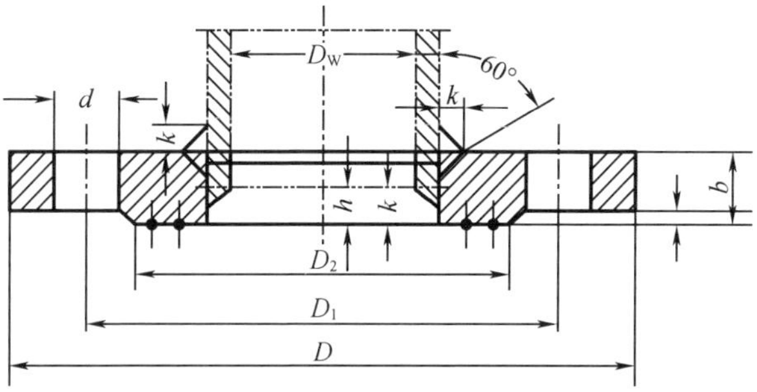

图 5 - 1　搭焊钢法兰

②对焊钢法兰。

这种船用法兰与管子采用对接焊的形式,加之法兰本体用 Q235 - A 类普通碳素钢浇铸毛坯,经锻造、热处理后制成,所以能够承受较高的压力和温度。

船用对焊钢法兰有两种结构形式。图 5 - 2 为一般的铸钢对焊钢法兰,它的密封面结构与搭焊钢法兰的密封面结构相同,它适于 PN≤2.5 MPa 和工作温度低于 400 ℃,DN 在 10 ~ 600 mm 的各种钢管的连接。

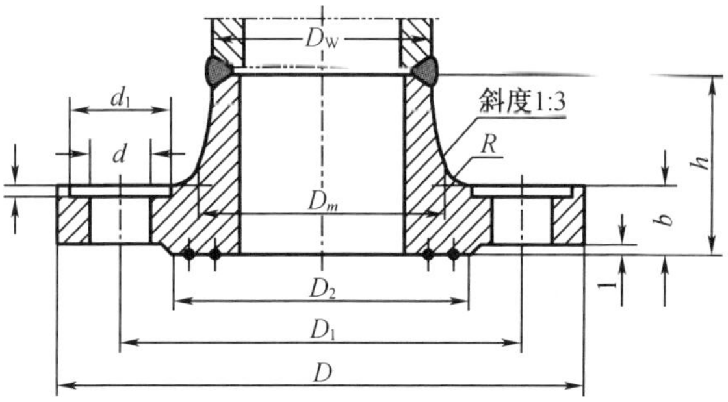

图 5 - 2　PN25 对焊钢法兰

图 5 - 3 为法兰密封面带有凸肩和凹槽匹配使用的铸钢对焊钢法兰,这种密封结构较大地提高了它的耐压能力,一般可承受 PN 值在 4.0 ~ 6.4 MPa,最高耐温能力也为 400 ℃,DN

为 10 ~ 500 mm。这种结构的法兰,一般主要用于蒸汽、压缩空气等高温高压管路的连接。

由于这种法兰采用凸肩凹槽匹配密封结构,无疑对法兰与管子的装配焊接精度提出了较高的要求,因此它给施工带来一定的困难。

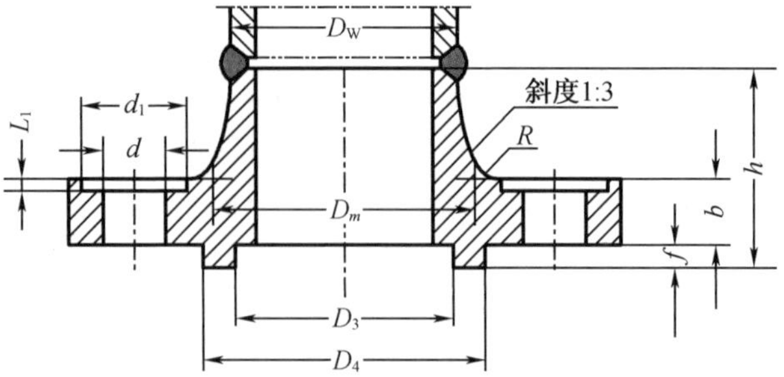

(a)A型

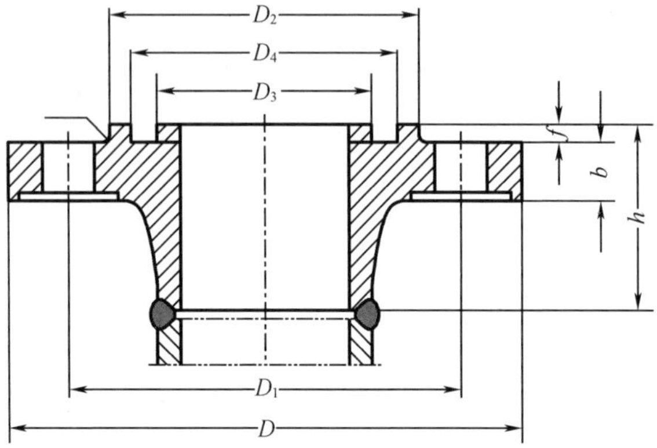

(b)B型

图 5 – 3　PN40、PN64 对焊钢法兰

③船用铸钢法兰。

这种法兰的结构形式与对焊钢法兰基本相同,只不过它用 ZG25 Ⅱ 经机加工而成,它的公称压力 PN 在 0. 25 ~ 6. 4 MPa,其中 0. 25 ~ 1. 0 MPa 的 DN 在 10 ~ 2 000 mm,1.6 ~ 2.5 MPa 的 DN 在 10 ~ 1 000 mm,6. 4 MPa 的 DN 在 10 ~ 500 mm。

④椭圆形搭焊钢法兰。

如图 5 – 4 所示,这种法兰只使用两个螺栓连接,法兰密封面的四周受力是不均匀的,所以只适于 PN < 0.6 MPa 和工作温度低于 200 ℃,DN 在 10 ~ 40 mm 的管路上,这种法兰的优点是体积小,宜用于空间狭窄的场所。

⑤松套钢法兰。

图 5 – 5 展示了四种不同形式的松套钢法兰,它们的共同特点是能够在管子上自由回转,这样就给管子的制作与安装带来一定的方便,但是由于它的密封采用与管子焊在一起的附加环,无形当中增加了厚度,因此它使用的螺栓也相应需要加长。

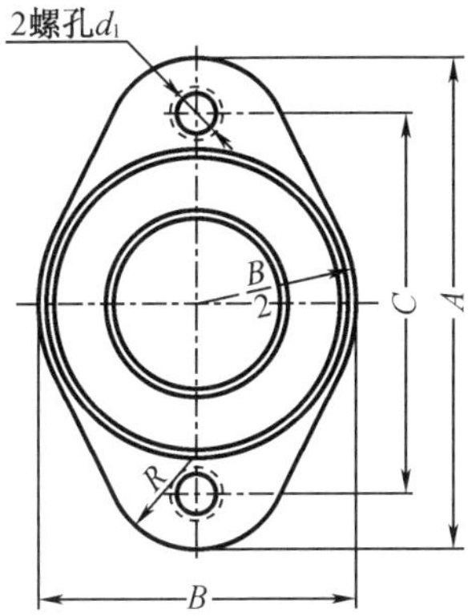

图5-4 椭圆形搭焊钢法兰

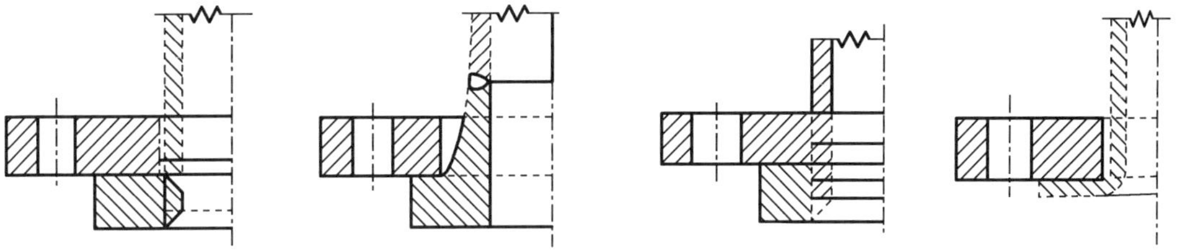

(a)搭焊钢环松套钢法兰 (b)搭焊钢环松套钢法兰 (c)搭焊铜环松套钢法兰 (d)铜管折边松套钢法兰

图5-5 松套钢法兰

图5-5(a)为搭焊钢环松套钢法兰，此种法兰一般用于PN≤0.5~2.5 MPa，DN为10~500 mm，温度小于300 ℃的管路上；图5-5(b)为也搭焊钢环松套钢法兰，用于连接PN为2.5~6.4 MPa，温度小于400 ℃的各种钢管；图5-5 (c)为搭焊铜环松套钢法兰，用于连接PN≤2.5 MPa，温度小于250 ℃的各种铜管；图5-5(d)为铜管折边松套钢法兰，用于公称压力PN≤0.6 MPa，温度小于250 ℃的各种铜管。这种法兰看起来似乎结构简单，装配也简单，只需要管子折边就可以了，其实不然，第一，折边需要加热，如果加热温度和折边速度控制不良，在折弯处易产生裂纹；第二，折边不易控制，容易造成管子总长度值超差，进而影响管子的安装质量。

⑥搭焊铜法兰。

搭焊铜法兰主要是用于铜管的连接，特别是水下产品，所有的DN>32 mm的铜管，均采用这种法兰连接。制造这种法兰的材料为硅黄铜，其牌号HSi80-3，公称压力PN为0.6~1.5 MPa，DN为10~500 mm。搭焊铜法兰的工作温度均应小于250 ℃。

⑦船用铸铜法兰。

制造这种法兰的材料相对较多，比如有ZQSn8-4、ZQAL9-2和ZHMn58-2等。它的PN为0.6~4.0 MPa。其中，0.6 MPa的DN在10~100 mm，2.5 MPa的DN在10~500 mm，4.0 MPa的DN在10~100 mm。

(2)螺纹连接

螺纹连接所用的螺纹接头特点是尺寸小，质量轻，拆装方便，使用可靠。这类接头通常都是成品，材料一般为碳钢、镍铬钛钢、黄铜、青铜等。它主要用于公称通径3~32 mm的管子与管子、管子与附件、管子与设备的连接。

螺纹接头按其耐压能力可分为低压螺纹接头(公称压力 PN≤1.6 MPa)、中压螺纹接头(公称压力 PN 为 1.6~10.0 MPa)、高压螺纹接头(公称压力 PN 为 10.0~25.0 MPa)。若按螺纹接头密封面的结构特点又可分为平肩螺纹接头和球面螺纹接头,还可以分为搭焊螺纹接头和对接焊螺纹接头。

螺纹接头按照功能又可分为以下几种。

①中间螺纹接头。

这种螺纹接头用于两根管子之间的连接。

②旋入螺纹接头。

旋入螺纹接头主要用于管子与带内螺孔的机械设备或附件的连接,根据耐压能力不同,也可分成低压旋入螺纹接头、中压旋入螺纹接头和高压旋入螺纹接头。

③支管螺纹接头。

支管螺纹接头用来连接两根轴线相交的管子,支管螺纹接头最大适用的 PN 为 4.0 MPa。

④异径螺纹接头。

这种螺纹接头用于不同的公称通径的管子与管子、管子与附件的连接。

⑤外套螺母接头。

这种螺纹接头主要用于管子与带外螺纹零件的设备、附件的连接。

⑥螺纹三通四通接头。

支管螺纹接头最大耐压能力仅 4.0 MPa,那么需要垂直连接的两根管子,其输送的工作介质压力又大于 4.0 MPa 时,常用的是螺纹三通四通接头。

常用的螺纹接头如图 5-6 所示。

图 5-6 常用的螺纹接头

(3)焊接连接

焊接连接的主要优点是质量轻、尺寸小、装配方便、密闭性强。但其缺点是不可拆卸,焊接后管内的氧化皮不能清除且易腐蚀。

焊接连接如图 5-7 所示,主要有对接焊连接、搭接焊连接和套管焊连接三种。

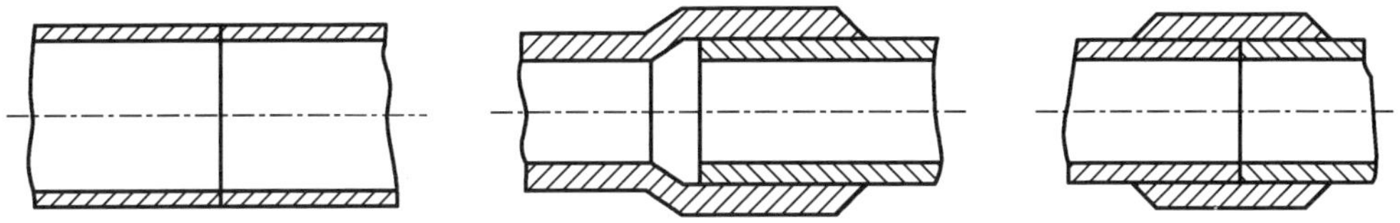

(a)对接焊 (b)搭接焊 (c)套管焊

图 5-7 焊接连接

一般情况下,对接焊连接和搭接焊连接采用得不多,而套管焊连接采用得比较多,船舶上各类液舱的通气管的连接(如压载舱、燃油舱、滑油舱、淡水舱)和油舱内的蒸汽加热盘管的连接均采用套管焊连接。

(4)通舱管件

通舱管件主要用于液舱、甲板和船舱隔壁及轻型隔壁上管子的相互连接,以保证水密。

通舱管件与甲板等连接有可拆式和不可拆式(将通舱管件焊在甲板或隔壁上)两种形式。根据工作介质的参数和管子的公称通径的大小及施工情况,按通舱管件的结构可分为焊接座板通舱管件、螺纹通舱管件(图 5-8(a))和法兰通舱管件(图 5-8(b))等三种类型。

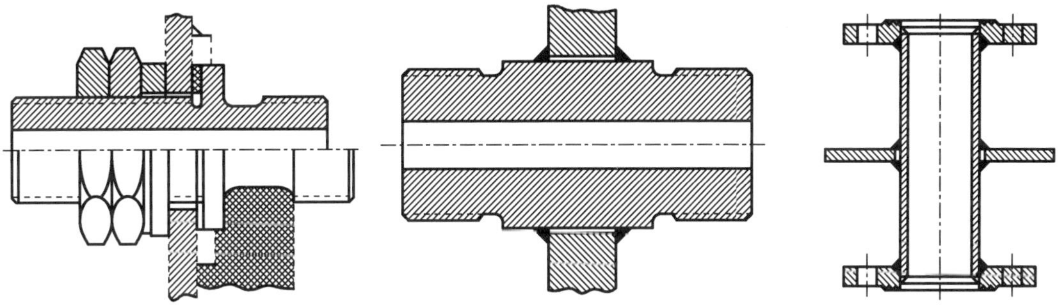

(a)螺纹通舱管件 (b)法兰通舱管件

图 5-8 常用的通舱管件

(5)挠性接管

在船舶上,尤其是在舰艇上,要求有些管系具有消除由于温度的变化、航行状态的船体变形及各种机械设备运行产生的振动、噪音及冲击的优良性能,为了使管系能够满足这些要求,通常采用挠性接管,以达到减振、隔音、抗冲击,保护动力设备的正常运转,防止管路连接的紧密性被破坏的目的。图 5-9 为常用的挠性接管。

2. 调节、控制附件

在船舶系统中,调节、控制附件的种类是很多的。在这里主要说明安装在管路当中的一种类型的调节、控制附件——阀门。管路中工作介质的压力、流量、温度、流向基本上都是由阀门来控制的。

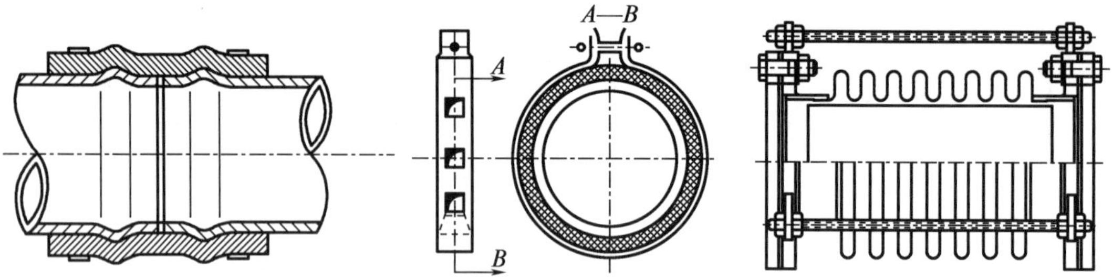

(a)夹布胶管的结构及连接形式　　(b)低压金属波纹管

图 5－9　常用的挠性接管

(1)截止阀

截止阀的功能是截止或接通管路中的工作介质,也可以调节工作介质的流量,它是应用最广泛的一种阀门。

按照工作介质在阀腔中流通的形式,截止阀有直通(A 型)和直角(B 型)两种形式,按连接方式有法兰截止阀和螺纹截止阀两种形式。

这种阀是由阀体、阀杆、阀盖、阀座等组成的。制造截止阀阀体的材料有铸铁、铸钢、锻钢和铸铜四种。

图 5－10 为法兰截止阀,它们的截止或接通工作原理为:当逆时针旋转手轮时,带动阀杆做逆时针旋转上升运动,与此同时,阀杆也带动阀盘(阀头)上升且离开阀座,使阀门呈开启状态,工作介质就可以沿图示箭头方向进入和流出截止阀,这就是接通;反之,顺时针方向旋转手轮,直至阀盘严密地坐落在阀座上,如图所示的状态,就起到截止工作介质流通的作用。

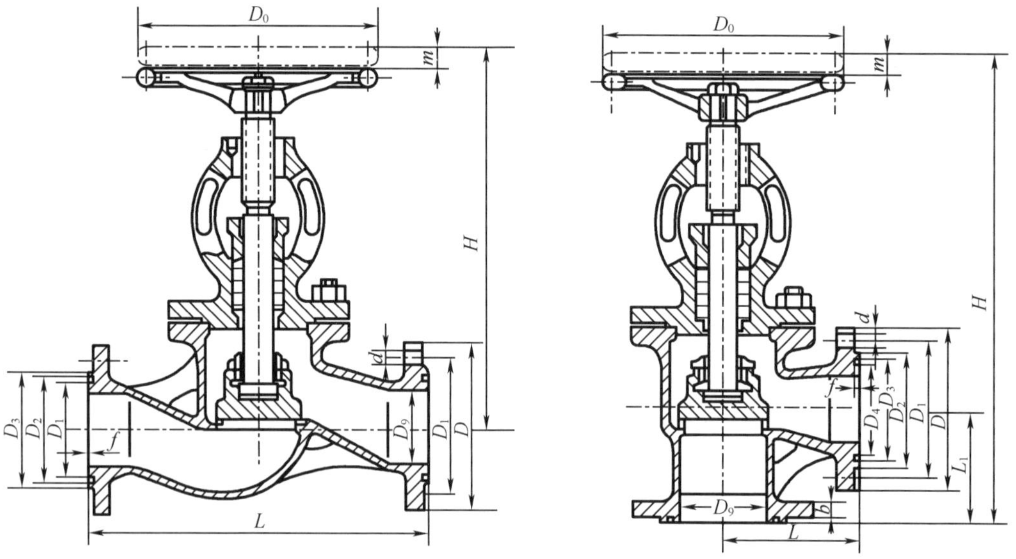

图 5－10　法兰截止阀

选用和安装截止阀应注意如下几点:

①根据不同的工作介质及工况选用合适的材料和连接方式的截止阀(不同的工况包括

工作介质的压力、温度、流量）。

②安装截止阀要严格遵守低进高出的原则，应注意阀体上流通方向的标记。

一般的截止阀要关闭或开启只要直接转动手轮就可以了。而有些截止阀本身安装了一套齿轮传动开启装置，使用这种传动装置开启或关闭阀门的最大优点是能够减轻操纵者的劳动强度，目前，这种阀门仅限于应用在海水系统。

（2）止回阀

止回阀是一种能够控制工作介质只沿着一个方向流动，若工作介质回流（逆流）时，可以自动关闭的阀门，它安装在只允许工作介质单方向流动的管路上。

如图5－11所示是最常用的重力式止回阀，当具有一定压力的工作介质进入止回阀的进口阀腔后，工作介质的作用力就作用在阀盘的下面克服阀盘的重力，迫使阀盘沿着盖上的导向槽上升而离开阀座，此时，止回阀的通道就打开了；而当工作介质回流时，止回阀的进口腔的工作介质压力则为零，阀盘就靠自身的重力回落到阀座上，此时，回流的工作介质的作用力就作用在阀盘的上面，促使阀盘紧密地压在阀座上，止回阀就关闭了，阻止了工作介质的回流。

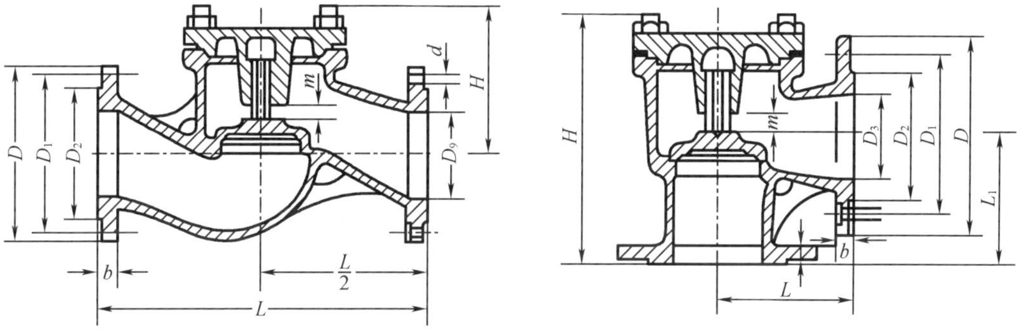

图5－11　重力式止回阀

（3）截止止回阀

截止止回阀是具有截止和阻止工作介质逆向回流双重作用的阀件，或者说它集截止与止回阀各自的优点于一身，又消除了截止阀和止回阀各自存在的缺点，即截止阀不能自动阻止工作介质逆向回流，但是当需要截止工作介质顺向流动时，止回阀是没有这个功能的。

从图5－12可以看出，不论是哪一种截止止回阀的外形结构，都和对应的截止阀是一样的，唯一的不同是，截止阀的阀盘是随阀杆的升降而升降的，而截止止回阀的阀盘并不随着阀杆升降而升降，因为它的阀盘并不固接在阀杆上，而是由带有止动凸肩的阀杆松插在阀盘的导孔中央。

截止止回阀按其工作介质流通形式可分为直通和直角两种，而按其连接方式又可分为螺纹式和法兰式。制造阀体的金属材料有铸铁、铸钢、锻钢和青铜等。

（4）减压阀

减压阀是一种能够将主管路中或压力容器中工作介质的初始压力降低到适合低压系统应用的阀门，减压阀的种类有蒸汽减压阀、空气减压阀、滑油减压阀、海水减压阀、淡水减压阀等。由于被减压的工作介质的不同，这些减压阀的结构也有区别，然而它们的工作原理是相似的。图 5 - 13 是蒸汽减压阀的结构原理图。

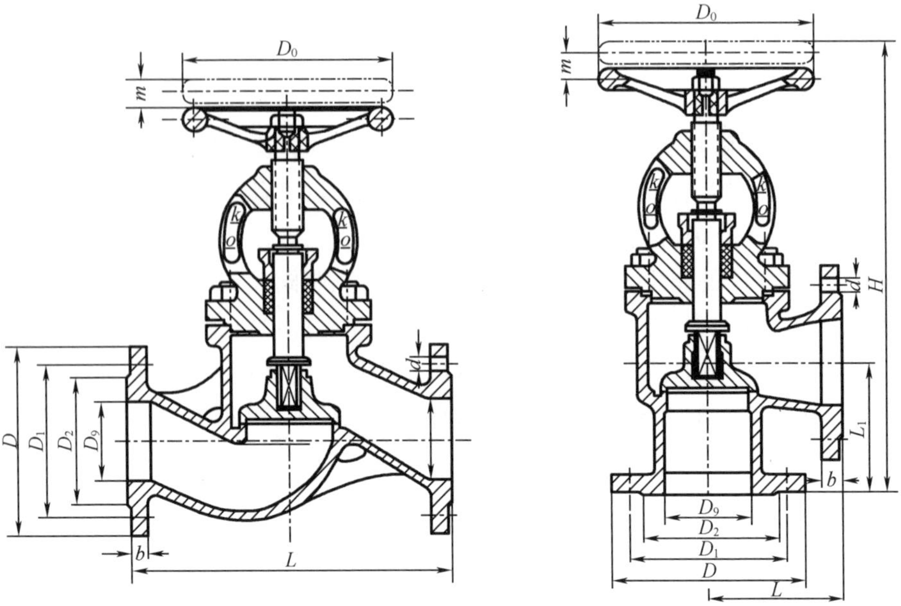

图 5 - 12　法兰截止止回阀

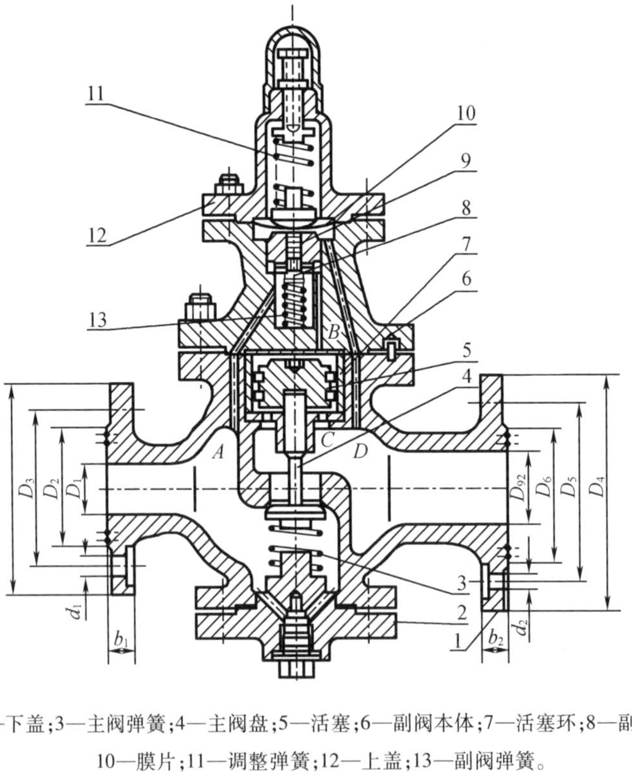

1—主阀阀体；2—下盖；3—主阀弹簧；4—主阀盘；5—活塞；6—副阀本体；7—活塞环；8—副阀盘；9—副阀座；10—膜片；11—调整弹簧；12—上盖；13—副阀弹簧。

图 5 - 13　蒸汽减压阀

(5)闸阀

闸阀又称为闸板阀,是一种使用范围较广的截止阀,因其阀头是带有锥度的圆板,故称之为闸阀或闸门,它只能是直通式,且无节流作用。图 5－14 是闸阀的结构原理图。

闸阀与截止阀相比有如下优点:外形尺寸小,法兰间的装配长度短,介质的流动阻力小,阀门安装不受方向限制,但是闸阀中的闸板与阀座间的密封面制造复杂,且易磨损,因此不能承受较高的压力。

制造闸阀的材料有铸铁、铸钢、铸铜等,它适用于要求流阻较小而介质压力不大的场合,以及大口径的管路上,如海水、淡水、燃油及滑油等管路上。

(6)安全阀

安全阀用于锅炉、压力容器等设备和管路上,当介质的工作压力超过规定数值时,它可以自动排除超压介质,当介质的压力降到一定的数值时,安全阀将自动关闭。图 5－15 是压缩空气安全阀的结构原理图。

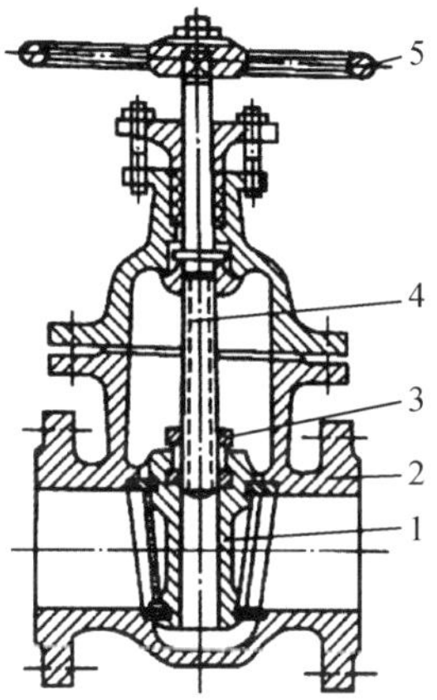

1—闸板;2—阀体;3—止动凸肩;
4—闸杆;5—手轮。

图 5－14　闸阀

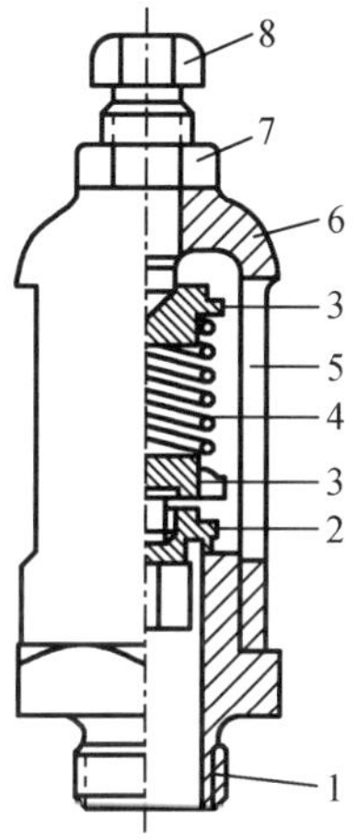

1—接座;2—阀盘;3—弹簧座;4—弹簧;
5—通道;6—阀体;7—锁紧螺母;8—调整螺栓。

图 5－15　压缩空气安全阀

(7)阀箱

阀箱就是将两个或两个以上的截止阀或截止止回阀的阀体整体铸成一个组合体。阀箱优点是便于集中管理,操纵方便,相对占用空间小。阀箱目前仅限于应用在海水、淡水、燃油系统。

由于管系性质和连接方式的不同,阀箱有各种形式,在阀箱本体内可以包括几个截止阀、止回阀或截止止回阀,可以制成单排、双排或三排的形式。按用途不同,阀箱可以分为三大类:吸入阀箱、排出阀箱、调驳阀箱。图 5－16 是常见法兰式单排排出截止阀箱。

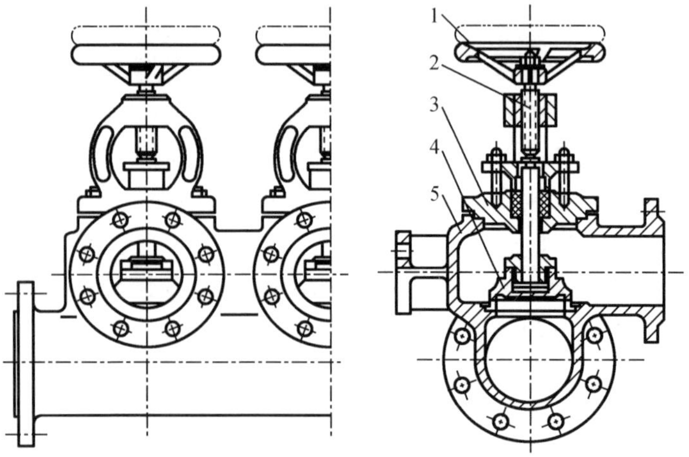

1—手轮;2—阀杆;3—阀盖;4—阀盘;5—阀体。

图 5-16 常见法兰式单排排出截止阀箱

(8)压力表阀

压力表阀是一种专用于控制和连接压力表的阀门。它的主要功能有:一是由于压力表是易损件,当需要更换或维修压力表时,在卸下压力表前将压力表阀关闭可避免工作介质的外泄;二是当工作介质是液体时,压力表管中往往积存着空气,而这部分空气可以使压力表不能稳定准确地指示工作介质的压力,压力表阀可将这部分空气排出,从而保证压力表正常工作。图 5-17 是常用的压力表阀,一般用于公称压力 PN≤4.0 MPa,工作介质为海水、淡水、燃油、滑油、空气和温度 t≤250 ℃的蒸汽。制造压力表阀的金属材料为 ZHSI80-3 铸锡黄铜。

3. 观察附件

为了检查和测量系统中的机械和设备的压力、温度、液位等,以便随时了解和判别系统工作情况,并进行必要地调整或采取措施,必须设置各种检查和测量附件,其中常用的有压力表、温度计、液位指示器和液流观察器等。

(1)压力表

压力表用来测量系统中的容器或管路内的流体压力,压力表根据其测压的工作原理可分为:弹簧管式压力表、机械电气式压力表及液柱式压力表等。弹簧管式压力表因其结构简单,工作可靠,使用方便,测量范围广且读数直接,在船舶上得到了广泛的应用。图 5-18 是常用的压力表。

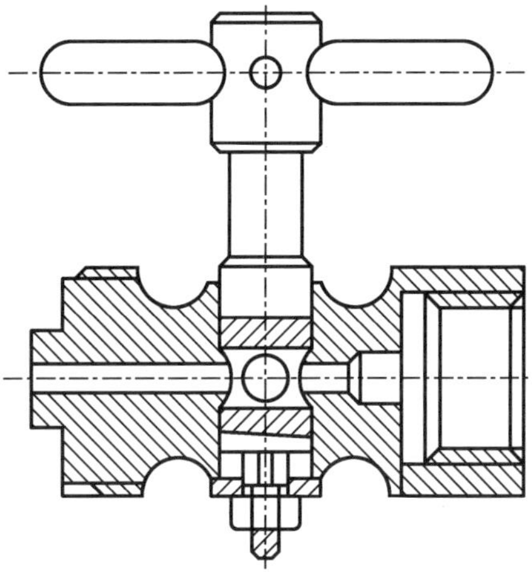

图 5－17　压力表阀

图 5－18　压力表

(2)温度计

温度计是用来测量工作介质温度的附件。常用的温度计有玻璃水银(或有机液体)温度计和压力式指示温度计两种。图 5－19 是常用的温度表。

(3)液位计

液位计常被安装于锅炉、液体箱柜等容器上,用以指示该容器内液体的液位。液位表一般应安装在便于观察和有照明的位置,且要保证上下垂直。图 5－20 是常用的液位计。

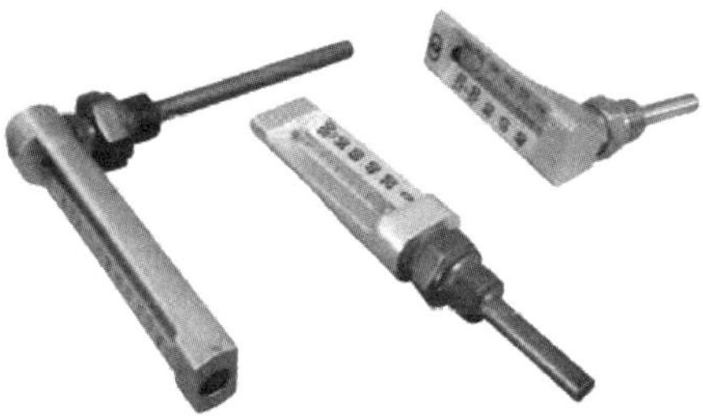

图 5－19　温度计

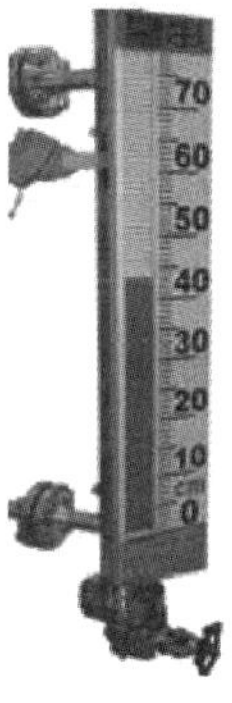

图 5－20　液位计

(4)滤器

滤器的作用是过滤介质中的各种杂质,以保证系统中的机械和设备正常工作。根据工作介质的不同,滤器可分为海水滤器、油滤器和空气滤器等。图 5－21 是常用滤器。

海水滤器主要用在海水泵的吸入管路上,以防止海水中的杂质进入泵内。海水滤器必须直立安装在便于清洗和检查之处。油滤器用来过滤滑油、燃油中的杂质,以保证主机的燃烧和润滑质量或其他动力机械的正常运行。空气滤器的作用是滤出压缩空气中的杂质,以保证系统的正常工作。

随着动力机械的发展,对润滑设备提出了更高的要求,如果频繁打开滤器,灰尘杂质容易进入，影响滤器使用的可靠性，又增加了管理人员的劳动强度。与普通滤器相比，滑油自清滤器更显优势，其主要优点是工作可靠，性能稳定，自动冲洗，使用维修方便，而且在清洗排污过程中，滤器仍能正常工作。

(a)海水滤器(泥箱)　　(b)油滤器　　(c)空气滤器

图 5－21　常用滤器

(5)热交换器

热交换器是将热量从一种流体传递给另一种流体的传热设备。根据其用途可分为加热器(用蒸汽加热燃油，饮水等)和冷却器(用海水冷却淡水、滑油、空气、蒸汽等)两种；根据其结构形式，常用的有盘管式、套管式、壳管式、板式等，同一种形式的热交换器往往既可作为加热器也可作为冷却器使用。图 5－22 是常用的热交换器。

图 5－22　热交换器

(6)垫片

垫片按其用途可分为两大类，一类是用于管路连接的起密封作用的密封垫片，它的功能是防止工作介质的泄漏，保证管路的正常工作。另一类是管路与支架(吊架)之间的衬垫片，其功能是防止管子与支架的接触腐蚀；防止支架对管子的摩擦损伤；降低管子与支架之间的热传导，降低热损耗；降低声波的传递。图 5－23 是常用的垫片。

图 5－23　垫片

(7)支架

管子的支架又称为吊架和卡子。为管子安装支架的目的是防止由于管路温度的变化、船体的变形、机械设备的振动而引起的管路的损坏及管路连接部位的密封性的损坏。支架的种类按其结构分类有刚性支架、弹簧支架及导向支架等。刚性支架是应用最为普遍的一种,弹簧支架和导向支架一般只用于公称通径较大的主蒸汽管路和柴油机排气管的支撑。支架的安装方式有支撑型、悬臂梁型和吊挂型,支架采用何种安装方式,主要根据管路的安装位置而定,并要保证有足够的强度。图 5－24 是常用支架的安装形式。

安装支架应注意下列问题:

①布置支架时,其距离可根据具体情况适当加长或缩短。

②支架要尽量靠近管子的法兰或螺纹接头处安装,且要均布。

③对弯曲的管子,可根据其刚性的情况适当增加支架。

④对附件应适当考虑加以固定。

⑤油船甲板上、泵舱、油舱内的吊架应加接地线。

⑥支架一般应尽量避免焊在船体外板上,如无法避免,要在支架的底脚上加一块圆形垫板。

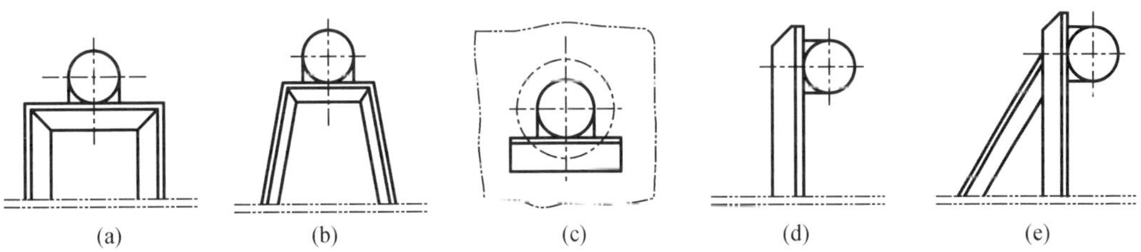

图 5－24　常用支架的安装形式

第二节　管加工流程与工艺

为了保证管子制作和安装精度的质量必须对管子进行选料、下料、划线、弯曲、切割、校正、焊接、强度试验、清洗、安装、油漆、密封试验等工作。船舶管系的加工过程如图 5－25 所示。

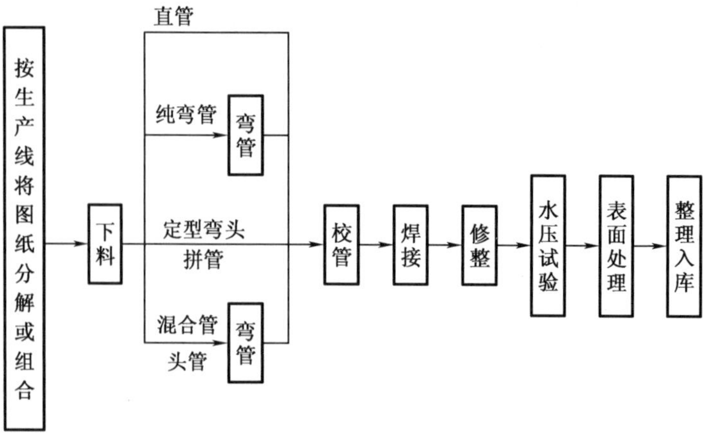

图 5-25　船舶管系的加工过程

一、备料

1. 确定材料需求

根据管子加工托盘表，统计出相应的管子和连接附件（法兰、套管、标准弯头、异径接头、管座等）的规格和数量，由领料人员到相应仓库领料。

2. 材料的质量控制

(1) 检查质量

①无缝钢管的内、外表面应无裂缝、折叠、分层、结疤、错位、扎折、发纹等缺陷存在，如有上述缺陷则应清除，且被清除部位的壁厚应不小于设计规定的最小壁厚。

②焊接钢管的内、外表面不允许存在裂缝、结疤、错位、毛刺、烧伤、压痕和深的划道等缺陷。但允许存在深度不超过厚壁允许偏差范围的小压痕、轻微的错位、辊印线、薄的氧化铁皮，以及打磨与清除毛刺的痕迹等缺陷。

③紫铜管的内外表面应光滑、清洁，不应有裂缝、起皮、夹杂、凹坑、分层等缺陷，但局部的、轻微的划伤、斑点、拉痕和轧痕可允许存在。

④铝黄铜管、铜镍铁合金管，管子表面应光滑、清洁，不应有针孔、裂缝、气泡、分层和绿锈等缺陷存在。

(2) 修补表面缺陷

①钢管表面的缺陷，如修整后管壁厚度不小于所规定的最小厚度时，允许用机械方法进行打磨，然后光滑过渡至钢管表面。

②当拟用焊补修补钢管表面的小缺陷时，应将补焊工艺规程，包括预热和焊后热处理等资料提交船级社审核。修补区域应进行磁粉检测，奥氏钢管在完成补焊、热处理和打磨后，应进行着色检测。

③紫铜管、铝黄铜管、铜镍铁合金管表面缺陷不允许用焊修的方法修复，但可以用打磨的方法予以消除，经打磨的部位与管子的表面应平滑过渡，且不允许超出允许的尺寸公差。

(3)材质报告和证书

管子都须具有材质报告和炉批号证书，Ⅰ级、Ⅱ级管还应有船级社证书，法兰、标准号头、异径接头等都须具有合格证书。

3. 材料管理

①在船级社认可的Ⅰ级、Ⅱ级钢管端头，分别涂上相应色标。

②管子和附件按管子切割日、生产线分开，放于各生产线相应位置，并做好切割日标志。

③有特殊用途的专用管子单独存放，并做好特殊用途标志，采取必要的保护措施。

二、管子下料

1. 划线

按零件图或者切割计划表上的管子长度进行划线，并在管子上写上工程编号、托盘连续号、切割日、加工托盘序号等记号。切割线可用细石笔划出，在需要划出较长切割线时，可用靠板划线以保证切割线与管子轴线垂直，划线靠板示意图如图 5－26 所示。对于有色标的管子，划线从无色标端起始，以便保留余料色标。

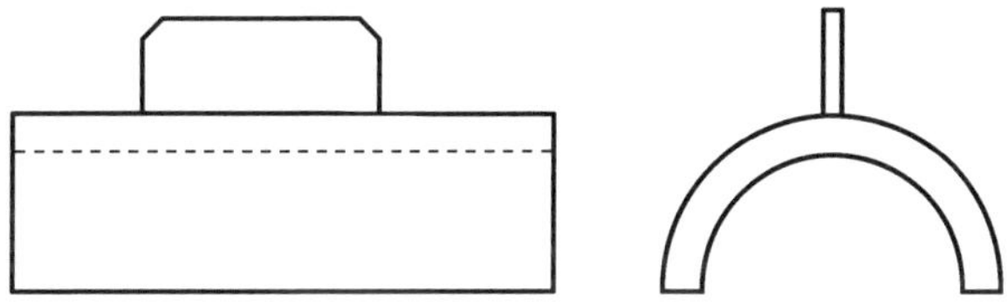

图 5－26　划线靠板示意图

2. 管子切割方法

①钢管：DN≤100 mm 的钢管用砂轮机、锯床切割。DN＞100 mm 的钢管用火焰（氧乙炔、氧丙烯）切割机切割。

②紫铜管：用手锯切割。

③不锈钢管、铝黄铜管、铜镍铁合金管：用手锯、机械割管机或等离子切割机切割。

3. 下料工艺

(1)使用砂轮切割机的流程

①将管子切割线和砂轮片对准，固定好管子。

②接通电动机电源，当转速充分稳定后，开始进行切割。

③切割精度：±1.5 mm。

④用砂轮对管子端部进行打磨，去除切割端毛刺，并在装焊法兰处的管子外部进行打磨除锈，长度不小于 50 mm。

(2)使用火焰切割机的流程

①移动切割机，火口到切割线为止。

②将火口下降到离管子表面 10～15 mm 距离，确定火口位置。

③打开燃气、氧气开关,点火,调整火焰。

④预热后,打开高压氧气开关,开始切割,接通旋转用的电动机电源,使管子转动,边调整切割速度,边进行切割。

⑤对于厚度大于6 mm的钢管与标准弯头、异径接头对接的端口,割嘴须与管子端部呈30°夹角,使钢管切割的同时开好坡口。

⑥切割精度: ±1.5 mm。

⑦用砂轮对管子端部进行打磨,去除切割端毛刺和焊接区的铁锈,除锈长度法兰端为50 mm,对接端为30 mm。

(3)使用锯床的流程

①将管子的切割位置对准锯刃,固定管子。

②调整切割速度,对管子进行切割。

③切割精度: ±1.5 mm。

(4)使用手锯的流程

①固定管子。

②将手锯锯条对准切割线,进行切割。在切割过程中,锯条与管子轴线保持垂直。

③对于口径较大的管子,在管子部分圆周切割后,转动管子再进行另一部分圆周切割,直至全部完成,此时管子切割线应为整个圆周。

④切割精度: ±1.5 mm。

⑤用锉刀锉去切割端的毛刺。

三、弯管的方法

1. 冷弯和热弯

弯管的方法主要分为冷弯和热弯两种。冷弯是在常温下用弯管机直接弯管,热弯则是将管子的弯曲部分加热到一定温度后,再用机械(弯管机)或是手工进行弯管。弯制工艺的选择主要取决于管材特性、弯制功率、弯曲半径、工厂设备条件等因素,原则上小直径管子采用冷弯为宜,而较大直径的管子,多数采用热弯工艺。例如镀铸钢管适宜冷弯,因其在热弯时,表面镀层要脱落,须重新镀层,而塑料管只宜热弯,因其冷态下无法弯曲。

冷弯和热弯各有其优缺点:冷弯需要消耗更多的弯曲功率,金属会产生加工硬化,且回弹和残余应力都比热弯大,而且冷弯不能弯制曲率半径很小的急转弯头。但是冷弯不会破坏金属原来的性质,冷弯后可以不用清洗和除去氧化皮,并且不会发生热变形。

热弯具有冷弯不能比拟的适应性。例如,在一根管子上两相邻弯头之间直线距离可留得很小,甚至能不留直管段间隔进行连续弯曲,能将冷延性很差的材料加工成弯头,能加工冷弯时须花费较大机械能的弯头,并能将冷弯时管子易破裂的脆性材料弯曲成型。热弯可以在管子上弯成小半径弯头。对于碳素钢管和大多数的合金钢管,热弯的弯曲半径要比冷弯小得多,弯曲半径可小到管子外径的0.7~1.5倍。热弯尚存在如下缺点:设备复杂、加工成本高、生产效率低和表面光洁度差。对于铜管来说采用冷弯工艺,免除了高温加热,根除了产生“氢病”的可能性。

由于以上原因在船用弯管技术条件中明确规定:各种管子在可能情况下,应尽量采用冷弯，仅在如下情况下，才允许采用热弯。

①管子弯曲半径小于冷弯所规定的弯曲半径，或小于现有模子的弯曲半径。

②管子形状复杂或弯头间无直线管段，不能在弯管机上固紧。

③管壁过薄，冷弯后容易产生较大瘪陷和折皱。

④直径较大或不常用管子，目前尚无该种模子。

⑤管壁太厚无法冷弯时。

2. HDR 不锈钢管的热校

HDR 不锈钢管热校温度应保持在 950 ~ 1 050 ℃，终校时温度不得低于 950 ℃。HDR 不锈钢管的热校时间不宜过长，同一部位热校角度不宜过大。同一个弯角热弯次数一般不大于三次，尤其应避免在同一部位反复热校，热校后的管子可进行水冷或空冷。

3. 特种管材管件的弯制

各种管材在机械冷弯时工艺大致一样，只是在弯曲时要灵活掌握加紧度，注意弯曲中的椭圆度，避免滑动和断裂现象出现。

①铝黄铜管在机械冷弯中，因管壁较薄，表面光滑，加紧时易瘪，不加紧时易滑动，因此在夹具与管壁之间要衬垫破布防止滑动，弯曲时要选用较大半径的弯管盘，弯曲后要进行修复椭圆度的工作。

②铝管包括熟铝管和生铝管，熟铝管较软，易于弯曲；生铝管较硬，弯曲时易断裂，因此生铝管在弯曲前须低温退火方能进行弯制。

③合金钢管在热弯时，要注意加热温度和弯制用力均匀，同时严禁喷水冷却，必须风冷。

④大口径的厚壁紫铜管，在中频弯管机上进行弯曲，由于退火后变软，弯前必须灌砂，弯后消除折皱。

4. 特别形状管件的弯制

特别形状的管件绝大部分是用人工手弯。手工弯管通常用于弯管机上不能弯制的形状特别的管件，手工弯管因管径的大小与壁厚或弯曲半径的大小不同可分为手工冷弯和手工热弯两种。手工冷弯通常只弯管径小且管材软的管件，手工热弯可弯制各种形状的管件。管壁厚度在 4 mm 以上且弯曲半径大的管件可不灌砂弯制，否则必须灌砂。灌砂时要敲紧木塞，所用灌砂应是专用砂子，并要均匀干燥、不含有杂质。

四、管子弯曲的技术要求

确定管子弯曲质量的主要技术指标是：椭圆度、截面收缩率、外侧减薄率、内侧增厚皱折以及弯曲形状和表面质量等。管子弯曲质量同采用的弯制工艺、管子材料和尺寸参数以及弯曲半径等有关。

①管子弯曲半径一般采用 2 ~ 3 倍管子外径，只有在个别情况下才允许小于 2 倍，但不得小于 1.5 倍。

②外径大于 120 mm 的碳素钢蒸汽管和任何直径的合金钢管，冷弯后应进行不低于 600 ℃的高温退火，保温不少于 40 min，退火后先在炉中冷却，温度降至 500 ℃以下时，可在空气中冷却。

③弯曲后的弯曲角 α - 旋转角 ψ 之公差均为 ±0.50°，管段长度 L 的公差为 ±7 mm。

④管子弯曲以后的变形要求如下。

a. 管子弯曲时，受弯曲力的作用，使其截面变为椭圆。这样就加大了流体的压头损失，因此其圆度应符合表 5－7 的规定。

表 5－7　弯管时允许的圆度百分率

弯曲半径 R	$R \leqslant 2D_w$	$2D_w < R \leqslant 3D_w$	$3D_w < R \leqslant 4D_w$	$R > 4D_w$
圆度/%	≤12	≤10	≤8	≤6

圆度就是管子弯曲后截面处的最大长轴尺寸和最小短轴尺寸之差和管子实际外径的比值，取其百分率：

$$T = \frac{A - B}{D_w} \times 100\% \tag{5-1}$$

式中　T——圆度，%；

A——弯曲处截面最大外径，mm；

B——弯曲处截面最小外径，mm；

D_w——管子实际外径，mm。

圆度可用钢球通过管子的方法进行测量。钢球的最小直径不得小于管子内径的 90%。

b. 管子弯曲时，由于弯曲部分金属强度的影响而产生了截面的收缩，这样就减小了管子的有效截面，增加了管内的流动阻力。因此规定：

管子弯曲后截面的收缩率不得小于 95%。

截面收缩率即为截面处的平均直径与管子实际外径的比值，取其百分率：

$$Q = \frac{A + B}{2D_w} \times 100\% \tag{5-2}$$

式中　Q——截面收缩率，%；

A、B、D_w——同式(5－1)中含义。

c. 管子弯曲时，外侧管壁由于受拉伸伸长而减薄，这样就降低了管子的承压强度，在承受高压的情况下，容易发生胀裂。因此减薄率应符合表 5－8 的规定。

表 5－8　弯管时管壁的允许减薄率

弯曲半径 R	$R \leqslant 2D_w$	$2D_w < R \leqslant 3D_w$	$3D_w < R \leqslant 4D_w$	$R > 4D_w$
管壁减薄率/%	≤25	≤20	≤15	≤10

其值可按下列公式计算：

$$W = \frac{\delta - \delta_0}{\delta} \times 100\% \tag{5-3}$$

式中　W——管子外侧减薄率，%；

δ——管子弯曲前壁厚，mm；

δ_0——管子弯曲后壁厚，mm；

其中，δ_0 可由下式进行计算：

$$\delta_0 = \frac{2R\delta + D_w}{2(R + D)} \tag{5-4}$$

式中　R——弯曲半径，mm；

D_w——同式(5-1)中含义。

d. 管子弯曲时，内侧壁受挤压而增厚，由于金属材料的可塑性较差，挤压力不仅使其产生压缩变形，而且在很大程度上使其产生折皱变形。

管壁的折皱减小了管子的流通截面，增大了流动阻力系数，破坏了金属组织的稳定性，容易产生腐蚀现象。因此规定：

外径≤Φ50 mm 的管子，不允许有折皱。

外径>Φ50 mm 和管子实际外径尺寸大于管壁厚度 20 倍时的管子，允许有均匀折皱存在，但折皱高度不得超过管子外径的 4%，在折皱处不得有目测可见的裂纹。

e. 管壁不应有擦伤沟槽和碰撞形成的明显凹陷。沟槽深度在管壁厚度的 20% ~30% 时沟槽处允许补焊；凹陷深度不超过管子外径的 5% 时，允许使用。管子弯曲处的背部不得有裂纹、结疤、烧伤、折叠、分层等缺陷存在，如有上述缺陷应完全清除，被清除的部位壁厚的减薄应在减薄率的范围内。

五、管子的化学清洗

管子清洗的目的是清除管内的杂质（铁锈、金属屑、砂子、油垢等），以免机件在试车时，因管子内的杂质进入机件，使机件受损，造成重大事故。

对于清洗质量要求较高的管路，一般均采用化学清洗法。用化学方法清洗时，大致上有如下工艺过程：首先将管子放在苛性钠、硫酸钠、磷酸三钠及水玻璃溶液中进行脱脂；已去脂的管子用热水（或冷水）冲洗后再放到盐酸（或硫酸）溶液中进行酸洗；管子在浸蚀以后用流动的冷水冲洗，再放在碳酸钠溶液中中和，然后再一次用流动的热水清洗并用压缩空气吹干为止，并在内表面涂以保养油，管子两端用闷头封好。

由此看来，管件在加工完毕后安装到船上以前应进行化学清洗，以保证管路正常地运行。而且各种管件的化学清洗方法基本相同，但不同管材所用的酸洗液有所不同，并且铜管和不锈钢管清洗后不涂保养油。

管件化学清洗的基本步骤和方法如下。

1. 管件的要求

进行化学清洗管件的成形尺寸应控制在一定范围内，每根管件弯头不得超过三个，以保证清洗干净；管件焊接处不许有漏焊，气孔、焊渣、毛刺在化学清洗前必须清除干净，否则交上道工序返工；制造合格的管子报检后入库，在安装前的一星期内由安装管工领出交送清洗，清洗后在安装过程中应注意保持管内清洁，做到尽快装船。

2. 管件装挂

须清洗的管子逐根缠丝装挂在吊架上，注意避免管件大面积叠合；弯管吊挂时应将弯曲部分向下，保证空气能够逸出，管内壁全部浸到槽液，避免出现死角。

3. 化学除油

除油液加温至沸腾时，应立即停止加热，同时给液面添加少量冷水使液温稍降，防止碱液溢出。除油过程中吹入压缩空气，帮助除油液翻动，以提高除油效果。为保证管内腔除油质量，除油过程中提起吊架1～2次以更换管腔溶液。

4. 化学除油后应进行热水清洗

水温60 ℃以上浸泡3～5 min，然后用流动冷水清洗。

5. 酸洗

将管子全部浸泡于酸洗液中，待锈层松动，用手轻拭铁锈，易掉时取出，为防止过度腐蚀，浸泡时间一般为2 h左右，具体浸泡时间由操作者依管壁锈层情况和气温高低酌情延长或缩短。清洗溶液的游离酸含量在20 g/L以下，或$FeSO_4$浓度高达150 g/L时，溶液应补充酸液或更换新液。

6. 流动冷水冲洗

用压力水冲洗锈层至管壁清洁，风压不小于0.392 MPa。

7. 浸酸

冲洗干净的管子由于受氧化作用很快产生浮锈，须浸入酸中3～10 s以去浮锈。然后用流动冷水清洗。

8. 中和

浸入5～10 g/L的碳酸钠溶液中进行中和处理，然后再用流动冷水清洗。

9. 钝化

经漂洗后的管件应立即浸泡于钝化液中处理，然后用无油、无水的压缩空气将管子逐根吹干。

10. 检验与保养

自检管内外清洗质量后向检验员报检。检验的管件质量内容主要包括：溶液配方及工艺符合要求；外表面氧化皮是否除尽，不允许有渍污、脏物、砂粒和锈斑存在；钢管外观呈现金属本色，铜管外呈红铜光泽（允许因钝化膜或管材材质不同引起的色泽差异）；内表面用手电筒检查，管壁呈金属原来色泽，无氧化皮或锈斑（允许少量粉末状锈蚀残留物存在）；清洗后管子内外表面不允许有酸碱存在，可用石蕊纸抽查部分管件，若发现有酸碱残液存在，则必须重新中和及清洗。检验合格的管件按要求进行保养，钢管油管内壁应涂13#锭子油保养；管端凡开口处均用特制的塑料闷盖或相应的封盖封口，包封必须牢固，必要时加入铅封；钢管管子外壁涂刷防锈底漆；铜管可根据管件不同用途，外壁涂刷油漆；然后放置于清洁干燥的地方妥善保管，如无良好的存放场地，清洗后尽快上船安装。

六、管子的表面处理

管子的内部处理结束之后，还有表面处理，一般不锈钢钢管表面都采用镀锌处理，锌是一种化学性质很活泼的金属，既溶于碱也溶于酸。干燥的锌几乎不起变化，但在含有二氧化碳的潮湿空气或水中较易氧化，氧化后，其表面会生成一层碱性碳酸锌和一层致密的白色氧化物，这种表面生成物具有保护性。

钢（铁）管镀锌后，由于锌的电位较铁低，所以镀锌层对钢管来说就是阴极。在锌层和钢管之间形成了锌－铁微电池。在水、蒸汽、二氧化碳等介质中，锌逐渐地放出电子而氧化，这样就防止了铁的氧化，使钢管少受或不受腐蚀，从而延长了钢管的寿命。因此，镀锌工艺在船舶管路上得到广泛的使用。

电镀原理是将经过除油、除锈等清洁工作后的被镀零件（管子）与直流电源的负极接通后，放入盛满电解液的电镀槽内，槽内还放置着与直流电源正极连接的高纯度（99.9%）的锌板。接通电源后，经过一定时间的电化学反应，就能在管子的外表面得到一层（30～40 μm）锌镀层。如果管子的内表面也需要镀锌，则要在管子的内表面添加辅助正极。辅助正极用锌丝绞成，外面用草绳或塑料袋环周包扎，包扎不可过紧或过松，过紧会阻止锌的散发，过松则可能发生短路。

目前，在造船工业的管系镀锌中，大部仍采用氰化电解液，因为这种电解液可以镀上均匀的锌镀层。

第三节　管系安装工艺

一、管系安装对象

管系安装对象包括：

①管子，包括预先制作好的管子、自制的管子、多芯管、仪表管等；

②附件，包括阀件、滤器、膨胀接头、吸入口、落水口、盲法兰、压力表等；

③支架；

④卫生设备等。

二、管系安装的方法

实施管系放样工艺后，管系的安装方法有三种：

1. 单个管系安装法（现场安装法）

它是船舶下水之后，机械设备安装完毕，根据管系安装图逐个管系逐根安装管子的一种方法。显然这种方法只能在现场进行，工作效率还是比较低的。特别在管系密集程度高的机舱中，全面开展安装工作，加上其他工种的同时施工，不免带来相互干扰和不安全因素；安装甲板下方和舱壁上的管子还需要相应的辅助工具（如脚手架、起吊等）。

2. 分段预装法

分段预装法是在建造船体分段的同时安装管系的一种方法，通过各分段的管子，在放样图上已标明了它们的安装位置，在建造分段时就可以安装通过该分段的所有管子。

这种安装方法，对于安装在甲板下方和舱壁上的管子特别有利，实现了将空中作业改为平面作业。这样既减轻了劳动强度，又减少了工作的危险性，更重要的是提高了工作效率和保证了安装质量。但采用分段预装的同时，给船体装配增加了一定的工作量，增加了起重设备的负荷。

分段预装法一般适用于甲板、机舱内各层平台、船体舷侧、双层底内及船体隧道内管子的安装。

3. 单元组装法

单元组装法也可以称为内场安装法。这种方法适宜用于机械设备和管系密集程度高的舱室中。按照机械设备和管系的功能划分成若干个独立的单元(功能性单元、合性单元和管子单元),或者按舱室内的布置划分成若干块,进行单元组装设计,绘制单元安装图。将单元或内场有关的机械设备、阀件、管路、电气设备和仪表安装在一个支架或底座上,经过检验和油漆,运往现场拼装合拢。这种安装方法总称为单元组装法,当然,单元中辅助机械设备和管路的安装工作与一般安装并无差别。

单元组装法摒弃了造船工业中传统的管系安装方法,把原来大量现场安装工作移到内场进行,船内安装工作只是各单元的定位和合拢。单元中包括的机械设备、管系附件等愈多,单元的容量也就愈大,从现场安装移至内场安装的工作量也愈多,它的优越性也愈显著。

三、管系安装步骤

一般步骤:

①领出安装需要的管系安装图、开孔图、零件图、支架图、托盘管理表、合拢管水压验收表等生产设计资料。

②按托盘管理表领取机械设备、基座、管子、支架、管夹、阀件、管附件、支架复板、螺栓、螺母和垫片。

③对与管子安装有关的机械设备、基座,与轮机方面联系领出。

④带好必备工具和用品:扳手、榔头、锉刀、凿子、卷尺、直尺、线锤、粉线袋、风磨轮、割刀、电焊龙头等工具和砂纸、石笔、电焊条、富锌底漆和面漆等用品。

⑤拆开管子、阀件封口,检查内部质量。有未磨尽的飞溅、焊渣应去除。对镀锌层缺陷予以修补,喷富锌底漆和面漆。对液压、主机滑油等清洁度要求高的系统,由质管员认可。

⑥需要现场开孔时,按开孔图在分段上划出开孔线。对于主甲板、内底板、外板、油水舱柜上的管孔经技术员校对认可。

⑦开孔并打磨。

⑧按安装图中的管子安装尺寸,在船体板上用粉线袋弹出安装尺寸线,并在相应的支架上划出管子中心线,根据安装尺寸线,借助于线垂,用拉线的方法定出支架位置,如图 5-27 和图 5-28 所示。对于多联支架,以支架中安装最大管子的中心线为准。

⑨支架定位焊,位于基准位置的支架及须承受重负荷的支架先焊接,其余支架待管子安装后再焊接。

⑩贯通件安装并焊接。对于类似落水管之类的管子,主管上有多个支管,而且支管与贯通件相接,则只能先定位一个贯通件。

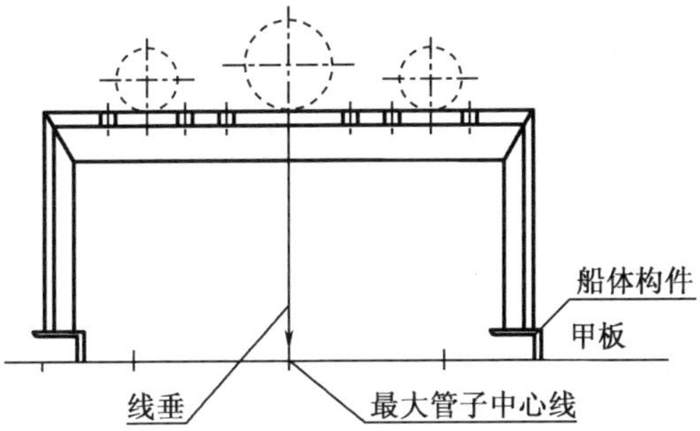

图 5－27　用线垂定位支架

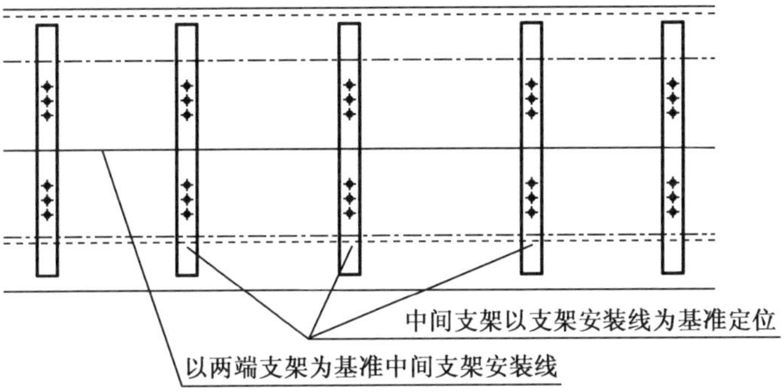

图 5－28　用拉线的方法定位支架

⑪管子安装。安装应根据管路布置情况,研究确定安装管子的先后顺序,其原则是先找到便于安装作业顺利进行的基准,按先大后小,先下后上,先里后外,先主管后支管,先支管多后支管少的方法进行。还要考虑管子安装后是否会影响作业人员的进出和后续管子的安装、管子制作误差的影响等,合理地确定安装顺序。

⑫支架焊接。焊接前,对支架下方的设备用三防布遮盖。对艉轴管内巴氏合金衬套,须用三防布加铁皮遮盖。

⑬校托盘内部调整管(与调整管相连的管子均为托盘内已安装的管子),并将调整管制造、安装结束。

⑭按托盘管理表带运管子,带运位置应安全、可靠,尽量不影响下道工作,如打磨、除砂、涂装等,且带运位置与实际安装位置之间无间隔的结构,最好带运在要连接的管子上,如图 5－29 所示。

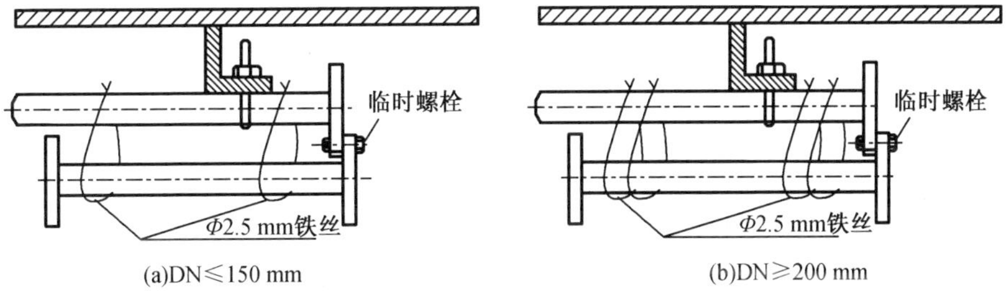

图 5－29　管子带运参考方法

⑮对影响分段涂装的吸口、测量管端部等安装完成后拆下，带运或取出保管。

⑯管子端部封口。末端管子安装时不应拆除封口，应检查封口的情况，如有问题，按下列要求检查和处理，对于液压管、主机滑油管、特涂管的法兰，用钢质盲法兰加装垫片，用螺栓螺母紧固，其他系统用塑料盖加胶带、铁皮加胶带等方式封口，对于非冲砂的分段，也可用塑料胶带粘贴。对设备、不锈钢膨胀接头等用三防布包覆，艉轴壳内的滑油管接口须用钢板点焊封住。

⑰对于用套管连接的焊缝(包括在管子分厂焊接的焊缝)用胶带粘贴，避免喷上油漆。

⑱对伸出分段边界，会影响吊运、搭载的管子进行移位或拆下带运。

⑲自检互检安装质量。

⑳回收多余物品，扫清场地垃圾。

四、管系安装检验和附件安装

船舶管系安装必须按工艺阶段的要求先后进行分段预装、总段安装和船上安装。

1. 管子安装检验

管子在船上安装时，必须严格地按照下列工艺原则进行。这些原则也是管路系统检验的重点。

①凡要穿过船体结构，如横梁、肋骨、肘板、纵桁、内底板、液舱箱柜及甲板等处时，应严格按开孔图或工艺技术要求规定先划线，经指定的人员复验无误后再开孔，严禁任意开孔。在船体重要构件上开孔，应按要求利用开孔补偿方法进行加强。

②管子穿过水密或气密结构处时，应采用贯通件或座板；穿过非水密平台、甲板或非水密隔墙时，应加装防护罩，并双面焊接。

③淡水管不得通过油舱，油管也不得通过淡水舱，如不可避免时，应在油密隧道或套管内通过。其他管子通过燃油舱时，管壁应加厚，且不得有可拆接头。

④燃油舱柜的溢流管和测量管应避免通过居住舱室，如有困难，则管子不得有可拆接头。

⑤蒸汽管、油管、水管应避免设在配电板上方或其后面，若不可避免时，不得设置可拆接头，并有可靠的保护措施或托盘。

⑥蒸汽管、排气管、热水管应远离电缆。蒸汽管、排气管法兰距电缆的空间距离，平行敷设应不小于100 mm，交叉敷设应不小于50 mm；热水管管壁距电缆应不小于100 mm。特殊情况不能达到以上规定时，应增加隔热层厚度。

⑦油管及油柜应避免设在锅炉、烟道、蒸汽管、排气管及消音器上方，如有困难，应采取有效措施，防止油滴在管子或设备的热表面上。

⑧在货舱、锚链舱、煤舱以及其他易受碰损处的管子，应具有坚固的、便于拆装的防护罩。

⑨各种管路应根据需要，在管子、附件、泵、滤器和其他设备的最低处安装泄放阀。

⑩泵的输出端管路上应安装安全阀。对于油管，由安全阀溢出的油应流回至泵的吸入端或舱柜内。管路中的加热器和压缩空气系统的冷却器也应安装安全阀，安全阀的开启压力，一般不得超过管路的设计压力。压力管路上装有减压阀时，应在其后安装安全阀及压

力表,并应有旁通管路。

⑪所有蒸汽管、排气管和温度较高的管路应包扎绝热材料,绝热层外缘的表面温度一般不能超过 60 ℃,可拆接头及阀件处的绝热材料应便于拆换。

⑫非冷藏装置的管路通过冷藏舱时,应包扎防冻材料,以防冻裂。一般情况下,通过温度为 0 ℃或低于 0 ℃舱室的管子,应与该舱室的钢构件做绝热分隔。

⑬由于船舱环境较差,且立体作业,因此在每根管子安装时都要注意清洁工作,应按管子安装顺序拆除封头再进行安装,以防止异物或污水落入管内,造成不必要的返工。同时,要防止封头漏拆而造成管路不通。

⑭镀锌钢管不准敲击,也不准使用火焰加热、气割和电焊焊接。下列情况可以除外,但必须用环氧富锌底漆或其他等效涂层修补:在船上焊接的套筒接头;在船上焊接的通舱管件的复板;在船上调整定位的管子法兰,以及焊接在镀锌管上的紧固件。

⑮管子安装时应横平、竖直、美观、整齐、固定可靠。

⑯钢法兰管子,其法兰与法兰连接,法兰与机械设备(包括管路附件)接口连接要自然对准,不许用撬杠和夹具等强行对中。管子法兰和螺孔安装偏差应符合表 5 -9 的要求。

表 5 -9　管子法兰和螺孔安装偏差　　单位:mm

序号	项目	简图	偏差范围
1	曲折量	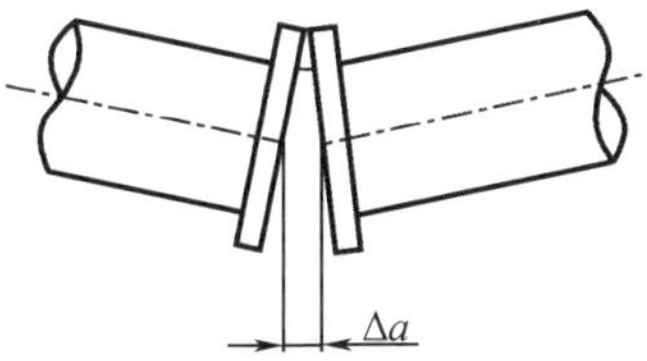	管子通径≤100　$\Delta a<0.5$ 100 < 管子通径≤200 $\Delta a<1$ 管子通径 >200　$\Delta a<1.5$
2	平移量	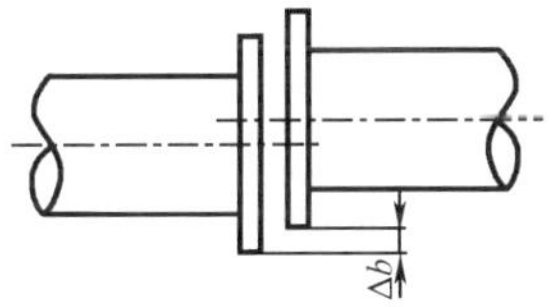	$\Delta b<1.5$
3	法兰螺栓孔的偏差	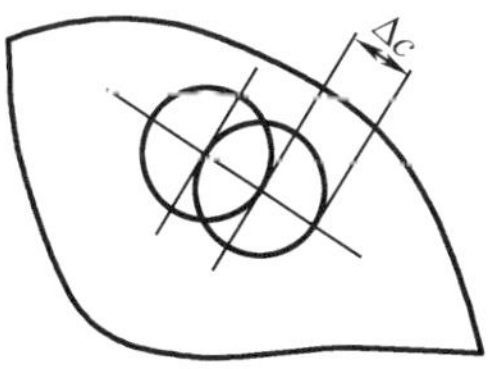	$\Delta c<1$

⑰由于管内运行冷的或热的介质,以及工作环境盛暑寒冬等气温变化的影响,管路安装应考虑热胀冷缩因素。为此,在敷设管路时应有使管路自由伸缩的结构。

2. 管系附件安装

①管系附件安装时必须根据管内的介质流向,确定正确的安装位置。

②安装阀件时应使阀件上的流向箭头与管内介质的流向一致。对直通止回阀、截止止

回阀、防浪阀、电磁阀的安装，应使阀体的进出口保持水平。阀件的手轮位置，应按安装空间的具体情况而定。在花钢板下的阀件手轮应向上，在结构紧凑的地方要考虑手轮的升程是否碰到船体结构或其他管子而影响阀件的开启。

③安装滤器时要考虑滤器内的滤网能否拆出清洗。注意安装方向，滤器脚的固定，滤器上方不能有管子通过。

④吸入口、吸入滤网、止回除污器，应与舱底或柜底保持一定的距离，数值按设计要求而定。

⑤具有轴向伸缩的附件，如伸缩接头、膨胀管节的安装应按制造厂规定的要求进行安装，保证足够的伸缩量。

⑥铭牌安装：船舶交船前管路、附件上的铭牌应安装完毕。

五、管子支架、垫床和色标安装检验

（一）管子支架检验

1. 支架的作用

船舶营运中，因船体振动、变形，以及管内介质温度变化等各种因素，会引起管路的变形和损坏。为了使管路能正常工作，通常把管子安装在支架上，以减少管路的变形和损坏。

2. 支架的结构形式

①根据使用要求，一般可按表 5-10 选用。

表 5-10　支架结构形式　　单位：mm

序号	类别	简图	公称管径	最大高度 H	备注
1	C 型	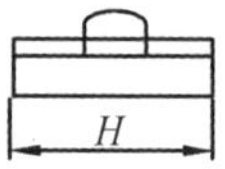	各种直径	（按企业标准选用）	
2	J 型	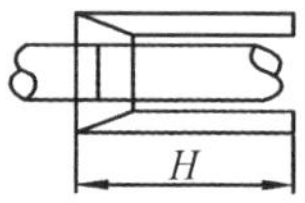	各种直径	400	仅在管子穿过船体部件，而且法兰也要通过的场合使用
3	AU 型	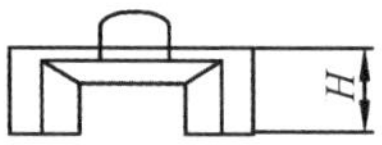	<100	400	
			≥100	600	
4	B 型	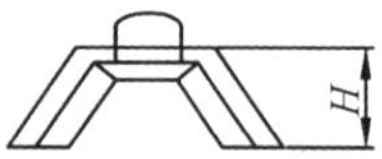	<100	400～1 600	
			≥100	600～2 000	
5	DU 型	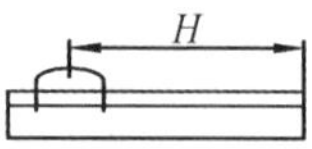	<100	450	
			100～250	400	

表 5－10(续)

序号	类别	简图	公称管径	最大高度 H	备注
6	E 型	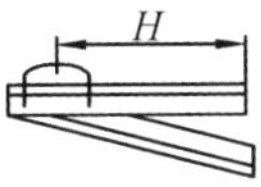	＜100	450～1 000	
			≥100	450～1 000	
7	G 型	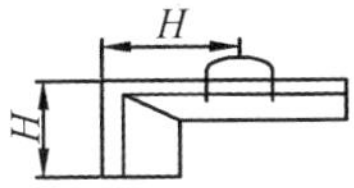	＜90	450	
			100～150	400	
8	F 型	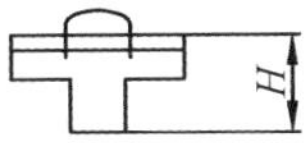	＜100	500	
9	KU 型	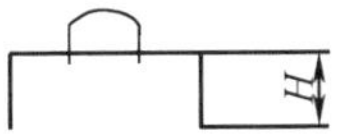	≤90	250	材料为扁钢,用于特殊船舶

②组合支架,如图 5－30 所示。

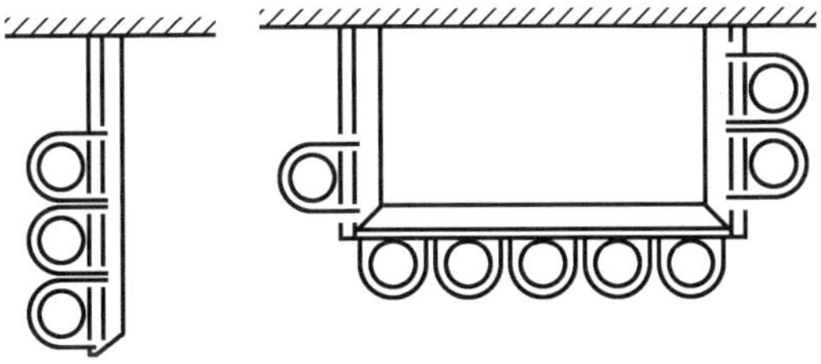

图 5－30　组合支架

③滑动箍或 U 形螺栓支架,一般用于蒸汽管、排气管的伸缩管段,如图 5－31 所示。

④铜管、铝管支架,如图 5－32 所示。

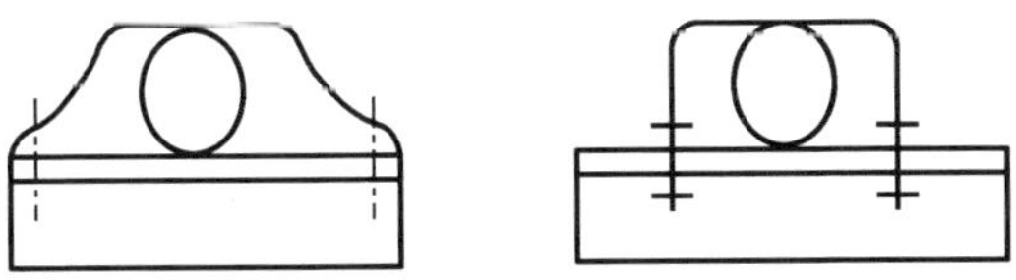

图 5－31　滑动箍和 U 形螺栓支架

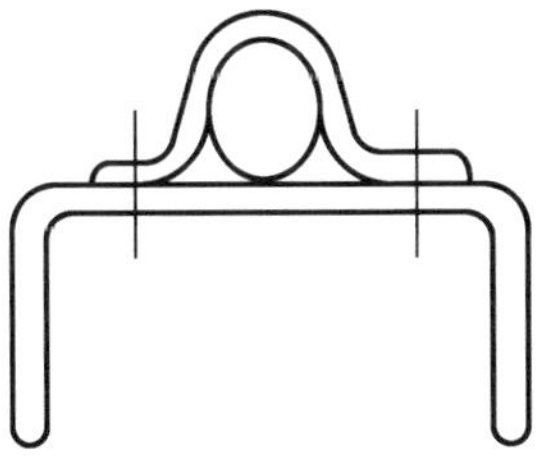

图 5－32　铜管、铝管支架

3. 支架的间距

可参照表 5－11 选用,表中的支架间距 L_1、L_2、L_3 和 L_4 如图 5－33 所示。

表 5-11　支架间距

单位:mm

管子公称直径 DN	直管段支架间距		弯曲管段支架间距					
	钢管	铜管	钢管			铜管		
	L_1	L_1	L_2	L_3	L_4	L_2	L_3	L_4
10	1 000 ~ 1 300	500 ~ 600	300	500	800	100	400	500
15	1 200 ~ 1 500	1 000 ~ 1 200	300	700	1 000	200	800	1 000
20	1 300 ~ 1 700	1 000 ~ 1 200	300	800	1 100	200	800	1 000
25	1 600 ~ 2 000	1 000 ~ 1 200	300	1 000	1 300	200	800	1 000
32	1 800 ~ 2 300	1 000 ~ 1 200	300	1 100	1 400	200	800	1 000
40	2 000 ~ 2 500	1 500 ~ 1 800	350	1 250	1 600	300	1 200	1 500
50	2 200 ~ 2 700	1 500 ~ 1 800	400	1 300	1 700	300	1 200	1 500
65	2 500 ~ 3 100	1 500 ~ 1 800	450	1 450	1 900	300	1 200	1 500
80	2 600 ~ 3 300	1 500 ~ 1 800	500	1 500	2 000	350	1 250	1 600
100	3 000 ~ 3 600	2 500 ~ 2 800	550	1 750	2 300	350	1 250	1 600
125	3 200 ~ 3 800	2 500 ~ 2 800	600	1 900	2 500	400	1 300	1 700
150	3 500 ~ 4 200	2 500 ~ 2 800	700	2 000	2 700	400	1 300	1 700
175	3 700 ~ 4 600		850	2 050	2 900			
200	4 000 ~ 5 000		950	2 150	3 100			
225	4 100 ~ 5 200		1 000	2 200	3 200			
250	4 300 ~ 5 400		1 100	2 300	3 400			
300	4 500 ~ 5 800		1 250	2 450	3 700			
350	5 000 ~ 6 200		1 400	2 500	3 900			

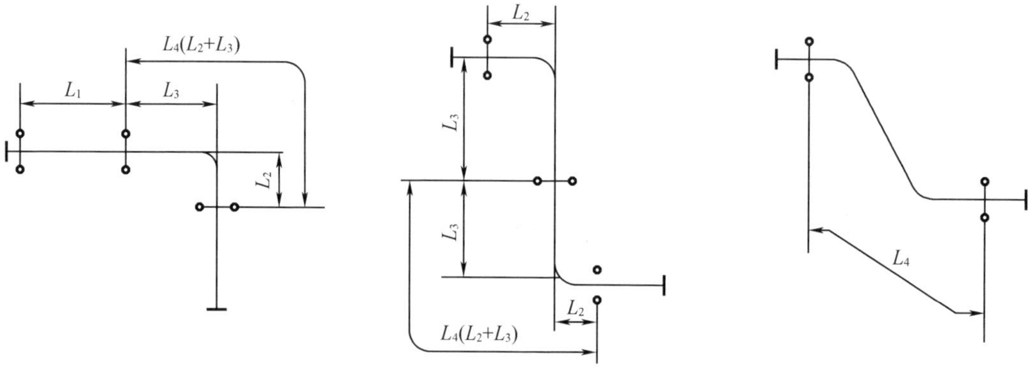

图 5-33　支架间距示意图

4. 支架检验

(1)检验目的

支架主要用作固定管子,检验的目的主要是观察它是否起到固定的作用。这项检验通常与系统密性试验时一起进行。

(2)检验要求

一般可按表5－10和表5－11的要求作为检验依据，如图样有规定的，则按图样进行检验。

(3)检验方法

①焊缝外观用手电筒和放大镜等工具检查，焊缝表面不能有裂纹、气孔、咬口等缺陷。支架底脚应采用双面焊且包角，以防止因振动而脱焊。

②支架间距用钢皮卷尺进行测量，间距要求见表5－11。如图样和工艺文件有规定的，则按规定要求进行判断。

③对支架和衬垫的使用是否恰当进行检验。如燃油、滑油舱柜内的支架一律不准用镀锌支架；冷藏舱、甲板、机舱花铁板以下及其他露天部位的镀锌钢管，必须采用镀锌支架；紫铜管可采用扁铁支架；空调室、冷藏机室的管子可采用木质支架；有色金属管、油舱中管子与支架之间应用青铅衬垫；蒸汽管、排气管和冷温的货物管与支架之间应用绝热材料衬垫。

④完整性检验。支架盖应盖好，紧固螺栓应按要求旋紧，螺纹伸出螺母1～3牙。

(二)管子垫床检验

1. 垫床的选用

垫床的用途主要是管子与管子连接时起到密封作用，应按管内不同的介质选用垫床，具体参见表5－12(如图样有规定的则按规定选用)。

表5－12　垫床材料和适用介质

名称	标准编号	适用介质	工作性能		备注
			温度/℃	压力/MPa	
橡胶石棉板	XB450 (JC125－66)	海水 淡水(食用水除外) 蒸汽	<450	≤5.9	根据系统压力和温度选用
	XB350 (JC125－66)	空气	<350	≤3.9	
	XB200 (JC125－66)	惰性气体	<200	≤1.5	
耐油橡胶石棉板	GB539－65	燃油 润滑油	15～30	≤14.7	
普通橡胶板	HG4－400－66	食用水	≤100	≤0.6	

2. 选用垫床的注意点

①制冷系统中的氨管应选用胶质石棉或铝片垫床，氟代烃类制冷管应选用胶质石棉板或紫铜环，盐水管、海水冷却管应选用橡胶垫床。

②高压蒸汽、压缩空气管可选用尼龙或紫铜垫床。蒸汽管垫床，应在垫床上涂上一层石墨粉和气缸油调合剂。

③液压管应按法兰结构选用 O 形圈。

④CO_2 管应选用紫铜垫床。

⑤消防水管一律不准选用橡胶垫床。

⑥管螺纹接头选用聚四氟乙烯密封带或白漆麻丝。

3. 垫床厚度

垫床厚度可参照表 5－13 选用。

表 5－13　垫床厚度　　单位：mm

公称通径 DN	垫床厚度
<10	1
15～50	1.5
65～200	2
225～300	3
>300	6

4. 检验要求

具体见表 5－12 和表 5－13，如图样有规定，则按图样作为检验依据。

5. 检验方法

用视觉进行外观检验。

(三)管子色标检验

管子涂色标是为了区分管内不同介质和加强管路的管理，一般由车间自检，检验部门抽查。管子色标色别具体见表 5－14。

表 5－14　管子色标色别

系统	工作介质	色别
压缩空气	空气	粉红
润滑油	润滑油、汽缸油	黄
燃油	重柴油、轻柴油	深棕 淡棕
海水	冷却水、压载水、卫星水	绿
消防	消防水	红
舱底	舱底水	黑
淡水	冷却水、热水	淡蓝
淡水	饮水、冷却(冷凝)水	深蓝
蒸汽	蒸汽、排汽凝水	红

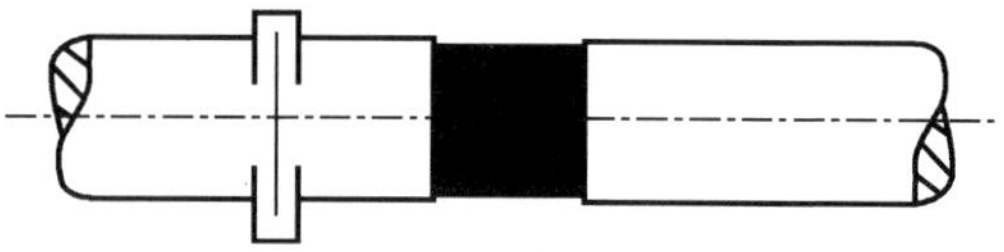

注：1. 所有管系涂乙烯基色漆，区分管系工作介质。

2. 消防箱及消防龙头均涂上红漆。

六、管子安装质量外观检验和密性试验

管子在船上安装后，应进行安装质量外观检验和各管路系统密性试验。

首先，按照报验项目单，按系统进行完整性交验。先有部门负责自验，合格后报品质保障部验收，合格后按规定交船检、船东验收。

验收文件：系统原理图、相关图纸、技术文件及更改通知单。

验收内容：对管路系统的连接、外观、安装正确性、操作位置予以验收。

(一)安装质量外观检验

①按系统施工图检验管路的布置及走向。

②管路结构完整性检验。检验的内容有：管路的支架是否遗留，是否牢固；蒸汽管路的支架是否会妨碍管路的热胀冷缩；支架数量和分布位置是否符合工艺要求(不应有支架漏焊、支架盖漏装等现象)；法兰螺栓是否配置齐全(紧固后的法兰连接螺栓应露出螺母1～3牙，同一接头露出螺母的螺栓的螺纹长度应基本相同)；螺纹接头内外螺纹、高压管接头螺纹是否完好；螺纹接头与平肩接头的密封处是否存在有影响密封的缺陷、垃圾和残渣；在两个管螺纹连接时，管端是否平行，相接两管的中心线是否同轴，以及做强度试验的管子有无试验合格的钢印标记等。

③附件缺损检验。属管路本身的疏通、泄放、防蚀等处的螺塞应安装齐全，压力管路上的真空表、压力表等仪表应完好并有铅封。

④各部件及附件的相互位置是否正确，是否便于操作和维护保养。

⑤管路与管路之间或与船壳板之间的距离是否便于安装和维修。

⑥管路敷设是否符合本章安装原则要求。安装质量经检验符合要求后，才能进行系统密性试验。

(二)管路密性试验

1. 试验要求

具体见表5－15，如图样有规定，按图样规定进行检验。

表5－15　管路密性试验压力表

序号	管路名称	密性试验压力(装船后)/MPa	试验介质	备注
1	燃油	$1.5P$	水、气	
2	滑油	P	空气、油	
3	淡水、海水	P	水	
4	压缩空气	P	空气	
5	蒸汽 $t<300$ ℃ $t\geq300$ ℃	 $1.25P$ $1.25P$	水	

表 5-15(续)

序号	管路名称	密性试验压力(装船后)/MPa	试验介质	备注
6	液压油	1.25*P* 但不必超过 *P*+7	油	
7	锅炉给水	1.25*P*	水	
8	锅炉放泄	1.25*P*	水	
9	锅炉压力燃油油管	*P* 不小于 1.65	油、空气	
10	油舱加热管	1.5*P* 但不小于 0.4	水	
11	舱底水、压载水管	*P*	水	通过双层底舱或深舱的舱底水管,其试验压力不小于该舱的试验压力
12	甲板排水管	灌水	水	
13	污水疏水管	灌水	水	
14	空气管	灌水	水	与船体结构密性试验一起试验的,可免试
15	生活供水管	*P*	水	
16	暖气	$P \geqslant 0.4$	水	
17	乏汽	*P*	水	
18	制冷	*P*	氮气	
19	一般水灭火	*P*	水	
20	自动喷水灭火	1.25*P*	水	
21	二氧化碳灭火 1. 瓶及瓶头阀相互装配后 2. 分配阀箱及控制阀 3. 瓶头阀至分配阀管 4. 喷出头管	 — — 2.5 0.7	 — — 空气 空气	1 和 2 在车间装配后做试验压力为 *P* 的气密试验
22	卤化烃灭火	0.7	空气	
23	泡沫灭火	1.25*P*	水	
24	惰性气体灭火	1.25*P*	空气	

注:*P* 为管路设计压力。

原则上,液压试验和密性试验压力大于 1 MPa 的,其试验介质应用液体进行,除非用液体试验对系统会产生不利作用或影响。压力小于 1 MPa 的可以用气体进行试验。

2. 检验方法

①在船上进行管路密性试验时,应将管路与机械设备(如泵)之间连接的法兰拆开(即隔开),同时检验法兰与设备连接情况。

②各类泵吸入管路试验压力为 0.4 MPa。

③检验用的压力表的精度为1.5级,最大量程为试验压力的1.3~2倍。

④试验前应将管路空气排除。

⑤注水过程中检验被试验管路的畅通性(或用压缩空气)。

⑥管路密性试验的压力应逐渐升至规定压力,在20 min内(以空气为介质的试验压力为10 min)压力下降值不得超过规定压力的5%。高、中压压缩空气系统,在2 h内其主管路(从空压机到空气瓶)的压力下降不得超过1%,支管路压力下降不得超过2%。

⑦试验过程中,用小榔头轻轻敲击管子,观察其是否泄漏。

⑧凡需要验船师和船东检验的管路,应书面通知。

⑨出具管路密封试验报告,具体可参照表5-16。

表5-16　管路密封试验报告

序号	管路名称	密性试验压力(装船后)/MPa	试验介质	结论
1	燃油			
2	滑油			
3	淡水、海水			
4	压缩空气			
5	蒸汽 $t<300$ ℃　$t\geqslant300$ ℃			
6	液压油			
7	锅炉给水			
8	燃炉放泄			
9	锅炉压力燃油油管			
10	油舱加热管			
11	舱底水、压载水管			
12	甲板排水管			
13	污水疏水管			
14	空气管			
15	生活供水管			
16	暖气			
17	乏汽			
18	制冷			
19	水灭火			
20	自动喷水灭火			
21	二氧化碳灭火 1.瓶及瓶头阀 2.分配阀箱及控制阀 3.瓶头阀至分配阀管 4.喷出头管			

表 5-16(续)

序号	管路名称	密性试验压力(装船后)/MPa	试验介质	结论
22	卤化烃灭火			
23	泡沫灭火			
24	惰性气体			

思考与练习

1. 常用的弯管方法有哪几种,各有什么特点?
2. 管子弯曲变形的质量控制参数有哪几个,如何计算?
3. 什么是管子的切割,什么是管子的焊接,主要有哪些方法?
4. 如何进行管子的强度试验? 编写强度试验大纲。
5. 船舶管路系统安装的基本要求有哪些? 管路附件安装基本要求是什么?
6. 管路支架、垫床和色标安装检验的要点是什么?
7. 管子外观质量安装检验重点是什么? 管子密性试验检验有哪些要求?

第六章　船舶舾装与涂装

知识目标

- 了解船舶舾装的类型及各种舾装的特点。
- 了解船舶舾装阶段划分及各阶段主要舾装工作内容。
- 理解单元、托盘的基本概念。

能力目标

- 能够描述单元设计、区域设计的基本原则和方法。
- 能够根据涂装阶段选择不同的涂装工艺。
- 掌握船舶涂装的基本方法和工艺过程。

当前，造船企业正在推行“壳舾涂”一体化造船，常将船舶的建造工艺划分为船体建造、舾装和涂装三大部分，如果将船体建造工艺比作人类的骨骼，涂装工艺比作皮肤的话，舾装工艺则代表了人类体内的各类器官和组织，而对于船舶来说，船舶的舾装和涂装由于涉及面广、工作量大，其工艺技术水平的提升是提高造船质量和效率的关键。本章将从舾装的分类、作业阶段划分和主要工艺技术、涂装的基本方法和工艺技术等方面介绍舾装、涂装的基本工艺方法，使读者了解现代船舶建造过程中的舾装、涂装的先进工艺技术。

第一节　船舶舾装

舾装泛指在造船各个生产阶段的安装工程，涵盖设备、管系、通风、电气、铁舾、内舾等各个方面。作为现代造船壳舾涂一体化的重要组成部分，舾装和涂装在造船中占据非常重要的位置。船舶舾装工程量大，工种多，舾装要安装各种设备，如动力装置（含主机、轴系、锅炉和各种辅机）、仪器设备（航海仪器、消防设备、通导设备、救生设备、系泊设备、舵、锚等）、居住设施（家具、卫生用具、厨房用具、冷库、空调等），以及大量的电缆电线、管系等，此外还要做好涂装和其他防腐、降噪、绝缘等物料安装工作。

一、船舶舾装的分类

船舶舾装有多种分类方法，人们一般认为船舶是由船、机、电三部分组成的，相应的舾装也可分为船装、机装和电装。船装又可分为内装、外装和涂装，机装又可分为管系安装、铁舾件安装，也可把甲板以上的舾装称为甲装，内装又称为居装。

1. 船装

船装一般是指除了机舱设备和全船电气以外的所有部位的舾装，因船舶尺度庞大，船装涉及的面就非常广，通常将船装进一步细分为内舾装、外舾装和涂装。涂装作业量大且相对特殊，常将涂装独立出来，形成壳舾涂三大部分之一。

内舾装主要是指上层建筑内船员居住舱室和厨房等专业舱室的舾装件和舾装单元的安装。内装涉及家具、卫生设施、厨房与餐厅设备、冷库设备、空调系统、工具舱室、照明灯具等不同场景。不同设备的安装，还涉及吊顶、地面、墙面等装饰的装修，部分区域还有较高的防火、隔热与美观要求。内装涉及多工种作业，作业空间狭小，作业具有前后顺序性，因此要统筹规划，合理安排，以尽量提高预舾装率。客船的内舾装量要比货船大得多，如大型豪华游轮常具有上千个居住舱室，具有多个大型的厨房、餐厅，往往还有咖啡厅、影剧院、图书馆、天文台等娱乐休闲场所，相对货船内装要求很高，其本身也是一件艺术品，具有很高的观赏性，也关系到乘客的身心健康，内装工程量甚至能占到整个游轮建造工程量的 70% 。

外舾装一般是指除了机舱区域和住舱区域以外所有区域的舾装，主要包括系泊系统、起货设备、舱口盖系统、操舵装置、救生设备、桅杆及桅杆上设备的安装等，这些设备主要分布在甲板上下，有时也称外舾装为甲板舾装。甲板舾装遍布全船，作业内容和环境各不相同，大多数是敞开作业，部分区域如桅杆上设备的安装属于高空作业，而系泊系统中锚链舱的设备、操舵装置中舵杆镗孔、舵杆安装、舵机安装空间相对狭小。

2. 机装

机装是指机舱内各种设备的安装和调试。机舱是船舶的心脏地带，设备多、系统复杂，作业空间小，设备安装与调试具有前后逻辑顺序，通常将机舱舾装范围限定在从机舱前壁到螺旋桨出船体，从舱底到烟囱这一区域。机舱舾装主要包括各种机械设备的安装调试和舾装件的装焊两大类，前者包括主机与轴系等的安装调试，各种辅机、锅炉的安装调试，机舱管系、风管、机座、油水箱柜的安装等，后者主要包括机舱格栅、梯子、扶手、起重梁等的安装。

机舱内设备密集，部分设备安装精度要求高，而机舱空间较小，作业工种多，作业条件差，效率难以提高。只有机舱设备安装和调试全部完成，船舶才能进行试航，因此机装是影响全船建造进度的关键环节。近年来，随着技术的不断发展，对机舱设备的自动化程度要求也越来越高，给机装提出了更高的要求。单元组装、分段舾装和其他模块化技术也得到了广泛应用，一是提高了机装的效率，二是提高了设备和系统故障排查的效率，便于进行模块更换维修。

3. 电装

电装即电气舾装，是指全船电缆的敷设和电气设备的安装、接线、调试等作业。全船电气设备众多，电缆量大，通常万吨级以上船舶的电缆总长都在几十千米。船上环境相对陆地要复杂得多，电气设备对防震、防潮和防蚀性要求高。电缆通常布置在吊顶或其他狭窄区域内,需要安装大量桥架,电缆也不能像管件一样在分段建造时立即进行预舾装,因此电缆的铺设工作量大,工作环境不好。近年来,国内船厂也在研究和推广电装的预制预装、电气放样等工艺,以提高电装效率。

二、舾装阶段划分

当前,船舶建造已广泛采用分段建造法和区域舾装法进行船舶舾装,常见舾装工艺阶段可分为:舾装外协外购件—单元组装—分段舾装—船上舾装。每一个阶段又可根据需要设立若干小阶段。

1. 舾装外协外购件

舾装外协外购件是指船厂通过采购或指定由其他单位代生产的舾装件,如主机、发动机、雷达、驾驶设备及系统、绞锚机等需要采购,而桅杆、舱口盖、锚、螺旋桨、舵叶等可以委托外单位加工,这些外协外购件应按所属单元、分段或船上区域分别装入不同托盘,在需要安装时运往现场。

2. 单元组装

单元是指由零件、部件、组件及相关附件装配在一起,能够独立成一体的组合体。将同一个区域内元件预先组装成一个整体称为单元组装。图6-1为某船舶燃油供给单元,它是将若干相关设备如泵、控制器、压力表及连接管道等安装在同一个基座和支架上形成的一个单元或模块,其中支架在原船舶中并不一定存在,有时为了能使区域内设备及附件成为一体,便于设备连接和整体吊装,而特意设计了支架,这些支架在单元吊装上船并安装完成后也不需要拆除,图6-2为某单元支架设计图。

图6-1　燃油供给单元

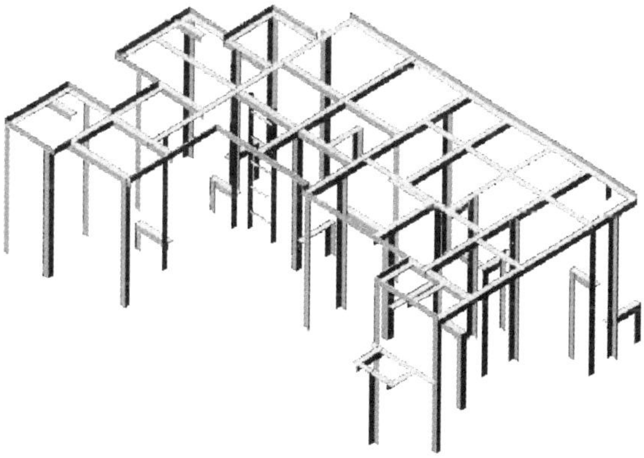

图6-2　单元支架设计图

3. 分段舾装

分段舾装是指在分段或总段建造阶段,将分段所属的舾装件或单元安装到分段上的工艺过程。分段舾装属于预舾装,它将原本在船台或码头上进行的舾装作业提前到分段阶段实施,可以极大地改善作业环境,提高效率,减少脚手架等辅助设施的使用,施工的安全性也得到了提高，为后续舾装节省了时间。采用分段舾装工艺要在分段划分时就要考虑舾装件的区域性和船体作业与舾装作业的顺序，避免相互干扰。图 6 - 3 为某船在分段建造阶段即安装了部分舾装件。

图 6 - 3　分段舾装

4. 船上舾装

船体在船台(船坞)总装期间的船台预舾装以及下水后在码头安装期间的码头舾装，这两个阶段的舾装统称为船上舾装。在前几个阶段中，能够舾装的已经完成了预舾装，船上舾装主要是不便于在前期进行舾装的工作，主要有：

①过大或过重而不能在分段建造阶段安装的单元或舾装件；

②容易碰坏或易受天气影响，在舱室遮蔽之前不能安装的单元或舾装件；

③分段与分段之间的舾装件，单元与单元之间的连接件等。

船上舾装也可根据船上不同区域进行划分。如机舱区域、甲板区域、上层建筑区域等，其中机舱区域舾装工程量大，应做好舾装工作量平衡，部分设备在机舱未封闭合拢之前具有干扰小、大型吊装设备可用、通风采光好等特点，应优先安装。

三、区域舾装工艺

1. 区域舾装的概念

按照区域划分进行舾装作业的舾装方法称为区域舾装。区域舾装随船体区域建造法而生，目的是将船舶在船坞(船台)和下水后的舾装作业量降低到最低限度，尽量使舾装作业工种前移，最大限度扩大中间产品的完工率、实现先行舾装即预舾装，为后续建造节约时间，同时解决不同船舶在船厂同时建造，相互争夺场地、设备和劳动力以及各工种相互干扰的问题。

中间产品是指上一道工序在完成后供下道工序继续加工使用的完整性产品，如舾装单元、完成预舾装的分段或总段等。推行以中间产品为导向的生产组织的主要特征表现在有利于区域或中间产品的批量生产，便于固化工作岗位，推行定量化管理，提高设备、场地的使用效率,实现连续生产,也减少相互干扰,为后续生产节省时间。

2. 区域舾装的实施

区域舾装在管理学上属于成组技术范畴,基于中间产品导向型工程分解原理。在船舶建造过程中把每一个部分、元件都放在三维空间中进行考虑,把整条船按空间而不是按系统划分成区域,每个区域按分段、总段舾装,单元舾装和船上舾装三个阶段进行安装。

每一个区域、每一个阶段中的每一个生产单元可称为一个托盘。推行托盘管理,把舾装件、舾装区域、舾装阶段和生产管理一一对应,使每个作业小组在同一场地,使用同一张工作图,在同一作业阶段中完成一个小单位的舾装工作量,它是将工作量、时间、工具设备、人员、信息集成在一起的作业单元。

实现壳舾涂一体化区域造船的前提是要推行生产设计,要做好区域的划分和设计。生产设计是一种对施工进行十分具体、详尽的技术、工艺、管理信息的综合设计。生产设计将整艘船划分成若干个块(区域),并把其作为中间产品(区域)的总装,而造船厂则是一个总装厂。这就是现代造船的模式,也是为实现设计制造一体化、精度制造、敏捷造船发展所必需的。具体而言,生产设计的目的就是要实现区域造船,而区域造船也只有采取区域设计才能实现。

(1)区域的划分

为减少后续舾装工作量,尽可能提高预舾装率,舾装区域的划分应从整船考虑,尽量避免分散和频繁地重新舾装。通常区域按分段、总段舾装,单元舾装和船上舾装三个阶段(图6－4)来进行,区域的划分应遵循以下原则:

①综合考虑整船所有系统的舾装零件,尽可能扩大分段舾装的作业量;

②应尽量改善舾装作业环境,如尽量减少仰焊和狭小空间作业场景;

③尽量创设单元组件,使更多舾装件组成到单元中;

④在计划制订上,尽量使舾装作业与船体建造同步或适当错开。

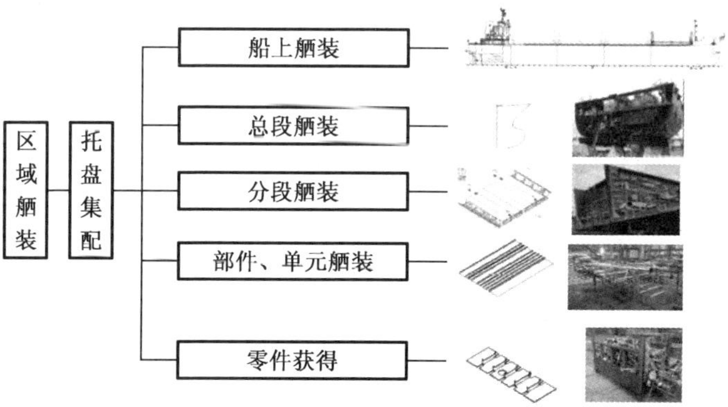

图6－4　区域舾装的分解与组合流程

(2)区域设计

由于区域划分以舱室为基础,而舱室的综合功能比较单一,因此区域所涉及的系统并不复杂,使区域设计的综合布置图在设绘时相对容易些,只须组织少量的人员就可以进行区域的封闭式设计。区域设计是以施工区域的现场作为中心的综合设计,在区域立体空间的范围内,各个专业、各个系统的所有设备、设施都要经过精心布置和协调,区域设计要达到的目的是实现在计算机上模拟造船,将船舶的总装过程在计算机上预演一遍,从而使尽可能多的问题在实船建造前就得到充分地暴露,并采取对策加以协调解决,提高设计的效率和正确性,使区域造船得以顺利进行。

上述区域设计图纸的内容面广、信息多,必须要给所有零件统一的编码。看到编码就能知道该零件、设备所在区域,在哪个阶段安装,在哪个托盘内配套。安装的工艺要求,预舾装的程度,涂装的程度,涂装除锈的要求,图纸项目的分解,材料定额,工时阶段分配,零部件的工厂周转线路及入库情况,铸锻件的协作情况等,都应在图纸上做全面的信息表达,以满足壳舾涂一体化区域造船的需要。这从根本上改变了传统设计中图纸与生产相脱节的情况。过去,图纸设计者的意图,还要通过工艺人员的工艺性分解,经过计划调度员、建造师的安排、协调,才得以实施。

(3)单元设计

单元设计时应考虑单元的整体性,使单元成为一个中间产品。管件的固定支架应是单元结构的组成部分,设备应与基座组装连接,并使其达到安装的技术要求,机座与格栅框架应连成一个整体,相邻的设备也可采用公共机座,各类设备的进出口管件应连接完整。单元内所有的设备、箱柜及其他相关附件均应布置到位。带格栅的单元进行设计时,可利用格栅结构作为管子支架使之与单元组合成一个整体,此外还要考虑单元的工艺性。单元的接口位置尽可能平、直,上下接口要叉开,要方便与船上管子的连接,但不应有斜向连接,两单元连接管的法兰布置要呈阶梯状。在设备进出口处可将阀件和管子进行组合校装,在一般情况下不设置现校管,此外还要考虑单元在船上的位置,预留安装及维护操作的空间。单元设计应明确组装时的基准尺寸、组装顺序及工艺要求。外形尺寸较大的综合单元,必须进行重力、重心的计算。相邻单元可在内场一起组装,明确基准,吊装顺序与定位的标志要预先确定。考虑和确定单元吊装的受力点,使其均匀分布,保证吊装时不会变形。图 6-5 给出了某客滚船机舱单元布置图,其彩图见右侧二维码。

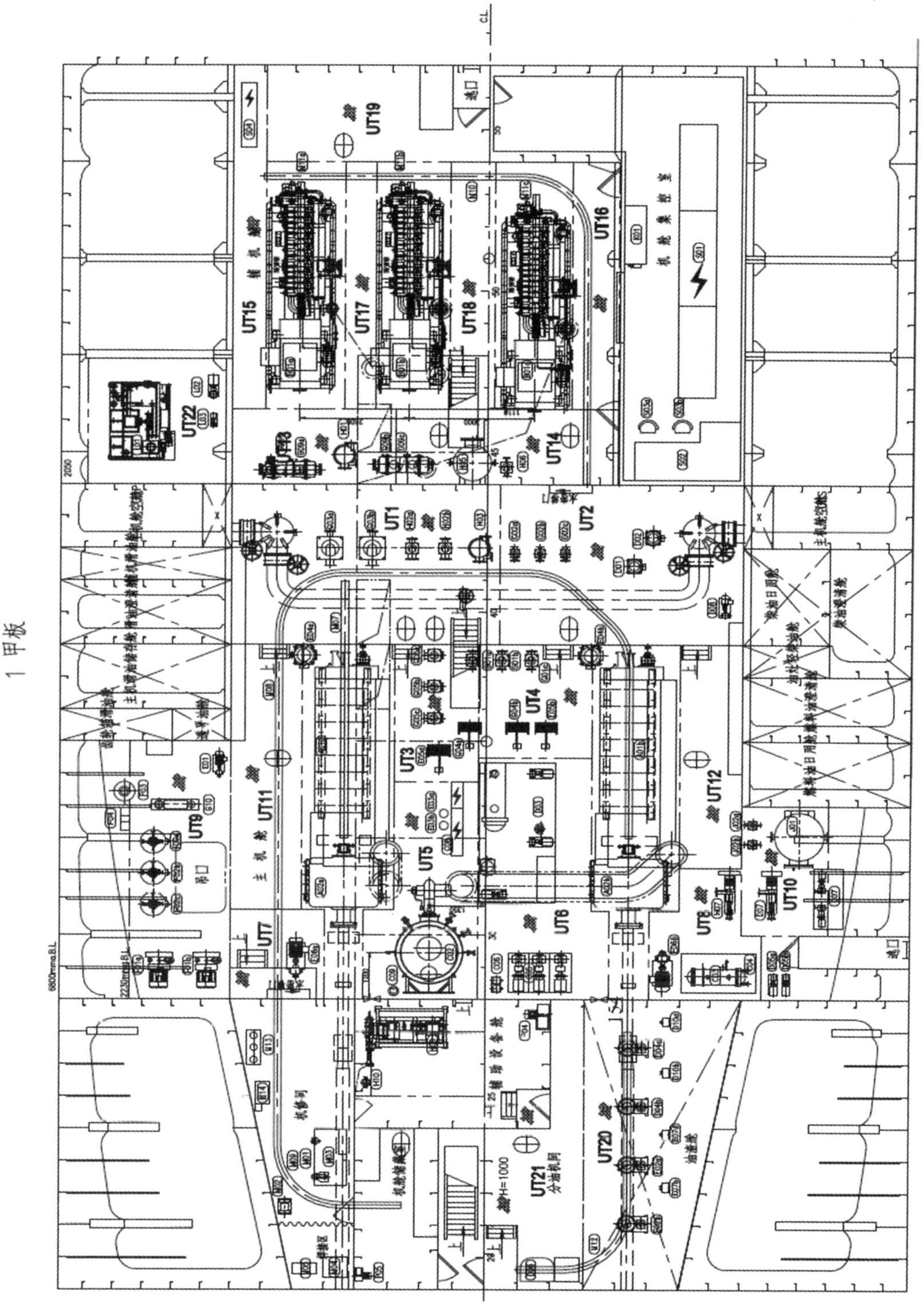

图 6－5　某客滚船机舱单元布置图

四、托盘管理

托盘管理是船舶舾装的一种有效管理方法，涉及托盘的设计与划分、托盘的集配和托盘的配送。按照舾装类别，托盘可分为管装托盘（图 6－6）、铁舾装托盘、电装托盘（前三类每个都包括原材料托盘、制作托盘、安装托盘三类）、设备安装托盘、单元托盘和涂装托盘。

图 6－6　管装托盘

1. 托盘设计与划分

托盘设计应遵循造船生产设计的基本原则，即按照成组技术的相似性原理和系统工程技术的统筹优化理论，按序逐级进行中间产品的合理分解，形成各区域各阶段相应舾装作业类型的托盘。托盘设计应根据产品的设计策划，按照区域舾装作业方式以及壳舾涂一体化作业书等相关内容，达到扩大先行工程，提高预舾装水平，减少坞内安装工程量的目标要求。托盘设计应在全船或各区域生产设计综合布置（完整建模）结束，并通过船、机、电、舾各专业性的协调平衡，进行全面干涉检查实现最佳布置状态之后进行。

托盘划分的基本原则是按作业区域、作业阶段和作业类型进行，即按此三要素划分和设计托盘。托盘划分应满足：

①托盘必须按照作业位置的不同进行划分，即同一个托盘必须是同一作业区域或工位；

②托盘必须根据作业阶段的先后进行划分，即同一托盘必须是同一作业阶段的作业，不允许不同阶段的作业置于同一个托盘内；

③托盘必须按照作业类型的不同进行划分，即同一个托盘中不应有两种作业类型；

④托盘还应按照施工顺序的先后加以细分，多个托盘应反映作业的先后工序；

⑤当托盘作业量过大时，还应按其作业量细分托盘，原则上确定每个托盘为若干人一周或几天的作业量。

2. 托盘集配

托盘集配包括托盘器材的准备和集中两个阶段，器材准备是根据详细设计编制的系统材料表对舾装进行分类。器材集中是在舾装件入库后，按托盘交付计划要求，按生产设计编制的托盘材料表将所有舾装件集中装入托盘的过程。

3. 托盘发送

托盘发送就是根据托盘交付计划中的日期安排，准时地将区域舾装所需的舾装托盘运送到指定的生产现场，交付给施工人员，至此，完成了托盘的管理。

思考与分析：

为提高船舶建造效率，减少建造时长，提高船舶预舾装率是一个重要的方面，根据本节内容，试思考，从船舶舾装角度看，为提高效率，可以采取哪些方法？

第二节 船舶涂装

一、船舶涂装概述

在金属或非金属表面涂刷一层或多层保护漆，以起到防腐、防锈和装饰的作用，这一工艺过程称为涂装。在船舶与海洋工程领域，将船舶或海洋工程结构涂装设计、涂装施工和涂装质量检验等整个工艺过程和与此相关的技术上、管理上的全部活动统称为船舶涂装工程，它是现代造船壳舾涂一体化中的一个重要组成部分。

1. 涂装的作用

(1)防腐

钢质材料在海水中容易发生腐蚀，给船体安全带来隐患。为防止船体发生腐蚀，常用的方法是在其表面喷刷涂料，采用涂装防腐，并结合牺牲阳极等手段实现防腐。涂装防腐是船舶最常见，也是最重要的防腐蚀方法之一。

(2)防污

在船体外表面特别是水线以下的部位，涂装防污涂料，利用涂料散发的含毒物质，阻止海洋生物附着在船体的表面，另外，也可通过防污涂料光滑的表面特性使短暂附着在船体上的海洋生物附着不牢，船舶前进时，在水流的冲击作用下，附着物将被冲走，进而减少生物附着带来的阻力。防污涂料一般涂装在涂层系统的最外层。

(3)美观装饰

为使水线以上的外板、上层建筑等外露部分更美观，通过对外表面涂装以颜色起到装饰作用。按 IMO(国际海事组织)规定，船舶外表面水线上下应以不同的颜色区分。此外在船体结构中，某些部位或设备上采用不同的涂料颜色，实现某些特定的指示作用。ISO(国际标准化组织)推荐颜色标记，绿色表示液态水，银灰色表示蒸汽，棕色表示油类，淡蓝色表示空气，紫色表示酸碱，红色为警示色。

(4)其他作用

船舶结构中有很多特殊部位，要求涂装要实现不同的功能，主要有以下几点：

①光滑或粗糙性要求。

船体外表面特别是水线以下部分，在船舶航行中与水发生摩擦，为减少阻力或使附着物附着不牢，要求船体表面应涂刷得尽可能光滑。船体有些部分如风雨甲板，应在各种情况下具有较高的粗糙度，以防止人员或非固定物滑移或滑倒。

②耐磨性要求。

船体的外表面及常有物体在表面摩擦的部位，要求涂层应具有较高的耐磨性。

③无毒性要求。

淡水是船员生活的基本保障，淡水舱的表面应采用无毒涂料涂刷，防止涂料对淡水的污染。此外，随着对环保要求的提升，已出现了在船舶外表面涂装对海洋生物既无毒或微毒又能驱离、阻挡其附着功能的涂料。

④防火性要求。

船舶上防火等级要求较高的区域（如机舱区域）内的所有设备、墙面都应采用防火涂料涂装。在火灾发生的初期，防火涂料能够有效地阻止或延缓火势蔓延，减缓底材和背火面在火灾中迅速升温，起到防火隔热的保护作用。

2. 船舶常用涂料及特点

涂料一般由成膜物质、颜料及填料、助剂、溶剂及特种涂料的特种物质组成。为实现船舶的防腐、防污、装饰等功能，船舶涂料也对应有防锈涂料、防污涂料、耐高温涂料、饮水舱涂料、阻尼涂料等。船舶不同部位所处环境不同，需要采用不同的涂料，常常采用几种涂料组合使用，形成涂层体系。涂料从其最主要的组成成分上来说，可以分为有机涂料、无机涂料和有机－无机复合涂料三类。

①有机涂料。

有机涂料以天然树脂、合成树脂或者改性树脂为主要成分，由基料与分散介质（有机溶剂，水）、颜料、填料、助剂等组成的一类涂层材料。有机涂料的品种较多，主要有油脂、天然树脂、酚醛树脂、纤维素树脂、乙酸乙烯树脂、丙烯酸树脂、环氧树脂、聚氨酯树脂、聚酯树脂等 18 个大类。

②无机涂料。

无机涂料是指以无机材料为原料，由分散的介质及涂料助剂等组成，采用与有机涂料相同或相似的制备方法制成。无机涂料按照其涂层材料的组成，可分为玻璃质类、陶瓷类、金属陶瓷类、金属间化合物类等。采用现代表面处理技术或特殊的涂敷工艺制备的无机涂层，能改善涂层表面性能，如提高耐磨性、抗氧化性、抗震性、抗冲击性、防腐蚀性等。

③有机－无机复合涂料。

有机－无机复合涂料是一类具有高模量、热稳定和低热膨胀的纳米量级的无机材料与有机低聚合物混合加工而成的涂料。有机－无机复合涂料兼具了有机涂料和无机涂料的特性，并通过材料功能的复合，实现了两者性能的互补和优化，既能充分发挥无机材料优异的力学性能和高耐热性能，又具有有机材料的柔韧性好和强度高的特点，在抗磨损、防腐蚀、耐水和抗氧化性以及耐刮擦性方面性能突出。

3. 常用涂装方法

船舶常见的涂装方式有刷涂、辊涂、空气喷涂、高压无气喷涂等。其中，高压无气喷涂是船舶涂装中最为常见的施工方法，近年来国内外企业针对造船特点，已开发了能在部分区域使用的涂装机器人。

(1)刷涂

刷涂是最简单的手工涂装方式,漆刷有扁刷、圆刷、弯头刷等,图 6 -7 所示为扁刷。刷涂渗透性强,毛刷可以深入到毛孔和细缝中,主要用于小面积涂装。刷涂过程可分为涂布、抹平、修整三个步骤。刷漆前先将漆刷的 1/2 浸满涂料,然后在涂料桶的内侧口理顺刷毛,挤出过多的涂料。漆刷宜采用平行轨迹涂刷,轨迹间要重叠漆刷约 1/3 的宽度。在抹平过程中,应纵横交替进行刷涂,以消除刷痕,使涂膜尽量均匀。修整是最后的一个步骤,应以垂直方法进行竖刷。

(2)辊涂

辊涂适用于结构简单、面积较大的平面的涂装,效率比手工涂刷高,涂料辊子如图 6 -8 所示。在施工时,由于刷毛散开和压紧压力大小等受作业人员水平影响显著,很容易产生不均匀现象,容易截留空气。

图 6 -7 扁刷

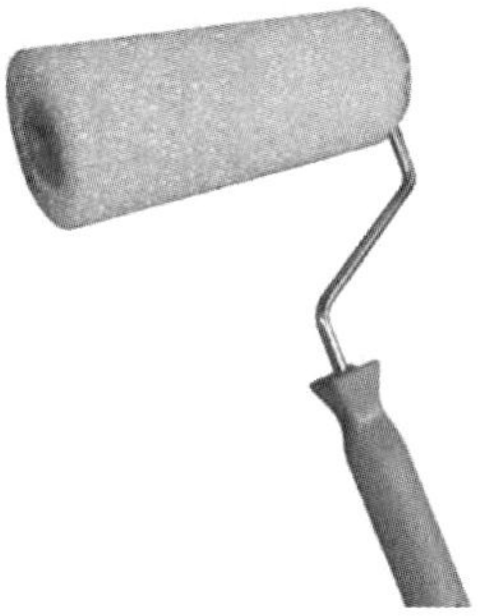

图 6 -8 涂料辊子

(3)空气喷涂

空气喷涂不受涂料品种和被涂物形状的限制,适用范围广,效率高。空气喷涂是利用压缩空气的气流将涂料吹散、雾化并喷在被涂物表面,形成连续完整涂层的一种涂饰方法。低黏度涂料或小面积喷涂时,喷嘴口径一般为 1 ~1.5 mm,高黏度涂料或大面积喷涂时,喷嘴口径一般为 2 ~4 mm。采用空气喷涂时枪嘴距离被涂物表面一般为 20 ~30 cm。

(4)高压无气喷涂

高压无气喷涂是靠密闭容器内的高压泵压送涂料,将涂料直接增至高压(15 ~30 MPa),通过高压软管、喷枪、喷嘴,瞬时喷出,形成极细的扇形雾状,迅速喷向被涂面形成涂膜。由于涂料被增至高压,喷出雾化的涂料不含空气,故称为高压无气喷涂。与空气喷涂相比,它具有涂装效率高、涂层质量好、自动化作业、节省涂料等优点,正逐步取代空气喷涂。高压无气喷涂机由压缩空气驱动马达、电动机、发动机(或电力)、高压涂料软管、高压无气喷枪、喷嘴等组成,如图 6 -9 所示。

思考与分析:

船舶不同区域对涂装具有不同要求,以船体水线以下外板为例,试分析其需要涂装几层涂料,分别在什么阶段涂装,应该选用什么样的涂料?

(5)喷涂机器人

近年来,随着人力成本的快速增长和对环境保护要求的不断提升,智能制造技术在各个领域得到了飞速发展,其中工业机器人已经在很多岗位取代了人工。将机械制造领域常用的带手臂式的机器人稍加改造,即可成为船用涂装机器人,该机器人已在部分造船企业得到了应用。如图 6 - 10 所示为自动喷涂机器人手臂给零件喷涂。

图 6 - 9　高压无气喷涂机

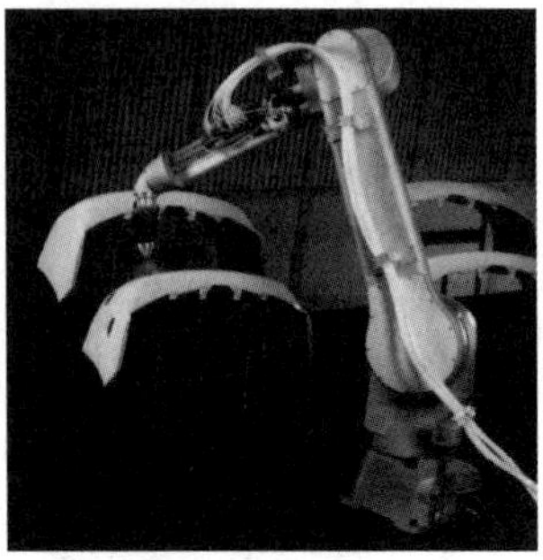

图 6 - 10　自动喷涂机器人

上海外高桥造船有限公司利用与同济大学、沈阳新松机器人自动化股份有限公司联合研制的爬壁式机器人完成了多种船型的外板涂装,现已发展到第 4 代,如图 6 - 11 所示。它利用磁力吸附在船体结构上,利用电机带动滚轮实现上下运动。喷涂机器人的应用解放了涂装作业人员,大大提高了生产效率,降低了作业的危险性,减少了污染排放。

图 6 - 11　爬壁涂装机器人喷涂外板

二、船舶涂装工艺

1. 涂装工艺流程

壳舾涂一体化造船模式将造船工艺分解为船体分段制造、区域舾装和区域涂装三大工艺。在设计和建造过程中,对船舶舾装与涂装进行统筹运作,在优化设计和完善管理的前提下,通过以中间产品为导向,实现空间上分道,时间上分流,责任明确,相互协作,在低耗优质的原则下,快节奏地实现局部和整体同步发展。从船体结构建造工艺流程看主要有船舶设计、船体放样、原材料预处理、零件加工、部组件装配、分段装配、分段预舾装、分段总组、船台(船坞)合拢、船台(船坞)舾装、下水、码头舾装、试航、交船等主要环节,涂装贯穿于船舶建造的始终。涂装本身也是舾装的一个类型,但因涂装的特殊性,在实际生产中,常将涂装作为一个独立的工作与船体建造和船舶舾装并列,如将涂装从船舶建造中单列出来,可用图 6-12 来表示,即为涂装的主要作业流程。

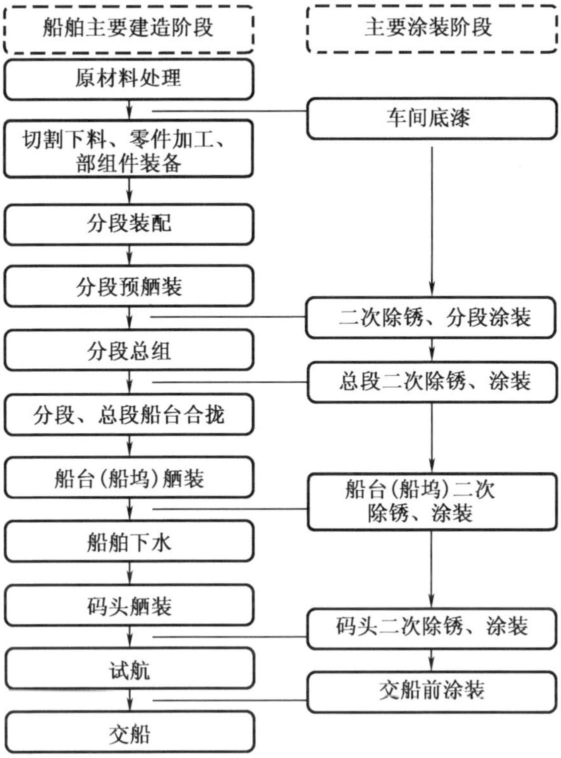

图 6-12　船舶涂装主要作业流程

2. 船舶涂装主要工艺

(1)船舶涂装设计

与船舶结构设计一样,涂装也要进行设计,也可分为初步设计、详细设计和生产设计。

涂装初步设计主要是编制涂装技术规格书等文件,作为建造合同签订的重要组成部分,是经营部门测算涂装初步成本的依据。确定后的初步设计文件是后续详细设计的重要指导文件。因初步设计常在签订合同前开展,其设计的深度不能过深过细,初步设计阶段一般要明确欲建船舶应满足的规范、预处理和二次表面处理的等级要求,以及涂层配套的设计原则,大体确定不同部位的涂层配套,此外,还要列出涂装环境的要求,涂装施工的要求,涂装检验的要求,密性焊缝的涂装要求等。

涂装详细设计是涂装初步设计的深化和具体化。涂装详细设计的部分图纸需要送船级社审核,应先制订详细设计图纸目录,确定先后顺序,先送审的先绘制,以便尽早送审、及早获得认可，为后续工作节约时间。详细设计应编制涂料技术协议、涂料订货预估清单、涂料明细表、压载舱及货油舱三方协议，编制除锈涂装原则工艺书。

涂装生产设计是在涂装详细设计的基础上，进一步与船体、机装、电装等专业的设计进行协调，绘制和编写能够直接指导生产的图纸和文件。涂装生产设计是将涂装技术要求、工艺措施、管理方法、安全技术等融为一体，编制按单元或区域进行舾装的指导文件，形成《涂装作业指导书》。涂装生产设计是提高作业技术水平、管理水平，提高质量和经济效益的有效途径。当前，涂装生产设计多是通过专业软件来完成，如 TIRBON 软件等，采用软件来进行涂装生产设计，能够得到清晰的立体图，自动统计涂装面积和涂料使用量，也便于涂装作业的计划安排和涂装作业管理。

(2)板材预处理与底漆涂装

车间底漆涂装一般在钢材预处理生产流水线上完成，流水线作业速度较快，要求车间底漆具有快干性，此外，车间底漆不能对板材的焊接、切割、装配产生影响，且车间底漆要与后续要涂装的涂料配套。车间底漆根据其是否含锌粉，可分为含锌粉车间底漆和不含锌粉车间底漆，一般选用磷化底漆、环氧富锌底漆、环氧铁红底漆和无机硅酸锌底漆。

(3)二次除锈与表面清理

钢材经预处理，涂装车间底漆后，要经过切割、加工、部组件装配、分/总段装配等工艺过程，受堆放、搬运、焊接、碰撞等作用，钢材外表面的车间底漆可能遭到破坏，再次锈蚀，在对其涂装前，需要再次对钢材表面进行处理，常称为“二次除锈”。在船体分段或其他结构件再次进行涂装时，虽然板材原车间底漆和已有涂层可能没有损伤，但不免受到各种污染，需要对被涂部位表面进行清理，称为“表面清理”。

①二次除锈方法。

常见的二次除锈方法有动力工具打磨处理，喷丸、喷砂处理等，近年来，出现了真空喷丸、喷砂处理，湿式喷砂处理和高压水喷射处理等方法，这些方法各有优缺点。

A. 动力工具打磨处理。

它是采用风机、电动等动力带动砂轮、刷盘等在结构物表面磨削，达到清除铁锈和污染物的一种表面处理方式，在船舶建造企业中比较常见。动力工具打磨处理具有体积小，成本低，人工携带和作业便捷等优点，缺点是效率低，除锈质量受操作人员水平影响较大。一般大面积的除锈多采用喷丸(砂)专用设备处理，部分狭窄区域和小面积处理可采用动力工具等小型设备处理。

B. 喷丸(砂)处理。

喷丸与喷砂处理两者采用的设备一样，不同之处是使用的磨料不同。喷丸处理的磨料一般是钢丸、钢砂等，喷砂处理的磨料一般是河砂、铜矿砂等。前者要求抛丸磨料要回收，再次使用，因此常在室内抛丸作业，适合分段的二次除锈；后者磨料大多不回收，可在室内或室外对结构进行二次除锈。

C. 先进的表面处理方法。

真空喷丸(砂)处理：真空喷丸(砂)处理采用真空喷丸(砂)机，利用压缩空气引射，将真空室内的空气抽去，使与真空室相连管件及喷枪罩内产生负压差，从而将喷出的磨料和除掉的铁锈等一起吸入真空器内，达到除锈目的。真空喷丸(砂)机由磨料室、真空回收室、真空引射器、喷枪及管件等组成。

湿式喷砂处理：为降低喷砂作业现场尘土飞扬的情况，保护作业人员，在磨料中添加一部分水，以全湿的磨料喷射到钢材被处理表面，可有效去除氧化皮、锈蚀和其他污物，这种方法称为湿式喷砂处理方法。

高压水喷射处理：将水通过高压泵加压到数十个甚至上百个兆帕，然后通过细小（孔径 1～2 mm）的特殊喷嘴，以极高的速度（200～500 m/s）喷射出一股高压水流，作用在被处理结构表面，能够去除表面的锈蚀和其他污物，这种方法称为高压水喷射处理方法。它具有高效、污染小、使用成本低等特点。在水中加入少量磨料，能大大提高除锈的能力，称为高压水（磨料）处理方法。在采用高压水（磨料）处理后，被处理结构表面会存在大量水，应采用其他方法使表面快速干燥，尽快进行涂装。图 6－13 为使用高压水枪喷射去除表面污物及锈蚀。

图 6－13　高压水枪喷射去除表面污物及锈蚀

D. 除锈机器人。

与喷涂机器人类似，也有企业开发了适用于造船用的爬壁式除锈机器人。如图 6－14 为国内某企业开发的除锈机器人，通过永磁将机器人吸附在船体上，通过电机带动滚轮实现运动，采用高压水枪去除结构表面锈蚀，在此机器人基础上，该企业也开发了抛丸除锈、自动喷涂等模块，实现了多种用途。

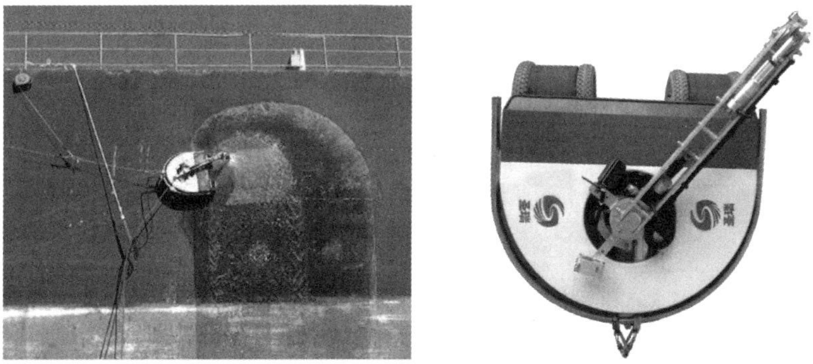

图 6－14　爬壁除锈机器人在船体外板除锈作业

(4)分段与总段涂装

船舶涂装受温度、湿度等环境影响显著。船体分段在结构完整性验收后即可进行分段的表面处理和涂装。随着对预舾装率要求的提升和区域舾装技术的发展,常在分段阶段将绝大多数舾装件安装到分段上,因此分段涂装常在预舾装工作结束之后进行。随着对环境保护要求和对涂装质量要求的不断提高,当前,绝大多数分段涂装都在涂装厂房内进行,不允许或极少允许在室外大面积涂装作业,图 6 – 15 为常见的船舶分段涂装厂房,通过安装加热设备、通风设备、加湿和除湿设备,能实现对厂房内温度和湿度的控制,以提高涂装质量。

图 6 – 15　船舶分段涂装厂房

分段涂装应注意以下要点:

①分段涂装应在结构交验及预舾装工作完成后进行,涂装作业前,要确认船体结构完整、焊接、火工矫正、焊缝清理工作是否已结束,舾装件是否安装到位,以免涂装后再进行上述作业而破坏涂层。涂装前,对分段大接缝、尚未进行密性试验的焊接以及暂不需涂装和不能涂装的部位(牺牲阳极、阀门等)进行包裹和遮蔽处理(图 6 – 16),涂装前要检查钢板的前处理是否严格达到二次除锈的有关标准,除油、除污,用溶剂擦拭表面,并应尽快涂漆,避免钢铁再度氧化锈蚀。

图 6 – 16　分段预涂与保护

②根据船舶不同部位和不同的使用要求，选择合理的涂料品种及配套方案。各道涂料应按照产品使用说明书的要求进行施工。涂装前应核对所有涂料品种、颜色、规格和型号是否符合涂装技术要求，检查涂料的质量及贮存期限，超过贮存期的涂料必须由具备检验资格的单位重新检验，合格后方可使用。

③必须按照要求使用稀释剂，一般不超过涂料用量的5%，涂料内不允许加入有害溶剂或颜料，使用前应调配均匀，并根据涂装方式的要求进行过滤。双组分涂料，要按比例加入固化剂，并能搅拌均匀，要有一定的活化期并在一定时间内用完。

④应根据涂料的性质、被涂物表面状态以及环境条件采用适宜的涂装方式，为提高效率和得到美观的涂膜，一般采用高压无气喷涂。但对于狭小舱室的涂装可采用辊涂或手工刷涂。对流水孔、角铁反面，以及不容易喷涂到的部位可用刷子、弯头刷等进行预涂装。对异金属接触部位及铆钉、焊缝和棱角处应先刷涂一遍，然后再喷涂。

⑤分段的搁置，要充分考虑船装、电装等专业需要，也要充分考虑涂装作业的需要，尽量有利于表面处理和人员进出，避免高空作业和顶向作业。分段在涂装结束，涂层充分干燥后才能启运。因墩木与船体接触部位无法涂装的区域可在上船台前涂装，图6-17所示为墩木区域缓涂区。

图6-17　墩木区域缓涂区

⑥涂膜应达到规定的干膜厚度，在涂装过程中，应不断测量湿膜厚度，以估计喷几道才能达到所规定的干膜厚度。喷涂施工前，要进行试喷，选择合适的喷嘴，调整适当的压力。

⑦涂装防锈涂料时，每道最好采用品种相同而颜色不同的涂料，以防止漏涂和便于质量检查。涂装完成后，要依照相应标准检验总干膜厚度和进行涂层检漏试验。

⑧严禁将防污漆、水线漆直接涂装在裸露的金属表面或舱室内壁。

⑨在分段涂装时，严禁明火作业。高压无气喷涂必须严守操作规程并防止喷雾对环境的污染。安装适当的通风设备，避免溶剂蒸发对人体的毒害和可能的火灾，同时保证施工质量。对狭小舱室进行涂装，必须人工通风、施工人员应戴防毒面具且连续作业不应超过半小时。

⑩涂装施工一般选择在温度5～30 ℃，相对湿度低于85%的环境下进行。下雨、有雾

或船体蒙有水汽及霜雪时,不应在室外涂装。大风、灰尘较多时也不宜涂装。钢板温度应高于露点 3 ℃以上,气温不低于涂料干燥所规定的最低温度。

⑪铝质、镀锌表面或其他特殊材质表面应选用专用涂料,如锌黄底漆,不允许涂装含有铜、汞、铅颜料的底漆。

⑫为了保证涂层质量,待涂膜充分干燥后,分段才能移动。移动时避免碰撞磨损涂膜。

⑬涂料施工前,施工单位要根据船舶各部位的涂装面积、施工方式、基材等实际情况并参照以往的施工资料等因素,概算所需涂料用量,并制订详细的施工方案。

分段在总组成总段或进行船台(船坞)搭载前,应检查分段涂装的完整性,对因碰撞等原因造成的涂层破损,应及时修补。分段接缝处应在水密试验后再涂装,总段上船台(船坞)应做好与墩木接触部位涂层的保护工作。

(5)区域涂装

区域涂装是把传统上集中在船台或舾装码头进行的涂装作业尽可能转移至此前的作业区域内进行,并且协调地安排在分段装配与分段舾装之间,避免不同工种相互干扰的涂装方法。采用区域涂装法施工的主要优点有:

①将作业位置从仰首作业变成俯首作业,高空作业变成低空作业,使涂装作业施工更容易;

②适合于在厂房内涂装,容易实现对温度和湿度的控制;

③改善施工条件,减少脚手架的搭设,提高作业安全性和涂装作业效率;

④将涂装作业提前,避免将大量工作集中到后续阶段实施;

⑤经过区域涂装设计的涂装方案,能更节约涂料用量和工时,降低成本。

区域涂装法具有很多优点,但在实施时,必须从船舶结构设计开始甚至从技术谈判时考虑,在涂装设计的基础上,认真落实才能达到效果,各环节应注意以下要点:

①在谈判和合同设计时,必须充分重视涂装技术要求,搞好涂装合同设计工作。在船舶结构设计中,要考虑涂装作业的方便性、安全性和高效率,如分段的划分形式、入口布置等尽可能考虑利于涂装作业;

②舾装生产设计必须深入细致,预舾装工作尽可能完整。舾装件的设计应避免产生涂装作业死角,尽可能避免反复施焊作业对涂装作业带来的不利影响;

③在船体建造的工艺环节中,应确保涂装作业有足够的施工周期,确保工程计划的严肃性和生产节拍;

④涂料订货和供应应严格按照涂装详细设计和生产设计规定的数量要求,实现涂装订货与工程计划同步,尽量不出现断货和较多库存。

⑤涂装生产设计必须深入、细致、准确、迅速,应确保涂装的质量与安全,做到工料管理和生产设计的一体化;

⑥涂装作业必须严格按照涂装生产设计的要求进行,做到安全、高效、低耗。确保质量符合要求,要注意涂装设备配置能力和造船生产能力一致,避免出现等工和误工现象。

(6)码头涂装

码头涂装即船舶下水后在码头舾装阶段进行的涂装,主要包括液舱的涂装、货舱和油舱的区域涂装、上层建筑的区域涂装、机舱区域的涂装和甲板区域的涂装。主要工作内容为补涂和新涂。

①液舱区域涂装。

液舱涂装必须控制在空气相对湿度 <85%，外板浸水部位的液舱必须检测钢板的表面温度，采取相应的措施做好露点控制。涂装作业的要点主要有：

A. 涂层修补必须控制在打磨和拉毛部位之内，被涂表面必须清洁。

B. 对流水孔、人孔边缘、角焊缝及型材端部等部位的涂层修补，必须用弯头漆刷进行预涂装；喷漆时，须进行湿膜厚度控制。

C. 液舱涂装施工时必须使用低压防爆照明灯具，高压喷漆机上的接地线必须可靠接地；高压喷漆软管接头必须用非金属材料包扎。

D. 液舱涂装过程中必须采用防爆风机强制抽风，抽风管应伸至液舱深处。

E. 液舱涂装作业结束后，必须进行测爆，合格后才能进行下道工序。

F. 液舱封舱前必须做到无锈蚀、无积水、无杂物，报检验收合格后进行封舱。

G. 在压载舱内进行打磨修补时，应按要求对涂层损伤部位进行打磨除锈，凡修补打磨部位达到 St3 级，并对损伤部位的涂层周围进行“打斜坡”拉毛处理，拉毛范围在 50 ~ 100 mm。

H. 对淡水舱在进行统一喷涂前，必须对被涂表面做打磨拉毛和清洁处理。

I. 对淡水舱的涂层修补，必须在底层涂料干透的情况下进行，并严格控制相对湿度，做好露点控制；淡水舱的膜厚检测点一般为 3 ~5 m^2 测一点。

J. 淡水舱完成涂装施工后，应进行通风，待舱内涂层干硬后，才可按涂料说明书中的规定时间放入淡水。

②货舱区域涂装。

货舱（散货舱、原油货舱、成品油货舱）涂装要求为：

A. 货舱修补打磨除锈，对涂层损伤部位的除锈质量要达到涂装生产设计的规定，对受损部位的边缘要打出 50 ~100 mm 斜坡。

B. 底漆修补必须控制在打磨和拉毛部位之内，被涂表面应做清洁处理。

C. 在货舱内的局部修补涂装完成后，应采用高压清洗机对货舱内表面进行高压淡水冲洗，水压大于 10 MPa。

D. 散货船货舱喷涂施工时，舱口盖必须打开，施工人员须系好安全带施工。

E. 面漆喷涂施工应控制湿膜厚度，避免涂层的膜厚不足或严重超厚。货舱内干膜检测应按 10 ~15 m^2 测一点。

F. 成品油舱的涂装按各产品的特涂专用工艺文件要求执行。

③上层建筑区域涂装。

上层建筑的底漆修补应在结构性完整和火工矫正验收后进行，涂装作业应严格按照涂装生产设计规定进行。主要施工要点为：

A. 电缆区域涂装应在电缆支架和电缆导板安装后，先对支架和导板背面进行涂装，然后再敷设电缆。

B. 涂装施工过程中，对上层建筑中的导航管道、电缆、仪器、设备、灯具等采用保护或遮蔽处理。

C. 原则上，上层建筑的外部区域应在试航前做完整，特殊情况下，最后一道面漆可在坞内或交船前完成。

D. 在统喷面漆前，须复测底漆的膜厚，用手工砂纸轻磨涂层表面，并去除油迹和污垢，在船东或涂料厂技术人员认可后进行面漆喷涂。

E. 对烟囱标记等有特殊要求的标记涂装，应按有关资料进行。

④机舱区域涂装。

机舱区域涂装要点为：

A. 在机舱区域内各部位统喷面漆前，必须认真进行除油和清洁，对电缆、设备、仪表、阀件进行包扎遮护，并向船东代表和涂料技术服务人员报检；在镀锌物件表面涂面漆前，必须在表面清洗后先涂磷化底漆。

B. 在试航结束，进行舱底部清洁工作，原则上使用水性清洗剂，仅在最后清洁时可使用少量的溶剂擦拭被污损的表面。

C. 在交船前进行主机的清洁、涂层修缮和各层机舱甲板的最后面漆工作。

⑤甲板区域涂装。

甲板区域涂装应先进行舱口围和各种舾装件的修补打磨除锈和涂层修补工作，要点为：

A. 露天甲板的除锈在船舶试航前进行，除锈质量要经船东代表确认后，喷涂一道底漆，底漆干膜应做测厚并记录；试航结束后，在完成舱口盖、舱口围、各种甲板舾装件面漆涂装后，方可进行甲板面的面漆喷涂。

B. 甲板喷涂后，在涂层干燥前，禁止人员在涂层表面行走，干燥后，按第五章介绍的方法对甲板涂层进行质量检验。

(7) 交船前涂装

船舶交船时，所有涂层应完整，表面应整洁、无损伤。交船前涂装主要是对破损部位进行补涂和试航时未能及时涂装部位的涂装，其涂装方法与前文类似。少量水线以上部位漏涂或涂层破损的可在水面补涂，水线以下涂料受损的须进坞补涂。大多数情况下，在船舶下水时，船体水线以下结构涂层的最外层防污漆未涂，故船舶须再次进坞进行涂装。坞内涂装要注意：

①船舶下水后到交船前，进坞这一段时间，水线以下的区域会受到水域内各种物质的污染。涂装前要先用高压水枪冲洗，除去污泥、杂物。如有油腻沾污，则应用溶剂或化学清洗剂清洗。有些水域含有较多的二氧化硫，会导致下水前已涂装完成的防污漆发黑，应用沙皮纸擦去发黑严重的部位。如船体表面有海洋生物附着，应轻轻刮除，避免损伤已有涂层。

②船体与墩木接触的部位，在整体涂层施工结束后，如涂层或涂膜厚度不足，原则上应做移墩处理，然后修补涂装，但由于船体整体涂层刚刚施工完成，涂层还未十分坚固，移墩可能会导致涂层压伤，如船东不要求移墩，可不移动，但要向船东提交一份布墩图，可在下

次进坞时,要求船坞方面布墩时避开这些部位,以便补足所缺的涂层。也可在下水时完成船体防污漆的涂装,如再次进坞时,防污涂层未破损,则可避免移墩。

③船舶首部外表面涂层易被锚链擦伤,船体中部易被码头边楞木擦伤,这些部位易产生锈蚀,再进坞时,要重新除锈和补涂,由于除锈和补涂耗费时间长,应及早准备,在刚一进坞时,立即着手实施。

④水线、水尺、船名、船籍、IMO 号以及各种标记应仔细涂装,在出坞放水前应完全干燥。

⑤船舶一进坞,就应将船内压载水、废水等放走,避免在外板上凝结水珠,影响涂装作业。

思考与练习

1. 船舶舾装分为哪几大类,每一类分别指的是什么工作内容?
2. 常见舾装工艺可分为哪几个阶段,每个阶段具体需要完成哪些工作?
3. 什么是区域舾装? 为什么要实施区域舾装?
4. 什么是托盘划分? 需要满足哪些条件?
5. 什么是船舶涂装,其作用是什么?
6. 简述船舶常用涂料及特点。
7. 船舶常用的涂装方式有哪些?
8. 简述船舶涂装初步设计、详细设计和生产设计分别要完成的工作任务。
9. 船舶涂装主要工艺包括哪些方面?
10. 简述分段涂装的要点。

第七章 船舶下水、试验与交船

知识目标

- 了解船舶常用的下水方式、设施以及工艺。
- 理解船舶试验与试航的目的。
- 了解船舶密性试验的检验方法。
- 了解船舶系泊试验以及航行试验的项目。

能力目标

- 能够描述现代船舶建造的主要下水方式,掌握下水主要步骤和流程。
- 能够掌握船舶试验的操作方法,理解试验的目的和基本原理。
- 能够描述船舶试航的基本程序和方法。
- 掌握交船验收的主要步骤和基本流程。

本章简要介绍了船舶常用的下水方式以及工艺,阐述了船舶建造完成后所需进行的各项试验,包括密性试验、系泊试验以及航行试验,分析了各项试验具体应该完成的项目,并分析了船舶建造完工最终阶段交船所需提交的文件以及流程,让读者理解船舶下水、试验以及交船的全过程。

第一节 船舶下水方式与工艺

船舶在船台上建造到一定阶段后,通过某种方法使其漂浮于水中的过程称为船舶下水。船舶下水可以采用不同的方法,常见的有重力式下水、漂浮式下水和机械化下水三种。

一、重力式下水

重力式下水是船舶在本身重力的作用下沿船台倾斜滑道进入水中的下水方法。重力下水的方式有纵向及横向两种,纵向下水时船体的中纵剖面平行于滑道运动;横向下水时船体的中横剖面平行于滑道运动。

1. 纵向重力式下水

(1)纵向涂油滑道下水

纵向涂油滑道是船台和滑道合一的下水设施。纵向下水的设备由固定部分和运动部分组成。固定部分为船台上由方木铺成的滑道,称为底滑道;运动部分在下水过程中与船舶一起滑入水中,称为下水架。下水架的底板称为滑板,在滑板与滑道之间敷有润滑油脂,使滑板易于滑动。下水架的两端建造比较坚固，以支持船体首尾两端的尖削部分，分别称为前支架及后支架。除上述主要设备外，还有若干辅助设备。诸如：防止船在开始下水之前滑板可能滑动的牵牢设备；防止船在下水过程中滑板发生偏斜的导向挡板；使船在下水后能迅速停止于预定位置的制动装置；使船在开始下水时能迅速滑动的驱动装置等。图 7－1 为纵向涂油滑道下水示意图，船舶纵向下水时，艉部先入水，因为这样可以获得比较大的浮力。

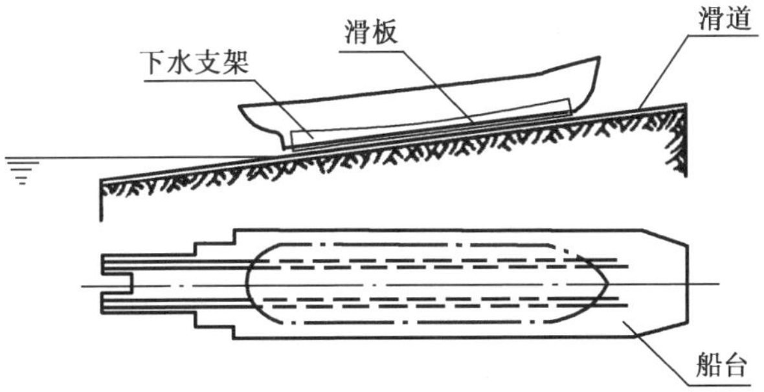

图 7－1　纵向涂油滑道下水

■知识拓展：纵向涂油滑道下水过程分析

船舶从船台上下水所涉及的问题很多，既与船舶静力学有关，又与船舶动力学有关，但是由船舶静力学观点来讨论船舶下水比较简单，而且所得到的结论与实际情况也相差不大，所以着重讨论下水的静力学问题。

根据船舶下水过程中运动的特点、作用力变化以及可能发生的危险情况，通常把纵向下水分为四个阶段进行分析研究，现分述如下。

（一）第一阶段

自船舶开始下滑至船体尾端接触水面为止。在这一阶段中，船的运动平行于滑道。

如图 7－2 所示，设滑道的坡度为 β，下水重力为 D_c，重心在 G 点。在这一阶段中的作用力如下。

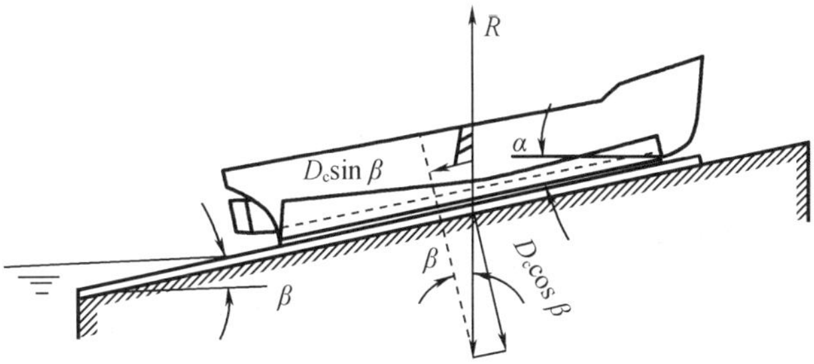

图 7－2　下水第一阶段示意图

(1)下水重力 D_c，其中包括船体重力及下水架重力。重力 D_c 沿滑道方向的分力 $T=D_c\sin\beta$ 即为下滑力，垂直于滑道的分力为 $N=D_c\cos\beta$。

(2)滑道的反作用力 R，R 与 D_c 在同一作用线上，两者大小相等、方向相反。

(3)阻止船体下滑的摩擦力 $F=fD_c\cos\beta$，f 为摩擦系数，其数值与润滑油脂的性质及温度有关，又可以分为静摩擦系数(船在开始滑动时)和动摩擦系数(船在滑道上运动时)，根据上述分析，船舶在自重作用下沿滑道滑动的条件是

$$D_c\sin\beta > f_s D_c\cos\beta \text{ 即 } \tan\beta > f_s$$

由上式可见，船舶沿滑道向下开始滑动的必要条件是，滑道坡度 $\tan\beta$ 必须大于静摩擦系数，否则船不能滑动。

船开始滑动后，摩擦系数的数值急剧下降为动摩擦系数。

在第一阶段中，可能出现的问题是船舶能否滑动。其中的关键是润滑油脂的摩擦系数和承压能力，若润滑剂的摩擦系数过大或承压能力过低，则船舶不能自动下滑，下水工作遇到故障。这时通常采用机械驱动，顶推滑板前端使船舶沿滑道滑动。

(二)第二阶段

自船体尾端接触水面至船尾开始上浮为止。在这一阶段中，船的运动仍平行于滑道，作用力有：

(1)下水重力 D_c；

(2)浮力 γV(其中 γ 为水的密度，V 为船舶入水部分的排水体积)；

(3)滑道的反作用力 R。

设下水重力 D_c、浮力 γV 及反作用力 R 的作用点至前支架前端 A 的距离分别为 L_G、L_C、L_R，如图 7－3 所示，则在该阶段中力及力矩的平衡方程式为

$$D_c=\gamma V+R$$

$$D_c\cdot L_G=\gamma VL_C+RL_R$$

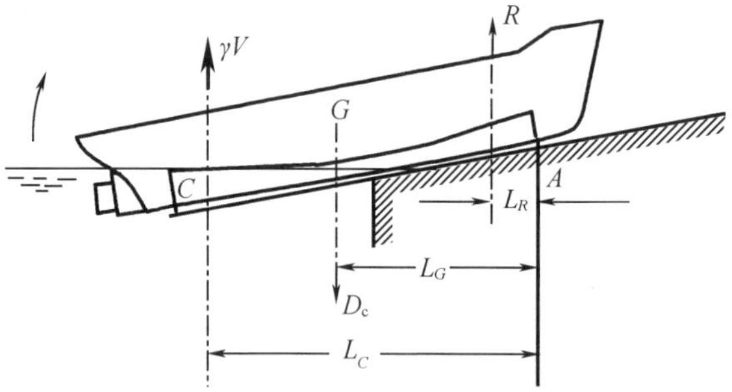

图 7－3　下水第二阶段示意图

由以上分析可知，在船舶开始艉浮的瞬间，反作用力(艏端压力)R 将集中作用在艏支架端点 A 处。这种作用力是一个相当大的瞬时动载荷，如果处理不当，有可能发生损坏支架或船体局部结构等不良后果。因此，纵向滑道下水时，必须计算艏端压力并采取相应措施。一般认为，艉浮时艏端压力 R 值是下水重力 D_c 的 18%～30%。

在下水第二阶段中，还有一种现象必须注意，即船舶仰倾（俗称艉落或艉弯）现象。当船舶重心 G 经过滑道末端之后，浮力增加较慢，船尾尚未浮起时，重力对滑道末端的力矩 D_cS_G 大于浮力对滑道末端的力矩 γVS_G。则船舶将以滑道末端为支点发生仰倾现象，如图 7－4 所示。

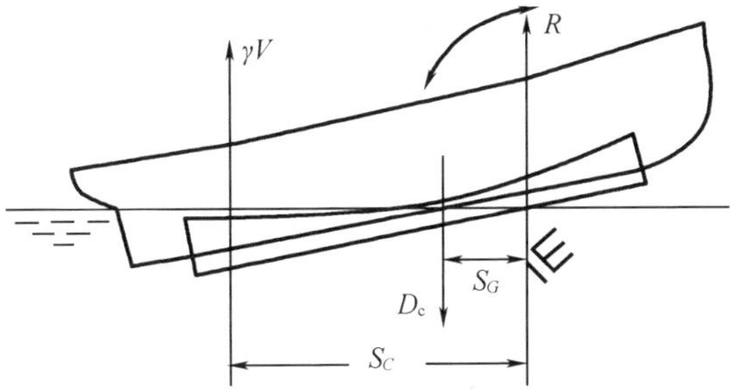

图 7－4　船舶仰倾现象示意图

船舶仰倾是一种很危险的现象，船舶在下水过程中不允许发生此种情况。如果根据计算结果发现可能产生艉落时，则应采用措施避免发生这种情况。通常采用的方法有增加滑道水下部分的长度；在船首部分增加压载量；增加滑道坡度；等待潮水更高时下水，即增加滑道水下部分的长度。

（三）第三阶段

自船尾开始上浮到船舶完全漂浮。在这一阶段中，可能有两种情况：

（1）船舶已完全浮起，顺利地在水中滑行，这是所希望的正常现象；

（2）在艏支架离开滑道末端的瞬间，船舶的下水质量仍大于浮力，则将发生船首猛然跌落的现象，称之为艏跌落。

船舶产生艏跌落时，由于动力作用，船首将突然下沉，其下沉深度将达到艏吃水的 1.5～2 倍，它可能引起艏部结构或下水架与滑道末端相碰撞，导致艏部结构和滑道末端毁坏，因此在下水过程中必须避免此类现象发生。通常可采用的措施有：增加滑道入水部分的长度；等待潮水更高时下水；船台末端水下部分做出中心凹槽，但是这种凹槽在水工建筑处理上比较复杂，如图 7－5 所示。

（四）第四阶段

从船舶完全漂浮到船舶停止滑行。下水船舶在离开滑道以后，由于惯性作用将继续向前运动，由于阻力作用，船舶会自行停止滑行。从船舶完全漂浮到船舶停止滑行这段距离称为船的自由冲程，实践统计证明，船舶自由冲程约为船长的 2～3 倍。

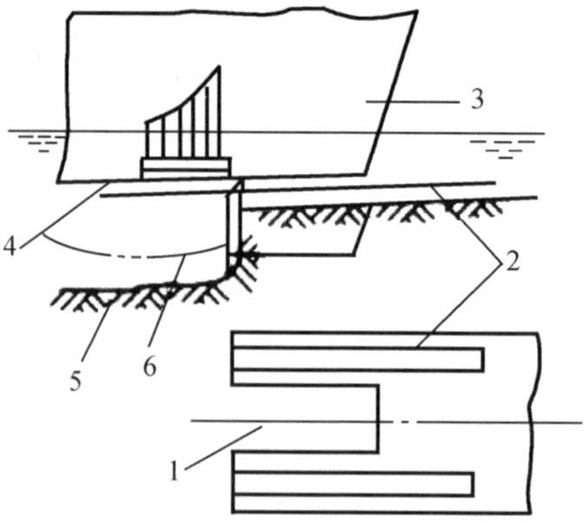

1—凹槽;2—滑道;3—船首;4—滑板;5—河床;6—艏端轨迹。

图 7-5 滑道末端凹槽

若船厂水域宽度不能满足船舶自由冲程的要求,须采取适当措施使船停止运动。在水域宽阔的情况下,大多数船舶借抛锚以停止运动;在水域狭窄的情况下,船舶可能冲至对岸,发生搁浅或撞伤等事故,因而需要采用专门的制动措施,一般有缆索制动和阻荷制动。缆索制动是将主索(锚链或钢丝绳)的一端固定在岸上,另一端固定船首,在主索上隔一段距离用麻质制动索将其与甲板或地上的木桩相连,船舶下滑时,制动索依次被拉断,以吸收船舶滑动能量而达到制动目的。阻荷制动是将锚链或废铁块置于下水船舶两侧的地面上并与船体相连,当船舶下滑时,借助拖动阻荷的阻力而起制动作用。

由下水过程分析可知,如果要保证船舶下水顺利实施,就必须有相应的下水设施和工艺。纵向涂油滑道下水设施如图 7-6 所示,船舶支撑在下水架上,而下水架则由置于滑道上的滑板来承托。防止船在开始下水之前滑板滑动,牵牢设备一般是滑道两侧的止滑器。船舶下水时,首先拆除下水墩木,使船舶质量落在下水架上,再松开止滑器,滑板便连带船舶和下水架沿滑道滑入水中。

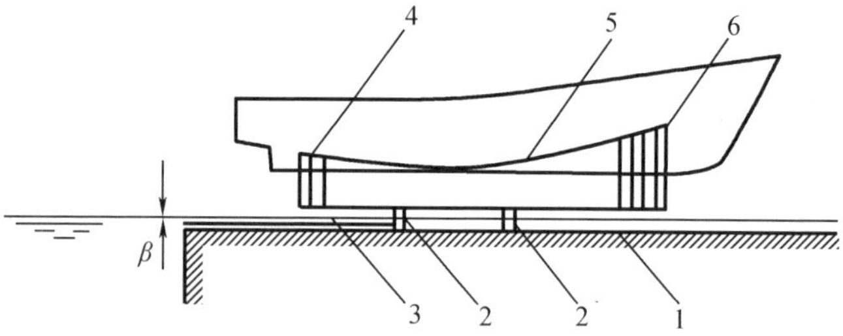

1—滑道;2—止滑器;3—滑板;4—艉支架;5—中间支架;6—艏支架。

图 7-6 纵向涂油滑道下水设施

(a)下水墩木

船舶下水前，须将船舶从建造墩木移至下水墩木上，并对建造墩木处的船底板补涂油漆。下水墩木应既能临时支撑下水船舶的质量，又能方便迅速拆除，这样才能保证船舶安全迅速地坐落到下水架上。常见的下水墩木有砂箱下水墩木和活络铁墩。砂箱下水墩木由一个侧面开有插门的凸底铁箱组成，箱内装满砂石，拆墩时，只要打开插门，砂石即自行外流，砂箱上方的墩木随之下降，船舶安全迅速地坐落到下水架上。拆墩时，只要将安全插销拉开，并用手锤将止动闸刀向上击落，解脱拉力铰链的约束，滑箱即沿箱体座上的斜面滑下，使墩木高度降低 100 mm 左右。这种活络铁墩的特点是不须装碎石，拆卸方便，可同时作为建造墩木实现一次排墩，缩短下水准备和下水操作时间，还可避免砂尘飞扬和减轻船台清理的工作量。

(b)滑道

滑道通常为两条，其中心线之间的距离约为船宽的 1/3。滑道坡度 β 一般取为 1/12～1/24，其具体数值视船的大小而定。概括说来，小型船舶(100 m 以下)的 β 为 1/12～1/15；中型船舶(100～200 m)的 β 为 1/15～1/20；大型船舶(200 m 以上)的 β 为 1/20～1/24。对于大船，滑道坡度一般较小，使船首部分离地不至于过高，可以节省很多垫料支柱和台架，同时又便于施工。但滑道坡度也不宜过小，否则船将不易滑动。

(c)滑板

滑板是船舶下水时承载船舶和下水架的下水装置，它由 200 mm×200 mm 或 300 mm×300 mm 的松方木用螺栓连接而成，每块滑板的长度为 6～8 m 或 3～4 m，其端部下缘都加工成圆角，以免在下滑时被滑道卡住。

使用时，可以根据需要的长度把一块块滑板用连接件连接起来，为了防止滑板从滑道滑出，在两块滑板之间要求装设适当数量的撑木或松紧螺栓扣，以保持两块滑板之间的距离。滑板的总长度(包括各块滑板之间的间隙在内)应略大于全部下水架的长度，通常取船舶垂线间长的 80%～90%。

(d)下水油脂

从下水过程的第一阶段分析可知，下水油脂的静摩擦系数是决定船舶能否自行下滑的重要条件。一般要求下水油脂在各种压力情况下的静摩擦系数不得大于 0.035。此外，下水油脂还应满足下列技术要求：具有足够的承压强度；油脂对滑道和滑板的附着力强；与海水接触时不起化学反应；配制时对杂质的敏感性不大。

下水油脂一般分为承压和润滑两层，也有分为承压、过渡和润滑三层的。承压层的作用是承受船舶下水时的压力，并保持表面平整，有助于润滑，承压层一般用不同质量比例的石蜡、松香、硬脂酸等调制而成；润滑层的作用是保证滑板与滑道间的润滑，减小它们之间的摩擦力，常用润滑剂有 3 号、4 号工业钙基酸、松香基润滑油、水肥皂和机油等。

(e)下水架

下水架是支撑下水船舶,并保持船舶平稳下滑的重要下水装置,它的长度约为船长的80%,船体首尾两端各有10%左右的长度悬空于下水架之外。下水架按其所在位置分为艏支架(用普通墩木)、中间支架和艉支架三部分。如图7-7所示为钢质回转支架。

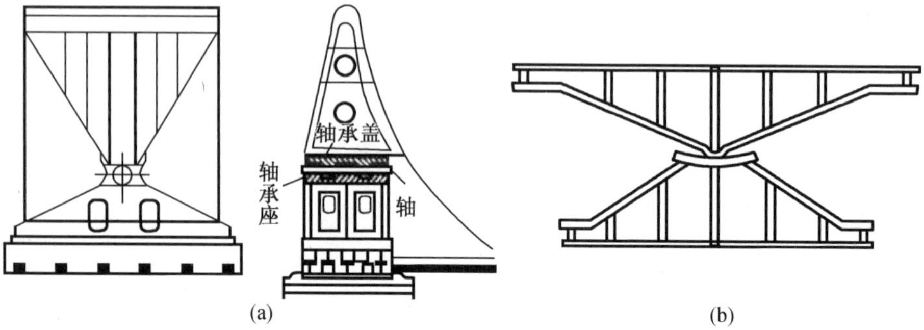

图7-7　钢质回转支架

艉部开始上浮时,因滑道反力集中作用于下水架前支点处,可能损坏下水设备及船体结构,所以要求艏支架结构特别坚固,并且要求布置在船体结构横向刚度较大处,如图7-7(a)所示。图7-7(b)所示是一种钢质箱形圆凹槽受力铰点结构的回转支架,此支架在船舶尾浮时,上半部自由支撑在下半部的凹槽中并做相对滚动,这种支架的使用效果良好,安全可靠,维护保养要求也不高。

现在国内推广使用的方法是取消艏支架的下水工艺,即在滑板与船体之间的相当长度内只须添入普通墩木,这些墩木随船体及滑板一起下水。当船尾上浮时,可以使艉浮压力分布在相当长度内,因而大大降低局部受力,船体内部也不必采用临时加强。

(f)止滑器

当拆除下水墩木,使船舶质量转移至滑板上时,为了对船舶下水进行有效的控制,保证下水安全,必须在滑板外侧装设止滑器。常见的止滑器有手动止滑器、机械止滑器和液压止滑器。

图7-8是杠杆式机械止滑器的结构示意图。下水时只要松开操纵钢丝绳,各级杠杆便依次落下,解除控制作用。因它由四级杠杆组成,钢丝绳拉力较小,可以用麻绳连接两组止滑器的操纵钢丝绳。只要砍断麻绳,止滑器便解锁,船舶即可下滑入水。止滑器通常是左右对称地布置在船舶重心附近。

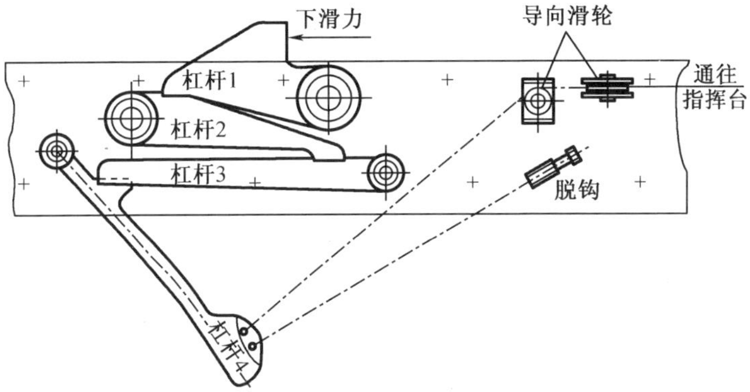

图 7－8　杠杆式机械止滑器的结构示意图

(2)纵向钢珠滑道下水

纵向钢珠滑道下水是用钢珠代替下水油脂,变滑动摩擦为滚动摩擦的一种纵向重力下水方式。由于钢珠的滚动摩擦系数比油脂的滑动摩擦系数小得多,下水时容易启动。因此,滑道坡度可以相应减小,适用于现代大型船舶的建造。

钢珠下水装置主要由钢珠、保距器和轨板等构成,如图 7－9 所示。钢珠由高铬钢构成,具有防锈能力,直径为 90 mm,平均许用载荷为 3 t,瞬间载荷应达 15 t。保距器用来控制钢珠在一定范围内滚动。为了减少保距器与滑道轨板之间的摩擦力,保距器上安装有滚轮。每块保距器中钢珠数量和布置要经过计算来确定,根据船舶在滑道上的质量分布及钢珠的抗压强度来确定其分布。图 7－9 中的普通型保距器每块放 12 个钢珠,大型船舶钢珠数量要多些。在滑道轨板上焊有导向方钢,以免钢珠出列。为了收集下水时的钢珠,在滑道末端设置有钢架网袋(或钢珠回收箱),承接落下的钢珠。

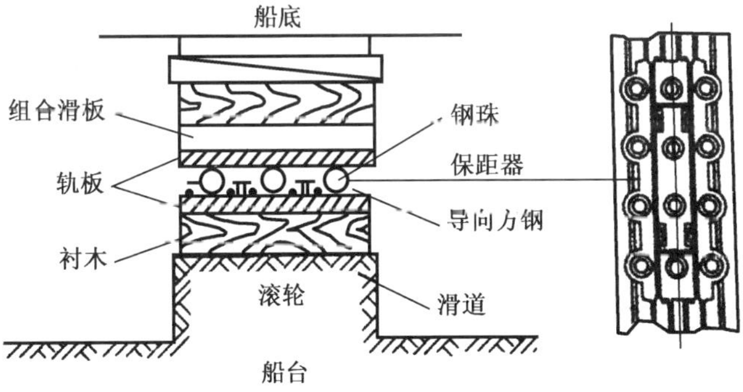

图 7－9　钢珠下水装置

它的主要优点是:钢珠可以重复使用,并可节省大量油脂,不污染环境;变滑动摩擦为滚动摩擦,进一步减少滑板与滑道之间的摩擦力,船舶更容易下水,同时,其摩擦系数较稳定,不受承压时间长短和气候温差变化的影响;钢珠及其装置可以统一规格,实行标准化,也便于保管。其缺点是:耗费钢材较多,初始投资较大;带有轨板的滑板较重,拆除与安装均不方便;对滑道精确性要求较高。

①钢珠。

钢珠直径大小与承受压力的大小有关。钢珠的许用负荷按统计资料为

$$P = 125d$$

式中 P——钢珠许用负荷,kg;

d——钢珠直径,mm。

钢珠直径常取 85 ~ 100 mm,试验的极限载荷为 40 ~ 50 t。考虑下水时的运动状态,每个钢珠的平均承压力取 2.5 ~ 3.5 t①。在滑道的艉浮加强区段,因承受艏支架压力,故应加密钢珠,以免钢珠超载。同时认为艏支架压力系瞬时载荷,钢珠承载能力常取 18 ~ 25 t。

钢珠应具有防锈蚀性能和一定的韧性,能够承受船舶滑行时的冲击力。一般用高铬钢或 35 号优质碳素钢制作钢珠。钢珠制成后,应不经热处理就能达到一定的硬度,且在 -5 ℃左右,能保持一定的韧性。对于钢珠防锈,仍需从维护保养方面采取措施。

钢珠的精密度要求较高,车制钢珠直径的误差应在 0.5 mm 以内。钢珠表面锈蚀斑点的凹痕,只允许在 1.5 mm 以内。钢珠卸载后应没有永久变形、裂纹、压痕及其他机械损伤。对钢珠精确度要求较高的主要原因是可以减少摩擦阻力及避免个别钢珠因承压过大而损坏。钢珠阻力与钢珠的滚动摩擦、位移摩擦、钢珠与保距器的摩擦及保距器位移的摩擦阻力有关。同时,它也与接触钢珠的钢板硬度和滑道面的平整度有关,特别是在滑道与滑道的接头处,应避免不均匀沉陷,否则将阻碍钢珠滚动。在钢珠和滑道符合技术条件的情况下,按国内外的试验资料,其静摩擦系数一般可取 0.01,动摩擦系数可取 0.025。

关于滑道承压强度,钢珠滑道则比油脂滑道的承压能力大。例如钢珠平均压力以 3 t 计,滑道在同一面积上若布置 12 个钢珠,则滑道平均负荷可达 36 t,这就超过了油脂滑道的正常承载能力。在滑道艉浮时的艏端加强区,钢珠平均的瞬时载荷以 15 t 计,该区段在同一面积上若布置 18 个钢珠,艉浮时的艏端加强区负荷可达 270 t,这也超过了油脂滑道在艉浮时的艏端加强区的瞬时载荷。

滑道上所布置的钢珠列数,按船舶重力大小可分成两列、三列或四列等,图 7 - 10 所示为三列钢珠布置。一般船舶下水重力在 3 000 t 以下者,取两列钢珠;在 3 000 ~ 8 000 t,取三列钢珠;在 8 000 t 以上者,取 4 ~ 6 列钢珠。在艉浮时的艏端加强区,可适当地增加钢珠列数。

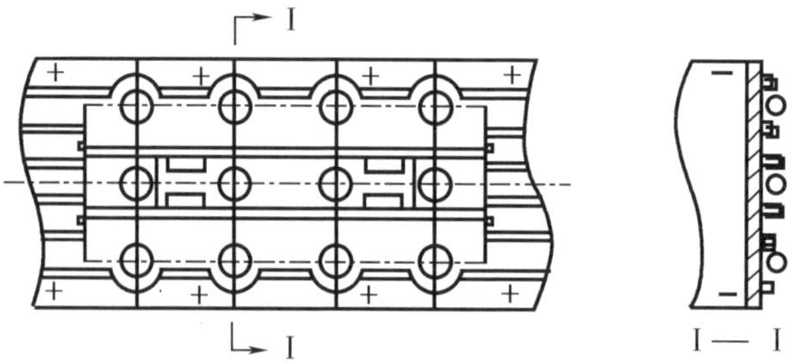

图 7 - 10　三列钢珠布置图

① 1 kfg = 9.806 65 N,1 t = 1 000 kg。吨力、千克力是工程应用中的通用说法。

②保距器。

由于滑道在接缝处的不平度以及制作钢珠的误差，船舶在滑行过程中，有很多因素会引起某些钢珠负荷不均，相差很大，甚至无负荷现象，使其滚动混乱，从而失去应有的相对位置。保距器就是为了防止钢珠发生混乱滚动，而用来保持各钢珠的相对位置的。保距器与轨板如图 7－11 所示。

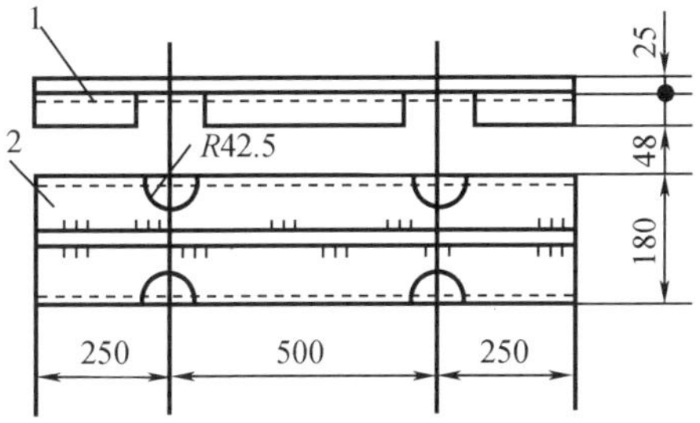

1—轨板；2—保距器。

图 7－11　保距器与轨板

船舶滑行时，保距器与钢珠随着船体以较慢的速度移动，其移动速度约为船体滑行速度的 2/5～1/2。为了减少保距器与轨板之间的移动阻力，有的在保距器上还装了滚柱。滑道上按负荷大小区段应布置钢珠列数不同的保距器，或调节保距器之间的间距，如在承受艏支架压力的范围内，保距器就应该加密。

在下水过程中，保距器虽然不会受到船舶质量的作用力，但为了以其自重来减小其上下方向的跳动，还是应该采用较大的槽钢来制作保距器。

③轨板。

保距器内排列钢珠，钢珠与滑道、滑板的接触面上有钢板，该钢板称为轨板，如图 7－11 所示。轨板可用螺栓固定在滑道和滑板上。在滑道轨板接头处，应预留伸缩缝，以适应不同季节的温差变化。在轨板接头处，还应安装钢质垫板，以免滑道在轨板接头处因承受钢珠载荷，产生不均匀压缩变形而阻碍钢珠滚动。在轨板上还须焊接导轨方钢，以防止钢珠横向移动。在滑道轨板上，每列钢珠有两条导轨方钢，两列钢珠则须焊接 4 条方钢，以此类推。在滑板的轨板上，仅在轨板的两侧，各焊接 1 条导轨方钢，为了减小摩擦阻力及避免钢珠受到损伤，导轨方钢与钢珠之间，须预留间隙 10 mm，并将钢珠与方钢相邻近的边角切成 45°～60°斜角。有了导轨方钢，就不会发生钢珠脱轨现象。

轨板中钢板厚度与钢珠平均压力及滑道材料性质有关，应合理选择。滑道艉浮时艏端加强区段的轨板应适当加厚，一般为 16～20 mm 厚度的轨板，最厚的甚至有 30 mm。滑道其余区段的轨板厚度，一般为 12～14 mm，也有的用 16 mm 厚度的轨板。在滑道的潮差段，特别是海水对钢铁有较强的锈蚀作用时，以设置防锈钢板为宜。

④钢架网袋。

船舶滑行时，由于钢珠的回转移动，在滑道末端区段钢珠较密集，并约有 2/5 的钢珠装置会从滑道末端落下。为了防止钢珠在水中滚失,故在滑道末端设置钢架网袋,如图7-12所示,以承接下落的钢珠。钢架网袋应在滑道向下的延伸面以下,以免滑板碰撞钢架网袋。滑道末端设置钢架网袋处的河床水深应满足承接钢珠装置的要求,绝不能阻碍船舶滑行。船舶下水以后,待退潮时取出钢珠网袋装置。

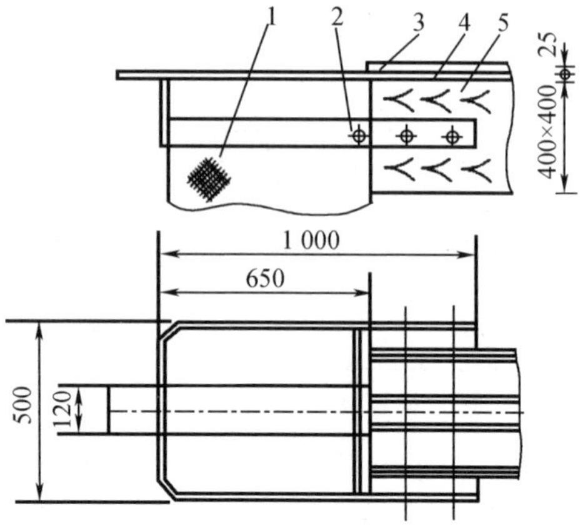

1—网袋;2—Φ16 mm 圆钢;3—导轨方钢;4—轨板;5—滑道。

图7-12 钢架网袋装置图

■知识拓展:纵向钢珠滑道下水实例

下列数据为某船厂建造33 000 t油船时采用钢珠装置进行下水的主要数据:

滑道形式	钢道滑道
下水重力	9 050 t
艏支架压力	2 350 t
滑道总长	187.29 m
滑道中心距	9.24 m
滑道宽度	0.90 m
滑道末端水深	3.25 m
滑板长	167.44 m
船舶下水后:	
艏吃水	1.28 m
艉吃水	3.56 m
平均吃水	2.42 m
钢珠总数	3 996 个
滑板下的钢珠数	3 828 个
每个钢珠的平均承压力	2.7 t
艉浮时钢珠的瞬时最大承压力	22.91 t
保距器落于水中数	130 个

钢珠落于水中数 1 560 个

另外,某船厂曾在单根滑道上进行了钢珠下水试验,测算出摩擦系数的变化情况以及钢珠从滑道末端落下的数量。其基本情况是:滑道坡度 1/24,滑道上每间隔 1 m 设置保距器 1 个,附有 4 个钢珠,滑板长度 10 m,试验负荷 7 t,滑板下的每个钢珠平均质量 0.3 t,启动下滑质量为 230 kg。船舶下滑启动时,摩擦系数为 0.009,接着迅速而急剧地上升,在第 3 s 末,达到最大值 0.031,然后又骤然下降,至第 4 s 末,摩擦系数趋近于常数,其平均值约为 0.025。船舶下滑速度在第 21 s 末达到最大,为 3.12 m/s。整个滑行过程基本平稳,并只有 1/4 的保距器和钢珠从滑道末端落下。

2. 横向重力式下水

横向重力式下水与纵向重力式下水的区别是船舶开始进入水中的不是艉部而是一舷,如图 7－13 所示。根据滑道的长短,横向重力式下水一般可分为两种。一种是长滑道,滑道伸入水中,先将船舶拖曳到楔形滑板上,然后沿滑道滑移到水中,这种方式称为横向浮起式下水(图 7－13(a));另一种是短滑道,滑道不伸入水中,船舶下水时,连同下水架一起坠入水中,然后依靠船舶本身的浮力和稳性趋于平衡,这种方式称为横向坠落式下水(图 7－13(b))。

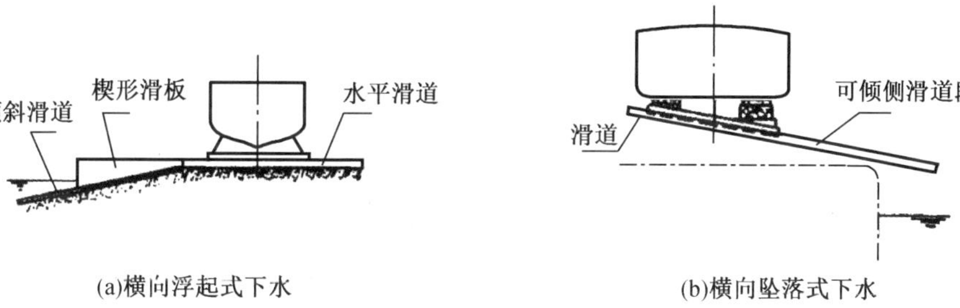

图 7－13 横向重力式下水示意图

横向重力式下水适用于小型船舶下水。

思考与分析:重力式下水中较常用的是哪一种下水方式?

重力式下水中较常用的是纵向滑道下水,采用纵向重力式下水时,因为艉部型线较丰满,可以获得较大的浮力而易于浮起,而且因艉部在前时阻力较大,可以缩短船的冲程,所以一般是船尾先入水。

二、漂浮式下水

将水注入建造船舶的场所,依靠浮力使船舶自然浮起的下水方法,叫作漂浮式下水。该法的原始形式,我国早有应用——利用江河的枯水季节在滩头将船造好,当洪水季节到来时船即可自行浮起,这样不需要任何下水设施。现代的漂浮式下水的主要设施是船坞,常见的漂浮式下水方法有以下几种。

1. 干船坞下水

干船坞是一种利用漂浮原理进行船舶下水和上墩的水工建筑物，如图 7－14 所示。它由坞底、坞墙、坞门和水泵站等组成。坞门本身具有压载水舱和进排水系统，安装到位后将水压入坞门水舱内，坞门会下沉就位，在坞外海水的压力下紧紧压在坞门口，再将坞内的水抽干后，即可在坞内造船或修船。船舶建造完成后，通过进排水系统将坞外水域的水引入坞内，船舶依靠浮力起浮，待坞内水面和坞外一致时就可以排出坞门内的压载水起浮坞门并脱开坞门，然后将船舶用拖船拖出船坞，坞门复位，进入下一轮造船。

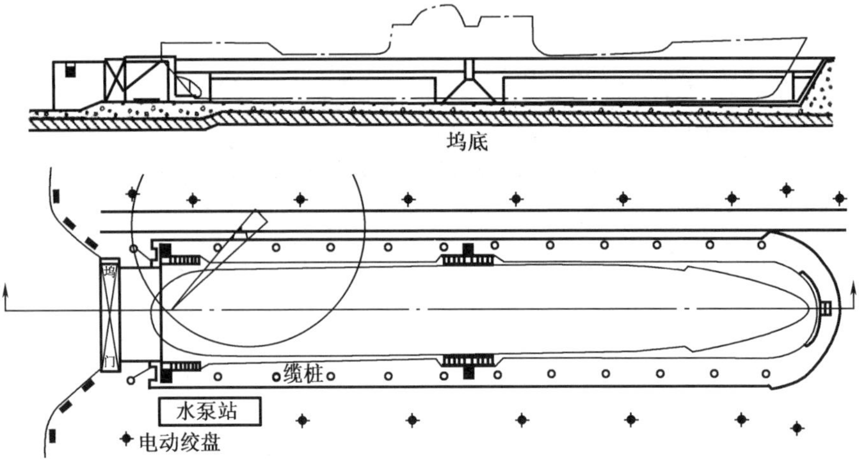

图 7－14　干船坞

2. 造船浅坞

新造船舶的空船质量比修船时的船舶质量小，如果只需要满足新造船舶浮起的要求，就可以把坞造得浅一些，以便节省大量的基本建设资金，根据这个原则建成的干船坞，叫作造船浅坞（简称造船坞），如图 7－15 所示。

图 7－15　造船浅坞

随着船舶大型化,新造船的主尺度和质量不断增大,如果仍然采用纵向涂油滑道的倾斜船台或半坞式船台造船,势必要增加船台前端标高和船台起重设备的起吊高度,从而大大增加船台和起重设备的投资,增加分段吊装工艺的复杂性。如果采用造船坞建造大型船舶,不仅可以克服倾斜船台和半坞式船台前端过高、纵向涂油滑道下水工艺复杂、水域宽度不易满足等缺点,而且还具有以下优点:

①船舶建造时处于水平状态,施工操作方便;

②起吊高度降低,便于采用大起重能力、大跨距的起重设备;

③设置中间分隔坞门以后,可以采用串联建造法造船;

④可以利用坞墙设置各种造船机械化装置,提高船体建造的机械化程度;

⑤漂浮式下水操作简单、安全。

鉴于以上所述,即使造船坞的建造费用较高,也仍然是建造大型船舶时船体总装和下水的主要设施。

3. 浮船坞下水

浮船坞原来主要用于船舶修理,作为船队或工厂的浮动修船基地,如图7-16所示。浮船坞如与水平船台联合使用,亦可作为船舶下水设施。利用浮船坞做下水作业,首先使浮船坞就位,坞底板上的轨道和岸上水平船台的轨道对准,将船台小车承载的船舶移入浮坞,然后将浮坞脱离与岸壁的连接,如果坞下水深足够的情况下,浮坞就地下沉,船舶即可自浮出坞;如果坞下水深不足,就要将浮坞拖带到专门建造的沉坞坑处下沉。

根据船舶入坞的方式分为纵移式和横移式。纵移式的浮坞中心线和水平船台移船轨道平行,可以采用双墙式浮坞,船舶入坞按船长方向移动,如图7-17所示。

图7-16 浮船坞

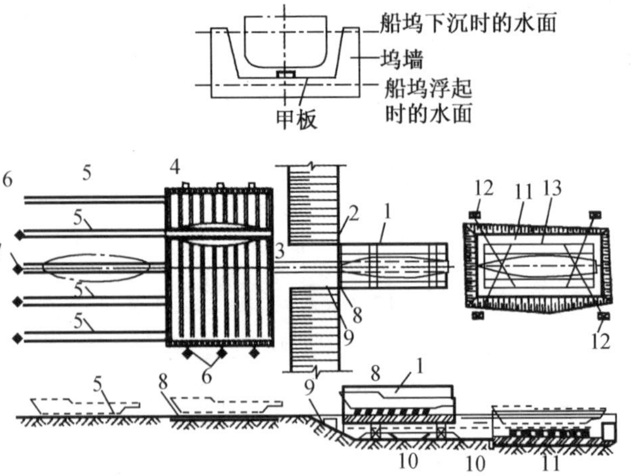

1—浮船坞；2—定位装置；3—通往浮船坞的轨道；4—电绞车；5—船台；6—地牛；7—电动铰盘；8—横移车；9—突码头；10—支墩；11—沉坞坑；12—固定浮船坞用的锚；13—浓坞坑上的浮船坞位置。

图 7－17　纵移式浮船坞下水

横移式浮坞多采用单墙式浮坞，也可以采用双墙式浮坞，但这种浮坞的一侧坞墙可以拆除，使用时将浮坞横靠在水平船台的岸壁，拆去靠岸一侧的坞墙，将船舶拖入浮坞，再将活动坞墙装复做下水作业，如图 7－18 所示。

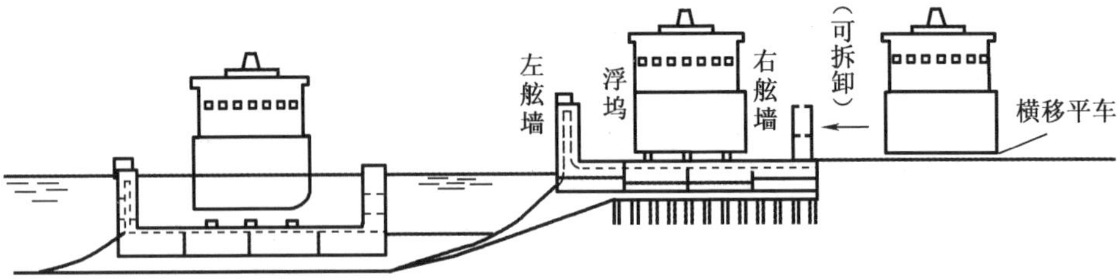

图 7－18　横移式浮坞下水

浮坞下水设施具有能与多船位水平船台对接的能力，造价较低，建造周期短，下水作业平稳安全，但作业复杂，多数时候要配备深水沉坞坑。

三、机械化下水

机械化下水的种类很多，它们都是在机械设备的作用下使船入水的。一般情况下主要有纵向滑道机械化下水、横向滑道机械化下水、垂直升船机下水三种形式。

1. 纵向滑道机械化下水

(1) 纵向船排滑道机械化下水

它是船舶在带有滚轮的整体船排或分节船排上建造，下水时用绞车牵引船排沿着倾斜船台上的轨道将船舶送入水中，使船舶全浮的一种下水方式，如图 7－19 所示。

(a)整体船排

(b)分节船排

图 7－19　纵向船排滑道机械化下水示意图

分节式船排每节长度是 3 ~4 m,宽度是典型产品船宽的 80% ,高度为 0.4 ~0.8 m。由于位于船首的那节船排要承受较大的艏端压力,因此要特别加强其结构的稳定性,船排分为分节船排和普通船排两种。由于船排顶面与滑道平行,而且高度只有 0.4 ~0.8 m,所以其滑道水下部分较短,滑道末端水深较小,采用挠性连接的分节船排由于船排可以在船舶起浮后在滑道末端靠拢,因此可以进一步降低滑道水下部分长度和降低末端水深。这种滑道技术要求较低,水工施工较简单,投资也较小,而且下水操作平稳安全,主要适用于小型船厂。但由于船排高度小,船底作业很不方便,一般仅适用小型船舶的下水作业。

为提高船排滑道的利用率,适应批量造船的需要,出现了带有横移坑和多船位水平船台的纵向船排滑道,如图 7 －20 所示是一种带液压摇架和横移区的纵向船排滑道布置图。下水时,首先将船舶从水平船台移至横移车上,拉曳横移车将船舶移至滑道区与液压摇架对准(此时的液压摇架呈水平状态),将船移到液压摇架上,然后调整摇架两端的液压千斤顶,使摇架倾斜成与滑道相同的坡度,即可将船移入水中。

(2)双支点纵向滑道机械化下水

这种下水使用两辆分开的下水车支撑下水船舶,它可以直接将船舶从水平船台拖曳到倾斜滑道上从而使船舶下水。

这种滑道属于双支点纵向滑道,是用一段圆弧将水平船台和倾斜滑道连接起来,以便移船时可以平滑过渡,具有结构简单、施工方便、操作容易的优点,缺点是由于只有两辆下水车支撑船舶首尾,对船舶纵向强度要求很高,在艉浮时会产生很大的艏端压力,因此只适用纵向强度很大的船舶,如图 7 －21 所示。

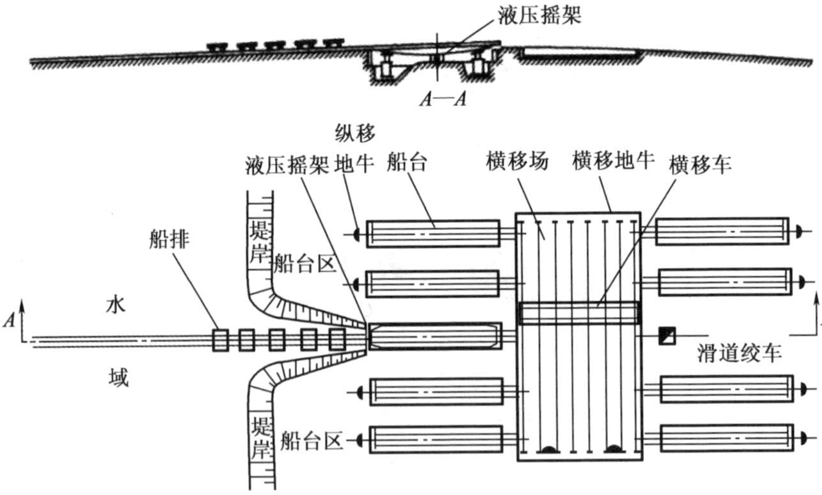

图 7-20　带液压摇架和横移区的纵向船排滑道布置图

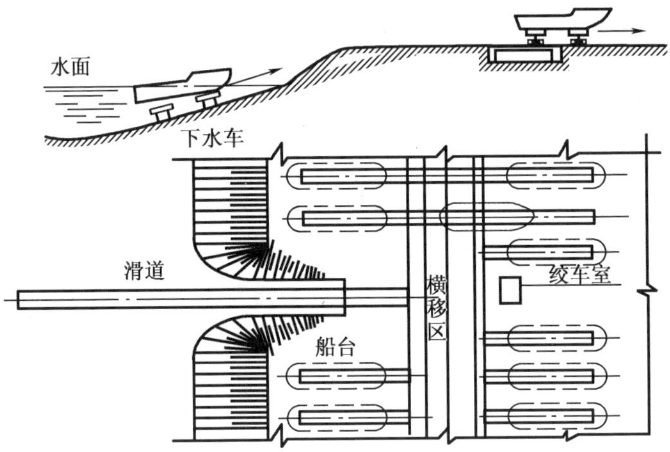

图 7-21　双支点纵向滑道

(3)变坡度横移区纵向滑道机械化下水

这种下水方式的横移区由水平段和变坡段两部分组成,如图 7-22 所示。侧翼布置有多船位水平船台的横移区,因移船的需要使横移车轨道呈水平状态,故称水平段;变坡度的横移区其轨道只有一组仍为水平,其他各组均带有坡度,这些轨道的坡度能使横移车在横移过程中逐步改变其纵向坡度,最后获得与纵向滑道相同的坡度,故称为变坡段。同时,为使横移车在变坡段仍保持横向水平,带坡度轨道均采用高低两层轨道的形式。

由于横移区具有变坡功能,所以采用纵向倾斜滑道下水。同时,可以在下水滑道纵向轴线处建造一座纵向倾斜船台。通过横移车在水平段实现与水平船台的衔接;在变坡段末端实现与纵向倾斜船台、下水滑道的衔接,使一种下水设施可以供两种船台使用,而且这种滑道是用船台小车兼作下水滑车的,故滑道末端水深较小,滑道建设投资小。但是,这种下水方式和所有采用纵向下水工艺滑道一样存在船舶尾浮时较大艏端压力的问题。

一般这种方式多用于国内码头岸线紧张且腹地广大的渔船修造厂和中小型船厂，修造船可以在内场水平船台进行，只设一条下水滑道，减少滑道水下部分的养护工作量。

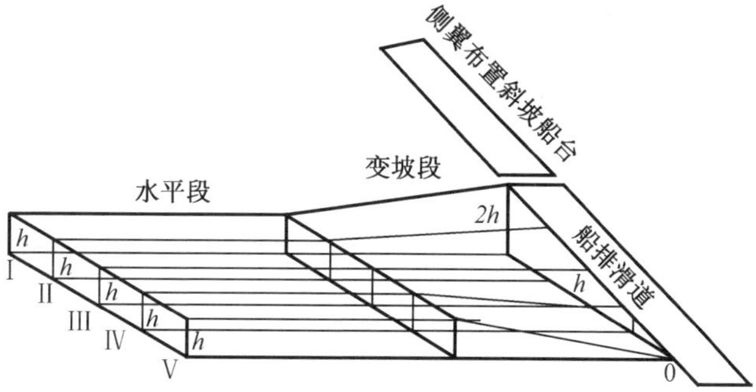

图 7－22　变坡度横移区纵向滑道机械化下水示意图

2. 横向滑道机械化下水

典型的横向滑道机械化下水方式是梳式滑道机械化下水。梳式滑道机械化下水由斜坡滑道和水平横移区组成，同时与横移区侧翼的多船位水平船台连接，船台小车和下水车分别单独使用。

在斜坡滑道部分铺设若干组轨道，每组轨道上有一辆单层楔形下水车，每辆下水车有单独的电动绞车控制。斜坡滑道部分和横移区的轨道交错排列，位于轨道错开地区处于同一水平处的连线称为零轴线，水平轨道和斜坡滑道互相伸过零轴线一定长度，形成高低交错的梳齿，所以称为梳式滑道，如图 7－23 所示。其作用是将水平船台上的待下水船舶转载到楔形下水车上。

具体操作时，将船舶置于船台小车上，开动船台小车做纵向运动，待船舶移到横移区的纵向轨道和横向轨道交错处时，启动小车下部的液压提升装置提升船台小车的走轮，将车架旋转 90°后落下走轮到横移轨道上，开动船台小车将船舶运动到零轴线处，再次启动船台小车上的提升装置同时将船舶略微升高，此时用电动小车将楔形下水车托住船舶，降下船台小车的提升装置并移开船台小车，船舶即坐落在下水车上，最后开动下水车上的电动绞车将船舶送入水中完成下水作业。

船台小车和下水车各自有单独的电动绞车，免去换钢丝的麻烦，提高了作业的安全性和作业效率。下水车的轮压较低，对斜坡滑道的施工精度要求较低，各个区域的建设独立性较强，可以分期施工。但由于需要自备牵引设备且船台小车结构复杂，维修烦琐，船台小车的走轮转向和零轴线处换车作业麻烦，故梳式滑道适用于中、小型内河平底船舶的下水和上墩。

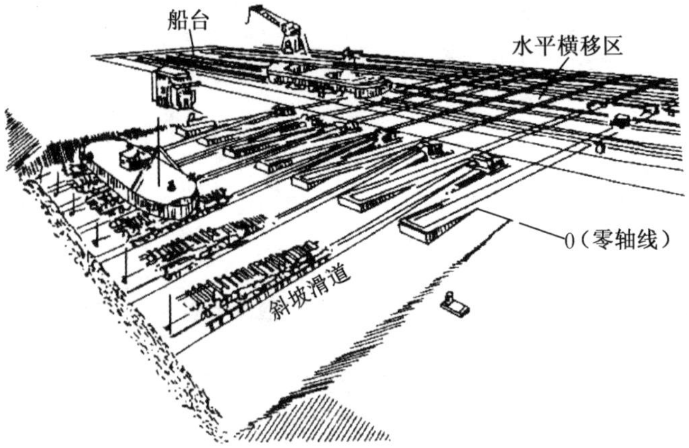

图 7－23 梳式滑道鸟瞰图

3. 垂直升船机下水

升船机是一种抬船垂直上升或下降的设施。为了与航运部门过坝用的机械化滑道的习惯称呼——斜面升船机区别起见，又称为垂直升船机。两者的主要区别是在升船作业时，船厂升船机是“干式”的，过坝升船机则大部分是“湿式”的，即升船时船舶是浮在带水的承船厢中的。

升船机的组成包括：承载船舶和移船设备的抬船平台；由位于抬船平台两侧及一端的垂直岸壁所组成的升船池；布置在两侧岸壁上，用以控制抬船平台升降的吊点和驱动机构；在抬船平台到达预定高度时，予以固定的锁紧装置，以及操纵升船机的控制室等。

升船机与机械化滑道或船坞相比，在使用和布置方面都具有一定优点。例如，升船池内的水面受风浪和水流的影响较小，所以船在升船池内就较在滑道上平稳，易于准确定位，不仅节省了操作时间、减轻了劳动强度，并且使船舶上墩下水更为安全可靠。同时，升船机所占面积较小，故在布置上就比滑道灵活、紧凑。与船坞相比，升船机的主要特点是能为多船位服务，从而使投资得以发挥更大的效果，需要的船位愈多，这一特点就愈加凸显；此外，升船机的操作远比船坞省时，一般升船机上升或下降一次仅需 20 ~ 30 min，而船坞每注水或排水一次约需数小时之久，也就是升船机更能适应紧急时候的需要。因此，在世界航运事业中升船机是很受欢迎的。升船机的缺点是设备多、投资大、建造费时、要求近岸有较大的水深、维护较麻烦，在淤积较严重地区应考虑升船平台下方的清淤方式。升船机的分类根据驱动方式，可分为卷扬式和机械式等。目前，使用最广的是卷扬式，至于机械式，则只在很小的升船机上才被采用。到目前为止，世界各地已建成各种类型升船机约 200 座，最大能提升载重量为 4 万吨级的船舶，国内已建成起重 200 ~ 5 000 t 的卷扬式升船机 10 余座。

升船机下水是在船厂岸边使用液压或卷扬式绞缆机，操纵升船平台做垂直升降来完成船舶下水作业，如图 7－24 所示。这种方法适用于具有垂直岸壁的中、小型船厂。

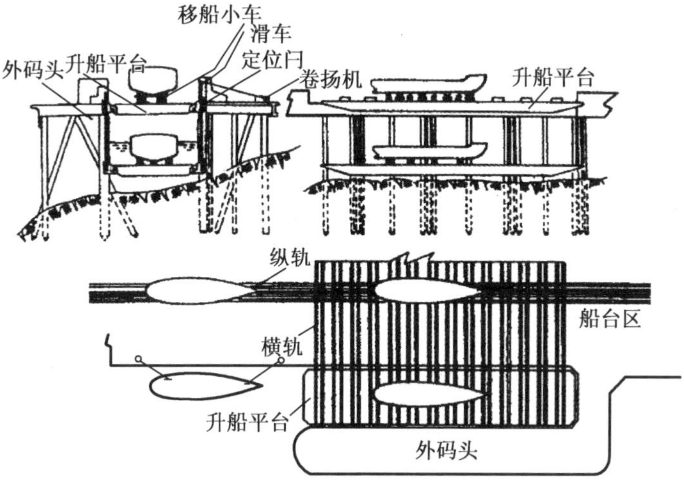

图 7-24 升船机下水

四、其他下水方式

除上述下水方法以外，一些船厂结合本厂的实际情况，采用一些其他下水方式。

1. 气囊下水

气囊下水工艺首创于 20 世纪 80 年代初，在济南小清河船厂首先使用，初始下水质量仅数十吨，目前下水质量已达 12 900 t，对平底船较适合。

根据行业标准规定：气囊结构形式如图 7-25 所示，其中间呈圆柱形，本体的公称直径 (D) 分为 0.8 m、1.0 m、1.2 m、1.5 m、1.8 m 和 2.0 m 共 6 种。气囊壁由橡胶及帘子布层组成，组成后应经过硫化处理。气囊工作压力有低压、中压和高压三类。万吨级以上船舶下水滚动气囊布置主要有三种形式：单列排布、交错排布和对接排布。采用何种排布形式取决于船舶宽度和气囊长度，需要时也可以混合排布。

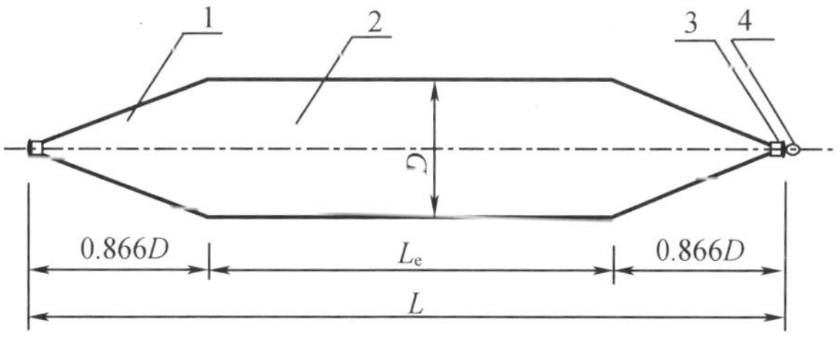

1—囊头；2—囊体；3—囊咀；4—安全阀。

图 7-25 气囊结构形式图

单列排布：当船宽小于或等于气囊有效长度时采用，在船宽大于气囊长度时，船舶的首尾部位往往也采用单列排布。

交错排布：当船宽大于气囊的有效长度，但小于两个气囊长度时，可以采用交错排布形式。

对接排布：当船宽大于两个气囊的有效长度时，可以采用对接排布形式，对接气囊应留有适当的间隙。根据船底宽度和气囊长度可选择等长气囊对接排列或长、短气囊交错对接排列形式。

滚动气囊之间的中心距离：既要考虑船体结构强度的承载能力，同时又要防止滚动气囊压叠在一起。具体排布应根据下水过程中各个气囊受力情况，并结合所选用气囊的承载能力和船体结构强度酌定。气囊下水工艺具有投资小、建设快等优点，故得到较快的发展和普及。

船舶下水时，先用若干直径较大的支撑气囊将船舶抬高，拆除船舶建造时所用的龙骨墩和边墩，再置入滚动气囊，并将支撑气囊中的空气放掉，然后利用绞车使承载在滚动气囊上的船舶移向水域，如图7－26所示。这种方法适用于小型船舶的下水，或将船舶从水域拖上船台的过程。由于在下水过程中，可以很方便地调整船舶移动方向和移动速度，因此对水域狭窄、水位变化较大的船厂较为适用。

图7－26　气囊下水示意图

2. 水垫下水

这种下水设施的特点主要是设有水垫装置的墩木，水垫装置与高压水管相连。下水时，水垫装置通入高压水，使喷射出来的高压水流在装置与地面之间形成水垫，将船舶微微托起，再将船舶拖曳入水。此法要求岸边滩地有足够的承压能力，以防水压耗损过大、过快。此方法目前国外采用较多，国内船厂还不具备使用条件。

第二节　船舶试验与试航

船舶在整个建造过程中，除经常性地对各个工程项目进行严格的检验与验收外，还要在船舶即将完工时，对各种设备与系统进行严格而全面的试验工作，以便确认新建船舶是否满足设计任务书和有关规范的要求，以期获得船舶检验机构签发的相关证书，保证船舶安全可靠地投入运营。

密性试验是在船体分段装焊结束及船体建造完成时要进行的工作，以检验船体外板及舱壁的水密性和油密性。密性试验工艺程序要经过船厂验船师的确认，由船厂内部检验部门配合验船师共同进行密性试验。

船舶的交船试验通常分为试验准备、系泊试验（包括倾斜试验）、航行试验、设备拆检和检查性航行试验等阶段。交船试验工作由船厂主持，规定的试验项目必须请验船师和船东代表到现场参加并验收，并会将有关试验记录、文件和证书作为交船文件。在各方代表确认船舶的各项性能指标基本满足合同要求后，即可举行交船仪式。通常，交船并不是合同的结束，船厂在交船后的规定期限内仍承担质量保证的责任。

一、船舶试验与交船的组织与要求

与船体建造和船舶舾装相比，交船与接船的试验周期较短。因此，必须在试验前做好充分准备，以确保顺利交船。为了减少后期试验项目，应该根据船体建造和船舶舾装的工艺阶段将试验工作分阶段及时进行。

1. 检验组织

船舶交接试验工作通常涉及船级社、船东和船厂三方。

（1）船级社

船级社是制订规章制度、执行监督检查和签发船舶证书的组织机构。世界上一些主要的航运国家都设有船舶检验和技术监督机构，以对法定范围内的船舶执行监督检验，并办理船舶入级业务。

我国船舶检验局根据工作需要，在主要港口及船舶和船用产品制造厂设置办事机构或派驻验船师，并对下属验船机构进行业务指导。其主要职权如下：

①制订有关船舶检验、船舶入级、船舶证件、船舶检验费等事项的规章制度和船舶建造、吨位丈量、载重线、乘客定额、各种航行安全设备、各种机械设备等规范，经交通部批准后公布施行；

②对建造、修理和运营中的船舶执行监督检验，技术条件符合规定要求的，发放船舶适航的证件和运用各种机械设备的证件；

③对制造中的船用主要产品和材料执行监督检验，技术条件符合规定要求的，发放检验合格证件；

④对到达中国港口的外国船舶执行监督检验；

⑤对申请入级的船舶进行入级检验，符合入级条件的，授予船级并发放船级证书；

⑥接受申请，办理有关船舶的鉴定、公证等检验业务；

⑦根据中国遵守参与的有关国际公约和国际协议，代表政府签发有关公约或者协议所规定的船舶证书。

（2）船东代表

为了使船舶符合某种技术等级，船东自愿申请接受某个船级社或验船机构规定的检验，并要求获得有关证书。这是船舶买卖、出租和吸引客户的需要，也是发展船舶保险和船运货物保险的需要。

各类航运公司或用船单位通常派出自己的技术人员到船厂负责船舶的检验、认可工作。在航行试验阶段,船东还会派出接船队到船厂参加试航验收工作,在交船后将船舶驶离船厂,投入运营。

(3)船厂交验组织

船厂检验部门是直属厂长领导的工作部门,与生产部门并列。它根据国家、专业和企业标准进行产品质量检验。它参与制订试验大纲和检验项目,代表船厂向船级社和船东代表提交检验项目,并负责向船级社申请船舶入级检验、法定检验和认可工作。

在航行试验阶段,船厂从有关车间和部门抽出一些技术人员和工人组成交船队,负责最后阶段的试验工作。交船队的主要负责人有交船队长、交船轮机员、试验组长和交船船长等。交船船长可由船厂厂长任命,也可由船东一方的接船队船长担任。

■知识拓展:世界十大船级社名称

表 7-1　世界十大船级社名称

船级社名称	英文全称	缩写
美国船级社	American Bureau of Shipping	ABS
法国船级社	Bureau Veritas	BV
挪威船级社	Det Norske Veritas	DNV
德国船级社	Germanischer Lloyd	GL
韩国船级社	Korean Register of Shipping	KR
中国船级社	China Classification Society	CCS
英国劳氏船级社	Lloyds Register of Shipping	LR
日本船级社	Nipon Kaiji Kyokai	NK
俄罗斯船舶登记局	Russian Maritime Register of Shipping	RS
意大利船级社	Registo Italiano Navade	RINA

2. 试验内容及要求

船舶的交船试验通常分以下几个主要阶段:试验准备、系泊试验、航行试验、设备拆检与检查性航行试验。

(1)试验准备

试验准备包括仪器、设备的调试工作。该阶段的主要任务是进行船用设备的启封、清洗,检查管路和系统,电路通电,以及动车、调试等。随着船用电器的增加,试验准备的工作量也越来越大。

(2)系泊试验

系泊试验通常是船舶停靠在舾装码头旁进行。试验开始前,试验组长代表船厂向船级社和船东代表提交系泊试验大纲及有关文件。

船舶系泊试验应符合规范、规程规定的试验大纲,并应遵守标准规定的试验方法。对无上述规定的新设备,应按产品技术条件进行试验。此阶段中,对在航行试验中无特殊工况要求的设备,如系泊装置等,应作为最后的试验并交接。对有的设备如主动力装置等,在系泊试验中无法全面检查其规定的各种参数,应在航行试验中进行试验。试验中,应随时将船用设备的各种参数、缺陷和意见记录在试验登记表内,作为以后办理证明书的原始材料。

(3)航行试验

航行试验通常在海上或江河中进行,在那里有必要的水深和可供各种船用设备进行专门检查的技术保障。航行试验的目的是根据协议书和批准的技术设计,对建造船舶的技术性能进行全面考核。

试验开始前,试验组长应代表船厂确认航行试验一切准备就绪,并向船级社和船东提交航行试验大纲及有关文件。

航行试验中,各种机械、装置、系统和设备的验收工作必须严格按照试验大纲和航行试验履历簿规定的内容进行。航行试验履历簿为航行试验阶段的完工文件,故各种试验结果应整理成图表形式的证明书并达到试验规程要求。

船舶扩大航行试验一般仅在首制船上进行,其目的是通过扩大试验全面检查新设计船的快速性、操纵性、适航性及其他特殊性能。试验中应测定下列内容:

①螺旋桨在低、中、高几种常用转速下的航速及艉轴功率;

②船舶在低、中、高速航行时,采用各种不同舵角时的操纵性;

③船舶在风浪中的适航性;

④船体振动;

⑤轴系扭振;

⑥特殊用途船舶的专用设备工作性能考核。

综合航行试验主要在首制的特种舰船上进行,如医疗船、渔业加工船、航空母舰、供应船等,目的是考核设备作业能力、与飞机和其他舰船配合能力、风浪对作业的影响程度及在各种环境条件下维护、修理、更换应急设备的方便程度。

(4)设备拆检

船用设备拆检通常于系泊或航行试验结束之后在船厂内进行。检查和抽查的内容由船东代表或船舶检验局的代表确定,通常为试验中有问题或有疑问的设备部分。

拆检是对各种船用设备进行检查性的拆卸,进一步了解其内部状况有无隐患,而且还须对个别零部件进行分解检查。在拆检的同时,还应抓紧消除检查中发现的所有缺陷,完成舱室和全船的最后装饰。

(5)检查性航行试验

检查性航行试验必须在完成上述各项工作之后进行。它是一种海上或江河中的航行检查,也可在船厂内采用模拟的方法进行检查,其目的是检查拆检后设备的运转情况,并使接船人员进一步熟悉船上各种设备,以增强他们的操纵和维护技能。

检查性航行试验为交接试验的最后阶段,它的完成标志着船舶建造过程的结束。

二、密性试验

在船体建造完毕或船体某一区域的装配焊接及火工矫正等工作全部结束后,即可进行相应船体的密性试验。密性试验的目的是检查外板、舱壁等的焊缝有无渗漏现象，以保证船舶的航行安全。通过密性试验，还可分析焊接缺陷产生的原因，为某些工序提供改进意见。其次，对于船舶设计上要求做强度试验的船体结构，还具有检验其在静载荷作用下，船体结构强度好坏的作用。船上各类舱室因其用途不同，对密性要求也不同，密性可分为水密、油密和气密。水密是基本要求，油密和气密是对特殊舱室的要求。

密性试验常用的方法有水压试验、冲水试验、气压试验、冲气试验、煤油试验和油雾试验等。近年来，还出现了适应分段预舾装要求的真空试验、角焊缝充气试验、超声波和 X 光射线等无损探伤试验。下面介绍几种常见的密性试验方法。

1. 水压试验

水压试验是各国船级社认可的密性试验方法之一，即逐舱灌水并在船外观察焊缝处有无渗漏现象。其技术要求为：试验压头必须满足规范要求；试验时，当外界气温低于 0 ℃时，则应采取加热措施，使试验介质温度保持在 5 ℃；水压达到规定值，并在 10 min 内保持水位稳定后，才能进行渗漏检查，若经 1 h 后，水面无下降现象，且未发现漏水或水滴渗漏等情况，则认为合格。水压试验通常用海水。

水压试验可达到强度检验的目的，且其渗漏效应比较直观，因而安全可靠，一般船厂均积累了较为丰富的实践经验。但水压试验必须要求舱室完整，在船台上或船坞内进行时还会受脚手架、照明、天气、温度和湿度等因素影响。舱室注水须增加船体附加墩木、临时支撑等辅助作业，相邻舱室要交叉注水，而每一舱室的注、排水时间长，影响其他工作。若发现严重的渗漏缺陷必须排水修复后，重新注水检查，试验完毕排水后，骨架间没有排净的积水会增加焊缝的锈蚀。因此，水压试验最适宜于新设计的新型船舶需要做强度试验的舱室，此时密性试验和强度试验共同完成。如果泄漏试验能在下水前完成，水压试验可在下水后根据船厂的计划安排进行。作为单纯的密性试验，水压试验在船厂运用得愈来愈少了。

2. 冲水试验

冲水试验也是各国船级社认可的密性试验方法之一，即在板缝一侧冲水，在另一侧观察焊缝处有无渗漏现象。试验时喷嘴距试验对象最大距离不得大于 1.5 m，喷嘴最小内径为 12 mm，在喷水出口处的压力至少为 0.2 MPa。对于已采用真空试验检验的位置，将不再做冲水试验。

冲水试验主要用于水密门和窗、风雨密钢质舱盖、轴隧、海底阀箱、甲板室顶的露天部分和外围壁等水密构件的密性试验。冲水试验前，舱口盖和水密门按船员操作规范关闭。由于冲水使大量自来水流失，造成船舶及船台上环境污染，故用冲气、冲油（油雾）试验来代替。

3. 气压试验

气压试验也是各国船级社所认可的密性试验方法之一，即密封试验舱充以一定压力的压缩空气（通过压力调节器或减压阀充入），在焊缝另一面涂以起泡剂（肥皂液），观察有无渗漏起泡现象。焊缝检查面上未出现气泡，则认为试验结果合格。板厚 6 mm 的试验构件只要强度许可，可用气压试验代替水压试验。

气压试验与水压试验相比,可以大大简化密性试验过程,降低成本,节省时间,效果可靠。要求必须在舱室完整的情况下进行,但无法对舱室做强度试验,试验前要对船体结构最弱部分的受力情况进行核算,并采取限压及安全装置,以避免试验压力过高而发生舱室破损事故。查漏时,须涂起泡液(肥皂液),注意不能遗漏。当外界气温低于 0 ℃时,应将起泡液加热后使用,或采用不冻起泡液。

4. 冲气试验

冲气试验是在焊缝的一侧冲气,在另一面涂上起泡剂(肥皂液),若发现起泡,即表明该处焊缝存在缺陷。我国船舶检验局规定:冲气试验用的气压不应低于 0.4 ~0.5 MPa,气流应直冲焊缝,空气软管末端应有喷嘴,喷嘴离焊缝的距离不大于 100 mm,要求同一段焊缝两面均冲气和涂肥皂液,以保证试验质量。同时规定:只有短而直的焊缝方可用冲气试验代替冲水试验。实践证明,冲气试验检查焊缝缺陷有较高的敏感性,特别是对检查水密舱壁纵骨穿过处的补板焊缝较为敏感,有其独到之处。

5. 煤油试验

煤油试验也是各国船级社认可的试验方法。试验前,在焊缝的一侧先涂上宽度 40 ~50 mm的白粉,然后在另一侧涂上煤油,过一定时间后观察白粉上有无油渍,在白粉层上不出现煤油痕迹者为合格。煤油试验在试验前要做充分的准备工作,试验时间较长,试验后还得清除白粉,试验工作较为烦琐,大面积采用这一试验显然不经济,它多用于中小型船舶和焊缝的二次检验。

6. 冲油(油雾)试验

油雾试验是用煤油和压缩空气通过喷雾装置产生出具有一定压力的油雾,利用压力油雾的强渗透作用检查焊缝是否渗漏。试验时,将油雾喷射到被试验焊缝处,在焊缝反面检查是否有煤油渗出。该试验操作简便,试验效果比冲水试验和煤油试验好,可以像冲水试验那样应用于分段建造中的密性试验。

7. 真空试验

真空试验是通过装在被测焊缝处的真空盒上的空气排出器吸取其内部空气来检查焊缝是否泄漏的,如图 7 -27 所示。真空盒的盒体是透明的,以保证泄漏可见,并且将压力计安装在真空盒上。试验时将焊缝反面涂肥皂液,如焊缝有泄漏,则在真空盒中会看到气泡。真空试验可用于所有舱柜周界的焊缝,中纵舱壁、横舱壁及内壳纵壁的所有角焊缝,所有预合拢缝、合拢焊缝,货油舱区集油井处焊缝等。

8. 角焊缝充气试验

角焊缝充气试验是在被测角焊缝一端开孔注入空气,在另一端用压力测量表测量其压力,并在角焊缝上涂起泡液,检查焊缝是否泄漏,如图 7 -28 所示。在角焊缝两端要安装连接件,以用来注入空气和用压力表测量,并在试验后保留,两连接件外端要有 20 mm 全焊透。试验时压缩空气(最小压力 14 kN/m^2)将穿过连接件注入角焊缝,任何泄漏将通过涂于角焊缝上的起泡液呈现出来。角焊缝充气试验后,连接件的所有开口将通过适当的焊接进行封闭。

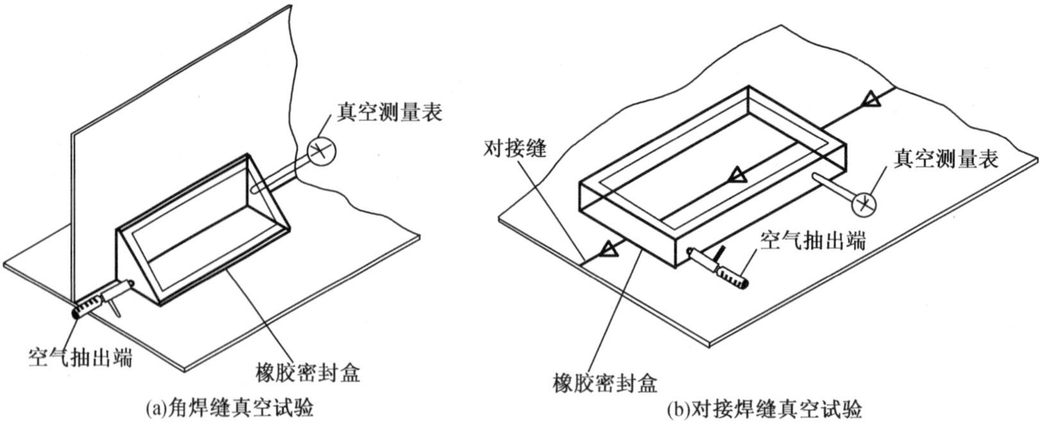

图 7－27 真空试验示意图

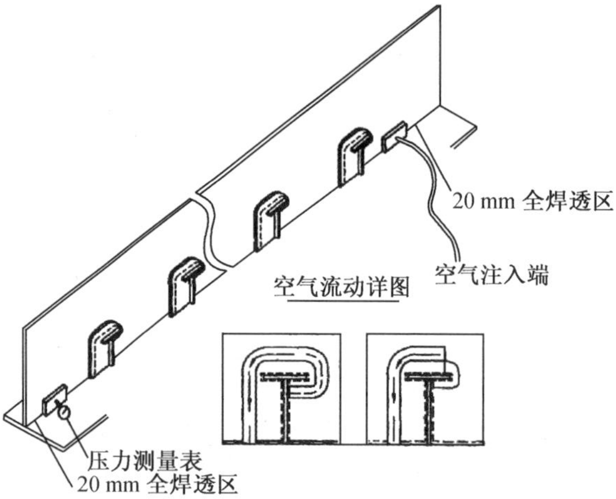

图 7－28 角焊缝充气试验示意图

建造大中型船舶时,船体的密性试验最好能在内场或平台上分段制造完时进行,然后再进行分段除锈、涂漆工作,仅在分段大接头处留出 200 mm 左右宽度不涂油漆,在船台上只进行大接头部位的密性试验。船体密性试验的提前,有助于将大部分在船台上或船坞内进行的难度较大的密性试验作业,移到分段装配阶段中进行,大幅度减少了船台密性试验范围,对缩短船台周期极为有利;其次,由于密性试验在工作条件良好的内场或平台进行,免受脚手架、照明、天气、温度和湿度等的影响,能提高密性试验的质量,并减轻劳动强度;另外,在分段装配过程中已完成密性试验的地方即可进行舱室涂装,能提高舱室的涂装质量,同时提高涂装工作的生产效率。

三、系泊试验

系泊试验是在船舶停靠在船厂码头上的静止状态下进行的,其目的是鉴定船体、机械设备、电气装置及动力装置质量和使用的可靠性,使船舶具备试航条件。系泊试验应在船舶管路、电路接通,燃油、滑油、液压系统已经清理完毕,主配电板已经完工等情况下进行。

首先可对管路和电缆进行试验,管路的试验压力通常为工作压力的150%,电路的绝缘电阻必须符合有关规定,工作电压在100 V以上的设备,其绝缘电阻一般要求大于1 MΩ。然后在油、水、气、电接通的情况下,就可以对各种设备进行试验。

系泊试验内容多、工作量大,为了缩短试验周期,可把系泊试验与船舶建造收尾工作适当地交叉进行。试验项目的安排,通常是主要的、复杂的、新型的、应急施救的机械设备先试验;同一动力来源的设备同时试验;整个试验中,应以试验时间较长的设备为主体,交叉地进行其他设备的试验。要试验的设备中比较重要的是所谓的"四机一炉",即主机、发电机、舵机、锚机和锅炉。

由于船舶是处于静止状态的,受到码头系泊能力的限制,主机、轴系、与压载状态有关的各种设备、部分系统等都不能进行全负荷运转试验,这是系泊试验的局限性。

1. 主机码头试车

主机是船舶推进的动力源,在系泊试验和航行试验中是主要试验对象。主机码头试车的目的是检查船舶动力装置的制造和安装质量,为航行试验奠定基础。

主机动车应具备以下条件:

①燃油、滑油、海水、淡水系统已验收;

②主机和轴系安装工作已验收;

③发电机组已验收,能正常供电;

④燃油舱和滑油舱加油,清水舱加水;

⑤码头有一定的水深。

主机码头试车通常在低负荷状态下进行,以免损坏码头。为了尽可能提高试车负荷,可使船舶处在逆流的条件下试车,或在船舶的外侧用拖船倒拖。

根据码头的系泊能力,确定主机试验时的转速,进行主机的各报警、安全保护试验,盘车机试验,启动试验,换向试验,最低稳定转速试验,应急停车试验等。

主机动车后应首先校正各气缸的平衡,即通过试车反复调整各气缸的热工参数(压缩压力、爆炸压力、排气温度),使各气缸的功率基本相同,这是初步的平衡。当船舶做航行试验时,由于工作条件发生变化,主机各气缸还会出现不平衡的情况,因而必须再次校正。

各气缸平衡后即进行负荷试验。一般规定须做25%、50%、75%、100%等不同工况的负荷试验。实际上,在码头试车时,常以100%负荷运转4 h,如果运转基本正常(无严重咬缸、增压器无损坏等现象),则认为试验合格。主机码头试车虽然负荷达到100%,但此时转速仅为额定转速的75%左右。其原因是船舶处于系泊状态,具有最大的转矩和推力,所以影响了主机转速的提高。如果过于提高主机转速,则会造成主机严重过载,影响主机寿命。

2. 发电机组的试验

发电机组为全船提供电源,分主发电机组和应急发电机组两种。发电机组由原动机(如柴油机)和发电机两部分组成。

试验时,首先对柴油机在额定负荷状态下调节各缸的负荷,这一工作主要是使高速时各气缸的负荷基本相同。柴油发电机组调速器性能的优劣是发电机能否正常供电的关键。调速器的作用是在发电机负荷突然变化时,通过调节柴油机注油量使发电机组的转速很快稳定下来，以保证稳定供电。一般要求柴油机发电机的负荷在 0% →100% →0% 的变化过程中，机组转速的瞬时变化值≤10%，转速稳定偏差≤5%，稳定时间不超过 5 s。

当柴油机试验结束后，则对发电机做 50%（0.5 h）、75%（0.5 h）、100%（4 h）、110%（1 h）的负荷试验，以考验机组工作的可靠性。

船舶在运行过程中，往往因用电量的不同而由一台机组供电或由两台机组供电，两台机组同时供电称作并车供电。在系泊试验阶段，船舶应做并车供电试验。并车的关键在于两台柴油机的调速器特性要基本相同。对于直流发电机来说，并车供电时应电压相等，极性相同；对于交流发电机来说，除了要求电压相同以外，还要求相位一致，频率相同，否则无法并联运行。

3. 操舵设备的检查与试验

操舵设备中舵机是船舶操纵的重要设备，如果发生故障，操舵失灵，船舶航向便失去控制。试航前应对操舵设备进行全面的检查与试验，以确保舵机工作的可靠性和操舵的灵活性、轻便性。

试验前，先检查舵机、传动装置及各零件安装位置的正确性。然后进行舵机的运转试验，使舵机连续左右转舵一定时间（0.5 ~ 1 h），以检查舵机的安装质量和工作可靠性。试验中还须测定舵从一舷转到另一舷（左至右或右至左）所需的转舵时间。海船的最长转舵时间不超过 30 s，内河船的转舵时间应不超过 15 s。

检查中，还应测定人力操舵时舵扇从零位转向一舷 20°再转向另一舷 20°所需时间，一般要求不超过 1 min。机械操舵转换为人力操舵的转换时间应不超过 2 min。机械操舵在任何舵角失灵时，离合器应保证应急操舵装置都能在相应的位置接替工作。

操舵装置的检查还包括舵角指示器、操舵器与实际舵扇之间角度一致性的校对，电动舵角指示器的读数误差应不大于 1°，其他舵角指示器则应不大于 1.5°，舵在零位时指示器不应有误差。另外，还应检查舵角限位装置安装的正确性及工作的可靠性，要求舵扇的实际极限位置应比舵机上的限位装置位置小 1.5°。

4. 锚设备试验

锚和锚链在安装上船之前，必须经过严格的试验，以确认其具有良好的质量和足够的强度。为此，对锚链须进行拉伸试验，对锚除做拉伸试验外，有时还须进行跌落试验。

当锚和锚链安装上船以后，还必须进行起锚设备试验，目的是检查起锚设备的能力、安装质量及工作可靠性。起锚试验主要有以下几项。

（1）起锚机运转试验

起锚机全速空转 15 ~ 40 min（每隔 5 ~ 10 min 正、倒转交换），以检查锚机的质量及运转可靠性。对于电动起锚机还应检查其发热情况，调整过载保护装置，试验制动器，并测定冷热绝缘电阻。此外，还要做防水性能试验。

（2）抛锚试验

抛锚试验有机械抛锚和自由抛锚两种。试验时分别进行单抛单起（左、右锚轮换）及双抛双起，并初步测定单起和双起的速度，通常单起速度应不小于 12 m/min，双起速度应不小于 8 m/min。

试验中,如果发现锚链和链轮的跑合不好,必须检修和调整,直到跑合良好为止。另外,对锚机在工作时的震动和锚机离合器离合动作的轻便性、迅速性以及刹车装置的制刹效能,均应做仔细的检查试验,直到满足使用要求为止。

由于船厂码头水深的限制,抛锚后锚链的悬挂长度有限,因而不能完全显示出锚设备的最大能力和全部缺陷。锚设备的最后检查和验收有待试航时在规定深度的水域内完成。

5. 锅炉点火试验

以柴油机为主机的船舶,其锅炉的作用是产生蒸汽以供船上人员生活用热和供主机燃油加热。

锅炉点火试验主要是测定蒸发量、检验蒸汽安全阀的可靠性和自动控制系统的灵敏性。锅炉的蒸发量若符合设计与使用要求,则认为合格。锅炉蒸汽安全阀的开启压力可大于工作压力的5%,但不应超过锅炉的设计压力。目前,大型船舶的燃油锅炉一般都实现了点火、给水、喷油的自动控制,因此必须对自动控制系统进行全面的检查与试验,以确保其工作的可靠性。如果锅炉采用手工操纵和控制,试验时应严格遵守先鼓风后喷油的操作规则,以除去炉内余下的油气,避免引起锅炉爆炸。

6. 倾斜试验

系泊试验时还必须做倾斜试验,以确定船舶质量和重心的正确位置,计算船舶在不同装载情况下的稳性。因为在船舶设计阶段很难精确地计算出船舶的重心位置,同时在建造过程中,船舶质量常有变化,所以船舶在建成、改装或大修后,其实际质量和重心位置就要通过倾斜试验予以确定。倾斜试验是通过移动重物来测量的,重物对称地布置在甲板的两侧,重物应是形状规则、重心一致、质量小而均等,且易于搬动的生铁块、钢锭等,如图 7-29 所示。

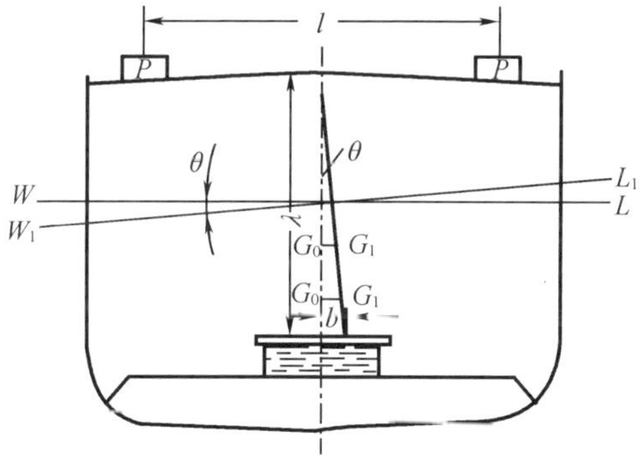

图 7-29　船舶倾斜试验

倾斜试验所用移动质量,应足以使船舶每舷产生 2° ~4°的横倾角,对于大型船舶每舷横倾角应不小于 1°。要满足该要求,有时用移动重物的方法难以实现,所以通常用移动压载水的方法来进行倾斜试验。首先,通过计算得出需要移动的压载水的质量,然后,根据压载水的质量得出需要作为移动压载水的压载舱的数量。在这些压载舱内划上标尺,用来计算每次移动压载水的质量,压载水用压载泵通过压载管系直接从船舶一舷倒至另一舷,倒水的次数为 8 次。倾斜试验主要是测量船舶在重物移动后的倾斜角度 θ,然后根据计算可求得船舶重心高度。倾角测量采用悬锤测量法和 U 形管法。

■**知识拓展:倾斜试验倾角测量方法**

1. 悬锤测量法

采用悬锤法测量时,悬锤线的长度应尽可能长些,至少不少于 2 m。所用钢丝的直径应在 0.5 mm 左右。锤可浸入水槽或油槽内,以增加阻尼,减小线锤的摆幅。为了测读倾角读数,在紧靠悬锤线但不相接触的位置,设置一根有厘米(应标有明显数字)和毫米刻度的标尺。该尺在试验过程中不得做任何移动,如图 7-30 所示。

悬锤线的长度 λ,为自悬锤的挂点至刻度标尺上缘间的垂直距离。船舶倾斜时,记录悬锤线在刻度标尺上往复摆动 5 次的 10 个观察值,其试验倾角可按下式求得:

$$\tan\theta = \alpha/\lambda$$

2. U 形管法

采用 U 形管法测量时,用 2 根直径 10~15 mm、长 1 m 左右的玻璃管,分别竖向设置在甲板上同一横剖面的两舷,设置高度要便于观察员进行读数。两玻璃管中间,用橡皮软管紧套连接,连通玻璃管内灌清水或颜色水,水面高度大致装至玻璃管半高处,如图 7-31 所示。

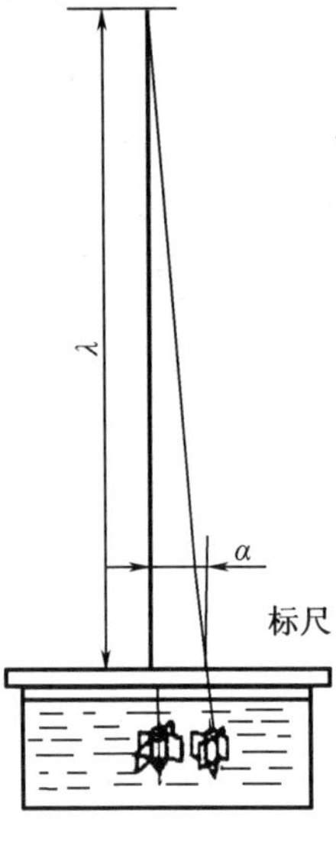

图 7-30 悬锤测量法

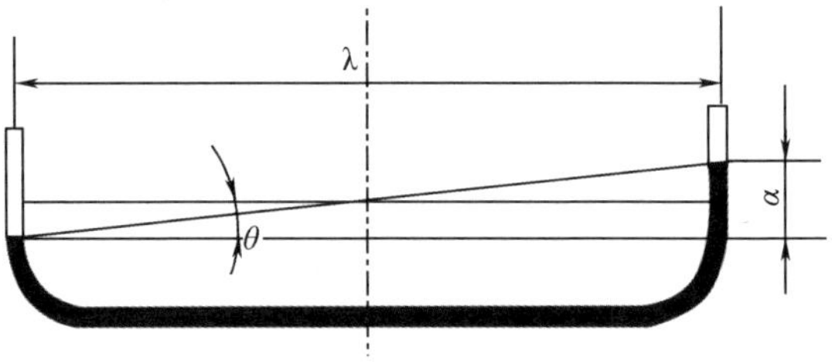

图 7-31 连通玻璃管法

如在严寒天气下,水有可能结冰时,可在水中加注酒精。应注意连通管内不得存有气泡。橡皮软管在甲板上放置不要有打圈或极度弯曲,以确保船舶摇摆时不妨碍管内水的自由流动。玻璃管应垂直于船的水线面,其旁边应有同上述相同要求的标尺。精确量出两根玻璃管中心线间的水平距离,即为 λ,两玻璃管内在每一次移动试验质量时的水面升降值之和,即相当于上述挂锤的摆幅值。试验时按上述要求进行记录,其倾角可按下式求得:

$$\tan\theta = \alpha/\lambda$$

7. 其他试验

除了上述“四机一炉”的试验外,还有很多设备与系统的检查与试验。如舱底、压载、消防、疏水、排水和供水等船舶系统,所有电气设备、航海仪器、居住舱设备、救生设备、起货设备、系泊和拖曳设备、通风装置、关闭装置、声光信号设备、杂用辅机及其系统等的检查与试验,即使是栏杆、扶梯、扶手等也不可忽视,以免在使用中出现事故。只有当船体各部分以及所有机电设备都做了仔细的检查和试验,并对发现的缺陷做了修正,船舶才具备出航条件。

四、航行试验

每艘船舶在建造的最后阶段,都要进行航行试验。航行试验应按规定的大纲进行,对船舶的航海性能、电气设备、导航设备和机械设备进行试验,验证船舶总体性能和设备的质量是否符合合同,政府法规、法令和国际有关公约、规范以及图样等要求。航行试验的目的是通过试验,对船舶进行最终验收。

航行试验是在系泊试验结束后,消除系泊试验中所发现的质量问题,在验船部门规定的主辅机械设备、救生设备(包括救生艇、筏、救生浮具、抛绳设备和遇难信号等)、消防设备、锚设备、舵设备、航行设备、信号设备、通信设备、舱底排水系统及防止油污设备、压载水装置、水密装置、倾斜试验报告、载重线标志勘划、吨位丈量、警报及安全设备等项目符合试航条件后进行。

参加航行试验的人员有验船部门的验船师、船东代表、船厂质量检验部门、设计(技术)部门、生产管理部门以及有关车间的人员,并各司其职。

船舶航行试验的项目、内容、方法、程序和试航计划应该会同船东和船级社等有关方面预先商定,并由船厂、船东和验船机构三方代表组成领导小组,负责实施。对于首制船舶,船厂通常还要邀请设计单位参加试航,以便考核设计指标,取得第一手资料,作为今后完善和改进设计的依据。船舶出航前应带足燃料、滑油和淡水,掌握气象变化情况,准备好测试仪器,试验一般在指定的航区内进行。

1. 主机航行试验

在船舶航行试验中,主机是主要的试验对象。主机试验的目的是在船舶处于航行状态下全面地、切实地检查主机,以及直接为主机服务的各种辅机、系统的安装质量、运行稳定性和工作可靠性,并测知主机实际发出的功率和滑油、燃油的消耗率。主机航行试验包括平衡试验、负荷试验和性能试验。

(1) 主机平衡试验

主机平衡试验就是对主机各缸进行调整,使各缸发出的功率接近相等,各缸的平衡可通过调整各缸的热工参数来实现。

平衡试验是在主机全负荷的工况下进行的。主机经过半个小时左右的运转后停车,在停车前将各缸的热工参数记录下来,比较各缸间的热工参数,并与原设计参数进行对照。如各缸的热工参数相差较大,则必须进行调整。调整方法是提前喷油(增加燃烧时间,提高热工参数)或滞后喷油(减少燃烧时间,降低热工参数)。

(2)主机负荷试验

主机负荷试验应在气缸平衡试验符合要求后进行。主机负荷试验是考验主机持续运转的可靠性,确保船舶投入运行后有较好的续航能力。一般规定须做25%、50%、75%、100%等不同工况的负荷试验。主机负荷试验根据被测试主机单台额定功率分几种工况依次进行,对有条件测量主机的功率或扭矩者,按功率或扭矩各工况进行试验;若条件不具备,可以按转速对各工况进行试验。

(3)主机性能试验

主机性能试验主要包括操纵性能、使用性能和可靠性能三个方面。

①操纵性能试验有启动、换向、调速和限速等试验内容。

②使用性能试验有最低稳定转速、临界转速和停缸等试验内容。

③可靠性能试验有超速、倒车等试验内容。

主机航行试验后还须进行拆验。一般至少拆验1~2个气缸,并对缸套、活塞、活塞销轴承、主轴承、推力轴承等零件进行仔细检查,如有破损应调换或修复。当主机拆验装复后,还须在码头上进行2~3 h的全负荷检查,必要时再进行一次航行试验。

2. 航速试验

船舶的航速是船舶的重要性能指标。航速试验的目的是确定船舶处于不同载况(轻载、重载)和不同螺旋桨转数下的航速及其相应的主机功率、螺旋桨推力,从而求得转数、航速、功率和推力间的关系。船舶航速试验通常是在主机处于几种额定负载(如25%、50%、75%、100%和110%等)情况下进行的。

船舶航速试验是在试验水域的规定测速段上进行的。过去船舶的测速方法是在测速区域岸边装有标杆,标杆之间的距离是根据不同的船舶速率人为定的,20 kn以下的船舶选择测量1 n mile标杆。由于水流、风力等因素的影响,为使测速结果正确,要在同一螺旋桨转数和同一主机功率下做多次往复的测速试航。

进行船舶航速试验时,各方面的要求比较多,具体如下。

①船身浸水表面和螺旋桨表面应十分光洁,海洋生物沾污严重的船舶应在试航前进坞,除去污物。

②船舶试验时的排水量应为设计排水量。出航时,船舶应处于正浮状态,无艏倾,但可有艉倾,以保证螺旋桨有足够的浸深。

③试验时天气晴和,海面风力不大于浦氏风级三级,波浪不大于二级。

④试验水域的水深和航道宽度应满足下列条件

$$h>3\sqrt{BT} \text{或} h>2.75V^2/g\text{,取大者;}b\geqslant 20B$$

式中 h——水深,m;

b——航道宽度,m;

B——船宽,m;

T——吃水,m;

V——船速,m/s;

g——重力加速度,m/s。

⑤在船舶回转到下一测量航次前，必须行驶 1 ~ 3 n mile 的预备航程，以期测量区水面恢复常态，主机转速重新稳定。另外，船舶回转时所持的操舵角应不大于 15°，各航次行驶航线与岸边的距离应保持一致。

⑥试验时，螺旋桨转速应保持稳定，并且与规定转速相符，其误差应不超 ±（1 ~ 2 r/min）。

⑦速率试验应至少行驶三个航次，测速观察站应不少于两个，以便相互校核。

⑧对于双螺旋桨的船舶，除了测定双桨运转时的航速外，视需要可增测单桨推进时的航速；对于拖轮，还应测量系柱拖力（一般情况下以拖载工况下拖曳航速来测量）；对于渔轮，还应进行渔轮捞拖网工况的航速试验；对于内河船舶，应在与其航区水深和水宽相接近的航区进行试验。

现在航速测试绝大多数采用差分全球定位系统（GDPS）来进行。GDPS 主要由三大部分组成，即空间星座部分、地面监控部分和用户设备部分。用户设备部分主要由 GDPS 接收机硬件和软件，以及微机处理机及其终端设备组成。通过用户设备可获得必要的导航和定位信息及观测量，并经数据处理而实现导航和定位的目的。

3. 操纵性试验

（1）回转试验

进行回转试验主要是为了了解船舶在转弯时需要多大的圆弧，以回转半径或直径来衡量。试航时提供的回转数据可供航船在港湾或狭窄江面上回转和避让用，以防止碰撞事故发生。回转试验要求在天气晴朗、风力和缓、潮流平稳、来往船少、足够水深的水域进行。通常对首制船做回转试验。一般是以全速或常用车速做左满舵、右满舵回旋一周的试验，以测定其回转直径的大小，对于双桨船舶还应测定其一桨正车一桨倒车时就地回转圆的大小。

回转直径的大小一般均以船长的倍数表示。不同类型的船舶，其回转直径为 3 ~ 7 倍船长不等。内河船舶比海洋船舶的回转直径小，双桨船舶比单桨船舶的回转直径小。

采用 DGPS 进行回转试验时，通常可选择 1 ~ 2 种（如 50%、90%）工况，在正车航行下，分别操左、右满舵并保持，直到船舶航向分别改变 360°。记录试验时间、初始航向、海况、试验水深、风速、风向、舵角等，以及转速和船转过 5°、10°、15°、30° 及以后每转 30° 所需的时间。

■知识拓展

测定回转直径和回转圆的方法很多，原理有测程法和测位法两种。这里介绍测程法：借助预设于岸上或海上的金属标志测定回转直径的方法，如图 7 - 32 所示。当船开始回转和旋经半圆时，即分别发出短波，测知船距金属标志的距离 D_1 和 D_2，两者之差即为船舶的回转直径。该方法简便且准确，不过 D_1 不宜太小，以减小雷达测距误差。

各类船舶试航所得的回转直径归纳如下：

船型	回转直径与船长之比值(D/L)
战斗舰	3.0～4.0
重巡洋舰(后分水踵小或无)	3.0～4.0
重巡洋舰(后部有分水踵)	3.5～4.5
侦察巡洋舰	4.0～5.0
驱逐舰(低速)	5.0～6.0
驱逐舰(高速)	6.0～7.5
大型快速客轮	7.5～8.0
中型快速客轮	4.0～5.0
大型货轮	5.0～6.5
中型货轮	4.0～5.0
破冰船	2.0～4.0
一般小型船舶(拖船、渔船等)	2.0～3.0

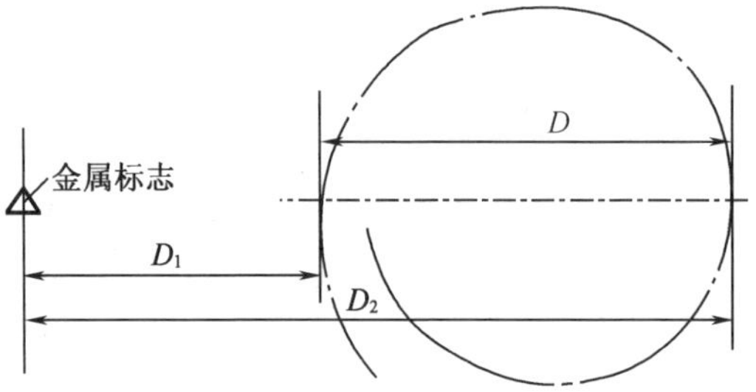

图 7－32　测程法测定回转直径示意图

(2)惯性试验

惯性试验的目的是测定行进中的船舶在主机停车或回转倒车后，因惯性而滑行的距离及滑行时间。这些数据有助于船舶避撞和安全靠岸的操纵。惯性试验一般包括四种：全速正车→停车；全速倒车→停车；全速正车→全速倒车；全速倒车→全速正车。

惯性冲程通常以船长倍数来表示。一般来说，全速正车→停车船舶滑行距离为5～7倍船长，全速正车→全速倒车则为4～5倍船长。惯性试验应在顺、逆流情况下各做一次。滑行距离可利用对岸标测距的方法求得。试验时船舶对准岸标航行，当发出停车(或反向行驶)命令时立即测量船舶与岸标之间的距离，而当船舶停止(或开始反向行驶)时再做一次测量。这两次测得的距离之差便是滑行距离。

惯性试验可采用 DGPS 进行测量。某船的停船距离试验和应急停船倒车试验过程如下。

停船距离试验：船在试航状态下，以全速正车航行，待船航行稳定后，下令停船并保持初始航向，直到航速降至大约 5 kn。试验时用 DGPS 测量船的航迹和速度变化，并记录试验时间、航向、海况、风速、风向、起始及结束航速、主机转速，以及从下令开始停船到船速降至 5 kn 时，消耗的时间和经过的距离。

应急停船倒车试验：船在试航状态下，以全速正车航行，待船航行稳定后，下令紧急停车，然后立即转为全速倒车，直至船的航速达到 -1 kn。试验时用 DGPS 测量船的航迹和速度变化，并记录试验时间、航向、海况、风速、风向、水深、航速，以及从下令全速倒车到船舶的航速降至零时为止和试验结束时的时间和距离。

4. 操舵试验

操舵试验的目的是鉴定舵操纵的轻便性、灵活性和工作的可靠性，并为驾驶人员提供船舶航行、回转、入港和起锚时的操纵依据。操舵试验包括主用操舵装置和备用操舵装置的操舵试验。

(1) 主用操舵装置的操舵试验

船舶在试航中进行正车和倒车操舵试验，并测定在下列各种操舵情况下的时间周期：正舵→左满舵；左满舵→右满舵；右满舵→左满舵；左满舵→正舵；正舵→右满舵；右满舵→正舵。

试航时要求在最大正车航速和最大吃水条件下，对于平板舵从一舷的 35°转到另一舷的 35°，对流线型舵则从一舷的 32°转到另一舷的 32°，所需时间不应超过 30 s；对内河船要求所需时间不超过 15 s。此外对舵机装置及其附件也须做再一次的检验。

为使船舶适应不同航道的航行，要测定船舶对舵的响应程度，应做前进 Z 形试验。试验以全速和舵角 10°/20°分别进行。做三次操舵，自 0°舵角操舵至右 10°/20°，右 10°/20°操舵至左 10°/20°，左 10°/20°操舵至右 10°/20°。试验中记录初始航速、航向，测定舵开始转动至停止的操舵时间和舵保持在舵位至改变船的航向到规定值为止的时间，超越角的最大值和舵响应的时间。

倒车操舵试验时，一般以半速倒行，先操左舵回转一圈后，再转右舵回旋一圈，然后将舵转至正中，再做与上述相反方向的试验，分别测定其回转轨迹。

(2) 备用操舵装置的操舵试验

船舶一般具有双重操舵装置，故须进行自主操舵装置转换为备用操舵装置的应急转换试验，即设主用操舵装置在某一假定舵位失灵，操舵人员立即将备用操舵装置的舵轮急转至相应舵位，以敏捷动作啮合离合器将备用操舵传动轴接合，然后回舵至零位。其转换时间不超过 2 min。

备用操舵试验时，船舶以最大正常航速一半的速率正车前进，然后进行如下操作：

正舵→左舵(20°)→右舵(20°)→正舵

正舵→右舵(20°)→左舵(20°)→正舵

舵由一舷 20°转至另一舷 20°所需的时间应不超过 1 min。

(3) 航向稳定性试验

为了全面地评价舵的性能，除了舵的操纵性试验外，还要进行舵的稳定性试验，即航向稳定性试验。试验可按舵角不变和航向不变两种情况进行，并应在顺、逆流情况下各做一次。试验时要求天气良好、水面平静，力求使船舶航向与风向、水流方向相同或相逆，以消除外界因素影响。航向稳定性也可采用 DGPS 系统进行测试。

(4)威廉逊溺水救生试验

本试验是一种验证海上救生方法的船舶操纵性试验。试验方法如下：

①船以设定航速稳定直线航行时，从船中部一舷侧向外抛出浮标(代表落水者)；

②向浮标一侧(假设为右舷)快速右满舵，待船航向向右偏转 60°～90°时，快速反向操左满舵；

③船之航向与原直航航向接近反向时(一般提前 60°左右)回航至中；

④船航向与原航向呈反向时，保持直航并减速；

⑤船接近浮标时，船航速减至零，试验结束。

测量和记录从试验开始第一次操满舵至第二次反向舵的时间，以及第二次操反向满舵开始至回舵的时间。该试验航迹曲线如图 7－33 所示。该航迹图是理想的航迹，事实上由于试验时受风向、海流的影响，船舶不可能回到原来位置，因此试验时还应观察、记录返航到原位置时船与浮标之间的最短距离(目测)。

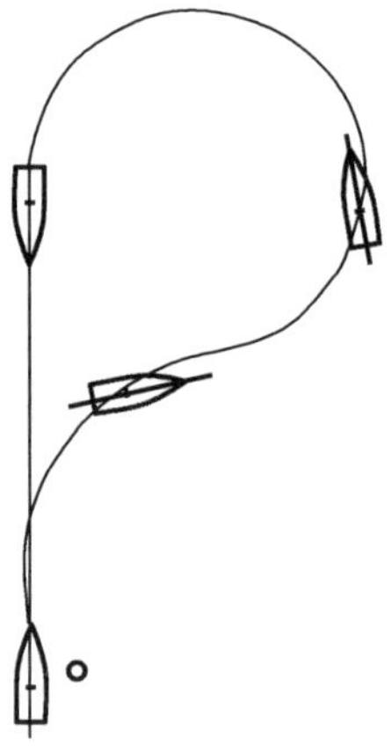

图 7－33　威廉逊溺水救生试验航迹曲线

5. 抛锚试验

抛锚、起锚及锚泊设备在系泊试验时，因码头水深的限制不能真实地显示其起锚速度和最大起锚能力，故须到足够深的水域进行试验。抛锚试验分为首锚抛锚和尾锚抛锚两项。

(1)首锚抛锚试验

①首锚抛锚试验：试验内容主要有两个，即单抛单起(左、右锚轮换)和双抛双起。试验时先做机械抛锚再做自由抛锚。

试验时，应测定起锚速度及锚机原动机工作参数。对于电动起锚机，除测量电动机在各挡速度下的电流、电压和转速外，还应进行制动器和过负荷保护装置的调整，并测量在热、冷状态下的绝缘电阻及各部分温度。在抛锚和起锚过程中，还应观察运动机构运转情况和船身的振动与磨损情况。此外,还须进行刹车效能试验。

②掣链器强度试验:抛锚入土后,掣链器将锚链掣牢,船以倒车慢行来检查掣链器强度、掣链作用和甲板的局部强度。此外,还应检查在航行中掣链器的掣链情况和船舶在风浪中锚在锚孔中的稳定情况等。

③人力应急起锚试验:抛锚入土后,用人力应急起锚装置起锚,一般起1/2节链长即可,以便检查其起锚的轻便性和可靠性,同时确认其起锚速度和操纵的人数。

(2)艉锚抛锚试验

艉锚的抛锚方法也有机械抛锚和自由抛锚两种。试验时测定绞缆机的速度和绞缆原动机的工作参数。还须检查艉部振动情况、钢缆或锚链绕系情况、止动爪的止动作用和制索器的制动效能。另外,抛锚时绞缆机应急刹车2~3次,以检查制动带的制动效能。当起艉锚至接近船体,应转换成3~4 m/min的低速度,使锚缓慢地贴紧船壳或收起到甲板上。

6. 几种常用导航设备的试验

(1)雷达

试航期间,雷达应该处在正常工作状态,重点检验下面几个方面。

①雷达应能保证24 h连续工作。此种考核可以根据船东的意见免做。备用电源应该在主电源失电后自动切换。

②在较复杂的气候条件下,当船舶纵横遥达10°时,仍然能保持正常工作。

③当电罗经控制失灵时,雷达在不稳定的状态下应能正确工作。

④根据校准后的电罗经方位检验雷达的方位角,测定精度,要求误差不超过±1°。测定雷达的最小作用距离和最大作用距离,可利用拖船从舷边离开的机会,以本船雷达天线为中心画图,根据最小作用距离计算雷达盲区和盲点,观察雷达最远捕捉的目标的距离,或者较长时间跟踪其他反向行驶的船舶。

⑤根据技术说明书的要求,对自动雷达标绘装置做实际功能考核,必须满足系泊试验的全部技术要求。

⑥如果备有双套雷达天线,应对天线互换后的显示情况进行监测。

⑦注意观察在其他工况时,外界设备对雷达正常工作的影响,例如无线电发射机工作时、主机共振转速时、主机倒车时。

(2)磁罗经

磁罗经是利用地球磁场的作用来正确地指示方向的,装在钢质船舶上时,因受附加磁场的作用,磁罗经便不再正指北极,这个偏差称为罗经自差,不消除自差,磁罗经便不能使用。根据自差理论分析,磁罗经自差的消除方法是利用岸标或太阳等已知方位,先测得磁罗经在该方向的自差,然后用磁棒和软铁块消除。这只能在航行试验时进行,码头上无法完成。

(3)陀螺罗经

陀螺罗经指北的原理和磁罗经完全不同,它不是基于地球磁场的作用,而是利用力学中的陀螺原理。陀螺罗经的准确性高,但是在制造和安装时难免会存在误差,即存在一个偏差角。此偏差角是利用岸标进行测定的,然后将固定误差消除在允许范围内(即移动陀螺罗经的主罗经基座）。另外，船舶转向、加速或减速对陀螺罗经将产生附加力的作用，使它产生偏差，故试航时还要测定其机动误差，方法是将船舶做几个大转向后测定陀螺罗经的指向性，即所产生偏差的大小，这一偏差无法消除，测出后记录下来做到心中有数。航行时一般以陀螺罗经为主，磁罗经做参考。在沿海和内河航行的中小型船舶上一般仅使用磁罗经。

(4)测向仪

测向仪是利用岸上的专门测向台测定船位并引导航行的仪器。其制造误差的测定方法是将船泊于海中，用一小船在船周围回转，小船上装有电台，模拟岸上测向台，测定小船绕大船回转时的各方位，与大船测向仪对小船测得的方向进行比较，记录各点偏差后进行调整并消除，一般测量2～3次即可完成。

(5)计程仪

计程仪是测定船舶速度和记录航程的仪器。其种类很多，但基本原理都是根据航行时水压与船速的关系（水压与船速的平方成正比）来确定航速和里程的。航行试验时应测定计程仪的误差并消除之。其方法是利用港口岸标间的距离（已知），同时记录船的真速和计程仪速度，相比较后即知计程仪误差。这一工作通常与船舶测速试验同时进行。

(6)测深仪

测深仪是测定水深的仪器。航行试验时应该测定测深仪指示水深的准确性。其方法是当船舶停泊时，用水拓（能测定水深的重锤）测量水深，与测深仪所指示的水深进行比较，若误差较大，则进行调整。

7. 声光信号设备试验

在航行试验时，应检查汽笛、雾角等音响信号设备的可闻距离。声信号设备的检验应在宽阔的海面上且无风的情况下进行。如果在有风的情况下检验，则风力应不超过三级，且应逆风检查。海船汽笛的可闻距离应达2 n mile，其他音响设备的可闻距离应达1 n mile。

航行试验中还应检查灯光信号的可见距离。如海船前后桅灯的可见距离应达5 n mile，左右舷灯的可见距离应达2 n mile。灯光信号设备的检验应在晴朗的夜间进行。检查时，还应查视号灯的照射角度，应留意号灯的功能是否受船上其他灯光的影响。

进行声、光设备试验时，船舶可停泊在锚地，检查人员乘随航拖轮远离视听。试验中可用步话机联络，或预先商定检验时间表，以便有步骤地进行试验。

8. 无线电通信设备试验

无线电通信设备在系泊试验检验合格后进入海上航行试验有两个目的：其一是申请试航证书的先决条件之一；其二，进一步在海上动态情况下对设备的安装质量、合理布局、技术性能和电磁兼容做进一步的考核。由于无线电通信设备是船上同陆地联系的重要工具，与船舶航行安全有密切的关系，所以对无线电通信设备的使用要求相当高，在船舶摇摆±45°、倾斜22.5°时，仍然能够正常工作。当然在试航中不会遇到这样的环境，所以应尽可能地试验出动态中船舶工况和气候条件对无线电通信设备的影响。

航行试验的时间是不限的，所以不可能对所有设备的全部功能进行全面试验，特别是一些遇险安全信号设备，一般不做单独的考核。某些设备的连续工作能力不做长时间考核。有些设备在正常使用中进行观察即可。

无线电通信设备进行海上试验时，应备有船名呼号，并选派合格的报务人员执行，试验中，使用规定的频率和通信方法，试验时间可选择在锚泊期间，也可选择船舶航行的时候。无线电通信设备主要包括收/发信机、卫星通信设备、救生电台的海上试验、甚高频无线电话，以及自动报警器、自动拍发器、值班接收机、应急示位标、航行警告器等，上述设备在试航期间均应处于正常航行的工作状态。对于数字选呼设备，由于国内还没有正式形成网络，对于此设备的试验还没有明确的要求和方法，也只能通过自检程序以证明设备处于正常的工作状态。

9. 船舶自动化系统试验

船舶自动化又称为轮机自动化，目前主要指船舶动力方面的控制程度。一般分为无人值班机舱、一人值班机舱、集控机舱和驾驶室遥控机舱。随着自动化技术的发展，自动控制功能越来越高，各种类型计算机被广泛应用到各个控制系统中，使机舱逐步实现“无人管理”。

船舶自动化系统试验主要包括机舱集控台检测报警点试验、自动电站试验、泵的自动转换试验、主机遥控试验以及机舱自动化试验。

10. 其他试验

对于某些船舶来说，除了上述的常规试验以外，根据船东和建造规范的要求还应做其他的试验。例如，对于沿海交通艇的首制船应做适航性试验，以考验其抗风浪能力；各类拖轮要求做动力拖载试验，以测定其拖力、拖速、拖曳功率和拖曳效率等。我国钢质海洋渔船建造规范要求对首制渔船进行捕捞试验，以评价其技术性能。另外，货船还常做重载试验，以考验起货设备和进行有关试验。

在船舶系泊或航行试验结束后，船厂还要进行设备拆检工作。拆检是对部分船用设备（通常是试验中发现有问题或有疑问的设备）进行检查性拆卸，拆检的对象由船东代表或船检机构代表确定，目的在于进一步了解其内部状况和有无隐患。拆检的同时，还应尽快消除检查中发现的所有缺陷，并完成舱室和全部的最后装饰和涂装工作。

在上述工作结束后，还要进行检查性航行试验，目的是检查拆检后的设备运转情况，并使接船人员进一步熟悉船上各种设备，增强他们的操纵和维护能力。该项工作可以通过实际航行来完成，也可以在船厂采用模拟的方法完成。检查性航行试验为交接试验的阶段，它的完成标志着船舶建造过程的结束。

第三节　交 船 验 收

船舶建造完工的最终阶段是交船。交船是一项程序性工作，即通过一些移交手续，船厂把船舶交付船东使用。交船前必须有验船机构的检验，一切合格后，造船厂方可将船交给用船单位，船东还须派人进行验收。因此，交船是船舶建造合同的总结，具有合同的法律效力，必须维护双方的正当权益。

一、不完善项目

在船舶建造过程中，特别是在船舶试验和住舱完工与检验的后期阶段，船东和船检机构应该对不合格或不满意的合同项目编制清单，及时向船厂提出。编制清单时，将项目分成船体、舾装、机械和电气四类，分别编号，顺次列表，以防遗漏和重复。船厂应对提出的不完善项目及时进行处理，采取措施消除各种缺陷，使问题减至最小限度。不完善项目改正后，船检机构和船东应及时检查，如果已合乎要求就应签字认可。

二、备件清单

为便于船东认可、签收，通常船厂按规定准备一份完整的备件清单。备件清单上不仅包括备件和工具，而且还包括交船时船上所有的便携式和可移动的设备。备件清单也可由船东代表和船厂双方联合编制。为了在交船前编完清单，通常在交船前三个月就开始编制。

一般，要求将备件放置在船上带锁的特制箱柜里，箱柜位于设备附近的方便处。编制备件清单时，首先将这些箱柜编号，随后将箱柜封存，以免未经许可而挪动备件。需要安全存放的便携式和散放船具，应该推迟到交船前放置。交船前，所有的油舱应做测量，各种油、脂等容器应共同盘点，以便确定由船厂提供的消耗品是否满足规定的要求。

三、交船日期

在计划交船日期的前一周，船东代表和船厂应该联合对船舶进行检查，查明尚未完成工作和不完善项目的状况。根据实际条件，在正常情况下可望达成确定的交船日期。

当船东急需船舶投入实际营运时，对许多非重要的不完善项目可能会放弃改正要求，其他项目则可能同意推迟到交船以后改正。船厂在交船日期上所面临的困难就极少。

如果船东并不急需用船，那么每一个不完善项目都可能成为其拒绝接船的正当理由。为避免出现这种不利情况，许多合同条款中会注明：当船舶完工或基本完工（除少数不影响船舶运营使用的项目外，其余都已完工），且所需的试验都已通过时，船厂至少在五天之前向船东发出书面通知要求交船。

四、交船文件

典型的建造合同应当包括这样的条款，即所交的船舶应当符合国家指定的有关法令和各章节中指定的各种法规；并且还进一步要求船厂必须获得各种必要的证书和文件，用以证明建造过程属实和所获得的各种认可。

交船文件的种类和签发单位，各国有自己的规定。我国国家标准 GB/T 6300—2007《提交船舶产品完工文件的规定》规定了海洋和内河船舶完工时，船厂应向船东提交的完工文件项目和要求。

在交船的时候，船东总希望能无条件、无例外地获得所有文件。实际上，由于主管部门的行政手续等多种原因，不太可能在交船的同时递交一套完整的证书。为此，在接到正式的文件之前,习惯上由临时发信来取代。在这种情况下,船厂必须向船东提供适当的文件以保证不会影响船舶的运营与保险。

五、交船前会议

交船前一两天,应该召开由船厂、船东和船检机构代表参加的工作会议,为最终交船创造条件。典型的议事日程通常为:

①审议船检机构认为未解决的不完善项目,并证明这些项目或备件清单上的缺项不妨碍船舶投入运营;

②审议文件清单,提出交船时尚不能获得证书的项目,并证明这不妨碍船舶运营和保险等级,船检机构的代表在这一点上可以回避;

③讨论所有尚存在的不完善项目,提出一致的处理意见。

但是,会议往往也会出现僵持局面,从而妨碍对某些项目取得一致的意见。为了按期交船,有异议的项目可以用声明或特殊附件的形式附在交船证书中,以备查考。这些分歧可以在保证期结束时解决。

在进行上述审议并取得一致意见后,便可以确定交船日期,举行交接仪式。

六、交船仪式

交船仪式通常包括以下内容:

①船厂向船东提交规定的各种证书和文件,经核对后,双方在文件提交凭据上签字,证明可供使用的文件都已提交;

②船东签收随船图纸及说明书;

③船长签收船舶钥匙和保险柜密码等;

④船厂和船东在交船与完工证书上签字,附件的定稿复本应事先提交船厂,以便有时间确认厂方对所有列入附件的不完善项目能承担的责任。

交船仪式结束后,船舶就归船东使用或处理。船舶的建造工作虽然已经结束,但是,船舶的建造合同尚未终止。

七、保证期

保证期就是船舶在交船以后船厂承担质量保证义务的一定时间。保证期的长短由建造合同规定。现在比较普遍的是对整艘船舶规定一年保证期。

在保证期内,船厂对交船与完工证书附件中有异议的项目承担改正责任,并对船舶在正常使用过程中所产生的故障也承担修理责任。合同可以规定船舶返回承造厂修理,也可以请就近的船厂修理,但承造厂应派代表到场。在保证期结束后的第一个航运间隙,通常应安排一次保证期检验,解决建造合同所有尚未解决的问题,并就检验单上所有项目的责任问题达成协议。协议书以保证期检验报告为文件初稿。双方代表签字以后,保证期检验报告便成了记载合同中保证条款所规定的厂方未尽义务的正式文件。若无申诉或诉讼,船厂一旦尽到了这些义务并使船东满意,船舶建造合同便宣告完成。

思考与练习

1. 什么是下水过程中可能出现的“仰倾”和“艏跌落”现象？请配合下水受力示意图进行说明，这两种危害现象发生的原因各是什么？并指出这两种现象的各自预防措施。

2. 船舶试验的目的是什么？

3. 船舶密性试验方法有哪些？

4. 系泊试验项目主要有哪些？

5. 航行试验项目主要有哪些？

6. 交船验收主要包括哪些工作？

第八章　造船品质保障

知识目标

- 了解现代船舶建造品质保障和质量监督机制。
- 了解船舶建造各阶段的检验程序。
- 理解法定检验、船级检验、公正检验的范围和内容。
- 理解船舶精益生产管理的基本理念。

能力目标

- 掌握船舶品质保障的管理机制与机构。
- 掌握焊接检验的常用方法和基本原理。
- 掌握常用的几种焊接工艺方法及其应用场景。
- 能够描述船舶建造各阶段精度控制的主要方法和技术要点。

当前船舶业正处于复苏并稳步发展阶段，未来造船业发展与前些年粗放型发展不同，提升船舶的品质和多种船型发展是未来造船必须抓的两个方向。本章通过简要介绍现代船厂的三级检验制度和现代造船精度生产管理方法，使读者了解现代大型钢制船舶质量监督和检验过程，并通过学习精度造船生产管理方法了解精益造船的精髓。

第一节　造船质量检验机制与机构

我国是一个造船古国，曾在人类航海史上写下了辉煌的篇章。早在明朝永乐年间，郑和曾率庞大的船队七次下西洋，远达非洲东海岸，开创了国际航行的新纪元，郑和船队所用船舶的建造水平也处在当时的最高水平。近代在造船质量检验方面，我国的大中型造船企业都纷纷设立了质量检验部门，并相应地建立了质量体系，配置了理化和无损检验手段。通过几十年来的发展，现在各大中型船厂都建立了较完善的质量检验体系。

由于船舶是高价值且有较高安全性要求的大型水上建筑物，其质量水平直接影响到航运企业、托运的顾客、保险商、航行区域和社会各方的利益，因此各方面都应十分关注船舶的质量和质量检验的有效性。因而，在早期的第一方检验的基础上，逐步产生了船东代表实施的第二方检验和由合同双方之外的第三方实施的检验方式（图 8－1）。

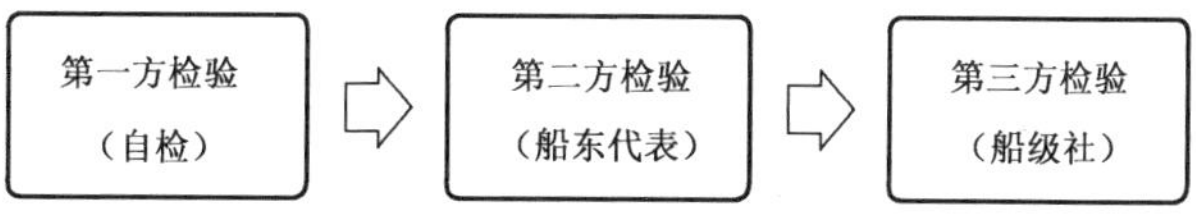

图 8－1　现代造船三级检验制度的演变

一、现代船舶质量监督机制

船舶制造是一个极其复杂的过程，从钢材进厂到船舶下水、试航要经过很多道工序，其中的每一道工序的质量都会受到人员、技术和管理等因素的影响。因此，在采购、生产和安装过程中必须设严格的质量检验程序。

目前，船厂广泛采用三级检验机制。通常，一艘新建船舶的建造质量由三方面进行把关：船厂质检部门、船东派驻船厂代表（简称船东代表）、船级社。

1. 船厂质检部门

船厂质检部门在内检环节根据船舶建造规范要求对建造项目进行严格的检验，检验合格之后，由船厂检验员（也称 QC）向船级社、船东代表申请对外检验。

2. 船东代表

船东代表（也称为船舶监造师）作为船东的驻厂全权代表，负责对船舶建造的整个过程进行监造，主要责任是船舶质量监督、工程进度管理、造船资金管理、技术文件签署等。与船厂质检部门和船级社验船师的工作角度不同，船东代表更多的以船舶可靠性和可维护性角度作为工作着眼点，即更多从船舶使用角度考虑问题。一艘船舶不应仅仅满足图纸设计要求、国际公约和规范就可以，其日后的使用维护过程中产生的问题，也应在船舶设计和建造过程中得以考虑。对设计图纸的审阅、船舶设备的定购、船体焊接工艺、设备安装工艺等都要从船舶的可靠性和可维修性方面考虑，船东代表需要研究正在使用的方案是否对船舶可靠性和可维修性指标造成影响，是否要对现有方案进行进一步研究改进。

3. 船级社

在 18 世纪，英国的海运事业发展很快，但是船舶海损事故连续不断，由此，导致了船舶保险业的兴起，这样，为船舶投保做公正签证的船舶检验业也随之诞生。世界上第一个民间的船级社在英国伦敦的一个劳埃德咖啡馆里成立。在 1834 年，它与另一个为船东服务的检验组织合并，建立了劳氏船级社（Lloyd's Register of Shipping）。船级社建立一套入级规范、标准和船级符号，经对申请入级的船舶的检验，对符合要求的船舶授予船级符号，签发证书和登入船名录。我国在 1956 年成立了中华人民共和国船舶检验局（ZC），根据 1993 年 2 月 14 日国务院令（第 109 号）发布的《中华人民共和国船舶和海上设施检验条例》规定，中华人民共和国船舶检验局是实施各项检验工作的主管机关，负责制定船舶、海上设施、集装箱的检验制度和技术规范，经国务院交通主管部门批准后公布施行。在 20 世纪 80 年代，随着国际检验业务的发展，将船舶检验局的入级检验职能分出，建立了中国船级社，承办国内外船舶海上设施和集装箱的入级检验、签证检验和公证检验业务。船级社（也称为验船机构）相等于第三方检验机构，对新造船舶进行技术检验，合格的船舶将由船级社签发有关的船级证书。船级社以其专业的船舶技术知识在保障船舶航行安全方面起着独特的作用。船级社通过对船舶的检验，使船舶达到政府和保险商的要求，以及船东和公众期望的安全标准。

为了协调世界各船级社的规范及检验业务，1968 年成立了国际船级社协会（简称 IACS）。目前的正式会员有英国、美国、法国、挪威、德国、意大利、日本、俄罗斯、波兰、中国、韩国等船级社。

颁布船舶安全和防污国际公约的国际组织是联合国下属的专业咨询机构国际海事组

织(IMO)。国际海事组织的宗旨和任务主要是促进各国之间的航运技术合作,并在海上安全航行效率和防止及控制船舶造成海上污染方面的问题上鼓励各国采用统一标准,同时,为会员国进行协商及交流提供方便。

思考与分析:海事局、中国船级社(CCS)、船舶检验局(ZC)之间是什么关系?

中华人民共和国海事局:中国政府机构,全面负责船舶与海上设施的安全,是 IMO 公约所定义的中国"主管机关"。它被国务院授权颁布《船舶与海上设施法定检验规则》(简称《法规》)。

中国船级社(CCS):根据国际惯例,在一个国家只设立一个不以营利为目的的民间机构。它被中国政府的"主管机关"(即海事局)授权执行《法规》所规定的安全方面的技术检验,并在授权范围内颁发法定证书;同时,作为一个国际性组织,也被其他国家主管机关授权执行这些国家的法定检验,并在授权范围内颁发它们国家的法定证书。同时,CCS 还颁布船级社规范,执行船级检验,并颁布船级证书。

船舶检验局(ZC):目前还少量存在的、属于地方政府管理的船舶检验机构(俗称"地方船检"),故 ZC 不需要海事局授权,所颁布的证书与 CCS 颁布的同类型船舶证书具有同等效力。

二、船舶的检验种类

船舶检验即验船机构对船舶进行的技术监督检验。其目的是促使船舶具备安全航行的技术条件。船舶检验一般可分为船级检验、法定检验和公证检验,具体涉及新建船舶和营运船舶的技术检验,如图 8-2 所示。

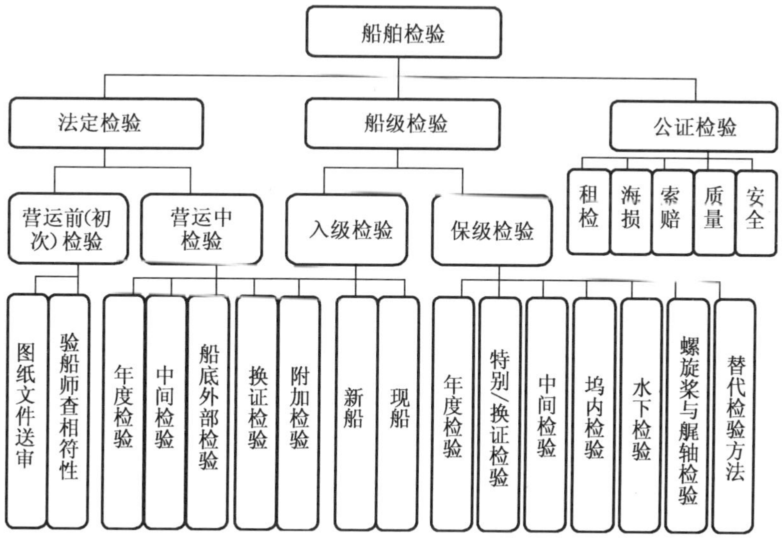

图 8-2 船舶检验的分类与内容

1. 船级检验

根据船舶所有人申请的船级,由船级社按其有关规范和规则对船舶进行技术检验,并授予相应的船级符号的全部检验工作,统称为船级检验。

船级检验主要是为了船舶所有人的利益。因为船舶在海上航行时总存在一定的危险性,如自然灾害和意外事故引起船舶、货物和人命的损失,这些是不可避免的。船舶所有人为了避免由此而产生的经济损失,就要进行船舶保险,而船级则是保险公司接受承保的条件之一,这样保险公司将给予船舶所有人享受较优惠的保险手续和较低的保险费率。在承运货物时,具有船级证书的船舶可取得托运方的信任;在船舶买卖和租赁时,船级亦作为衡量船舶技术状态的一个标志。有些国家对别国船舶进入其港口和河运时的监督,往往以该船所具有的船级作为一种依据。有的国家港口对装运危险品的船舶,只有当具有一定的船级才予以认可。

船级社依靠声誉而生存,只有依靠不断地证明其公证的信誉度和能力,才能保证顾客对其技术工作的接受。因此,船级社的宗旨就决定了其公证和服务的性质。

船级检验可分为以下几种检验。

(1)初次入级检验

船舶的入级一般由船东选择,但也有政府规定的。例如,我国规定,挂中国旗的船应入CCS级;美国规定,挂美国旗的船应入ABS级。船舶入级,表明其船体及设备、机械符合船级社规范的要求,并可使它进入运河和港口便利,保险费较少,且有较多的经营机会。船厂新建船舶的初次入级检验的内容包括:

①申请。由船东或承建的船厂向船级社提出书面申请。

②技术鉴定(审图)。按规定范围,将图样和文件送船级社审查,经批准,才可投产。

③开工前检验。必须符合规定的条件,船舶才能开工生产。这些条件包括:对生产设备、技术力量、焊工、无损检测人员、重要的工艺、控制设备、材质控制、检验项目和船用产品等方面的认可。

④建造中检验。按检验项目表的规定,由验船师对船体和舾装质量进行检验。其检验内容包括检查装船产品是否已经得到验船部门的认可。

⑤发证。在验船师完成建造检验并收到船厂的质量合格证明书后,签发入级证书。

(2)保持船级检验

保持船级检验指已授予船级的船舶投入营运后按规定的间隔期及检验内容进行检验,认为满意后签署或换发新的船级证书。

2. 法定检验

法定检验是指按照某国政府的法规以及该国政府接受的国际公司的要求,由政府的主管机构或政府授权的船级社或个人执行的检验。法定检验的内容包括吨位丈量、载重线、构造、救生、消防、航行信号、无线电话与电报等安全方面的和防污染方面的检验。这些检验,政府一般均授权给船级社执行,与入级检验一起实施。法定检验也需要申请,包括技术鉴定和建造中检验的申请。检验合格后,按规定发给相应的证书。

中国船级社受中国政府的授权,对国际航行船舶所发的法定证书主要有:国际船舶吨位证书、国际船舶载重线证书、货船设备安全证书、国际防止油污证书、客船安全证书等。

3. 公证检验

应船舶所有人、承租人、保险人或其他有关方面的申请,船级社派验船师对所申请检验项目进行一种证明存在的实际情况或原因的检验,称公证检验。检验后签发相应的检验报告。公证检验包括：

①起退租检验：对船舶起租和退租时的船舶技术状况和油水存量等进行的检验。

②索赔检验：对购买的新船及船舶机械设备等，由于其设计、材料、制造工艺不当等造成的损坏，在质量保证期内进行的证明损坏状况的检验，以作为船舶所有人索取赔偿的依据。

③海损检验：对遭受海损的船舶进行确定海损范围、程度、性质和原因，以及对安全航行的影响程度的检验，以作为海损理赔和裁决的依据之一。

④其他公证检验：应卖方或买方（甲方或乙方）的申请，对某项产品需要证实其性能、试验及制造情况等的检验，以作为买卖双方的证明文件。

⑤质量体系认证：根据申请方申请，按国际标准 ISO 9000 系列《质量管理和质量保证》要求，审核质量体系文件及现场记录，合格后颁发质量体系认证证书。

⑥船舶安全管理体系认证：根据主管机关的授权，按《国际船舶安全营运和防污染管理规则》（ISM 规则）要求，对船公司和船舶的安全管理体系进行认证，并颁发船舶的安全管理证书。

三、船舶建造各阶段的检验过程

1. 原材料及外购件的检验和试验

造船所用的原材料在进厂时必须持有生产厂的《质量证明书》和验船部门出具的检验证书，企业供应部填写原材料报验单交质量检验部门后，由专职检验员进行原材料检验，检验员接到报验单后，应及时进行外观和尺度检查，核查产品标记和船级社检验标记。必要时，按规定取样送理化实验室试验或委托外单位试验。检验员应根据检验和试验的结果，做出合格与否的结论。外购设备和零部件进厂时必须持有生产厂的《质量合格证明》，属验船部门检验范围的产品，还应检查船检证书和产品上的检验标记，检验员接到报验单后，根据合同、技术协议书、图样，按检验计划进行检验，经检验合格的产品经签署合格意见办理入库手续。经检测不合格的外购、外协产品，检验员应提供不合格原因和检测数据。

2. 工序检验

工序检验包括首件检验、巡回检验、按规定项目的检验，以及半成品完工检验，如分段、舵叶和舱口盖的完工检验，该检验的范围要覆盖全部船舶建造产品。检验合格的产品经签署合格意见后办理入库手续或转入下一道工序。经检验不合格的，检验员应提供检测数据，按不合格品处理程序执行。检验后，应按程序、计划的规定，做出检验标识。检验结束后，检验人员应记录检验结果。

3. 最终检验和试验

最终检验和试验一般包括船体建造、舱室舾装和机电系统的安装及其完整性检验，以及系泊和航行试验。检验人员接到报验单后，按船舶建造质量标准对各系统进行检验，包括对产品的完整性、清洁度、外观等进行全面的最终检验，并要查阅前面各道检验的记录，以确认是否符合要求和进行最终试验的条件。然后，按试验大纲的要求进行最终试验，验证各系统及整船的效用性能是否符合设计图纸及各项标准和规范的要求。

4. 生产过程中船东和船级社的检验

根据法规和造船合同的要求，有些原材料、半成品、产品应由质量检验部门向船东或船级社代表提交验收。检验人员应熟悉经船东确认的检验项目、验船部门发布的入级检验项目和法定检验规则中所列的检验项目。检验人员对上述范围的检验项目确认检验合格以后，填写向船东和船级社代表提交检验的通知单，并与船东和船级社代表共同检验。检验后，船东和船级社代表应分别签署验收单，作为检验的凭证。对于通过试验的项目，检验人员应将试验记录表或试验报告交船东和船级社代表签署确认。对于须返工或返修项目，则在返工或返修后应重新提交检验。

■**知识拓展：**

船厂质检部门检验人员对检验项目确认检验合格以后，填写向船东和船级社代表提交检验的通知单，并与船东和船级社代表共同检验。那么检验通知单需要涵盖哪些信息呢？请看图 8－3。

检验通知单

NOTIFICATION OF INSPECTION

船东代表：
OWNER'S REPRESENTATIVE_____
验船师：
SURVEYOR_____

______产品下列施工项目经工厂检验合格，计划与__月__日__时，特请贵方在_____场区进行检验/试验，到时请出席。

The following item(s) of________have been inspected by our O.C. It is to be inspecte d/tested by yours good self according to the production requirements. We hope you would be in presence on_____at_____.

检验项目与内容、目标：
Inspection item(s) and despription

产品主检：________
Chief inspector________
_____年 ___月___日

结果/意见：
Result/remark

船东代表：
OWNER'S REPRESENTATIVE_____
验船师：
SURVEYOR____________

验收/意见如上
Aceepted/Subject to above comments

图 8－3　检验通知单

第二节　船舶焊接技术与检验

船体是由一块块钢板或型材焊接而成的。焊缝的好坏直接决定了船体的质量。焊缝不合格不仅影响船体的强度，还将直接影响船体的密性；焊缝不美观不仅影响船体表面的美观程度，还会大大增加船舶的阻力。因此，船舶焊接检验作为保障造船品质的重要手段，是必不可少的。

■思考与分析：

2013 年，我国的辽宁号航空母舰正式列装海军，新华网的一则报道引人深思："监造航母过程中，有数千公里的焊缝需要检验。遇到狭小舱室和管路通道，军代表们需要钻进去爬行检验探伤，确保不留任何安全质量隐患"。这充分说明焊接技术和其他制造技术一样，对于我国工业和国防建设的影响是巨大的。现实要求我们认真学习、掌握先进的焊接技术，同时也要不断探索新的焊接检验方法、创新技术，更好地为国民经济服务。

一、　船舶焊接工艺

1. 执行标准

GB/T 34000—2016《中国造船质量标准》；

CB/T 3195—1995《中小型船舶船体建造精度》；

CB 999—1982《船体焊缝表面质量检验标准》；

CB/T 3761—2013《船体结构钢焊缝修补技术要求》；

中国船级社 CCS 颁发的 2009 版《钢质海船入级规范》；

中国船级社 CCS 颁发的 2009 版《材料与焊接规范》。

2. 船舶焊接工艺概述

焊接是指通过加热或加压，或两者并用，并且用或不用填充材料，使工件达到结合的一种方法（GB/T 3375—1994《焊接术语》）。在船舶建造领域，焊接工时占船体建造工时的 30% ~50%，焊接质量则成为反映船舶建造质量优劣的重要指标，焊接技术已成为船舶工业的关键工艺技术之一。

随着焊接工艺以及焊接设备和焊接材料的不断开发，焊接方法也进行了改进。在船舶建造过程中，目前普遍使用的焊接方法包括焊条电弧焊、埋弧焊、CO_2 气体保护焊、氩弧焊、氧气－乙炔焊及电渣焊等。

以下以典型的埋弧焊、CO_2 气体保护焊、氩弧焊举例说明。

埋弧焊利用电弧作为热源，焊接时电弧在颗粒状、可熔化的焊剂覆盖下燃烧，电弧不外露，埋弧焊由此得名。与焊条电弧焊相比，埋弧焊具有焊接质量好、效率高、成本低及劳动条件好等优点。在船舶建造领域，埋弧焊技术已广泛应用于内底板、平直船底板、甲板、纵横舱壁板、平台板、上层建筑甲板、内外围壁板及其他平直板材拼板对接缝，以及分段合拢后处于水平位置的对接缝的盖面焊等结构生产。

CO_2 气体保护焊是指利用 CO_2 作为保护气体，形成足够的气体保护层，焊接时采用专用焊枪，依靠焊丝与工件间的电弧热及电阻热提供焊接所需热量，从而实现半自动或自动焊接，与其他的电弧焊方法相比，CO_2 气体保护焊生产效率较高、适应面广，具备更好的经济性，并可保证获得优质的焊接接头。因此，在船舶建造过程中，CO_2 气体保护焊得到了极为广泛的应用，并有逐步取代焊条电弧焊的趋势。

氩弧焊常用于重要管系的一次成型或单面焊双面成型的焊接，可获得管内焊缝成型均匀、无熔渣及夹杂的优质焊缝。它很好地解决了 CO_2 气体保护焊、埋弧焊等焊接方法不能胜任的场合，比如对于较活泼的铝、镁、钛及其合金，以及管材对接等结构形式。

在不同的场合下，应对不同的结构用钢，选择方法不尽相同，具体如图 8－4 所示。

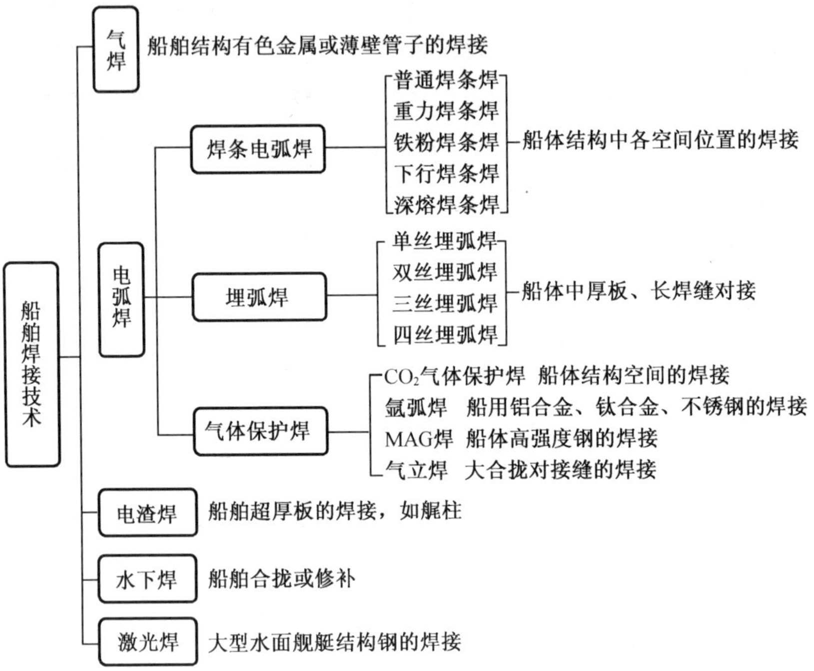

图 8－4　船舶焊接方法的选择

具体在施焊过程中，要求施工人员严格遵照焊接工艺船级社认可的文件执行，具体可见表 8－1 焊接工艺船级社认可文件。

表 8－1　焊接工艺船级社认可文件

序号	标准号	名称	备注
1	G16－HDF01	埋弧自动焊	CCS 认可工艺标准
2	G16－HDF05	埋弧自动焊与手工电弧焊、仰焊、对接焊相结合	CCS 认可工艺标准
3	G16－HDF06	手工电弧焊对接焊(J507)	CCS 认可工艺标准
4	G16－HDF07	手工电弧焊角接焊(J507)	CCS 认可工艺标准
5	G16－HDF08	二氧化碳保护焊打底、单面埋弧自动焊 25 mm	CCS 认可工艺标准

表 8-1(续)

序号	标准号	名称	备注
6	G16-HDF09	二氧化碳保护焊打底、双面埋弧自动焊 25 mm	NK 认可工艺标准
7	G16-HDF010	手工电弧焊平焊(J507)25 mm	NK 认可工艺标准
8	G16-HDF011	手工电弧焊横焊(J507)25 mm	NK 认可工艺标准
9	G16-HDF012	手工电弧焊立焊(J507)25 mm	NK 认可工艺标准
10	G16-HDF013	手工电弧焊仰焊(J507)25 mm	NK 认可工艺标准
11	G16-HDF14	二氧化碳保护焊打底、单面埋弧自动焊 14 mm	NK 认可工艺标准
12	G16-HDF15	二氧化碳保护焊打底、单面埋弧自动焊 8 mm	NK 认可工艺标准
13	G16-HDF16	二氧化碳保护焊打底、双面埋弧自动焊 14 mm	NK 认可工艺标准
14	G16-HDF17	二氧化碳保护焊打底、双面埋弧自动焊 8 mm	NK 认可工艺标准
15	G17-HDF02	手工电弧焊对接焊(J422)12 mm	LR 认可工艺标准
16	G17-HDF03	手工电弧焊角焊(J507、J422)12 mm	LR 认可工艺标准
17	G17-HDF04	手工电弧焊对接焊(J507)25 mm	LR 认可工艺标准
18	G17-HDF05	手工电弧焊对接焊(J507)70 mm 锻件	LR 认可工艺标准

3. 举例:主机基座的焊接工艺

主机基座是船舶重要部件之一,主机基座的焊接变形会影响到主机的安装。另外,主机基座承受着主机的重力和主机运转传递来的载荷。因此,主机基座的焊接质量要求较高,特别要防止焊缝裂纹。

主机基座一般由主机基座纵桁、横隔板和肘板组成,主机基座装焊要经过划线、定位、焊接、拆除定位焊、翻身、矫正、测量的大致顺序,具体装焊程序如图 8-5 所示。

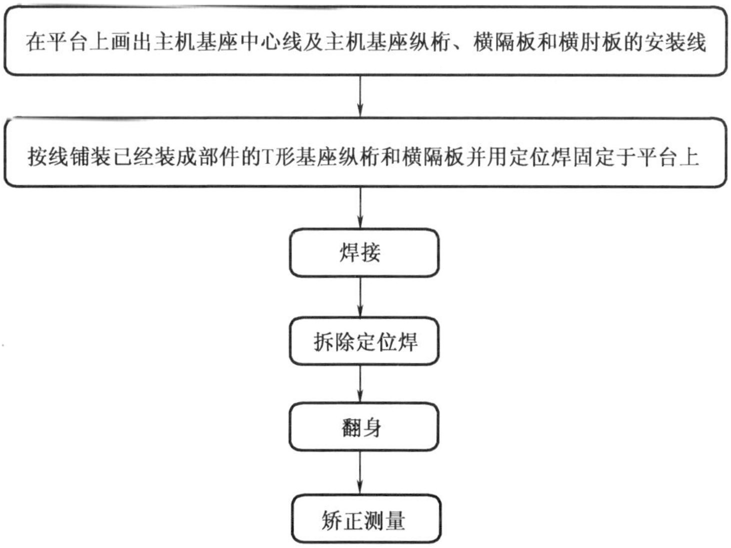

图 8-5　主机基座装焊程序

在焊接过程中,主机基座焊接工艺如下:

①主机基座纵桁的焊接。当主机基座纵桁厚等于或大于 12 mm 时,在水平面板与纵桁的角接处,纵桁的边缘焊前预先开坡口,坡口形式按板厚和施工情况而定;当纵桁厚小于 12 mm 时,可不开坡口。主机基座在平台装焊定位后,采用碱性焊条进行手工焊接,焊后应经矫正。

②主机基座各零部件在平台划线装焊,并用定位焊将他们固定。装妥后,用手工焊条进行焊接。

③焊接主机基座纵桁与横隔板的角焊缝,其焊接顺序如图 8 -6 所示。

④焊接主机基座与纵桁的角焊缝,其焊接顺序如图 8 -6 所示。

⑤主机基座焊后并经矫正上船安装时,它与内底板的连接采用双面手工连续焊,亦应采用碱性焊条。

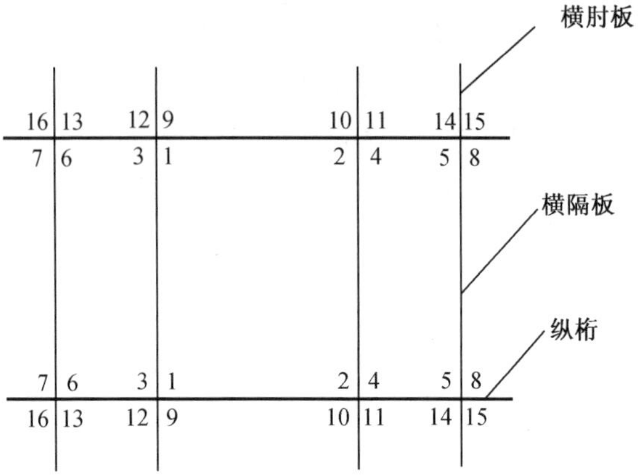

图 8 -6　角焊缝焊接顺序

■**知识拓展:**

焊接工艺要点(摘自 CCS《船舶材料与焊接》2012)

船体结构的焊缝应按已认可的焊接工艺规程施焊。

对较长的焊缝应尽可能从焊缝中间向两端施焊,以减小结构的变形和内应力。

焊缝末端收口处应填满弧坑,以防止产生弧坑裂纹。如采用自动焊,一般应使用引弧板和熄弧板。

进行多道焊时,在下道焊接之前,应将前道焊渣清除。

除 CCS 特别同意外,对有焊透要求的焊缝,在焊接第二面焊缝前应进行清根,清根后应具有适当的坡口形状,以便进行封底焊。

在去除临时焊缝、定位焊缝、焊缝缺陷、焊疤和清根时,均不应损伤母材。

二、船舶焊接检验及规范

1. 执行标准

外观检验参照 CB 999—1982《船体焊缝表面质量检验标准》。

焊缝缺陷参照 CB/T 3761—2013《船体结构钢焊缝修补技术要求》。

无损检测分别参照：

CB/T 3558—2011《船舶钢焊缝射线检测工艺和质量分级》；

CB/T 3177—1994《船舶钢焊缝射线照相和超声波检查规则》；

CB/T 3559—2011《船舶钢焊缝超声波检测工艺和质量分级》；

CB/T 3958—2004《船舶钢焊缝磁粉检测、渗透检测工艺和质量分级》。

2. 焊接检验方法

焊接检验可分为破坏性检验和非破坏性检验，在应用中差别较大。根据试验原理不同，每类中又可分为若干检验方法，具体分类和特点见表 8－2。

表 8－2　破坏性检验与非破坏性检验的分类及特点对照

<table>
<tr><th>检验类别</th><th colspan="2">分类</th><th>性能特征</th></tr>
<tr><td rowspan="11">破坏性检验</td><td rowspan="5">力学性能试验</td><td>拉伸试验</td><td rowspan="11">优点：
1. 能直接而又可靠地测量出使用情况的反应。
2. 测定结果定量。
3. 试验结果与使用情况之间的关系大多直接、一致。
局限性：
1. 只能用于某一抽样，且需要证明该抽样的典型性。
2. 试验过的零件不能再交付使用。
3. 常常不能对同一件产品进行重复性试验，不同形式的试验需要用不同的试样。
4. 报废的损失很大。
5. 对使用中的零件很难应用，往往都要中断其有效寿命。
6. 试验用的试样，往往需要大量的机加工或其他的制备工作。
7. 投资及人力消耗往往很高</td></tr>
<tr><td>弯曲试验</td></tr>
<tr><td>冲击试验</td></tr>
<tr><td>硬度试验</td></tr>
<tr><td>疲劳试验</td></tr>
<tr><td rowspan="2">化学分析试验</td><td>化学成分分析</td></tr>
<tr><td>焊缝腐蚀试验</td></tr>
<tr><td rowspan="3">金相试验</td><td>宏观金相</td></tr>
<tr><td>微观金相</td></tr>
<tr><td>断口试验</td></tr>
<tr><td colspan="2">焊接性试验</td></tr>
<tr><td rowspan="11">非破坏性检验</td><td rowspan="3">外观检验</td><td>焊缝成型</td><td rowspan="11">优点：
1. 可直接对所生产的产品进行试验，而与零件的成本或可得到的数量无关，除去破损零件外损失较小。
2. 既能对产品进行普检，也可对典型抽样进行试验。
3. 对同一产品既可同时又可依次采用不同的试验方法。
4. 对同一产品可以重复进行同一种试验。
5. 可对使用的零件进行试验。
6. 可直接测量运转使用期内的累计影响。
7. 可查明失效的机理。
8. 试样很少或无须制备。
9. 为了应用于现场，设备往往可以携带。
10. 劳动成本往往很低，尤其对同类零件进行重复性试验。</td></tr>
<tr><td>焊缝几何尺寸</td></tr>
<tr><td>表面缺陷</td></tr>
<tr><td rowspan="2">强度试验</td><td>水压试验</td></tr>
<tr><td>气压试验</td></tr>
<tr><td rowspan="6">致密性试验</td><td>气密性试验</td></tr>
<tr><td>吹气试验</td></tr>
<tr><td>载水试验</td></tr>
<tr><td>水冲试验</td></tr>
<tr><td>煤油试验</td></tr>
<tr><td>真空负压试验</td></tr>
</table>

表 8－2(续)

检验类别	分类		性能特征
非破坏性检验	无损检测	射线探伤	局限性： 1. 通常必须借助熟练的试验技术才能对结果做出说明。 2. 不同观测人员可能对试验结果所表明的情况看法不一致。 3. 检验的结果只是定性的或相对的。 4. 有些非破坏试验所需的原始投资很大
		超声波探伤	
		磁粉探伤	
		渗透探伤	

破坏性检验可以提供焊接结构的材料性能、组织结构和化学成分的定性、定量数据，由于提取的数据是构件局部或为试样的实验结果，所以随机性较强，所获数据必然存在较大的局限性。

重要焊接结构的产品验收时，必须采用不破坏其原有形状，不改变或不影响其使用性能的检测方法，以保证产品的安全性和可靠性。

需要注意的是，焊接结构的破坏，多数情况下是由微观或宏观缺陷发展成裂纹所致。采用一般的检验方法可以减少这种破坏概率，但不能对构件中的裂纹扩展进行监视。

3. 船舶焊接检验

(1)表面焊接质量检验

①在设计和工艺要求有坡口、刨槽表面处理等要求时，施焊之前应予以检验。不合格处操作人员必须重新处理后，方可施焊。

②检验完工焊缝接头的各参数(焊角、间断焊长度、加强焊等)凡是低于设计或相关规范的要求，应予以补强；高于要求的可予以放行，但应提示操作人员防止再次发生。

③当船体结构施焊完工后，应对已完工的全部焊缝进行表面质量检验。

④完工焊缝的表面应成型均匀、致密、平滑地向母材过渡，没有裂纹和未熔合现象，以及不应有的咬边、气孔、夹渣、焊瘤、弧坑等缺陷的存在。若存在以上所述的缺陷时，应在焊缝内部质量检查和密性试验之前修补完毕。

⑤船体分段建造中所产生的焊缝缺陷，均应在合拢前修补完毕。

■知识拓展：

中国船级社(CCS)《材料与焊接规范》2012 针对船体结构焊接检验的规定

船体结构施焊完工后，应对所有焊缝进行外观检查。焊缝表面应成型均匀、平滑地向母材过渡，无过大的余高，不应有裂纹、未熔合、单面焊根部未焊透等缺陷存在。表面气孔和咬边均应在允许范围之内。

焊缝的内部质量可采用射线、超声波或其他适当的方法进行无损检测。必要时有些焊缝还应增加适当数量的磁粉或渗透检测。无损检测的方法、工艺和评定标准应经 CCS 同意。

船体焊缝无损检测的数量和位置可根据实际情况由船厂和 CCS 验船师商定。必要时验船师可要求增加无损检测的数量。

对于在船中 0.6L 范围内强力甲板和外板,拍片数量可以按下式作为计算和基础:

$$n = 0.25(i + 0.1W_T + 0.1W_L) \text{ 张}$$

式中 i——船中 0.6L 范围内纵、横向对接焊缝交叉处的总数;

W_T——船中 0.6L 范围内横向对接焊缝的总长,m;

W_L——船中 0.6L 范围内分段合拢的纵向对接焊缝的总长,m。

(2)内部焊接质量检验

根据有关规范要求和顾客要求进行无损探伤,检验焊缝的内部质量。

无损检验是指不损坏被检查材料或成品的性能和完整性而检测其缺陷的方法,超声波探伤、磁粉探伤、射线探伤、渗透探伤等是无损检验的有效手段。

超声波探伤是利用超声波在物体中的传播、反射和衰减等物理性质来发现焊接内部缺陷的一种检验方法(图 8-7)。利用其进行焊接检验,可有效控制焊接缺陷,焊接检验中常用的超声波频率在 2~2.5 Hz,称为焊接检验的公称频率。超声波探伤具有设备携带方便、成本低、操作方便、检测厚度大、没有放射性污染等优点。缺点是对焊件表面要求光滑、难以确定缺陷的性质、评定结果受操作者技术水平限制、结果不能永久性记录等。具体执行时参照 CB/T 3559—2011《船舶钢焊缝超声波检测工艺和质量分级》。

磁粉探伤是通过对铁磁材料进行磁化所产生的漏磁场,来发现其表面或近表面缺陷的无损检验法(图 8-8)。磁粉探伤是一种应用广泛且成熟的无损检验方法,目前已有近百年的发展历史。它具有设备和操作均较简单、检验速度快、便于在现场对大型设备和工件进行探伤、检验费用也较低等优点,缺点是仅适用于铁磁性材料,仅能显出缺陷的长度和形状,而难以确定其深度,并且对剩磁有影响的一些工件,经磁粉探伤后还需要退磁和清洗。具体执行时参照 CB/T 3958—2004《船舶钢焊缝磁粉检测、渗透检测工艺和质量分级》。

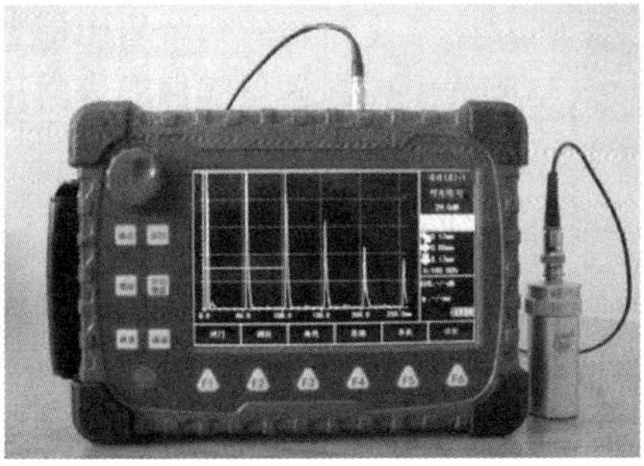

图 8-7 超声波数显仪图

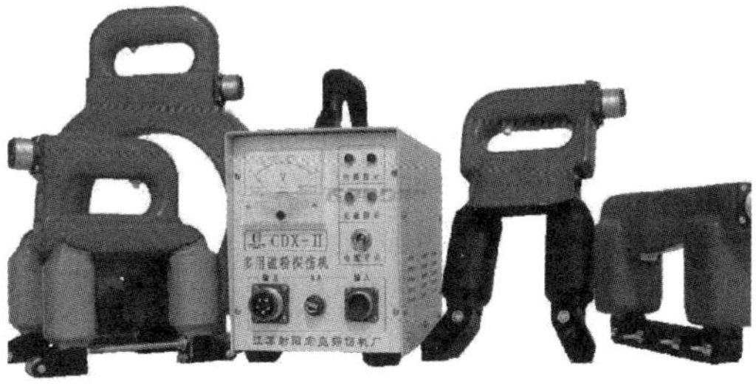

图 8-8 便捷式磁粉机

射线探伤是利用射线可穿透物质以及在物质中衰减的特性来发现缺陷的一种无损检测方法。射线探伤在工业上有着非常广泛的应用,它既可用于金属检查,也可用于非金属检查。对金属内部可能产生的缺欠,如气孔、针孔、夹杂、疏松、裂纹、偏折、未焊透和熔合不足等,均可以通过射线检查。具体执行时参照 CB/T 3558—2011《船舶钢焊缝射线检测工艺和质量分级》。

渗透探伤是利用带有荧光染料（荧光法）或红色染料（着色法）的渗透剂的渗透作用，显示缺陷痕迹的无损检验方法。特别适用于非磁性材料或磁粉探伤无法实施的生产选择，如铝、镁、玻璃用不锈钢等材料的检测。在船舶制造领域，螺旋桨、蒸汽罐接头、泵壳与涡轮等铸件渗透探伤应用较多。此外，渗透探伤也可用于中薄板、箔、异型截面产品的表面完好性检验，以及非铁磁性材料的反应堆系统焊接接头。具体执行时参照 CB/T 3958—2004《船舶钢焊缝磁粉检测、渗透检测工艺和质量分级》。

■知识拓展：无损检测人员技术资格的鉴定与认证

国际上自 20 世纪 70 年代就已经开始逐步完善对于无损检测技术人员定期的技术资格等级鉴定与考核。

我国也从 20 世纪 80 年代初就开始了无损检测人员技术资格的鉴定与认证工作。中国机械工程学会无损检测分会发出的超声检测、磁粉检测、渗透检测、涡流检测、射线检测、X 射线实时成像检测、工业 CT、红外检测、目视检测等的初、中、高级无损检测人员技术资格等级证书超过 30 万份，并在 2009 年与欧洲无损检测联盟签订了多国互认协议（EFNDTMRA），已符合欧洲无损检测联合会（EFNDT）多国互认协议所有的认证标准，如图 8－9 所示。

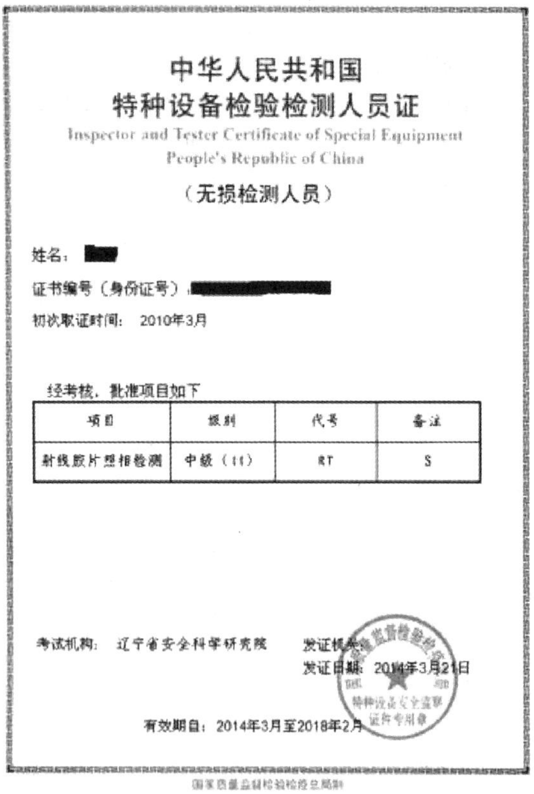

中华人民共和国
特种设备检验检测人员证
Inspector and Tester Certificate of Special Equipment
People's Republic of China
（无损检测人员）

姓名：[redacted]
证书编号（身份证号）：[redacted]
初次取证时间： 2010年3月

经考核，批准项目如下

项目	级别	代号	备注
射线胶片照相检测	中级（II）	RT	S

考试机构： 辽宁省安全科学研究院
发证机关：
发证日期： 2014年3月21日
有效期自：2014年3月至2018年2月
国家质量监督检验检疫总局制

图 8－9　无损检测人员技术资格等级证书

第三节 船舶建造精度测量与分析

船舶建造过程是一项复杂工程，涉及面较广，协调性强，船舶建造按照船舶设计图纸进行，首先从钢材预处理开始，经过切割、加工、装配、焊接等生产工艺，将零件组装成部件、分段、总段，再进行船体总组，组装成整个船体。

在船舶建造过程中，船舶结构构件受切割、加工、焊接和吊运等因素影响，不可避免地产生实际尺寸偏离放样尺寸的尺寸偏差和形状偏差。为了保证船舶建造质量，在建造过程中加工、装配焊接等工艺阶段制订尺寸标准，将偏差控制在标准范围内。

为了控制偏差在国家标准要求范围内，船厂普遍采用在船体零件上加放余量方法来满足加工过程中产生的尺寸偏差与形状偏差。对于多余的尺寸再进行现场余量修整，修整工作量在全船建造过程中所消耗的工时量约占全船总工时的1/4。为了尽量减少修整工作量，缩短船舶建造周期，船厂在取得大量生产实践测量数据基础上，运用数理统计方法，逐步以不需要修割的零件补偿量代替余量的方法来控制造船过程中出现的尺寸偏差，这样逐步发展形成了当今造船精度管理技术。

船舶建造精度控制技术是现代造船的重大新技术之一，是精益造船一种技术体现，更是船厂科学管理的重要内容。它主要是在船体建造过程中通过加放尺寸补偿量取代余量，通过合理的工艺技术和管理技术，对船体零件、部件、分段等尺寸进行精度控制，保证船舶建造过程中尺寸精度，确保船舶建造主尺度尺寸精度，提高船舶建造的质量，最大限度地减少船舶建造过程中现场尺寸修整工作量，缩短船舶建造修整工期。这样既能满足船东对船舶质量的要求，又能实现船厂对造船生产成本的降低的要求。船舶建造精度控制技术是当今船舶建造过程中生产的客观需求，满足科学管理、精益造船、绿色造船发展的需求。

一、船舶精度测量技术

船体建造精度管理是一门交叉学科，涉及很多新工艺、新技术。关联的技术有软件技术、信息技术、设计技术、装配技术、焊接切割技术、成型矫正技术、测量技术等各个方面。船体建造精度管理是个系统，基础理论有系统工程理论、工业工程理论、控制论、PDCA质量循环理论、尺寸链理论、木桶理论。基本方法有过程控制方法、数理统计方法和有限元分析方法等。

在实施精度管理过程中，测量技术是精度管理工作中一个重要检测技术，适用较广。可靠的检测工具和较高的测量水平是提高造船精度的保障。目前船体精度的测量采用的测量技术有很多，从直尺、卷尺发展到激光经纬仪、全站仪等激光三维测量技术，测量的精度和方便性都有很大的提高。一般来说，零件切割前要用游标卡尺测量钢板厚度，零件坡口要用焊接量规检测坡口角度，零件切割要用卷尺抽查零件尺寸，偏差超过标准要调整切割机参数。

小组拼板时要用卷尺检测拼板尺寸，用粉线检查直线边缘的直线度。中组曲面板拼板前要用激光经纬仪和直尺制作或检测中组胎架，用直尺检测板在胎架上的定位尺寸，用卷尺检测拼板尺寸,用粉线检查直线边缘的直线度。

分段装配前要用激光经纬仪和直尺制作和检测大组胎架,要用卷尺测量大组拼板尺寸并进行二次划线和检测。船舶建造过程中,由于需要测量的船体结构或部件的结构尺寸较大,其测量一般可归结为大、中尺寸的测量,依据造船过程中所采用的测量工具的使用方法可将其分为直接测量、间接测量和坐标测量三种。

船舶建造精度测量仪器可分为通用仪器和专用仪器。

按照检测对象的不同,检测工具大致分为测量厚度的工具、测量长度的工具、测量角度的工具和测量形状的工具等四类。

(1)测量厚度的工具

船体零件必须保证材质和板厚合乎标准要求。如果零件厚度的负偏差超过0.3 mm,通常需要更换零件,这样返工的切割和焊接等作业的热量使船体构件变形加大,不利于精度造船。所以要求在钢板切割前要测量钢板厚度,检查钢板厚度是否符合标准。常用的测量厚度的检测工具有游标卡尺和超声波测厚仪。游标卡尺是常用的测量工具。

超声波测厚仪是利用超声波的反射来测量钢板厚度的,它也常用于船体分段上或船上检查结构零件的厚度。

(2)测量长度的工具

船体建造精度管理中最常用的检测工具就是测量长度的工具,通常有钢直尺和钢卷尺两种。钢直尺通常有15 cm和100 cm长两种,15 cm钢直尺常用于检查装配间隙,100 cm钢直尺用于结构水平度或垂直度的辅助测量。钢卷尺在测量零件尺寸、拼板尺寸、分段尺寸和船体主尺寸等方面有广泛的应用。通常有3 m、5 m、20 m、50 m和100 m等5类,船用钢卷尺的长度公差通常要求为小于1 mm。如图8-10所示,对下列构件利用卷尺、测距仪进行尺寸测量,对于构件的长度、宽度、高度以及对角尺寸精度要求控制在±3 mm之内。

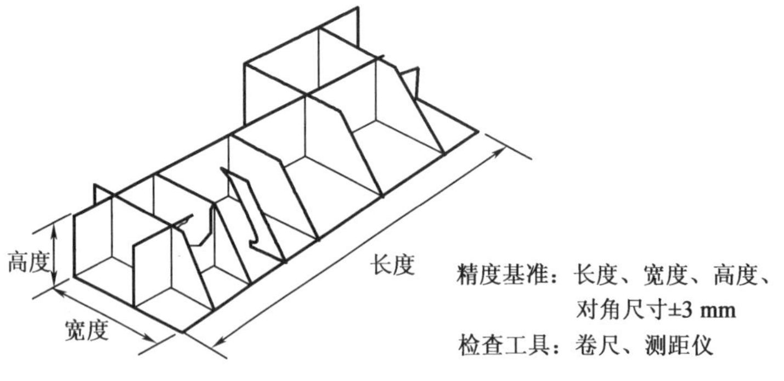

图8-10　构件尺寸精度控制

如图8-11所示,在船舶建造过程中利用钢卷尺进行焊接保留量的测定。根据精度标准要求,每个“X”焊接保留100 mm,焊接保留长度±10 mm,这里测量结果反映焊接保留量不足。

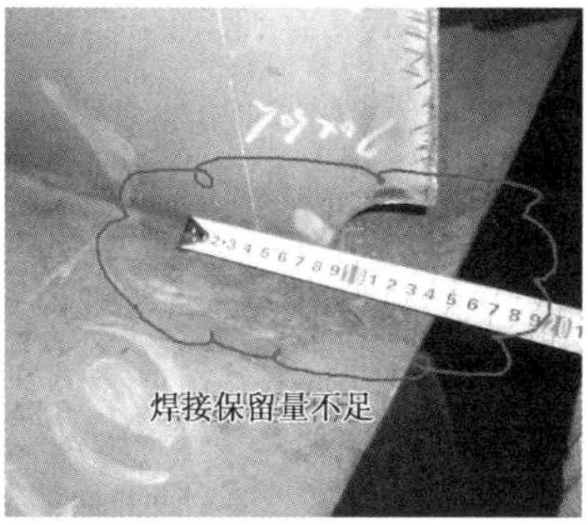

图 8－11　焊接保留精度测量

（3）测量角度的工具

船体建造加工过程中需要控制角度，有坡口切割的角度、加工角度、构架安装角度等。常用的工具有焊接量规、角度样板、量角器、角尺和开拢尺等，如图 8－12 所示。焊接量规用于测量焊脚高度、坡口角度，已有成熟产品出售。加工角度通常由加工样板进行检验。角尺用于安装垂直构件的定位，开拢尺常用来安装非垂直构件的定位，国内通常由各个船厂的工人自己制作，测量的精度也不高。

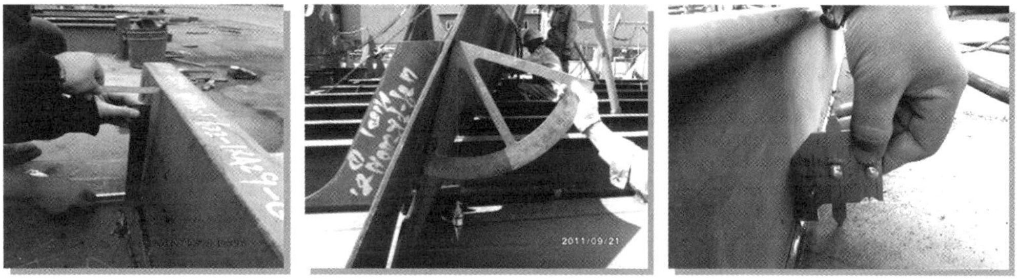

(a)　(b)　(c)

图 8－12　角度测量精度控制

（4）测量形状的工具

船体建造中需要测量边缘直线度、曲面板的形状、表面平面度、平台水平度或构架垂直度等形状偏差。常用的测量工具有粉线、线锤、直尺、样板、样箱、水平尺、水平软管、水平仪、激光经纬仪、全站仪和 API 激光三维跟踪仪等，如图 8－13 所示。

(a) 水准仪　(b) 线锤　(c) 全站仪

图 8－13　测量形状的仪器

粉线主要用于测量板边缘的直线度和板的局部平面度，线锤和直尺组合用于测量构架垂直度，激光经纬仪和直尺组合也可用于测量构架垂直度，如图 8－14 所示。

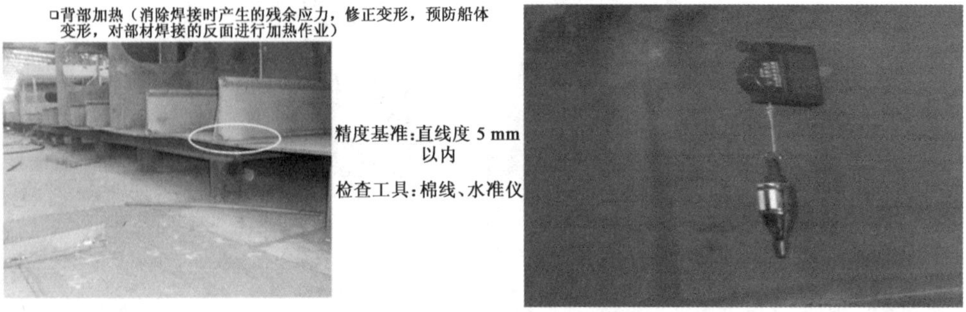

图 8－14　直线度、垂直度测量

样板是根据船体曲型单曲率外板数据定制的，通常分为活络样板和木样板。活络样板用于横向拱度小于 280 mm 的单曲率（或近似单曲率）板零件，木样板用于横向拱度大于 280 mm 的单曲率（或近似单曲率）板零件。双曲率外板通常使用样箱检验成型，样箱是根据船体线型数据手工订制的木箱型检验工具。水平尺、水平软管、水平仪和激光经纬仪可以检测胎架或平台的水平度。全站仪和 API 激光三维跟踪仪可用于测量分段主尺寸或曲形外板的线型与船体模型的偏差。扭曲变形精度测量如图 8－15 所示。

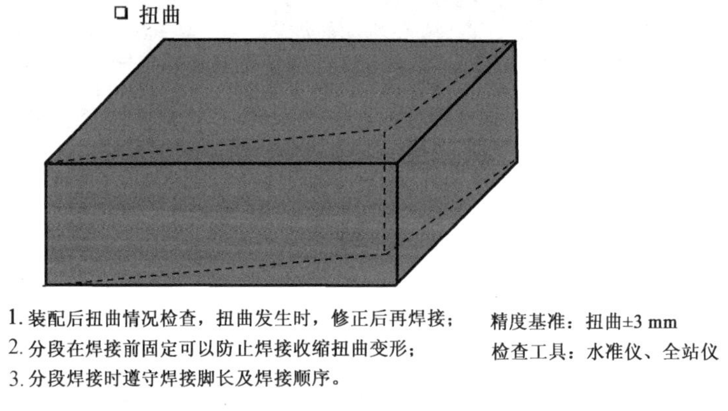

图 8－15　扭曲变形精度测量

（6）检测工具的使用注意事项

实施尺寸精度的控制，对检测量具本身精度偏差的控制至关重要，必须最大限度降低和消除检测工具相对误差的存在，以保持测量和统计数据的准确性、可靠性和各个控制阶段的精度要求。

①根据我国检测工具计量的规定，造船所用的检测工具必须经过计量，包括卷尺、游标卡尺、测厚仪、水平仪和激光经纬仪等工具。对检测量具实施定期的复核鉴定也是十分必要的，这是实施精度管理必要的准备工作。

②误差值偏离精度要求的和已经损坏的量具,不准继续使用,要及时维修或更换。量具修复后,应重新计量合格方可使用。

③应开展经常性正确使用量具的技术教育,检查和督促作业人员正确合理使用各种量具。对新工人要及时进行量具使用的技术教育。合理使用量具的内容很多,如对卷尺的使用有以下几个方面:卷尺拉长后不准折叠;卷尺使用不能乱放尺芯;长期不用的卷尺要上油保养;在刚切割完工或其他热加工后的工件上复验尺寸,必须待工件冷却后进行;测量时尺要放平,两端拉力要稳定,必要时使用拉力计。

(7)船舶建造测量的主要研究内容

①测量船体(分段)的型长、型宽、型深。

②还原船舶设计坐标系。

③绘制吃水线和水尺。

④船舶分段建造三维放样。

⑤对隐蔽点进行测量。

⑥船舶分段空间位置计算。

⑦船舶分段建造精度检测。

⑧船底平面度测量。

在实际船舶建造的测量操作中,由于受到多种因素的影响,测量所得的量值 X 通常并不能准确地等于被测量的真值 A,我们将二者之差称为测量误差。测量误差按性质分为粗差、系统误差和偶然误差。

系统误差常有一定的累积性,所以在测量结果中,应尽量消除或减弱系统误差的影响。

偶然误差是测量条件中各种随机因素的偶然性影响而产生的误差。偶然误差可视为服从正态分布的随机变量。

船舶建造精度测量误差主要包括测量人员误差、仪器误差、测量方法误差、测量环境误差和材料误差五个来源。

二、船舶精度测量工具

1. 水准仪

水准仪广泛用于建筑行业,是测量水平高低的仪器,具有精度高、使用方便、快速、可靠等优点,使用在引测、大面积场地测量、楼面水平线标志、沉降观测等方面。水准仪是提供水平视线的仪器,按精度分为精密水准仪和普通水准仪。水准仪通常有 DS_{05}、DS_1、DS_3 等几种。其中"D"和"S"分别为"大地"和"水准仪"首字汉语拼音的首字母,而下标是仪器的精度指标,即每千米测量中的偶然误差(以 mm 为单位)。水准仪按结构分为微倾水准仪、自动安平水准仪、激光水准仪和数字水准仪(又称电子水准仪)。利用水准管来获得水平视线的"微倾式水准仪"和利用补偿器来获得水平视线的"自动安平水准仪",以及一种新型的水准仪——"电子水准仪",它配合条形码标尺,利用数字化图像处理的方法,可自动显示高程和距离,使水准测量实现了自动化。DS_3 微倾式水准仪结构由基座、目镜、物镜、角螺旋等部件构成,如图 8－16 所示。

2. 全站仪

全站仪,即全站型电子速测仪(electronic total station),是一种集光、机、电为一体的高技术测量仪器,是集水平角、垂直角、距离(斜距、平距)、高差测量功能于一体的测绘仪器系统。其类型主要有:编码盘测角系统、光栅盘测角系统及动态(光栅盘)测角系统等三种。

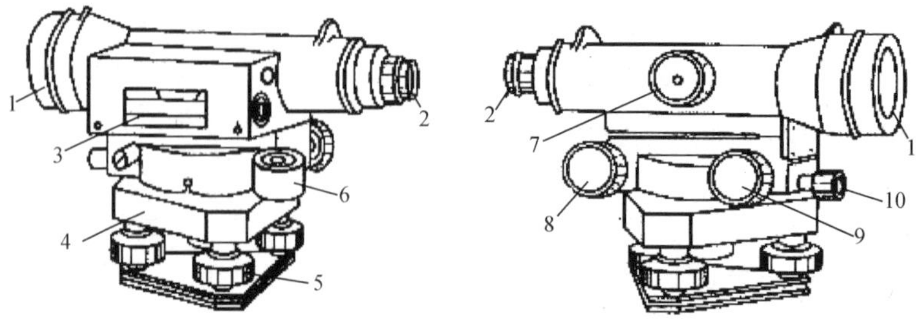

(a) (b)

1—物镜;2—目镜;3—管水准器;4—基座;5—脚螺旋;

6—圆水准器;7—调焦螺旋;;8—微倾螺旋;9—微动螺旋;10—制动螺旋。

图 8-16　DS_3 微倾式水准仪

全站仪上半部分包含有测量的四大光电系统,即水平角测量系统、竖直角测量系统、水平补偿系统和测距系统。通过键盘可以输入操作指令、数据和设置参数。以上各系统通过 I/O 接口接入总线与微处理机联系起来。微处理机(CPU)是全站仪的核心部件,主要由寄存器系列(缓冲寄存器、数据寄存器、指令寄存器)、运算器和控制器组成。微处理机的主要功能是根据键盘指令启动仪器进行测量工作,执行测量过程中的检核和数据传输、处理、显示、储存等工作,保证整个光电测量工作有条不紊地进行。输入输出设备是与外部设备连接的装置(接口),输入输出设备使全站仪能与磁卡和微机等设备交互通信、传输数据。

目前,世界上许多著名的测绘仪器生产厂商均生产有各种型号的全站仪(图 8-17),如瑞士的徕卡公司生产的 TC 系列全站仪;日本的 TOPCN(拓普康)公司生产的 GTS 系列,索佳公司生产的 SET、RX 系列,宾得公司生产的 PCS 系列,尼康公司生产的 DMT 系列等全站仪;瑞典捷创力公司生产的 GDM 系列全站仪。我国南方测绘仪器公司 20 世纪 90 年代生产的 NTS 系列、苏一光的 OTS 系列和 RTS 系列等全站仪,在我国众多的工程单位都有广泛的应用。

(a) RX系列　(b)TC系列　(c) NTS系列

图 8-17　全站仪几种类型

全站仪是由电子经纬仪、光电测距仪和微处理器组成的一种新型测量仪器。全站仪能够在一个测站上完成采集水平角、垂直角和倾斜距离三种基本数据的功能，并通过仪器内部的中央处理器，由这三种基本数据计算出平距、高差、高程及坐标等数据。

全站仪的功能如下：

①可在一个测站上同时实现多项功能，并能存储一定数量的观测数据。

测角度：水平角（HR 或 HL）与垂直角（V）；

测距离：斜距（SD）、平距（HD）、高差（VD）；

测坐标：X、Y、Z；

放样：线放样与坐标放样。

②可以通过传输接口把野外采集的数据与计算机、绘图仪连接起来，再配以数据处理软件和绘图软件，可实现测图的自动化。

③全站仪内部有双轴补偿器，可自动测量仪器竖轴和水平轴的倾斜误差，并对角度观测值加以改正。

全站仪可以完成几乎所有的常规测量工作，现已应用于控制测量、地形测量、工程测量等测量工作中。

三、船舶建造精度测量数据采集

造船精度的控制，从测量学的角度来说属于精密工业测量的范畴，主要是要对船体的部件进行坐标、长度、垂直度等造船过程中所需要的尺寸数据进行测量和计算，并形成精度控制数据分析库，从而达到对船体尺寸进行有效的控制，使之符合设计的要求，并对数据进行一定的分析，为提高造船的速度和质量提供必要的数据支持。

从测量的内容来分，主要包含划线测量、分段测量、搭载定位等三大主要内容，划线测量主要是在分段制造时对原材料进行激光划线，确定部件的形状和大小，为切割划出轮廓线，目前一般采用激光经纬仪、手持测距仪、激光水准仪以及钢卷尺进行测量。

分段测量主要是对船体分段的端口关键点进行测量，以便确定建造分段与设计分段的差值，然后进行预修整，也就是我们通常所说的进行余量切割，之后才可以将分段进行吊装搭载；而搭载定位主要是在船台船坞进行分段搭载的时候，需要确定搭载分段的位置，以便和船体正确合拢而进行的测量工作，一般是在中合拢或大合拢时采用。分段测量和搭载定位在传统的造船中，主要采用经纬仪、全站仪和钢尺以及吊大锤进行测量。

全站仪在造船行业应用广泛，为精度控制提供了更为简单、快捷、精确的检测方法，它不需要对测量的物体进行接触，就能够获得 2 mm 左右的测量精度。在造船过程中，测量数据通过全站仪进行采集，将采集的数据存储起来，在经过相关软件进行分析后，我们就能更直观掌握船舶尺寸精度。下面介绍如何使用全站仪进行数据的采集工作。

1. 测量基本工具

测量时全站仪需要辅助工具反射片标靶配合进行船体尺寸测量。在测量过程中需要在各个测定点放置激光反射片标靶。由于测量环境的复杂多变，需要放置的反射片标靶形式也有很多，如图 8－18 所示。

(a)半反射标靶（平面反射靶）　(b)船厂专用反射片　(c)磁性角度固定座（反射靶固定器）

(d)拐用靶（直角反射靶）　(e)精密两点标靶（隐蔽点测量器）　(f)磁性旋转反射靶

图 8－18　反射片标靶的不同形式

反射片标靶可以直接粘贴在测量点上，小巧轻便，价格便宜，而且尺寸齐全，可以反复使用，在测量过程中精度较高。反射片标靶放置要根据精度管理部门制订的精度测量管理点进行放置，放置位置要精确。一般放置测量点为交叉点，在放置前要查明理论线、板厚方向，以免发生不允许的误差。同时放置位置为破口或者圆角处，应将反射片标靶放置在延长线的交点处位置，如图 8－19 所示。当架设仪器对分段进行尺寸测量时，被测分段有一部分是不可见的，需要采用搬站测量。这时需要将反射片标靶放置在架设仪器两侧都可以观察到的范围内，如图 8－20 所示。

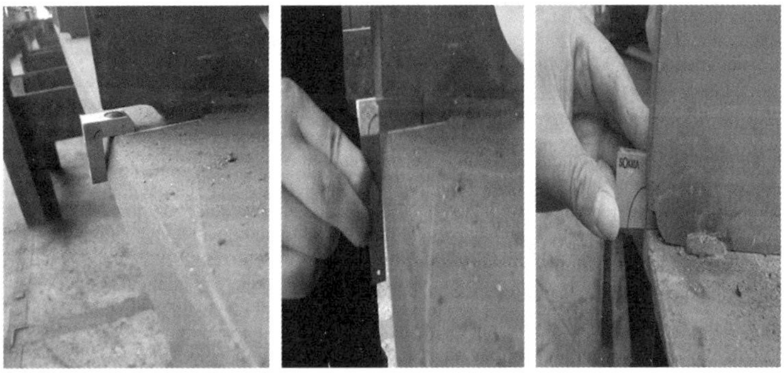

图 8－19　反射片放置位置

2. 精度数据采集

当架设好全站仪对精度点测量时，我们需要相应精度控制测量软件来完成数据的测量和收集工作。如图 8－21 所示，对分段的端差进行测量。

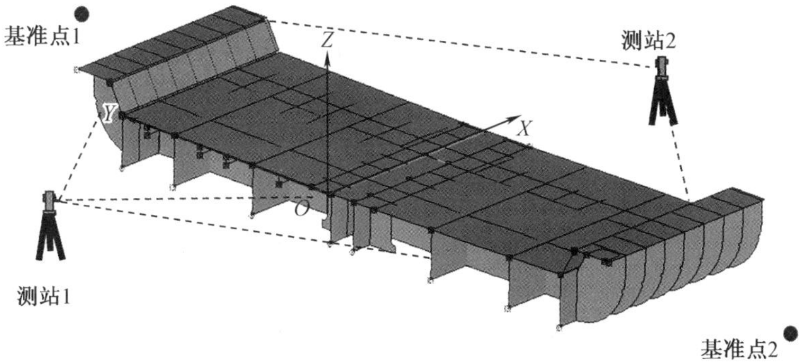

图 8-20　全站仪搬站测量

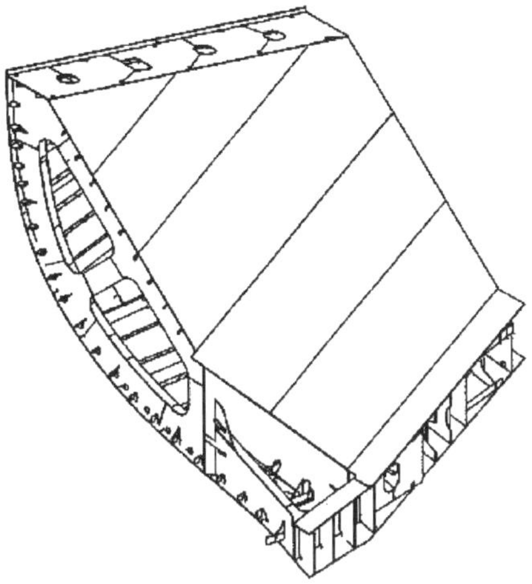

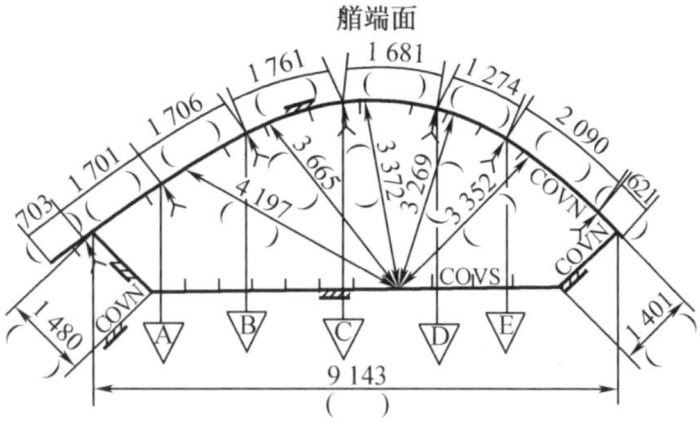

	A	B	C	D	E	F	G	H	I	J
上端	+446	+644	+760	+726	+605	+839	+910	+909	+773	+520
实测										

图 8-21　端面平齐度(端差)测量

首先要双击 AC MES 软件，打开“文件”，选择“新测定”，建立测定点的数据表格，然后按照测量顺序，将每个测量点按照一定测量方法进行测量，如图 8-22 所示。

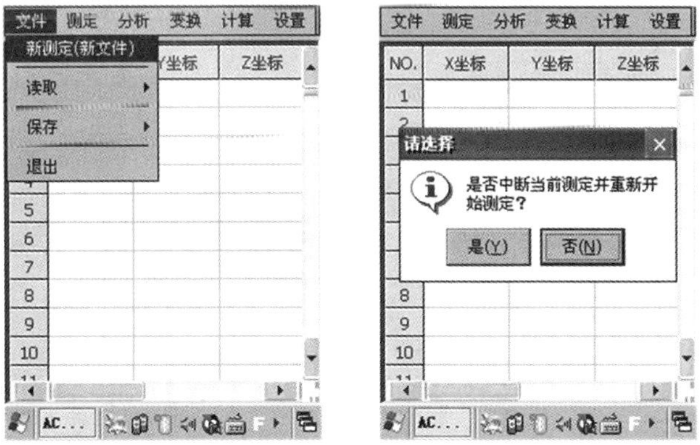

图 8-22　新建测量文件

具体测量方法有两点标靶、搬站测量、标准测量等，两点标靶测量如图 8-23 所示。

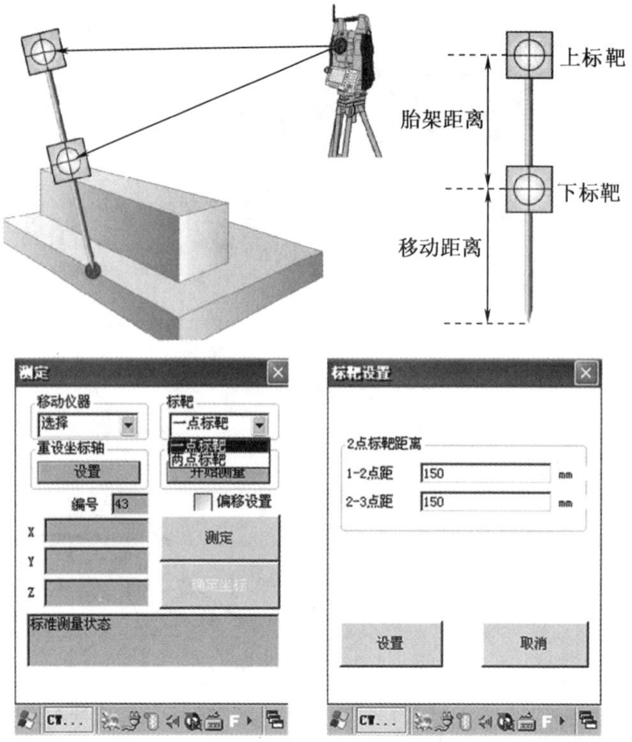

图 8－23　两点标靶测量

当完成测量时,可以将全站仪测量点的数据保存为(＊.ems)测量文件,方便以后进行数据分析,如图 8－24 所示。

①运行[文件＞保存＞另存为];

②输入要保存的文件名;

③点击[OK],保存测定文件完毕。

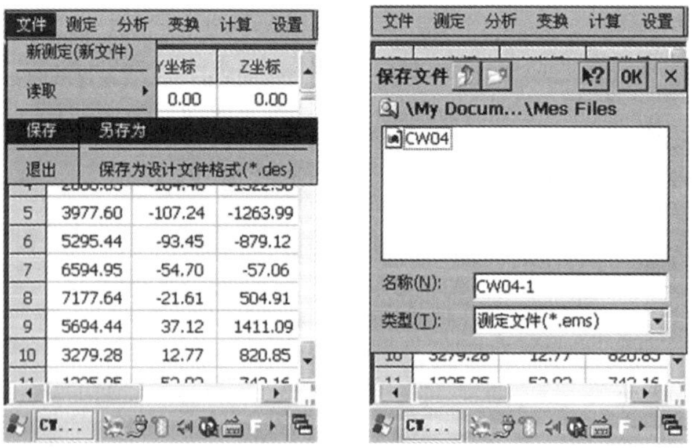

图 8－24　数据保存

四、船舶建造精度数据分析

在船厂精度管理过程中，利用全站仪进行数据测量过程，只是完成了精度管理数据采集的过程。如何更好利用测量数据为船舶建造服务，这时就需要对数据进行分析和管理。船厂测量数据量很大，单独以人力进行数据分析和管理，劳动强度大，必须借助计算机辅助系统，即相关造船行业的软件系统，来帮助船厂人员实现数据分析和管理功能，更方便服务船舶建造。

目前，相关船舶建造的精度管理软件有韩国三铭软件、青岛海徕 DACS(dimensional & accuracy control system)尺寸与精度控制系统以及欣博 AC BLOCK 软件。本文以 AC BLOCK 软件数据处理为例。

AC BLOCK 是以三维 CAD 为基础，在三维空间与设计对比，进行分析/转换/计算等作业，而后进行管理、分析生产分段的精度数据，使用绘图/模板功能制作 2D 检测表格。本次实训以 CW04 舷侧分段为例，介绍 AC BLOCK 软件应用。

1. 新建文件

打开 AC BLOCK 软件。运行[文件 > 新文件]，生成新文件时，会出现只有坐标轴的空白作业窗口，开始新的作业。

2. 导入设计模型和设计文件

①运行[项目 > 导入模型]，选择要导入的设计模型，可以选择多个文件，点击[打开]，导入模型完毕。

②运行[文件 > 导入 des 文件]导入设计文件 CW04. ems. des，该文件是包含设计点坐标的文件，如图 8 - 25 所示。

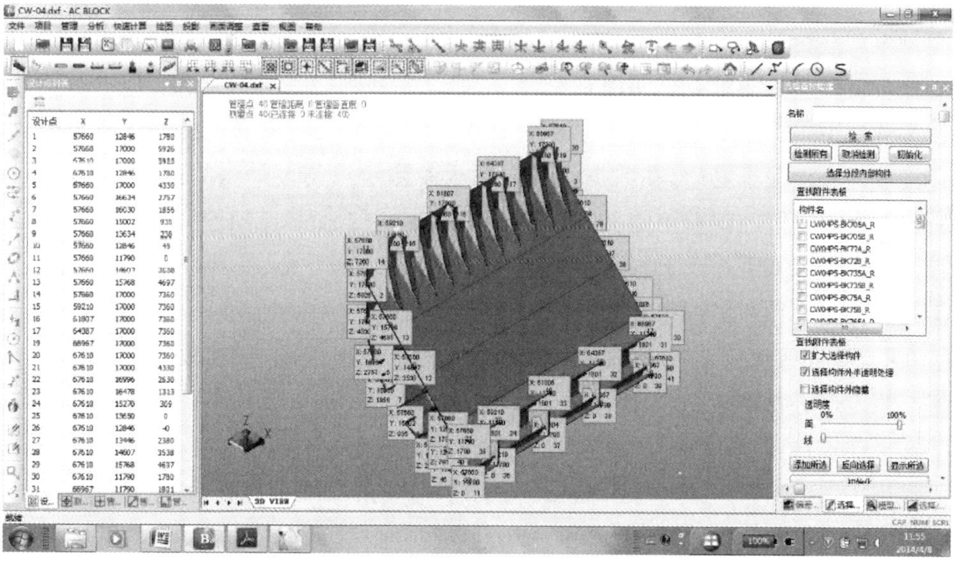

图 8 - 25　导入设计模型和设计文件

3. 导入测定文件

运行[项目 > 导入测定文件],选择导入的测定文件,点击[打开],导入测定文件,该文件为全站仪所测量数据,数据文件类型为. ems 格式,如图 8 – 26 所示。

图 8 – 26　导入测量数据文件

4. 模型翻转

当导入测量数据文件与模型文件方向不一致时,我们可以通过“模型左右对称”菜单对模型进行翻转,也可以对测量数据进行翻转。

①运行[管理 > 模型左右对称]。

②在对话框窗里选择要反转的参数,点击 [反转]。

分段设计模型左右对称翻转如图 8 – 27 所示。

测量数据左右对称翻转如图 8 – 28 所示。

5. 分析设计点与测定点之间偏差

通过选择菜单“分析”栏“自动连接 设计点 – 测定点”,将最邻近的测定点与设计点自动进行连接。连接完毕之后,在数据括号内标示着测定点与设计点的偏差,可直观了解与设计对比的生产分段的误差范围。

具体操作步骤如下:

①运行[分析 > 自动连接 设计点 – 测定点]

②在[自动连接 设计点 – 测定点]对话框中输入连接范围,超出设定的连接范围的设计点不与测定点进行连接。

③选择连接选项。

隐藏连接失败的管理点:使用[查看 > 显示隐藏要素],即可查看隐藏的管理点。

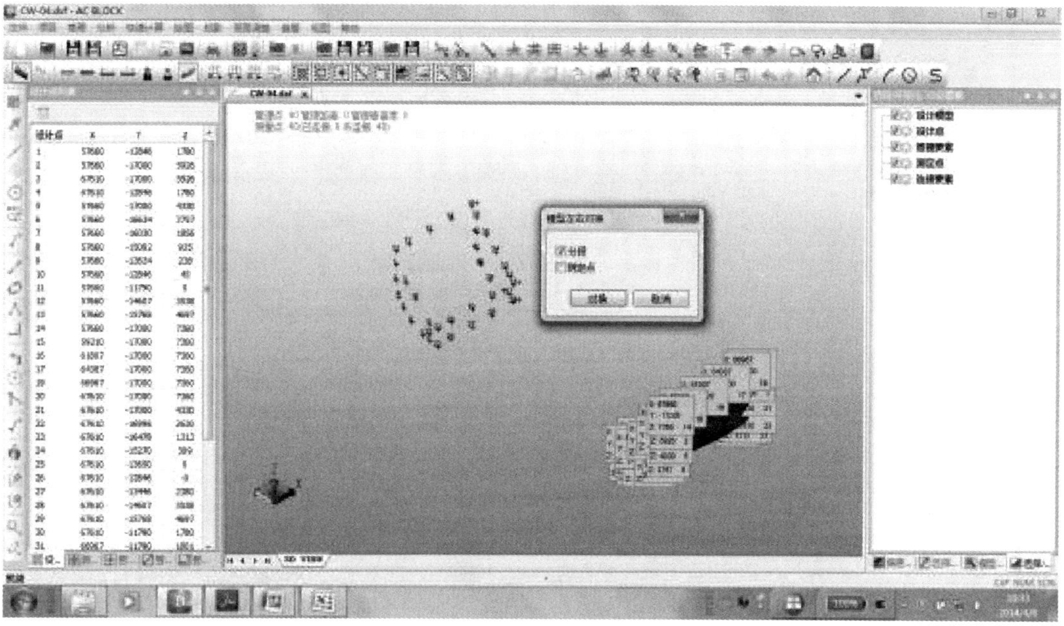

(a)分段设计模型翻转前图形

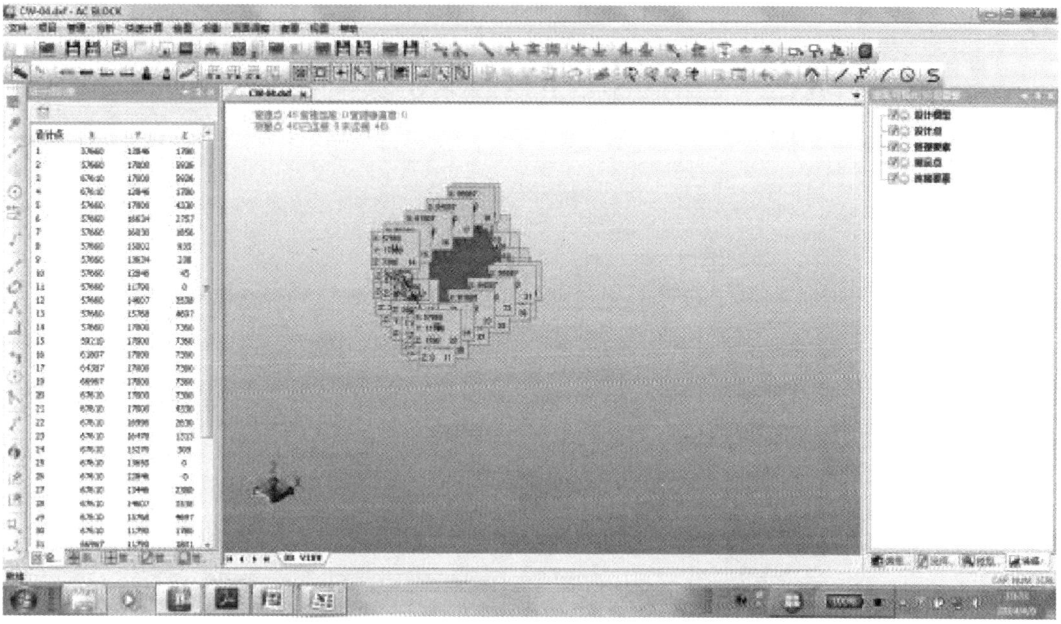

(b)分段设计模型翻转后图形

图 8－27　分段设计模型左右对称翻转

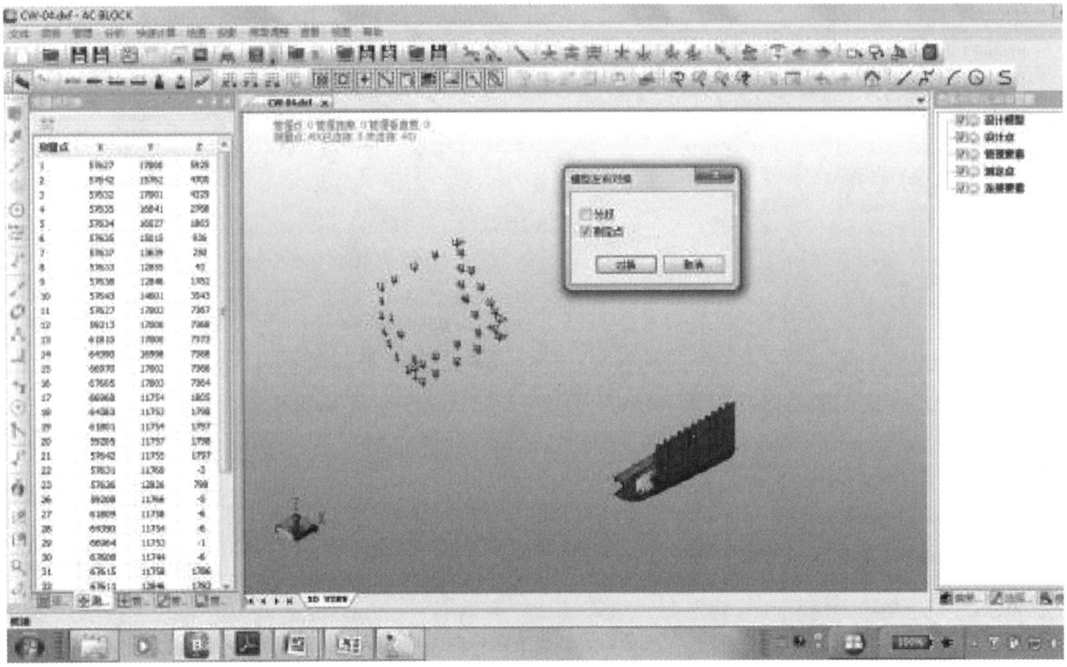

(a)测量数据翻转前图形

(b)测量数据翻转后图形

图 8－28　测量数据左右对称翻转

④若连接完毕，管理点尺寸框中即会显示各坐标的偏差值（显示在括号内）。

偏差值是测定坐标减去设计坐标的值（另外：Y 坐标为“－”时，是设计坐标减去测定坐标的值），如图 8－29 所示。

设计点与测定点的偏差可在［分析 > 许用偏差设置］功能中设置允许误差范围，若超过设定的误差范围，坐标值下方会有红色下画线，以做区分。

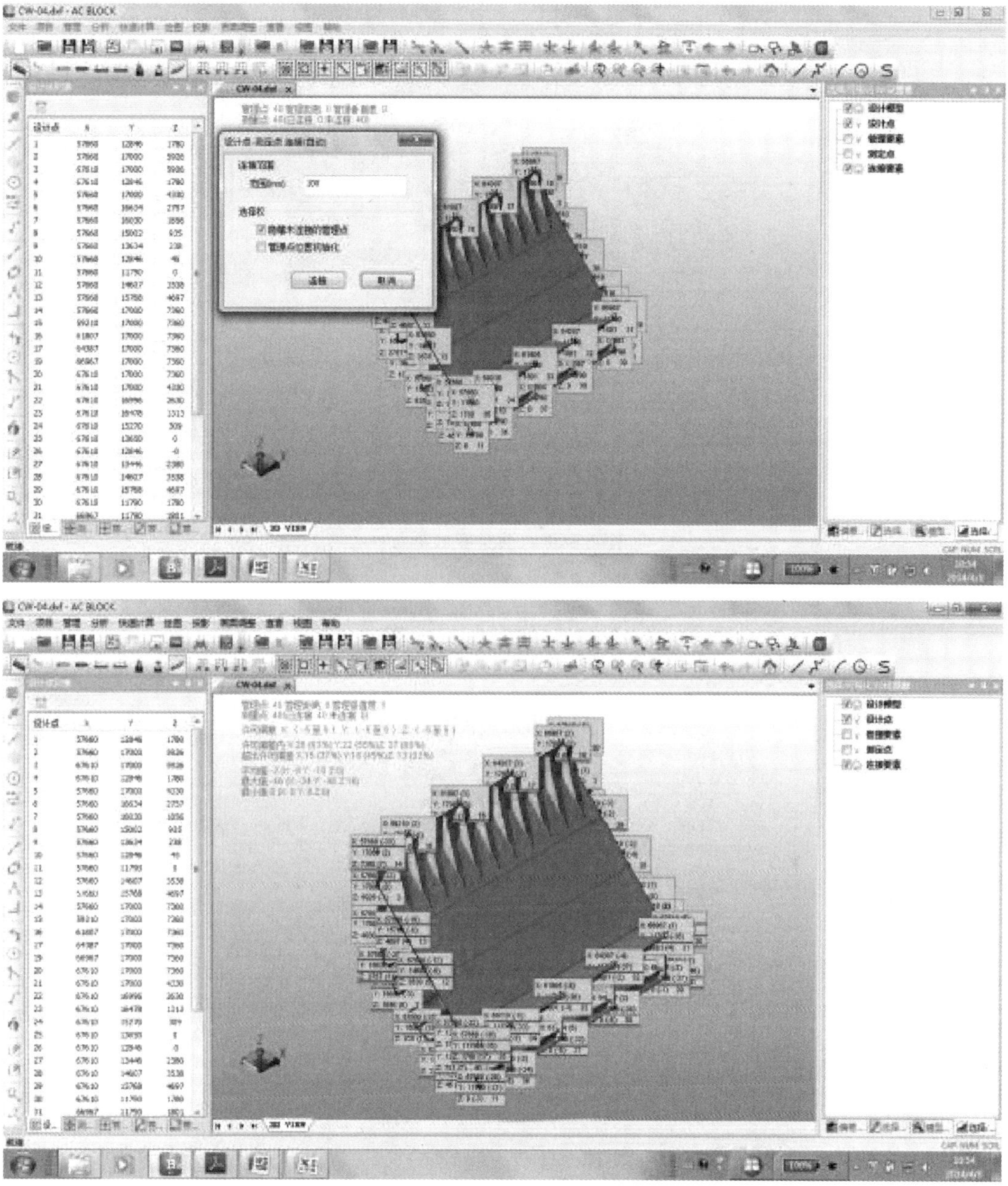

图 8－29 "设计点与测定点自动连接"误差分析

6. 输出报告

①运行[查看＞渲染模式＞可视化模式]，进行可视化模式查看模型，如图 8－30 所示。

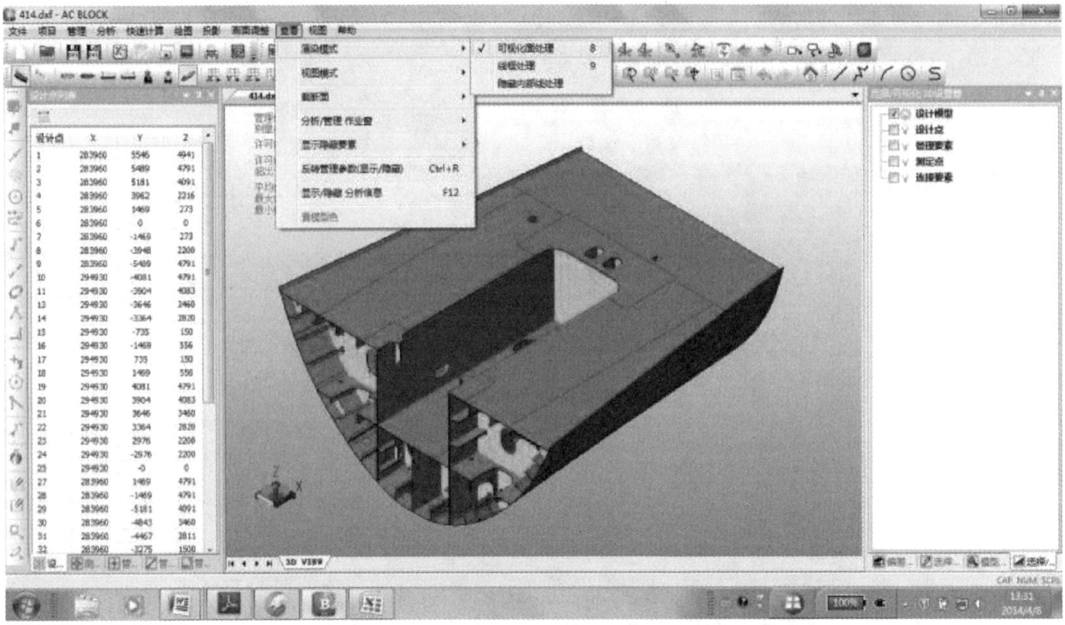

图 8－30　渲染模式界面

②运行[查看＞渲染模式＞线框处理]进行线框模式查看模型，如图 8－31 所示。

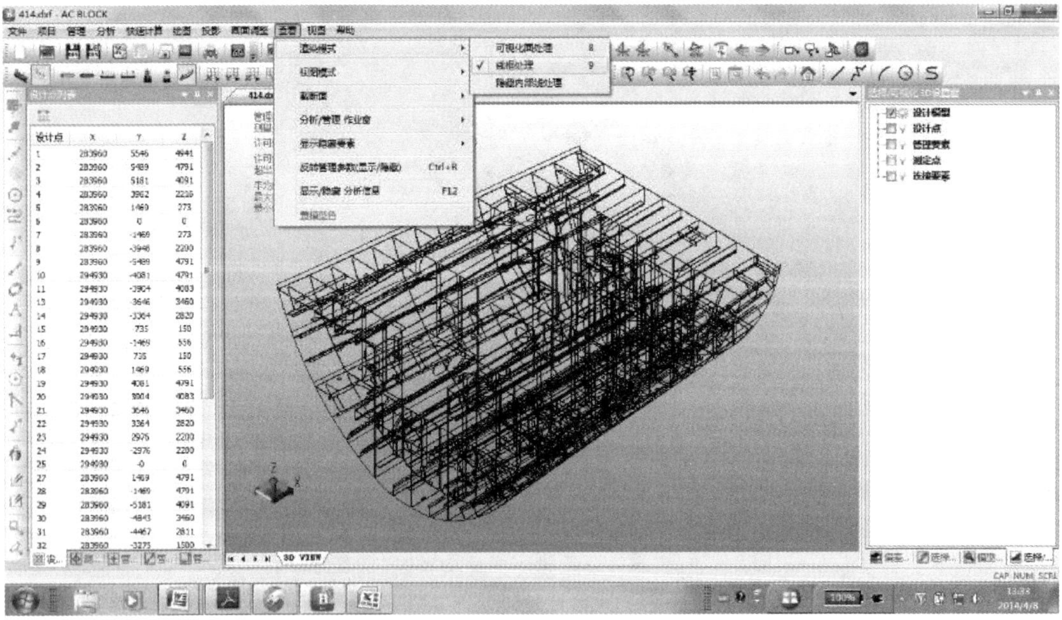

图 8－31　线框模式界面

③输出报告书。

用户可使用 Excel 文件制作报告书。

a. 运行[文件＞输出报告书]或点击快捷键，打开 Excel 文件。

b. 复制剪切的图片，提供两种截取画面模式（clipboard/图片文件）。

c. 输入其他重要项目，制作检测表格完毕，如图 8－32 所示。

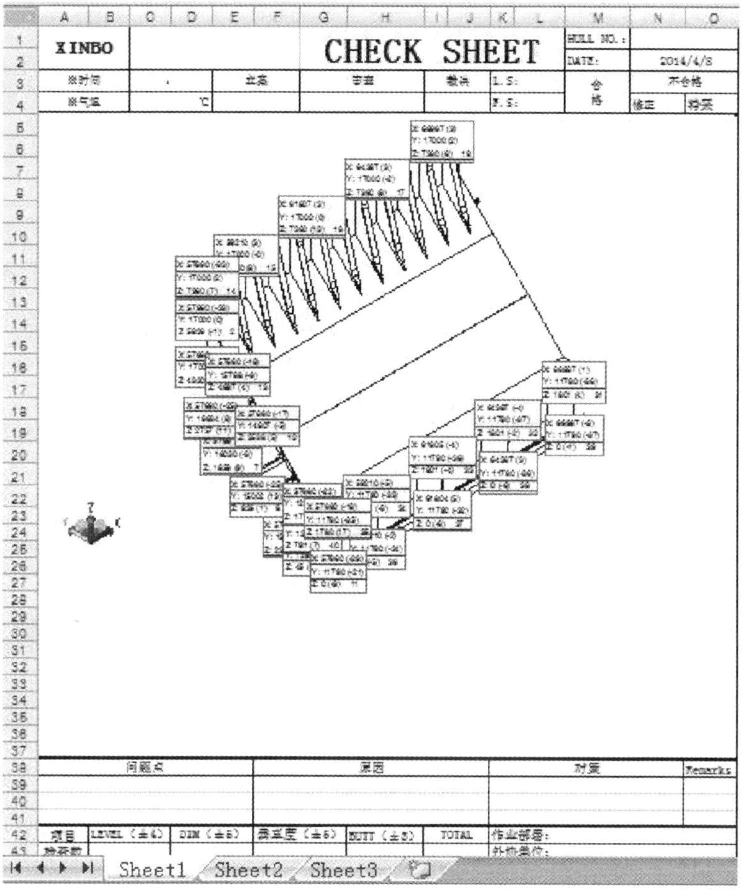

图 8－32　输出报告书

五、三维测量数据模拟搭载

船舶在建造过程中，从加工到船坞每个阶段都不可避免地会产生误差，而误差只有在船坞搭载时最为明显。模拟搭载就是预先了解要搭载上的总段精度偏差值及船坞（船台）内基准分段的精度偏差值，在电脑中进行模拟演示并分析得出有效的修正方案，在平台上进行切割修正实现吊装过程在确保精度的情况下一次定位。

1. 模拟搭载的总体流程

模拟搭载的总体流程如图 8－33 所示。

（1）数据测量采集

掌上电脑（PDA）与全站仪连接进行搭载分段测量、基准分段测量。

（2）设计模型

因为模拟搭载要依靠设计模型为基础，要先从 TRIBON 中调出相应的设计数据。在

TRIBON 模型中添加管理点。

(3)单位分段

测量采集的数据与模型设计数据连接生成偏差值,掌握搭载、基准分段的精度现况。

(4)模拟搭载

将搭载模拟生产的偏差值与基准分段生成的偏差值连接。在模型中生成重叠和间隙的余量。

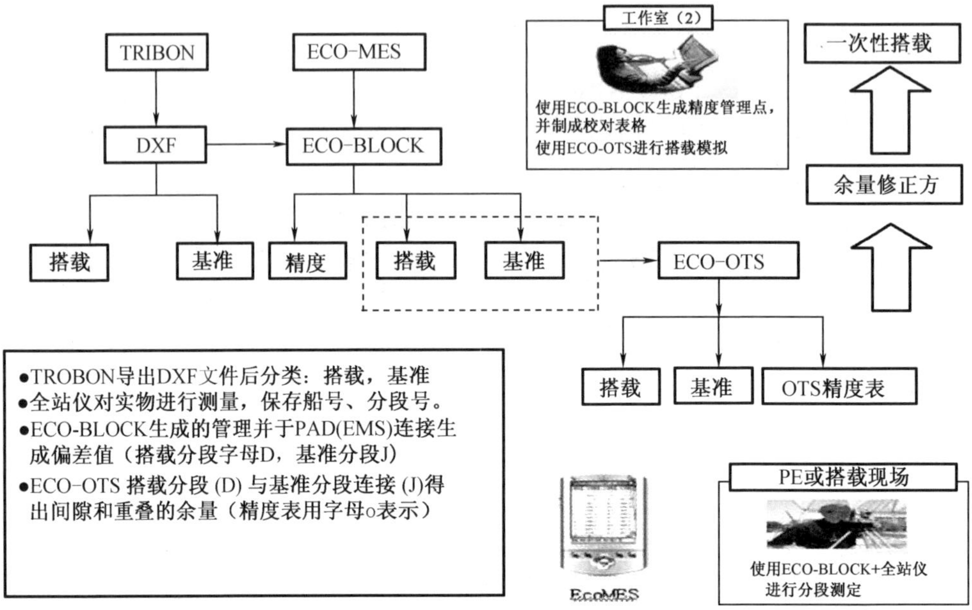

图 8-33　模拟搭载的总体流程

(5)精度校对表格

将模型生成中重叠和偏差值打印出来,根据精度校对表格现场施工作业。

2. 模拟搭载评定标准

对模拟搭载分段进行考核评定,便于对精度软件和分析模拟搭载的跟踪,模拟搭载评定标准见表 8-3。

表 8-3　模拟搭载评定标准

评定	级别	分数	内容
优秀	A	100～90	模拟搭载后一次性到位,分段搭载无须切割
良好	B	89～80	模拟搭载后,分段搭载少量切割
一般	C	79～70	模拟搭载后,分段搭载较多切割
不足	D	69～60	模拟搭载后,分段搭载大量切割
差	E	60 以下	模拟搭载后,需要再次复位

3. 模拟搭载基准

(1)模拟搭载管理点的设置

理论线表示基准,在基准上对船体组立图中所表示的所有部材的装配方向及控制线进行规定。模拟搭载管理点的设置建立在理论线的基础上,管理点的正确设置非常重要,如图 8-34 所示为精度管理基准。

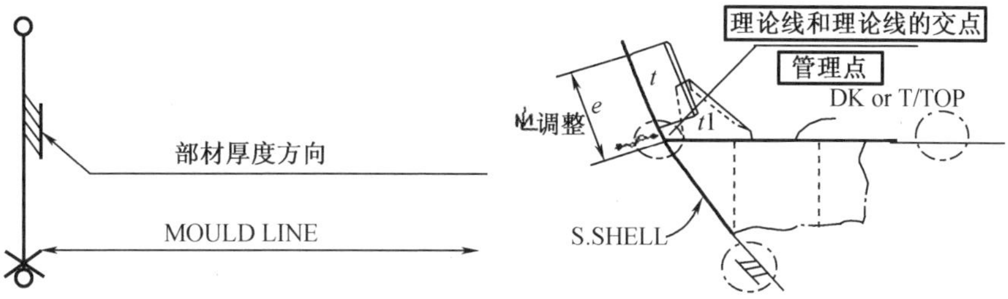

图 8-34 精度管理基准

(2)模拟搭载 X 轴、Y 轴、Z 轴基准

①X 轴的基准点是艉垂线 A. P(AFTER PERPENDICULAR)为“0”点。

②Y 轴的基准点是中心线 C. L(CENTER LINE)为“0”点,向 PORT 方向为正值,向 STARBOARD 方向为负值。

③Z 轴的基准点是基线 A/B(ABOVE BASE LINE)为“0”点,如图 8-35 所示。

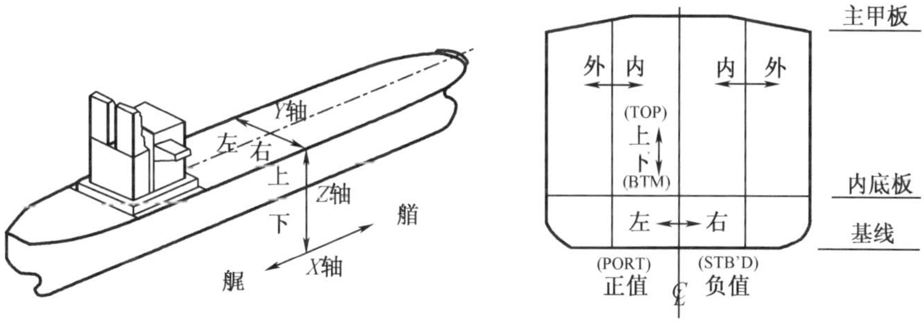

图 8-35 模拟搭载基准

4. 典型分段模拟搭载管理要点

(1)17 万吨级 BULK CARRIER 62D

下图例搭载顺序按照从艉向艏搭载(后续图例同理)。

①搭载分段的管理要点(图 8-36)。

a. 搭载分段需要对接的艉面设置管理点,即甲板尾端,斜板,搭载底面设置管理。

b. 特殊的情况添加管理点是要根据实际情况设置分段管理点的。

c. 艏段断差维持在 ±3 mm 以内。

d. 水平差维持在 ±5 mm 以内。

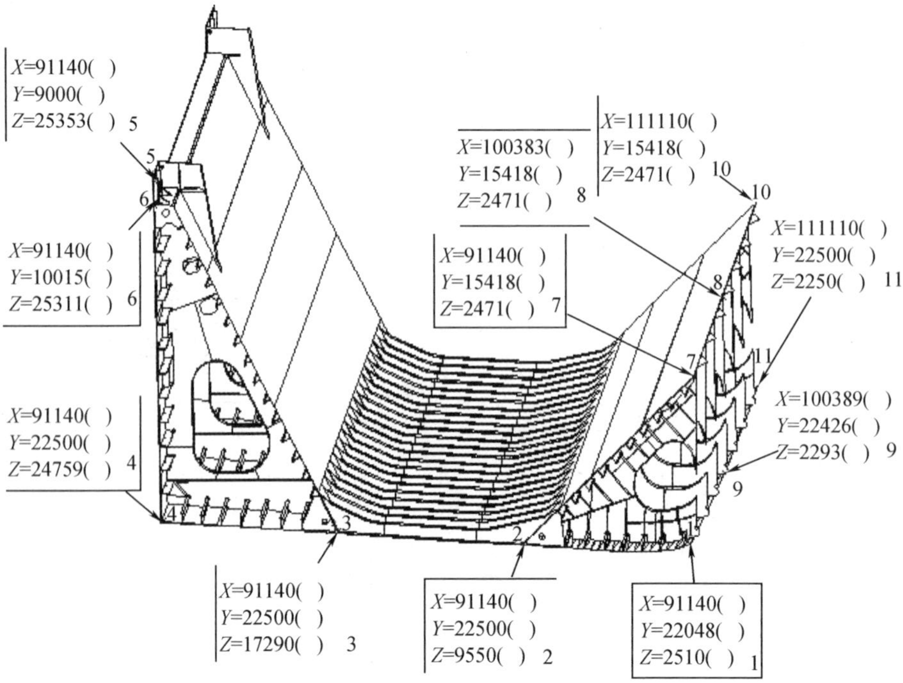

图 8－36　搭载分段的管理要点

②基准分段的管理要点(图 8－37)。

a. 基准分段需要对接的艏面设置管理点,即艏端甲板和斜板。双层底上下对接设置管理点。

b. 特殊的情况添加管理点,根据船坞内的现况而定。

c. 半宽值在 ±5 mm 以内维持。

d. 遵守作业顺序和焊接顺序。

③模拟搭载的管理要点(图 8－38)。

a. 搭载分段调整到设计尺寸,看对接缝的间隙和重叠。

b. 艏段对接缝接齐,余量在艉段切割。

c. 高度余量与前个分段接齐,确保设计高度,余量在底部切割。

d. 模拟搭载保证半宽值(双层底半宽值正确时)。

(2)10 万吨级 CRUDE/PROUDUCT OIL TANK (271)

①搭载分段管理要点(图 8－39)。

a. 搭载分段需要对接的艉面设置管理点,搭载底面设置管理。

b. 曲形分段艏面 3 主要点添加管理点。

c. 艏端断差维持在 ±3 mm 以内。

d. 水平维持在 ±5 mm 以内。

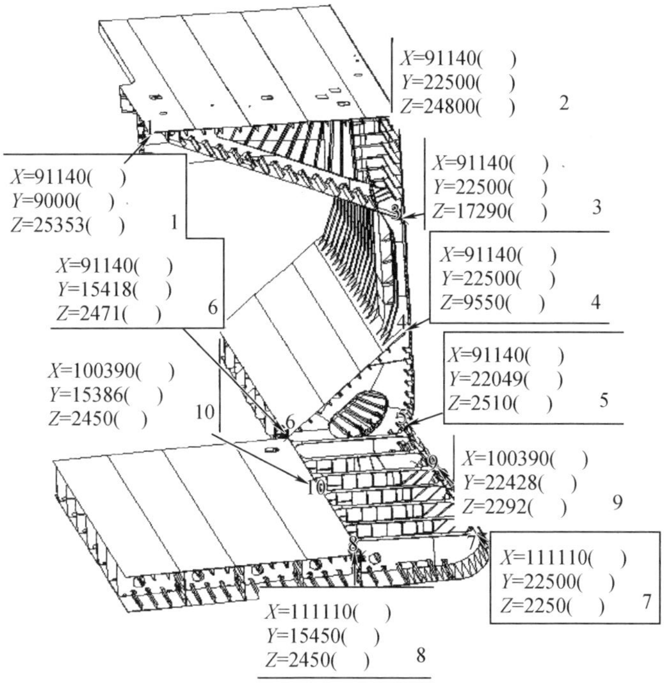

图 8－37　基准分段的管理要点

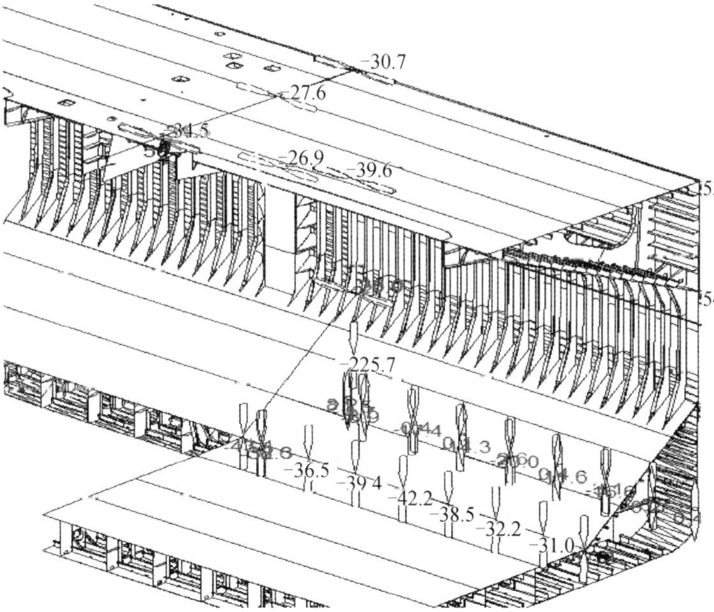

图 8－38　模拟搭载的管理要点

②基准分段管理要点。

a. 基准分段需要对接的艏面设置管理点。双层底右侧对接设置管理点。

b. 半宽值在 ±5 mm 以内维持。

c. 高度在 ±5 mm 以内维持。

d. 遵守作业顺序和焊接顺序。

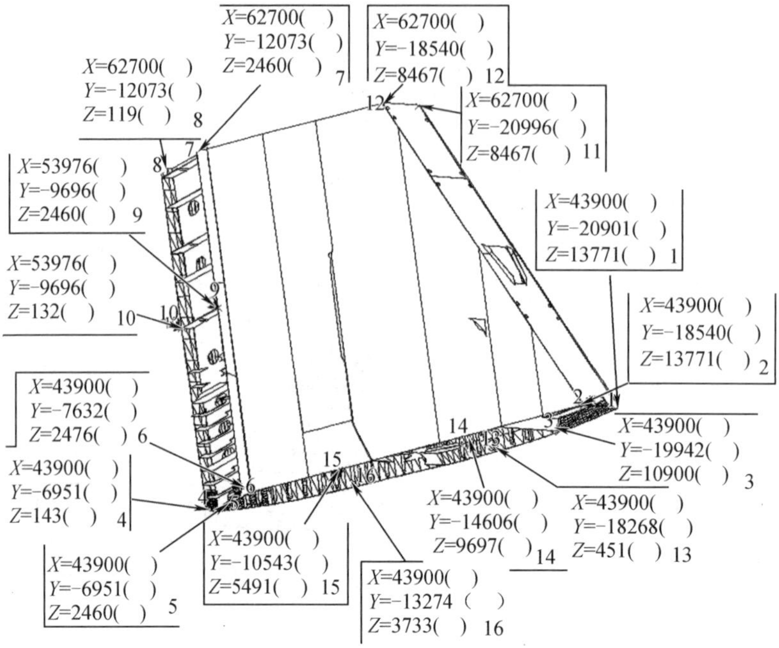

图 8 – 39　搭载分段管理要点

思考与练习

1. 船舶检验对提升造船品质的重要意义？

2. 船舶初次入级检验的主要内容。

3. 试述船舶入级检验、法定检验、公证检验的主要内容，谈谈它们有什么不同？

4. 焊缝表面常见的缺陷有哪些？合格的焊缝表面是怎么样的？

5. 试述焊接检验的方法有哪些。

6. 试述焊接检验中非破坏性实验有哪些？哪些方法是船厂里应用比较广泛的？

7. 试述焊接检验无损探伤的方法有哪些。

8. 以主机基座为例，试述其焊接工艺。

9. 试述中国船级社（CCS）《材料与焊接规范》2012 针对船体结构焊接检验的规定。

10. 试述常用于造船精度测量的仪器设备有哪些？

11. 船舶建造精度控制技术是现在造船的重大新技术之一，开展造船精度控制的意义是什么？

12. 浅谈船舶精度控制技术在船舶模拟搭载中的应用。

参考文献

[1] 张雪彪. 现代造船精度控制及测量技术[M]. 北京:科学出版社,2019.

[2] 应长春. 船舶工艺技术[M]. 上海:上海交通大学出版社,2013.

[3] 谢荣. 船舶建造精度控制技术[M]. 北京:人民交通出版社,2013.

[4] 杜训柏. 船体部件装配[M]. 北京:人民交通出版社,2014.

[5] 刘桂香. 船体分段装配[M]. 北京:人民交通出版社,2014.

[6] 潘晓明. 船体总装[M]. 北京:人民交通出版社,2014.

[7] 胡杰. 船舶生产设计[M]. 北京:人民交通出版社,2015.

[8] 中华人民共和国国家质量监督检验检疫总局,中国国家标准化管理委员会. 中国造船质量标准:GB/T 34000—2016[S]. 北京:中国标准出版社,2016.

[9] 魏莉洁,何志标. 船舶建造工艺[M]. 哈尔滨:哈尔滨工程大学出版社,2010.

[10] 徐兆康. 船舶建造工艺学[M]. 北京:人民交通出版社,2005.

[11] 刘玉君,汪骥. 船舶建造工艺学[M]. 大连:大连理工大学出版社,2011.

[12] 周启学. 船体修造工艺[M]. 2 版. 北京:人民交通出版社,2006.